Eine kurze Geschichte des Abendlandes in 12 Bauwerken

## Das Buch

Edward Hollis lädt zu einer faszinierenden Reise durch die Geschichte des Abendlandes und seiner Bauwerke ein. Dabei folgt er den Spuren des Zeitgeistes durch die Jahrhunderte, von der Antike über das Mittelalter bis in die Gegenwart. Der Parthenon, geschaffen als Tempel der Athene, wurde unzählige Male erobert, zerstört und überformt und steht doch bis heute für ein Ideal von Schönheit und Weisheit. Die Berliner Mauer ist Endpunkt der Reise. Sie ist als Bauwerk, das eine Stadt und ganz Europa teilte, heute nicht mehr zu erkennen. Dennoch bleibt sie als Symbol dieser Teilung bestehen.
Auf einzigartige Weise verbindet der Autor die Schicksale der Bauwerke mit unserer Zivilisationsgeschichte, mit Architektur und Philosophie.

## Der Autor

Edward Hollis, geboren 1970 in London, studierte Architektur in Cambridge und Edinburgh. Er lehrt Innenarchitektur am Edinburgh College of Art.

Edward Hollis

# Eine kurze Geschichte des Abendlandes in 12 Bauwerken

## Vom Parthenon bis zur Berliner Mauer

Aus dem Englischen
von Stephan Gebauer

List Taschenbuch

Besuchen Sie uns im Internet:
www.list-taschenbuch.de



Ungekürzte Ausgabe im List Taschenbuch
List ist ein Verlag der Ullstein Buchverlage GmbH, Berlin.
1. Auflage Januar 2012

Titel der englischen Originalausgabe: *The Secret Lives of Buildings*
(Portobello Books Ltd., London, 2009)
Umschlaggestaltung: bürosüd° GmbH, München,
unter Verwendung einer Vorlage von Rudolf Linn, Köln
Satz: LVD GmbH, Berlin
Gesetzt aus der Bembo
Papier: Munken Print von Arctic Paper Munkedals AB, Schweden
Druck und Bindearbeiten: CPI – Clausen & Bosse, Leck
Printed in Germany
ISBN 978-3-548-61079-5

*Für meine Mutter und meinen Bruder, ohne die ich dieses Buch nie in Angriff genommen hätte, und für Paul, ohne den ich es nie zu Ende gebracht hätte.*

# Inhalt

# Einleitung

Der Traum des Architekten.
*Thomas Cole, 1840.*

# Der Traum des Architekten

*Einst hatte ein Architekt einen Traum. Der Vorhang seines Salons war zerrissen, und der Architekt fand sich auf dem Kapitell einer gewaltigen Säule liegend wieder. Zu seinen Füßen erstreckte sich ein großartiger Hafen. Auf einem Hügel in der Nähe erhob sich der Turm einer gotischen Kathedrale über spitze Zypressen in einem dunklen Gehölz. Am anderen Ufer des Flusses tauchte die Sonne eine korinthische Rotunde und die geziegelten Bögen eines römischen Aquädukts in goldenes Licht. Das Aquädukt erhob sich über einer griechischen Kolonnade, zu deren Füßen eine Prozession vom Ufer zu einem kunstvoll gestalteten ionischen Tempel zog. Im Hintergrund hockte ein dorischer Tempel vor einem gewaltigen ägyptischen Palast, hinter dem im Morgendunst die Silhouette einer großen Pyramide emporragte, an deren Spitze ein Wölkchen vorüberzog.*

*Das Bild vermittelt völlige Stille. Eine zeitliche Perspektive hat sich in eine räumliche verwandelt, in der die Bauwerke ihrem Alter und Baustil entsprechend in den Hintergrund rücken, vom Vorhang des zeitgenössischen Salons bis zum Horizont der Antike. Das dunkle Mittelalter verdeckt den klassischen Glanz teilweise, die römische Pracht ruht auf dem Fundament der griechischen Vernunft, und das wunderbare Griechenland liegt im Schatten der Urarchitektur Ägyptens. Die Anordnung der Bauten entspricht einem architektonischen Kanon, und jedes dieser Exponate aus dem goldenen Schatz der Baukunst ist dem Architekten zugleich Inspiration, Rat und Warnung.*

*All die großartigen Bauwerke der Vergangenheit sind in einem monumentalen Augenblick der Verzauberung wieder auferstanden. Alle sind sie makellos, unberührt von der Witterung, vom Krieg und vom Wandel des menschlichen Geschmacks. Alles ist genau wie von den Erbauern beabsichtigt: Jeder dieser Bauten ist ein vollkommenes Kunstwerk, unveränderlich wie eine musikalische Komposition, unangetastet von Kompromiss, Irrtum oder Enttäuschung. Alles, was man hinzufügen oder entfernen würde, könnte diese Bauwerke nur abwerten. Sie erstrahlen in der Schönheit des vollkommenen Gleichgewichts von Form und Zweck.*

*Diese Szene zeigt, was die Architektur war, ist und sein sollte. Aber einen Augenblick bevor er erwacht, begreift der Architekt, dass er träumt, und er erinnert sich an die Worte, mit denen Prospero am Ende von* Der Sturm *auf seine durch Zauberei heraufbeschworene Herrschaft verzichtet:*

> *»Wie dieses Scheines lockrer Bau, so werden*
> *Die wolkenhohen Türme, die Paläste,*
> *Die hehren Tempel, selbst der große Ball,*
> *Ja, was daran nur Teil hat, untergehn,*
> *Und, wie dies leere Schaugepräng' erblasst,*
> *Spurlos verschwinden. Wir sind solcher Zeug*
> *Wie der zu Träumen, und dies kleine Leben*
> *Umfasst ein Schlaf.«*[1]

Den *Traum des Architekten* träumte ein Emigrant, der von der Alten in die Neue Welt zog. Thomas Cole wurde im Jahr 1801 in Lancashire geboren, verbrachte sein erwachsenes Leben jedoch im Norden von New York zwischen den Felsen und Wäldern des Hudson Valley, wo er Bilder von einem Arkadien malte, das noch nicht unter Türmen, Palästen und Tempeln begraben war. Aber Cole musste immer wieder an die Alte Welt denken, die er zurückgelassen hatte, und er wusste, dass ihr die Neue Welt eines Tages ähnlich sein würde. In seinem Gemäldezyklus *The Course of Empire* (Aufstieg und Fall eines Reiches) stellte er das Tal des Hudson in fünf Stadien dar: *Savage State* (Wildnis), *Arcadian or Pastoral State* (Arkadien oder Hirtengesellschaft), *Consummation of the Empire* (Vollendung des Reiches), *Destruction of the Empire* (Zerstörung des Reiches) und *Desolation* (Verwüstung). In diesen fünf Bildern wird aus einem bei Sonnenaufgang unberührten Wald bis zum Mittag eine großartige Stadt. Als die Nacht anbricht, sind davon nur ein paar von Pflanzen überwucherte, von einem wässrigen Mond in ein fahles Licht getauchte Ruinen übrig.

Im Jahr 1840 erhielt Cole von dem Architekten Ithiel Town den Auftrag für das Bild *The Architect's Dream,* für das der Maler mit Musterbüchern bezahlt wurde. Town mochte das Bild nicht besonders, aber es galt bald als Coles beste Arbeit. In der Grabrede auf den Maler wurde das Gemälde als eines der »wichtigsten Erzeugnisse seines Genies« gepriesen, als »Gefüge aus ägyptischen, gotischen, griechischen, maurischen Bauten, wie es vor unserem Auge erscheinen könnte, wenn wir nach der Lektüre eines Buches über verschiedene Architekturstile einschlummern«.[2]

Coles Vision hat die Architekten bis heute nicht losgelassen. Nimmt man ein beliebiges klassisches Buch über Architektur zur Hand und sieht sich die Bilder an, so findet man ein ähnliches Panorama der »verschiedenen Stile« vor. In sorgfältig ausgeführten Zeichnungen findet man die Meisterwerke der Antike so neu und unberührt vor wie am Tag ihrer Fertigstellung, und die Architekturfotos vermitteln dank eines wolkenlosen Himmels und sauberer, vollkommen menschenleerer Straßen die Zeitlosigkeit des *Traums des Architekten*. Und es sind nicht nur die Illustrationen: Die geschriebene Geschichte der Architektur ist ebenfalls eine Litanei von unveränderten und unveränderlichen Meisterwerken – von der Cheopspyramide von Gizeh bis zu ihren gläsernen Abkömmlingen in Paris oder Las Vegas. Die großen Bauwerke der Vergangenheit werden beschrieben, als wären eben erst die Gerüste abgebaut worden, als wäre der Anstrich noch feucht und das Band noch nicht durchschnitten – als hätte die Geschichte nie stattgefunden.

Es ist eine Vision von Zeitlosigkeit, denn Zeitlosigkeit erwarten wir von großer Architektur. Vor fast einem Jahrhundert stellte der Wiener Architekt Adolf Loos fest, dass die Architektur ihren Ursprung nicht, wie man meinen könnte, in der Behausung, sondern im Monument habe. Jene Häuser, welche die sich wandelnden Bedürfnisse unserer Vorfahren erfüllten, sind verschwunden. Aber ihre Grabmäler und Tempel, die dafür bestimmt waren, die Ewigkeit des Todes und der Götter zu überdauern, sind erhalten geblieben, und sie bilden den Kanon der Architekturgeschichte.

Der Diskurs der Architektur ist ein Diskurs über die Vollkommenheit, über die *Perfektion*. Der Begriff beruht auf dem lateinischen Wort für »vollendet«, »abgeschlossen«. Der römische Theoretiker Vitruv erklärte jene Architektur für vollkommen, der es gelinge, das empfindliche Gleichgewicht zwischen Zweckdienlichkeit, Stabilität und Schönheit herzustellen. Anderthalb Jahrtausende später interpretierte der Renaissance-Theoretiker Leon Battista Alberti das Werk des Vitruv und erklärte, vollkommen schön sei etwas, dem man nichts hinzufügen und von dem man nichts entfernen könne. Le Corbusier, der Theoretiker der Moderne, sah die Aufgabe des Architekten darin, Maßstäbe für eine Ordnung festzulegen, »die man als im Einklang mit der Weltordnung empfindet«.[3]

Im architektonischen Diskurs müssen die Bauwerke unverändert bleiben, um ihre Schönheit zu bewahren. Und um unverändert zu bleiben, müssen sie die Traurigkeit des Denkmals annehmen. Das Grabmal Christopher Wrens in der Krypta der von ihm erbauten St. Paul's Kathedrale in London ist ein sehr einfaches Monument für einen so großen Mann, aber die Inschrift über dem Sarkophag, in der er sich an den Besucher wendet, straft diese Bescheidenheit Lügen. »Si monumentum requiris, circumspice«, steht dort. »Wenn du ein Denkmal suchst, sieh dich um.« Alle Architekten hoffen, dass die von ihnen errichteten Bauwerke ihr Genie verewigen werden, und daher wagen sie zu hoffen, dass ihre Bauwerke ewig währen und sich nie verändern werden.

*

Aber *Der Traum des Architekten* ist eben nur ein Traum, eine Illusion, ein flaches Bild in einem Rahmen. Stellen wir uns für einen Augenblick vor, der Architekt würde aus seinem Traum erwachen, aus dem Gemälde steigen und das Museum verlassen, in dem das Bild ausgestellt ist.

Vielleicht würde er sich auf einer gewaltigen Säule wiederfinden, aber der Ausblick wäre nicht monumental: Stattdessen würde der Architekt ins Treppenhaus eines Mietshauses schauen, denn genau dieser Anblick würde sich ihm bieten, stiege er zu den erhaltenen Säulen des Tempels des Augustus in Barcelona hinauf.

Die gotische Kathedrale stünde nicht in einem dunklen Wald, sondern gleich nebenan, und die Mauern ihrer Krypta bestünden so wie in Girona möglicherweise aus den Fundamenten eines Schreins des Apoll. Die Säulen dieses Tempels würden vielleicht den Vorbau der Kathedrale bilden, wie sie es in Syrakus tun, und beim Altar könnte es sich um eine umgedrehte römische Badewanne handeln wie in der Kirche Santa Maria in Cosmedin in Rom. Möglicherweise hätte der Bau dieser Kathedrale Hunderte Jahre gedauert wie im Fall der Kirchen von Chartres oder Gloucester, weshalb sie eine chaotische Collage verschiedener Stile wäre, überzogen mit einer Schicht viktorianischer Restaurierungsarbeiten, die von großer Begeisterung und zweifelhafter Sorgfalt zeugt. Der ionische Tempel wäre wie jener der Diana in Ephesos im 5. Jahrhundert von aufgebrachten Christen niedergebrannt worden, und die korinthische Rotunde wäre wie das Pantheon im mittelalterlichen Rom zu einer Festung umfunktioniert worden. Der dorische Tempel wäre fortgeschwebt: Seine Skulpturen würden in London ausgestellt wie die Elgin Marbles aus dem Parthenon in Athen, und das Gebäude selbst wäre ähnlich dem Heiligen Haus an einem anderen Ort aufgetaucht, so wie der Pergamonaltar, der in Berlin wieder aufgebaut wurde. Die Bögen des römischen Aquädukts lägen unter den dichtbevölkerten Armenvierteln Jerusalems oder Neapels begraben und bildeten tief in der Erde Gewölbe, durch die Kriminelle und Geheimagenten schleichen könnten. Nur das Grabmal, die große Pyramide, wäre unverändert, in monumentaler Nutzlosigkeit gestrandet in den Dünen außerhalb von Gizeh.

*Der Traum des Architekten* hätte sich in ein Manhattan der Zwischenkriegszeit, in ein Shanghai des 21. Jahrhunderts, in ein osmanisches Istanbul, ein mittelalterliches Venedig verwandelt: in einen lärmenden, schmutzigen Umschlaghafen, in dem zahlreiche Architekturen anlanden und verschickt werden. Diese Hafenstadt wäre alles andere als ruhig. In einem unablässigen Prozess von Aufbau und Verfall würden Bauwerke erscheinen und verschwinden, sie würden aufeinander, auseinander oder ineinander errichtet werden. Sie würden miteinander kämpfen, um sich anschließend zu vermählen und ungeheuerliche Nachkommen hervorzubringen. Kein einziges dieser Bauwerke würde in der von seinen Schöpfern beabsichtigten Gestalt Bestand haben.

Und der Architekt, dem man verzeihen könnte, wenn er dieses Erwachen als Alptraum empfinden würde, würde begreifen, dass die reale Welt sonderbarer ist und größere Ähnlichkeit mit einem Traum hat als ein gemaltes Traumbild. Vor der Rückkehr auf seine Säule in dem Bilderrahmen würde er einen letzten Blick auf die turbulente Szene draußen in der Wirklichkeit werfen und sich an eine weitere Stelle aus *Der Sturm* erinnern:

»Fünf Faden tief liegt Vater dein,
Sein Gebein wird zu Korallen;
Perlen sind die Augen sein:
Nichts an ihm, das soll verfallen,
Das nicht wandelt Meereshut
In ein reich und seltnes Gut.«[4]

*

Dieses Buch erzählt Geschichten aus dem Leben der Bauwerke, Geschichten über ihre Verwandlung in etwas Reiches und Sonderbares. Es will zeigen, dass die Geschichte der Architektur nichts mit dem *Traum des Architekten* zu tun hat. Tatsächlich widersprechen die Geschichten in diesem Buch Coles Vision und ihrer hypnotischen Wirkung auf die Orthodoxie der Architektur. Und weil die Bauwerke diese Vision widerlegen, müssen sie ein geheimes Leben führen: Ihre Geschichten werden allzu oft entweder übersehen oder bewusst ignoriert.

Im Kern der Architekturtheorie schlummert ein Paradoxon: Bauwerke werden dafür errichtet, Bestand zu haben, und daher überdauern sie die substanzlosen Historienspiele, von denen sie hervorgebracht werden. Einmal von den Fesseln der unmittelbaren Nützlichkeit und den Absichten ihrer Schöpfer befreit, sind sie sich selbst überlassen. Die großen Bauwerke währen sehr viel länger als die Zwecke, für die sie erbaut wurden, als die Technologien, derer sich ihre Erbauer bedienten, und als die Ästhetik, die ihre Gestalt bestimmte. Sie müssen zahllose Verstümmelungen, Ergänzungen, Teilungen und Vervielfachungen über sich ergehen lassen, und es dauert nie lange, bis ihre Form und ihre Funktion nur noch wenig miteinander zu tun haben. Der Architekt Aldo Rossi beobachtete in seiner norditalienischen Heimat, dass es »große Bauwerke oder ganze Baukomplexe gibt, die einen wesentlichen Bestandteil der Stadt ausmachen, aber nur ausnahmsweise ihre ursprüngliche Funktion beibehalten. Wenn man ein solches Baudenkmal besucht, ist man überrascht von der Vielzahl seiner Funktionen, die anscheinend in keinerlei Zusammenhang mit seiner Gestalt stehen.«[5]

Das geheime Leben der Bauwerke widerspricht in den meisten Fällen den zuversichtlichen Postulaten der Architekturtheorie. Es ist ein launenhaftes Leben, wechselvoll und unvorhersehbar. Aber allzu oft wird so getan, als wäre dieser Widerspruch zwischen Theorie und wirklichem Leben nur für Spezialisten von Interesse, die sich mit der Erhaltung des Kulturerbes oder mit der Innenarchitektur befassen. Wir wissen alles über die Biographie von Le Corbusier und Frank Lloyd Wright, während uns vieles aus der Lebensgeschichte der von ihnen entworfenen Bauwerke unbekannt ist. Studien zur Entwicklung jener wunder- und wandelbaren Ungeheurer, die wir als Bauwerke bezeichnen, sind sehr viel schwerer zu finden als unerhebliche Details aus dem Leben der Ungeheuer, die sie entworfen haben.

Aber es gibt Ausnahmen. Im 19. Jahrhundert entwickelten der Franzose Eugène-Emmanuel Viollet-le-Duc und der Engländer John Ruskin konkurrierende Theorien zur Erhaltung alter Bauwerke, und im 20. Jahrhundert übernahmen Kunsthistoriker wie Alois Riegl und Cesare Brandi die Auslegung ihrer Philosophien. In der von der Zukunft besessenen Ära der Moderne beschäftigten sich nur Jože Plečnik und Carlo Scarpa ernsthaft mit der Veränderung der Bauwerke aus der Vergangenheit und entwarfen faszinierende Hybridgebäude, in denen moderne Architektur in Schichten über die Substrate früherer Epochen gelegt wurde. In jüngerer Zeit widmeten sich Fred Scott in *On Altering Architecture* sowie Graeme Brooker und Sally Stone in *Rereadings* aus der Sicht des Innenarchitekten, dessen Tätigkeit fast ausschließlich in der Veränderung bestehender Gebäude besteht, diesem Thema.

Doch die Tatsache, dass sich alle großartigen Bauwerke im Lauf der Zeit verwandeln, wird oft wie ein schmutziges Geheimnis behandelt, wie etwas, das bestenfalls Anlass zu melancholischen Betrachtungen gibt. Dieses Buch wurde nicht nur geschrieben, um zu zeigen, dass sich alle Bauwerke im Lauf ihres Lebens verwandeln. Es will auch zeigen, dass sie sich sogar verwandeln *sollten.* Es ist nicht nur eine Geschichte des Wandels von Bauwerken, sondern auch ein Manifest für diesen Wandel.

*

Die Bauwerke, deren geheimes Leben in diesem Buch erzählt wird, sind allesamt bekannt, und einige von ihnen erkennt man im *Traum des Architekten* wieder. Das Buch beginnt dort, wo alle Erzählungen über die europäische Architektur beginnen müssen: beim Parthenon. Anschließend werden in einer Reihenfolge, die durchaus der eines orthodoxen Lehrbuchs entspricht, architektonische Meisterwerke vom Markusdom in Venedig bis zu einer Version von Le Corbusiers »strahlender Stadt« untersucht. All diese Bauten sind feste Bestandteile der europäischen Kultur, deren *Ultimae Thules* in diesem Kontext der Strip in Las Vegas im Westen und die Westmauer in Jerusalem im Osten sind. (Die Architektur der übrigen Welt ist weniger als die abendländische vom Imperativ der Dauerhaftigkeit besessen – beispielsweise bestehen die antiken Gebäude Japans aus Papier – und brauchen daher eigentlich kein Gegengift.)

Aber der orthodoxe Rahmen dieser Studie ist durchaus ironisch gemeint, denn diese sogenannten Meisterwerke sind zu launenhaft, um irgendeinem Meister zu gehorchen. Sie werden ruiniert, gestohlen oder vereinnahmt. Sie schweben davon und pflanzen sich fort, entwickeln sich weiter und werden in andere Sprachen übersetzt, simuliert, restauriert und in Prophezeiungen verkündet. Sie werden zu heiligen Reliquien, zu sinnentleerten Spektakeln und zu Kriegsgründen. In diesem Buch behaupte ich, dass sie ihre Schönheit ihrem langen und wechselvollen Leben verdanken. Der amerikanische Theoretiker Christopher Alexander erklärt: »Wenn ein Bauwerk leblos oder unwirklich ist, so steckt fast immer ein großer Kopf dahinter. Es ist derart vom Willen seines Schöpfers durchdrungen, dass es kein eigenes Wesen entwickeln kann.«[6] Zeitlose Schönheit »kann nicht geschaffen werden, sondern nur indirekt aus dem normalen menschlichen Handeln hervorgehen, so wie eine Blume nicht erzeugt werden, sondern nur aus einem Samen wachsen kann«.[7]

Die in diesem Buch beschriebenen Bauwerke verändern ihre Gestalt von Jahrhundert zu Jahrhundert, weshalb man ihnen mit den herkömmlichen Chronologien der Baustile, die für Ordnung in der Architekturgeschichte sorgen, nicht beikommt. Wenn es eine Struktur gibt, in die man die Abfolge der Geschichten einordnen könnte, so beruht diese auf dem Wandel der Einstellung zur Veränderung von Bauwerken im Lauf der Zeit. Der Westgote, der mittelalterliche Mönch und der moderne Archäologe haben allesamt vor demselben klassischen Bauwerk gestanden, aber sehr unterschiedliche Vorstellungen von seiner Zukunft gehabt, die von einer gründlichen Plünderung über einen ikonoklastischen Exorzismus bis zur behutsamen Ausgrabung reichen. Jede dieser Annäherungen an das Bauwerk stellt einen Kommentar zur vorgefundenen Interpretation dieses Baus dar, obwohl sie nicht unbedingt eine Verbesserung sein muss.

Alle Geschichten sind in gewisser Hinsicht Kommentare zu ihren Vorläufern, und dasselbe gilt für bauliche Eingriffe, die an sich eine Kritik am veränderten Bauwerk darstellen. Bertolt Brecht meinte einmal, kreativ sein könne jeder. Die Kunst bestehe darin, andere Autoren umzuschreiben.[8] Ein Theaterstück oder eine musikalische Komposition wird mit jeder Aufführung neu interpretiert und umgeschrieben, und diese Umdeutungen finden ohne die Furcht statt, mit der wir die Veränderung bestehender Bauwerke in Angriff nehmen. Musiker und Schauspieler gelten als kreative Helden, ohne je ein neues Kunstwerk schaffen zu müssen. Es wird akzeptiert, dass ihre Interpretationen der Werke Bachs oder Brechts ebenso wertvolle Beiträge zu unserer Kultur sind wie jede neue Komposition.

Es gibt Analogien zur Veränderung bestehender Bauwerke. So hatten die Schwierigkeiten, die bei frühen Konzerten oder bei »zeitgenössischen« Aufführungen von Shakespeares Stücken auftraten, große Ähnlichkeit mit den Problemen, welche die Denkmalschützer des 19. Jahrhunderts zu bewältigen hatten. Hingegen können »moderne« Auslegungen wie Karajans Beethoven-Interpretationen oder Hollywood-Adaptationen von Jane Austen mit dem Werk eines Renaissance-Architekten verglichen werden, der versucht, eine gotische Kirche in die Sprache der klassischen Architektur zu übersetzen.

Nun könnte eingewandt werden, dass man die Architektur nicht mit der Literatur oder der Musik vergleichen könne, weil Texte und Partituren von der Auslegung unberührt blieben, während Veränderungen an einem Bauwerk dessen Gestalt irreversibel veränderten. Daher könnten sie das umgedeutete Kunstwerk zerstören, während die Auslegung eines Theaterstücks oder einer Komposition durch einen Regisseur oder Dirigenten keinen solchen Schaden anrichten könne. Es gibt jedoch einen Bereich, in dem die Auslegung und ihr Gegenstand nicht voneinander zu trennen sind: die mündliche Überlieferung. Wird eine Geschichte nicht niedergeschrieben, so gibt es nur ein Skript für ihre nächste Aufführung: die vorangegangene Erzählung. Das bedeutet, dass die Entwicklung jeder Geschichte iterativ ist: Jede Neuerzählung bedingt die folgende, und Geschichten von der *Ilias* bis zu *Rotkäppchen* wurden von jedem Erzähler nicht nur bewahrt, sondern auch verändert – so lange, bis sie schriftlich festgehalten werden. Ein klassisches Beispiel ist die Geschichte vom Aschenputtel, die im Mittelalter erstmals in Europa zu Papier gebracht wurde. Der Schuh, der im Mittelpunkt der Handlung steht, ist im Englischen aus Glas, im Deutschen aus Gold und im Russischen aus Gummi. In der deutschen Version schneiden sich die hässlichen Schwestern sogar die Zehen ab, um ihre Füße in den Schuh zu zwängen. In einer chinesischen Variante der Geschichte aus dem 9. Jahrhundert ist die gute Fee ein Fisch und der Ball im königlichen Palast ein Dorffest. Aber Aschenputtel ist immer Aschenputtel.

Bauwerke sind weniger leicht zu transportieren als Geschichten, aber es gibt aufschlussreiche Parallelen zwischen den Übertragungsmodi. Wie Christopher Alexander beobachtet hat, ist kein Bauwerk je vollkommen: »Jedes Bauwerk ist bei seiner Errichtung ein Versuch, eine sich selbst erhaltende, vollkommene Anordnung zu finden. Aber die Voraussagen erweisen sich immer als falsch. Die Menschen verwenden die Bauwerke stets anders als ursprünglich beabsichtigt.«[9] Soll der Bau weiterhin den menschlichen Zwecken dienen, muss er daher verändert werden. Jedes Mal, wenn das geschieht, »nehmen wir an, dass wir das Gebäude verwandeln werden, dass neue vollständige Einheiten entstehen werden, ja dass das Ganze, das repariert wird, durch die Reparatur ein anderes Ganzes werden wird«.[10] Mit jeder Veränderung wird das Bauwerk »neu erzählt«, das heißt beschrieben, wie es zum gegebenen Zeitpunkt aussieht – und wenn die Veränderung abgeschlossen ist, wird es zum Stoff für die nächste Erzählung. So wird durch wiederholte Veränderung und Wiederverwendung das Leben des Bauwerks sowohl verlängert als auch in eine andere Richtung gelenkt.

Genauso werden Geschichten von Generation zu Generation überliefert, bewahrt und ein ums andere Mal neu erfunden. Tatsächlich haben die Bauwerke, deren geheime Geschichten in diesem Buch nacherzählt werden, Metamorphosen durchlebt, die Wesenszüge von Märchen oder Mythen aufweisen. Die Geschichte der Verwandlung der Berliner Mauer in wertvolle Reliquien lässt mich immer an die Müllerstochter in *Rumpelstilzchen* denken, die aus Stroh Gold zu spinnen versucht, während die Geschichte von der wunderbaren Übertragung des Heiligen Hauses in Loreto die Frage aufwirft: Aber was ist nun *wirklich* geschehen?

Ich weiß nicht, was wirklich geschah, und die Beantwortung einer solchen Frage wäre etwa so nützlich wie die Identifizierung des wirklichen Rotkäppchens. Es ist nicht Zweck dieses Buches, die Geschichten (oder Bauwerke), die wir von unseren Vorfahren geerbt haben, zu dekonstruieren. Vielmehr will ich diese Geschichten erzählen, damit andere in Zukunft dasselbe tun können. Geschichten sind wie Geschenke: Sie müssen ohne Skepsis angenommen und mit anderen geteilt werden.

Bei Geschichten wie bei Gebäuden ist die schrittweise Veränderung ein paradoxer Mechanismus der Bewahrung: Nicht ein einziges der Bauwerke, deren geheimes Leben hier nacherzählt wird, hat dadurch, dass es verändert wurde, etwas verloren. Vielmehr haben sie alle dank dieser Veränderungen besser überlebt, als es möglich gewesen wäre, wenn sie nie jemand verändert hätte. In der Architektur begegnet man allzu oft der Vorstellung, Bauwerke seien unwandelbar und sollten es auch sein. In Wahrheit verwandeln sie sich, und zwar seit jeher. Bauwerke sind Geschenke, und deshalb müssen wir sie weitergeben.

# Der Parthenon in Athen

## Worin eine Jungfrau geschändet wird

Die Zerstörung der großen Moschee von Athen.

# Ruine

*Der Parthenon ist der Traum des Architekten. Er ist vollkommen. Er zeigt, was Architektur war, ist und sein sollte.*

*So heißt es zumindest. Für Perikles, unter dessen Ägide der Parthenon erbaut wurde, war dieser Tempel das Symbol einer Stadt, die sich als »Schule von Hellas« betrachtete. Thukydides sprach sich gegen den Bau aus, weil er meinte, der Parthenon werde spätere Generationen dazu verleiten, sich eine sehr viel bedeutendere Zivilisation vorzustellen, als es Athen je gewesen sei. Thukydides traf es ziemlich genau, denn Athen wurde nicht nur die Schule von Hellas, sondern die Schule des Abendlands, und der Parthenon ist bis heute das Ideal der abendländischen Architektur.*

*Wie Vitruv schrieb, findet man im Parthenon ein vollkommenes Gleichgewicht von Zweckdienlichkeit, Stabilität und Schönheit. Der Parthenon ist schön im Sinn der Renaissance: Nichts, was man hinzufügen oder entfernen würde, könnte dieses Bauwerk verbessern. Für die Mitglieder der Londoner Gesellschaft der Dilettanti, die den Parthenon im 18. Jahrhundert besuchten, war er das Modell für die zivilisierte Kunst, und die Bürger der neuen griechischen Nation, die sich im Jahr 1837 davor versammelten, sahen in diesem Tempel das Symbol der Freiheit. Der französische Architekt Viollet-le-Duc beschrieb den Parthenon als den vollkommenen Ausdruck rationaler Bauweise. Le Corbusier verglich die Schmuckelemente mit den geschwungenen Linien eines Sportwagens und bezeichnete den Parthenon als »reine Schöpfung des Geistes«.*

*Der Parthenon ist überall. Er steht in Nashville in Tennessee, errichtet im Jahr 1897 für eine Kunsthandwerksausstellung, und am Ufer der Donau bei Regensburg. Dem Sitz des Obersten Gerichtshofs von Sri*

*Lanka verlieh man zusätzliches Gewicht, indem man einen Parthenon als Vorbau hinzufügte. Die Kunsthochschule in Edinburgh wurde errichtet, um Abgüsse jener Skulpturen zu beherbergen, die einst den griechischen Tempel schmückten. Und in aller Welt ist der Parthenon ein Symbol von Kunst und Zivilisation, Freiheit und unvergänglichem Ruhm.*

*Der Parthenon verkörpert, was die Architektur ist und sein sollte, aber das Fundament all der vollkommenen Parthenons, welche die Architektur hervorgebracht hat, besteht aus einem Haufen zerschlagener Steine, die alles andere als vollkommen sind. Die platonischen Philosophen im alten Athen hätten gesagt, die Akropolis werde von einer verstümmelten Reliquie aus frühester Zeit gekrönt: der physische Parthenon könne nie mehr sein als ein fahler Schatten jenes idealen Tempels, der nur in der menschlichen Vorstellung existiere. Heute ist dieses Modell der Architektur nur noch das Phantom eines Schattens einer Idee, eine Ruine.*

## Um 460

Einst hatte ein Athener Philosoph einen Traum. Proklos schlief in seinem kleinen Haus unterhalb der Akropolis, als ihm eine mit Schild und Speer bewaffnete Göttin erschien und sagte: »Bereite dein Haus vor. Sie haben mich aus meinem Tempel vertrieben.«[11]

Proklos wusste genau, wer die Göttin war, denn er hatte sein Leben lang auf sie gewartet. Jeden Tag führte er seine Schüler auf den Hügel oberhalb seines Hauses, wo er ihnen die Göttin und ihren Tempel zeigte und ihnen die Geschichten der in das Gebäude gemeißelten Marmorfiguren erzählte.

Er zeigte ihnen die Skulpturen im Ostgiebel des Tempels und erklärte, dass im Fries die Geburt der Göttin Athene dargestellt sei, denn Athene war nicht von einer Mutter ausgetragen worden, sondern in voller Rüstung dem Kopf ihres Vaters Zeus entsprungen, den Hephaistos auf Wunsch des Zeus mit einer Axt geöffnet hatte. Da Athene nicht die Frucht einer geschlechtlichen Vereinigung war, schwor sie, sich jeder Liebesbeziehung zu enthalten. Deshalb wurde sie *Parthenos* genannt, die Jungfräuliche. Aber Hephaistos, der sie mit seiner Axt zur Welt gebracht hatte, versuchte Athene zu vergewaltigen. Er war so erregt, dass er seinen Samen auf ihrem Oberschenkel vergoss. Athene wischte den Samen angewidert ab und schleuderte ihn auf den Boden der Akropolis, wo ein Ungeheuer daraus entsprang, halb Mensch und halb Schlange. Athene zog dieses Geschöpf, dessen Name Erichthonios war, wie einen Sohn auf. Erichthonios wurde der erste König von Athen.

Nach diesen Erklärungen führte Proklos seine Schüler zum

Westgiebel, wo ein Mann und eine Frau, in Marmor gemeißelt, in ewigem Gegensatz verharrten. Athene lag einst im Streit mit ihrem Onkel Poseidon, dem Gott des Meeres, denn beide beanspruchten die Herrschaft über die Akropolis. Die klugen Menschen, die dort lebten, schlugen den Göttern eine einfache Lösung für ihren Zwist vor: »Gebt uns Geschenke«, sagten sie, »und derjenige, dessen Geschenk nützlicher ist, soll unser Gott sein.«

Poseidon bekundete dröhnend sein Einverständnis und rammte seinen Dreizack in den Felsen, auf dem später die Akropolis, die Oberstadt, entstehen sollte. Die Erde erbebte, und im Felsen tat sich eine Meerwasserquelle auf. Athene schwieg dazu. Dann beugte sie sich vor und pflanzte einen Setzling in die Erde. »Wartet«, sagte sie. Und der Setzling wuchs zum ersten Olivenbaum, der nahrhaftes Öl und Brennholz und viele nützliche Dinge spendete.

Die klugen Bewohner entschieden sich für Athenes Geschenk und gaben ihrer Stadt den Namen der Göttin. Und Athene steckte die Athener mit ihrer Liebe zum Wissen an. Die Philosophen debattierten und lehrten, von Sokrates über Platon, Aristoteles, Zenon bis hin zu Proklos. Der Hain der Akademie und die Stoa, die Säulenhalle auf dem Marktplatz, gaben Konzepten des Lernens und der Lebensführung ihren Namen. Sophokles, Euripides und Aischylos schrieben ihre wunderbaren Tragödien für das Theater von Athen, während Aristides und Demosthenes in der Volksversammlung die Redekunst entwickelten. Und Thukydides hielt ihre Taten in seiner unsterblichen Geschichte des Peloponnesischen Kriegs fest. Im strahlenden Morgen der Zivilisation erfanden und verfeinerten die Athener sämtliche Künste: Rhetorik, Politik, Philosophie, Drama, Geschichtsschreibung, Skulptur, Malerei und Architektur. Und indem sie das taten, verwandelten sie ihre Stadt in die »Schule von Hellas«.

Ihr politischer Führer Perikles bewegte die Athener dazu, ihre Errungenschaften in Marmor zu hauen und Athene einen großartigen Tempel zu errichten, damit nicht nur die Seele, der Verstand und das Gehör ihre heilige Weisheit wahrnehmen könnten, sondern auch die Augen. Der Tempel war wie jedes andere Heiligtum dieser Art eine von einem Säulengang umgebene abgedunkelte Kammer, aber sein Glanz hob ihn von seinen Konkurrenten und Vorgängern ab. Dieser Glanz hatte nichts mit der Größe des Bauwerks oder den Baukosten zu tun. Vielmehr beruhte er auf den Proportionen und der raffinierten Bauart des Gebäudes, dessen Steine dieselbe unsterbliche Jugend und Kraft ausstrahlten wie die gemeißelten Körper, mit denen sie verziert waren.

Im Tempel der Weisheit gab es nicht eine einzige gerade Linie. Die Plattform, auf der er stand, war leicht konvex, was den Eindruck erweckte, der Tempel löse sich von der Erde. Die Säulen des Peristyls waren keine einfachen Zylinder, sondern sie waren im unteren Bereich dicker als oben. Eine leichte Krümmung erweckte den Eindruck, als bögen sich die Säulen, um den Architrav und das Dach zu tragen. Außerdem neigten sie sich einander zu, weshalb sie sich, hätte man sie in den Himmel verlängert, mehrere Kilometer über dem Tempel berührt hätten. Das Gebäude war nicht einmal symmetrisch, sondern neigte sich geringfügig nach Süden, wodurch es noch beeindruckender wirkte, wenn man in der Ebene unterhalb des Felsens stand.

Der Tempel der Weisheit war nicht einfach ein Bauwerk: Die Säulen, die das Heiligtum umgaben, waren kraftvoll und wohlproportioniert wie Götter oder Heroen. Sie standen in einer schützenden Phalanx um die göttliche Bewohnerin des Hauses und harmonierten so vollkommen miteinander, dass man sie selbst als einen Körper betrachten konnte, als den Körper der jungfräulichen Athene. Und da dieser Tempel der Leib einer göttlichen Jungfrau war, alterte er nie. Plutarch schrieb etwa fünf Jahrhunderte nach seiner Errichtung über den Parthenon: »Dieses Bauwerk strahlt eine blühende Jugend aus, […] die es vor der Berührung der Zeit bewahrt, als wäre es von einem unsterblichen Geist und ewiger Lebendigkeit erfüllt.«[12]

Nachdem er seinen Schülern das Gebäude von außen gezeigt hatte, führte Proklos sie ins Innere, ins *Hekatompedon*, den »Hundert-Fuß-Schrein«. Dort stand eine etwa sechs Meter hohe Statue der Athene aus Gold und Elfenbein. Sie trug Helm, Schild und Speer und hielt eine Figur der geflügelten Siegesgöttin Nike in einer Hand.

Dieses Bild der Athene, erklärte Proklos seinen Schülern, war ein Werk des Bildhauers Phidias, eines Freundes des Perikles. Man sollte meinen, die Athener hätten ihn nach der Fertigstellung dieses großartigen Kunstwerks mit Ehren überhäuft. Stattdessen beschuldigten sie ihn, einen Teil des für die Statue bestimmten Goldes gestohlen zu haben. Nicht einmal seine Freundschaft mit Perikles bewahrte ihn vor dem Gefängnis. Er starb im Kerker. So wurde Athene zum zweiten Mal von dem missbraucht, der sie geschaffen hatte.

Nach einem Rundgang durch den Tempel führte Proklos seine Schüler wieder hinaus, um ihnen den Skulpturenfries auf den Außenmauern des Heiligtums zu zeigen. Der Fries zeigte eine Prozession von Reitern, Würdenträgern samt Gefolge sowie Frauen, die Wasser und Öl trugen. Angeführt wurde der Festzug von einem Kind, das ein Gewand für die Göttin, den *Peblos*, in den Händen hielt.

Vor langer Zeit, erklärte Proklos seinen Schülern, hatte ein mazedonischer Feldherr namens Demetrios Poliorketes (der »Belagerer der Städte«) die Herrschaft über Athen errungen. Zu seinen Ehren hatten die Athener ein herrliches Gewand gewoben und mit Szenen seiner großen Siege verziert. So war der Brauch entstanden, der Athene des Phidias einmal im Jahr feierlich den Peblos zu übergeben. Er wurde von einer Gruppe von Jungfrauen – den *parthenoi* – gewoben, die im hinteren Teil des Tempels in einem Raum lebten, der nach ihnen und ihrer Göttin benannt war. Da die Athener keinen königlichen Palast anzubieten hatten, luden sie Demetrios ein, sich im Parthenon einzurichten, im Jungfrauengemach, wo er der Göttin nahe sein konnte, die von da an das mit den Triumphen des Demetrios verzierte Gewand trug.

Aber Demetrios war ein barbarischer Despot mit mindestens vier Ehefrauen, zahllosen Mätressen und einem unstillbaren sexuellen Verlangen. Ein junger Mann soll sich auf der Flucht vor dem zudringlichen Demetrios in einen mit kochendem Wasser gefüllten Kessel gestürzt haben. Und das Gewand, auf dem Demetrios dargestellt war, stellte sich als zweifelhaftes Geschenk heraus, für das ein blasphemischer Preis zu bezahlen war. Man kann sich vorstellen, wie Demetrios mit den jungfräulichen Weberinnen und ihrer unglücklichen Göttin verfuhr. Doch seine Herrschaft währte nicht lange. Sein Rivale Lachares entriss ihm Athen und zog ebenfalls ins Heiligtum der Athene ein. Das Gold in der Skulptur ließ er herausbrechen, um seine Soldaten damit zu bezahlen.

Athene war viele Male geschändet worden und blieb doch die jungfräuliche Göttin, die in vollkommener und unvergänglicher Schönheit in ihrem Jungfrauengemach lebte. Mittlerweile trug der 900 Jahre alte Tempel auch den Namen der Jungfrau: Parthenon. Die Römer, die Heruler und die Westgoten, die im Lauf der Jahrhunderte Athen erobert hatten, hatten viele schreckliche Verbrechen begangen, erzählte Proklos: Sie hatten Athen in Schutt und Asche gelegt, die Bewohner versklavt und viele Schätze der Stadt geraubt – aber den Parthenon hatten sie nicht angerührt. Nero war derart betört von der Schönheit des Tempels, dass er seinen Namen in bronzenen Buchstaben dort anbringen ließ, und Alexander der Große spendete dem Parthenon 300 persische Schilde, um die 300 Hellenen zu ehren, die in der Schlacht bei den Thermopylen gefallen waren. Proklos beendete seinen Vortrag über den Tempel stets mit den Worten »Möge er ewig so bleiben«, um anschließend in sein kleines Haus am Südhang der Akropolis zurückzukehren und über die unantastbare Weisheit Athenes nachzudenken.

Dann, im Jahre des Herrn 391, ließ Theodosius, der Kaiser des oströmischen Reichs, seinen Untertanen verkünden: »Niemand soll die Heiligtümer und Tempel betreten oder den Blick zu den von Menschenhand geschaffenen Statuen erheben.«[13] Er erklärte die den alten heidnischen Gottheiten gewidmeten Festtage zu Arbeitstagen und ließ die Tore der Tempel schließen.

Die Christen nahmen den Tempel der Weisheit in Besitz und verwandelten ihn in eine Kirche. Der *Parthenon*, das Jungfrauengemach im hinteren Teil des Bauwerks, wurde zu einer Vorhalle, und das Hekatompedon zum Kirchenschiff. Vor das verschlossene Tor zum Hekatompedon wurde der Altar gestellt, und dort, wo sich die Athene-Figur des Phidias befunden hatte, wurde die Wand für ein neues Tor durchbrochen. Von nun an schüttelten die Gläubigen, die das Gotteshaus betraten, dort, wo die Göttin gestanden hatte, den Staub von ihren Sandalen. Der Tempel, dessen Tore sich nach Osten geöffnet hatten, um das Licht der aufgehenden Sonne hereinzulassen, blickte nun in die entgegengesetzte Richtung, so dass der Altar der Christen vom Abendlicht beleuchtet wurde. Und die krönende Ironie bestand darin, dass die Christen ihre neue Kirche auf den Namen »Hagia Sophia« tauften, was »Heilige Weisheit« bedeutet.

Rund 50 Jahre später vollendete die Göttin der Weisheit das Werk der Christen. Athene erschien Proklos in seinem Traum und flüsterte ihm ihren Befehl ins Ohr: »Bereite dein Haus vor. Sie haben mich aus meinem Tempel vertrieben. Von nun an werde ich bei dir wohnen.« Proklos begann vor Glück zu weinen, und dann machte er sich an die Vorbereitungen. Es wird erzählt, die Göttin sei in sein kleines Haus am Südhang der Akropolis eingezogen und nie wieder gesehen worden. Ihr leeres Bildnis wurde aus dem Heiligtum entfernt und von den Vertretern des Kaisers nach Konstantinopel gebracht. Und so wurde der Parthenon, dessen göttliche Bewohnerin vertrieben worden war, zum ersten Mal geschändet.

Acht Jahrhunderte später schlug der christliche Pöbel von Konstantinopel eine alte Statue in Stücke, die angeblich von einem

Teufel besessen war. Es wurde berichtet, diese Statue sei sechs Meter hoch gewesen. Sie trug Helm, Schild und Speer und hielt eine geflügelte Nike in der Hand.

## 1687

Als der Parthenon etwa 21 Jahrhunderte alt war, wurde er ein zweites Mal geschändet. Die Heilige Liga der Christenheit marschierte gegen Athen, das mittlerweile Teil des Osmanischen Reichs war, und belagerte die Akropolis. Kanonenkugeln hagelten auf den Marmor herab, und schwarzer Rauch verdunkelte den Himmel. Von Entsetzen gepackt, suchten die auf dem Felsen eingekesselten Angehörigen des Harems der osmanischen Garnison Zuflucht in ihrer Moschee. Während draußen die Kanonen donnerten und die Mauern barsten, versuchten die Frauen ihre Kinder im Schatten des Tempels zu trösten, indem sie ihnen Geschichten erzählten.

Eine Frau erzählte, was der türkische Reisende Evliya Çelebi berichtet hatte: Diese Moschee war vor Tausenden Jahren von einem Weisen namens Platon als Religionsschule erbaut worden, erzählte sie, und Platon hatte von dem Thron, den der Imam nun beim Gebet nutzte, seine Vorträge gehalten. Er hatte hier mit der Göttin Athene gelebt, die ihm Weisheit geschenkt hatte. Die Moschee stand seit vielen Tausend Jahren hier, versicherte sie den Kindern, und sie würde gewiss nicht einstürzen.

Jener Platon hatte auch den *Mihrab* gebaut, die nach Mekka ausgerichtete und mit Alabaster ausgekleidete Gebetsnische. Der Alabaster schimmerte sogar jetzt, unter dem Bombardement, in der Dunkelheit. Die Frau deutete auf die Nische: »Seht ihr, sie glüht immer noch! Allah hat uns noch nicht verlassen.« Platon hatte die bronzenen Tore aus Troja mitgebracht und als Türen für seine Akademie verwendet. »Die Tore Trojas, die nur durch Verrat überwunden werden konnten, werden uns beschützen«, sagte die Frau.

Eine Christin aus dem Harem erzählte, was ein anderer Reisender berichtet hatte, der Italiener Niccolo da Martoni: Platon hatte lange vor der Geburt Jesu gelebt und noch viel länger vor der Geburt Mohammeds, und zu Platons Zeiten waren die Menschen im Streben nach Weisheit in Scharen in dieses Gebäude geströmt. Eines Tages hatte ein junger Schüler namens Dionysios in der Vorhalle gestanden, als sich der Himmel verdunkelte und die Erde zu zittern begann: Der junge Dionysios hatte das Gefühl, dass etwas Bedeutsames geschehe. Der Boden unter seinen Füßen bewegte sich, und er klammerte sich an eine massive Säule, neben der er gerade stand. Mit seinem Messer ritzte er ein Zeichen in den Marmor: ein Kreuz. Und an demselben Tag, erzählte die Christin, war Jesus Christus am Kreuz gestorben, um Buße für die Sünden der Menschen zu tun. Sie bekreuzigte sich.

Als die Christen später aus der Moschee eine Kirche machten, wiederholten sie den kleinen Vandalenakt des Dionysios wieder und wieder. Sie arbeiteten sich durch den Fries und schlugen den Reitern, den Würdenträgern, den Frauen, die Öl und Wasser trugen, und dem Mädchen, welches das heilige Gewand trug, die Köpfe ab: Dies waren heidnische Götzenbilder, und der Tempel war eine Heimstatt des Teufels. Nur eine Skulptur, die eine stehende und eine sitzende Frau darstellte, ließen die Christen unberührt, da sie glaubten, dieses Paar stelle Mariä Verkündigung dar. Die Jahrhunderte verstrichen, und jeder Erzbischof, der den Tempel besuchte, ritzte seinen Namen in die Marmorwände, so wie Dionysios einst ein Kreuz in die Säule geritzt hatte. In jenen Tagen, erzählte die Christin, hätten in dieser dunklen Halle goldene Mosaike geglänzt, und die von Wolken aus Weihrauch schwere Luft sei vom Glockenläuten und vom Gesang der Gläubigen erfüllt gewesen. Es habe dort eine Ikone der Heiligen Mutter Gottes gegeben, die der Heilige Lukas persönlich nach der leibhaftigen Maria gemalt habe. Dort sei ein Exemplar der von der

Heiligen Helena abgeschriebenen Evangelien aufbewahrt worden, außerdem der Kopf des Heiligen Makarios, die Arme des Heiligen Dionysios, des Heiligen Cyprian und des Heiligen Justin sowie ein Ellbogen des Judas Makkabäus.

Als die Christin ihren Vortrag beendet hatte, nahm die Muslimin den Faden auf. Vor nicht allzu langer Zeit, erklärte sie, als das Römische Reich der Christen schließlich von den Heerscharen des Propheten erobert worden war, hatten diese die Kirche in eine Moschee verwandelt. Sultan Mehmed hatte den Tempel besucht und seine Schönheit bewundert. Wie vor ihnen die Christen, entfernten die Anhänger des Propheten die gotteslästerlichen Bilder aus dem Tempel, und die entsetzlichen Fresken, auf denen das Jüngste Gericht zu sehen war, wurden übertüncht. Doch es gab ein Bild, das sie nicht zu entfernen wagten, ein Mosaik der Jungfrau Maria im Gewölbe des Mihrab. Einst hatte ein Soldat mit seiner Waffe darauf gezielt, aber die Heilige Jungfrau hatte zur Strafe seinen Arm verkümmern lassen. Daher durfte das Bild an seinem Platz bleiben, obwohl die neuen Herren es missbilligten.

Die jungfräuliche Göttin der Weisheit, die eine geflügelte Siegesgöttin in der Hand hielt, war seit vielen Jahrhunderten nicht mehr Herrin über den Parthenon, aber etwas von ihrem Geist blieb in der Moschee, die einst der Tempel der Weisheit gewesen war. Deshalb glaubten die Frauen und Kinder, dass der Geist des Parthenon sie beschützen werde, und harrten im Dunkel des Tempels aus. Und unter dem Einfluss dieser Geschichten beschloss der Kommandant der Garnison, neben den Frauen und Kindern auch einen großen Schießpulvervorrat im Tempel in Sicherheit zu bringen.

Die Streitmacht der Heiligen Liga beschoss die osmanische Stellung drei Tage lang, aber die Akropolis hielt stand: Sie schien tatsächlich unverwundbar, wie die Frauen und der Kommandant geglaubt hatten. Doch am dritten Tag der Belagerung verriet ein osmanischer Deserteur den Angreifern, dass in der alten Moschee ein Pulverlager versteckt war.

Also nahmen die christlichen Kanoniere sie aufs Korn.

Die Explosion ließ die Erde erbeben. Das Herz der Moschee löste sich in Staub auf, und die Säulen der nördlichen und südlichen Kolonnaden stürzten ein. Noch anderthalb Kilometer von der Akropolis entfernt regneten Marmorscherben auf die Hügel herab. Zwei Tage lang wütete ein Feuer auf der Akropolis, und fast alle Menschen, die im Tempel Schutz gesucht hatten, fanden den Tod.

Der Heerführer der Heiligen Liga, Francesco Morosini, schickte eine knappe Meldung an den Senat von Venedig: »Ein glücklicher Schuss traf ein Depot, das eine beträchtliche Menge Schießpulver enthielt«, schrieb er. »Es war unmöglich, die Flammen zu löschen.«[14]

Die osmanischen Verteidiger kapitulierten, und Morosini erklomm die rauchende Ruine, deren Herr er nun war. Seine Soldaten montierten Seilrollen und kletterten zum Westgiebel hinauf, wo Athene und Poseidon ihren Wettstreit um die Hoheit über Athen ausfochten. Die Soldaten taten, was die Venezianer bei jeder Eroberung taten: Sie montierten die Statuen ab, um sie nach Venedig zu bringen, wo sie die Plätze und Paläste ihrer räuberischen Republik schmücken würden. Aber die Flaschenzüge rissen aus ihren Verankerungen. Athene und Poseidon stürzten in die Tiefe und zersplitterten. Morosini ließ die Ruine zurück, und nach etwa einem Jahr wurde sie an die Osmanen zurückgegeben. Die Heilige Liga hatte wichtigere Dinge zu tun, als sich mit einer verfallenen Moschee zu beschäftigen.

So war der Parthenon, dessen jungfräuliche göttliche Hausherrin vertrieben worden war und der mit einem Schlag seinen Nutzen als Gebäude verloren hatte, ein zweites Mal geschändet worden. Aber es gab eine Überlebende: Es wird erzählt, dass ein jungfräuliches Mädchen aus den Trümmern hervortrat, als die Truppen der Heiligen Liga die Ruine des Parthenon erreichten. Es ist nicht überliefert, was die Soldaten mit ihr taten.

# 1816

Als der Parthenon sein 23. Lebensjahrhundert erreichte, wurde er ein drittes Mal geschändet. Das britische Oberhaus tagte in Westminster und debattierte über einen Vorschlag des Earl of Elgin, der seine Sammlung von Marmorstatuen an das British Museum verkaufen wollte.

Im Gartenschuppen seines Hauses in der Londoner Park Lane bewahrte der Earl of Elgin einen Haufen von Marmorfragmenten auf. Einst waren es vollkommene, schöne, makellose Figuren gewesen, aber jetzt fehlten ihnen die Nasen, Köpfe, Hände und Füße. Sie waren zerschlagen und zerkratzt und vom Zahn der Zeit angefressen – und dasselbe galt für Lord Elgin. Nun stand er vor dem Hohen Haus und erzählte seine Geschichte.

In seiner fernen Jugend hatte er wie jeder junge Adlige, der auf sich hielt, nach Vervollkommnung und Verfeinerung, nach Schönheit und Wahrhaftigkeit gestrebt. Um die Kunst der Kriegsführung zu erlernen, hatte er Herodot und Thukydides gelesen, und um ein kluger Staatsführer zu werden, hatte er Plutarch studiert. Um Weisheit zu erlangen, hatte er sich in Platon und Aristoteles vertieft, und um sein ethisches Empfinden zu schulen, hatte er die Werke des Euripides und des Aischylos gelesen.

Lord Elgin wusste alles über den Parthenon. Den zeitgenössischen Büchern in seiner Bibliothek hatte er entnommen, dass dieser Tempel vollkommen war. Die Briten James Stuart und Nicholas Revett hatten in dem Werk *Die Altertümer von Athen* die Ergebnisse ihrer gelehrten Vermessungen und Ausgrabungen veröffentlicht und den Tempel in seiner ursprünglichen Form beschrieben. Blasse Aquatinta zeigten die aus acht dorischen Säulen bestehende strenge Kolonnade auf beiden Seiten des Tempels, und darüber erhoben sich der Arichtrav und ein Ziergiebel, auf dem sich herrliche Marmorfiguren der großen Athener aus ferner Zeit tummelten. Die reizvollen topographischen Ansichten Athens im Buch von Stuart und Revett riefen Lord

Elgin den malerischen Anblick vor Augen, den das Edinburgh Castle bei Sonnenuntergang vom anderen Ufer des Firth of Forth bot.

Wie Thukydides einst vorausgesagt hatte, machte sich auch dieser Angehörige der Nachwelt eine vollkommen falsche Vorstellung von der Bedeutung des Reichs, über das Athen geherrscht hatte, und Lord Elgin hoffte, seine eigene Nation werde eines Tages ein ebenso bedeutendes oder noch großartigeres Imperium begründen. Er träumte davon, Schottland – Nordbritannien, wie er es nannte – in ein neues Hellas und Edinburgh in ein Athen des Nordens zu verwandeln. Als er zum Botschafter am Hof des Sultans von Konstantinopel ernannt wurde, fühlte er sich wie ein moderner Alkibiades, in die Fremde entsandt im Dienst eines Landes, das zu Großem berufen war.

Dem Tross, den Lord Elgin für die Reise nach Konstantinopel zusammenstellte, gehörten der Landschaftsmaler Giovanni Battista Lusieri, der Tartare Feodor Iwanowitsch, ein freigelassener Leibeigener, der sich in Baden-Baden als begabter Figurenzeichner hervorgetan hatte, zwei Architekturzeichner sowie zwei Skulpturengießer an. Diese Kunsthandwerker sollten für Elgin die antiken Schätze Athens vermessen, zeichnen und in Gipskopien festhalten. Der Lord wollte eine Sammlung von Skulpturen, Zeichnungen und Abgüssen zusammenstellen, um die schönen Künste in Großbritannien zu inspirieren.

Als Lord Elgin und sein Gefolge im Jahr 1800 in Athen eintrafen, fanden sie einen Ort vor, der kaum wie die einstige Hauptstadt eines Weltreichs wirkte. Der heruntergekommene Marktflecken wurde von einem Provinzgouverneur des osmanischen Sultans regiert. Der Parthenon unterstand dem Kommandanten der Akropolis, die eine ähnlich barbarische Festung war wie die Burgen in Lord Elgins Heimat.

Die Türken wussten die Bedeutung der Ruinen nicht zu schätzen. Der Parthenon war für sie eher ein Steinbruch als ein Gebäude. Die Marmorfragmente mahlten sie zu einem Mehl, mit dem sie ihren Kalkmörtel anrührten. Die Steine zerschlugen sie in kleine Stücke, die sie für die Häuschen und Gartenmauern benötigten, die sie auf dem Felsen errichteten.

Doch besonders entsetzt war Lord Elgin, als er feststellen musste, dass die britischen Dilettanti, die sich in Athen aufhielten, keine größere Hochachtung vor dem Parthenon zeigten als ihre osmanischen Gastgeber. Einer von ihnen, John Bacon Sawrey Morritt, erklärte ironisch:

> »Es ist sehr vergnüglich, hier durch die Straßen zu schlendern. Über fast jeder Tür findet man eine antike Statue oder ein Basso-relievo von mehr oder weniger guter Qualität, jedoch immer zerbrochen, weshalb das ganze Land eine Galerie von Marmorstatuen ist. Manche stehlen wir, manche kaufen wir. [...] Wir haben gerade gefrühstückt und denken über einen Spaziergang zur Festung nach, wo sich unser griechischer Diener heute mit den Handwerkern trifft und, wie ich hoffe, die Zentauren und Lapithen [aus dem Fries des Parthenon] herausbricht. [...] Man muss die Gelegenheit beim Schopf packen, und wenn sich der Kommandant erst einmal an unser Geld gewöhnt hat, werden wir uns sicher über viele Steine im alten Tempel handelseinig werden.«[15]

Morritt war nicht der Einzige, der alles stahl, was ihm unter die Finger kam. Auch Louis Fauvel, der Agent des französischen Botschafters am osmanischen Hof, hatte klare Anweisungen: »Nehmen Sie mit, was Ihnen in die Hände kommt. Lassen Sie sich keine Gelegenheit entgehen, alles aus Athen und Umgebung abzuschleppen, was man bewegen kann.«[16]

Wenn Elgin das Niveau der Künste in Großbritannien heben wollte, musste er sich beeilen, denn Napoleons Agenten schwebte dasselbe für ihr Land vor. Also ließ Lord Elgin sein Gefolge in Athen zurück und segelte nach Konstantinopel weiter. Er wollte den Sultan und den Groswesir dazu bewegen, die Franzosen in die Schranken zu weisen.

Sein Wunsch ging bald in Erfüllung. Als Napoleon in Ägypten eine schwere Niederlage gegen die Briten erlitt, war dem Großwesir klar, in welche Richtung der Wind der Geschichte blies. Am 22. Juli 1901 traf in Athen eine Anordnung des osmanischen Hofes ein. Der Wesir befahl dem Kommandanten der Akropolis, Elgins Leuten die Erlaubnis zu erteilen,

»1. sich innerhalb der Mauern der Zitadelle frei zu bewegen und Zeichnungen der alten Tempel sowie Gipsabgüsse anzufertigen.
2. Gerüste zu errichten und Grabungen vorzunehmen, um die alten Grundmauern freizulegen.
3. alle Skulpturen und Inschriften mitzunehmen, sofern dies der Stabilität der Gebäude und Mauern der Zitadelle nicht schadet«.[17]

14 Jahre später befanden sich mehrere Hundert Stücke des Parthenon – der Ostfries, der die Prozession und die Übergabe des Peplos zeigte, die Skulpturen der Athene und des Poseidon aus dem Westgiebel, die Götter, Lapithen und Zentauren und sogar ein Kapitell aus dem Säulengang – in London in Sicherheit, gerettet vor den Türken, den Dilettanti und den Franzosen.

Diese Skulpturen waren aus den Überresten des Parthenon geborgen, aus dem Erdreich rund um den Tempel ausgegraben und aus den Hütten der ahnungslosen Bauern geholt worden, die auf dem Hügel wohnten. Sie wurden in Kisten verpackt und auf Schiffe verladen. Einige dieser Schiffe wurden von feindlichen Flotten aufgebracht, was Verhandlungen mit den Kriegsgegnern über die Rückgabe der Skulpturen erforderlich machte. Andere Schiffe sanken, und die Skulpturen mussten vom Meeresgrund geborgen werden. Auf ihrer Reise weckten diese Wunderwerke Erstaunen, Verehrung und Neid. In Rom bat Lord Elgin den

Bildhauer Antonio Canova, die Statuen zu restaurieren, was der Künstler jedoch mit der Begründung ablehnte, es wäre blasphemisch, seinen Meißel an etwas anzulegen, das der große Phidias geschaffen hatte.

Nun lag der Parthenon in einem Gartenschuppen in der Londoner Park Lane. Gehütet wurde der Schatz von einem Mann, der ebenso zerstört war wie der Marmor. Lord Elgins Amtszeit als Botschafter war vorüber. Er hatte es nur mit knapper Not nach Hause geschafft: Bei der Durchreise durch Frankreich war er in Gefangenschaft geraten und hatte dort drei Jahre gedarbt, bevor man ihn nach Großbritannien heimkehren ließ. Sein Vermögen war verloren. Sogar sein körperliches Erscheinungsbild erinnerte an die geschändete Vollkommenheit seiner Marmorskulpturen, denn infolge einer Infektion, die er sich in Konstantinopel zugezogen hatte, hatte er wie manche seiner klassischen Statuen die Nase eingebüßt. Es gab nur eine Möglichkeit, sein verlorenes Vermögen wiederherzustellen: Er musste die Statuen verkaufen. So versuchte er dem britischen Oberhaus klarzumachen, dass er nicht aus Gewinnsucht handelte, und schloss seinen Vortrag über seine Skulpturensammlung mit einer noblen, wenn auch etwas selbstgefälligen Erklärung:

> »Ich strebte nicht nach persönlicher Bereicherung, als ich diese Überreste der Antike im Interesse meines Landes sammelte und vor der drohenden Zerstörung rettete, die unvermeidlich gewesen wäre, wären sie noch viele Jahre in den Händen der boshaften Türken geblieben, die sie nur zum Vergnügen oder mit dem Ziel verstümmelten, sie stückchenweise an Reisende zu verkaufen.«[18]

Doch die Lords und ihre Berater waren nicht beeindruckt. Richard Payne Knight, ein Kenner der Gesellschaft der Dilettanti und Gründer des British Museum, hörte sich Elgins Vortrag an und erwiderte: »Sie haben sich umsonst bemüht, werter Lord Elgin. Ihre Skulpturen werden überschätzt: Sie sind nicht griechisch, sondern römisch, aus der Zeit Hadrians.«[19] Die feinen britischen Milordi* und Dilettanti waren nicht daran gewöhnt, mit Schrapnellwunden übersäte und von Wind und Regen verwitterte Marmorscherben zu bewundern. Dieser Haufen Steine zeugte in ihren Augen nicht von einem Fortschritt der britischen Kunst, sondern von einem Irrweg.

So mancher war entsetzt darüber, dass Elgins Leute das, was noch vom Gesamtkunstwerk des Parthenon übrig gewesen war, zerstört hatten, um diesen Trümmerberg anzuhäufen. In seiner Verserzählung *Childe Harolds Pilgerfahrt* übte Lord Byron vernichtende Kritik an seinem Standesgenossen:

»Kalt ist das Herz, das dich, mein Hellas, schaut
Und das nicht Gram der tiefsten Liebe schwellt;
Stumpf ist das Auge, das nicht schmilzt und taut
Beim Anblick alter Tempel, roh entstellt
Von Briten – Briten, die vor aller Welt
Beschützen sollten diesen heilg'en Hort!
Verflucht der Tag, wo Schottlands Räuberheld
In deinem wunden Herzen wühlt' und dort
Dein schaudernd Götterheer wegriss zum kalten Nord!«[20]

Byron meinte, man solle den Parthenon an dem Ort, an den er gehörte, zu Staub zerfallen lassen.

Lord Elgin bot der Nation seinen Schatz für 62 440 Pfund an. Die Mitglieder des Oberhauses lachten ihm ins Gesicht und boten ihm etwas weniger als die Hälfte dieses Betrags an. Lord Elgin trat noch ein zweites Mal vor das House of Lords, und dies-

* Die Griechen bezeichneten die feinen englischen Gentlemen, die auf der Suche nach einem idealisierten antiken Griechenland die Ruinen besuchten, ironisch als »milordi« (von »my lord«).

mal wurde beschlossen, ihn mit 35 000 Pfund für seine Mühe zu entschädigen. Elgin war zutiefst enttäuscht, hatte jedoch keine andere Wahl, als das Angebot anzunehmen.

Noch im selben Jahr (1816) wurden die Elgin Marbles ins British Museum gebracht, wo sie bis heute aufbewahrt werden. Mittlerweile werden sie in der Duveen Gallery gefangengehalten, die in den dreißiger Jahren des vergangenen Jahrhunderts eigens für sie gebaut wurde. Die Galerie kehrt die ursprüngliche Anordnung der Skulpturen um, so dass der Fries und der Giebel heute in einen von oben beleuchteten Raum blicken, anstatt sich dem blendenden Marmorplateau der Akropolis zuzuwenden. Die verstümmelten Elgin Marbles stehen im trüben Londoner Licht auf Sockeln in Augenhöhe, gleichermaßen betörend und tragisch.

Andere Teile des Parthenon wurden über ganz Europa verstreut. In Kopenhagen werden zwei Köpfe aufbewahrt, die zu Körpern im British Museum passen, und ein weiterer befindet sich in Würzburg. Es gibt Bruchstücke im Vatikan, in Wien, München und Palermo. Im Louvre sind Fragmente zu sehen, die die unterlegenen und beim Sultan in Ungnade gefallenen Franzosen aus dem zusammensetzten, was Lord Elgin zurückgelassen hatte. Und natürlich sind auch einige Stücke in Athen geblieben, aber nur wenige sind noch an den Überresten des Parthenon befestigt.

Sechs Jahre nachdem er seine Sammlung verkauft hatte, stand der Graf ohne Nase erneut vor dem Parthenon. Genau gesagt, stand er in Edinburgh, dem »Athen des Nordens«, vor dem Bauwerk, das einmal der Parthenon werden sollte. Einige Jahre früher war ein Denkmal für die in den Napoleonischen Kriegen Gefallenen vorgeschlagen worden, und dieses Monument sollte auf Wunsch Lord Elgins und seiner Freunde eine exakte Kopie des Parthenon sein. Der ganze Bau sollte 42 000 Pfund kosten – nur 7000 Pfund mehr, als das House of Lords für die Skulpturen aus dem Originalbauwerk bezahlt hatte. Doch dem für das Projekt zuständigen Komitee gelang es lediglich, 16 000 Pfund aufzutreiben. So erheben sich heute zehn Säulen des nie fertiggestellten Parthenon wie eine vorweggenommene Ruine auf einer Anhöhe oberhalb von Edinburgh. Seit die Arbeiten im Jahr 1830 eingestellt wurden, wird sie als »Edinburghs Schmach« bezeichnet.

Nun war Lord Elgin, der Mann, der zerlegt hatte, was vom ursprünglichen Parthenon übriggeblieben war, der Herr über die Ruine einer Replik. Seine Niederlage war vollkommen. Mit einer großen Sammlung von Gipsabgüssen zog er sich auf sein Landgut zurück, um sich mit dem zersplitterten, kreidigen Abglanz dessen zu umgeben, was einst der Tempel der Weisheit gewesen war. Der Parthenon, dessen jungfräuliche Göttin vertrieben worden war, der seinen Nutzen als Gebäude verloren hatte und dessen Steine in alle Welt verschleppt worden waren, war zum dritten Mal geschändet worden.

## 1834

Als der Parthenon 2267 Jahre alt war, wurde er zum vierten Mal geschändet. Der neue König einer neuen Nation erklomm die Akropolis, um die Schätze zu begutachten, deren Herr er nun war. Otto von Wittelsbach war zum Herrscher eines Landes gemacht worden, das es bis dahin nicht gegeben hatte. Ein 14 Jahre währender Krieg war nötig gewesen, um das moderne Griechenland entstehen zu lassen. Die Ruine des Parthenon hatte sich in diesem Krieg in den Talisman einer Nation verwandelt, die das Produkt der nostalgischen Sehnsucht nach einer fernen Vergangenheit war. Die Akropolis wurde in diesen 14 Jahren zweimal belagert, und es heißt, die Türken hätten bei einer dieser Belagerungen auf der Suche nach Eisen für ihre Kanonenkugeln die verbliebenen Marmorskulpturen im Tempel aufgeschlagen, weil sie darin die Metallstreben zu finden hofften, mit denen die antiken Baumeister die Steine zusammengehalten hatten. Die Griechen sollen derart entsetzt über diese Vergewaltigung gewesen sein, dass sie ihren Feinden lieber Munition schickten, damit diese den Kampf fortsetzen konnten, ohne den Tempel plündern zu müssen.

Als ihr Land befreit war, machten sich die Griechen auf die Suche nach einem König. Sie fanden einen Kandidaten im jüngeren Sohn des bayrischen Königshauses und eine Königin in seiner Frau Amalia. Da es in Athen keinen Königspalast gab, wurde heftig darüber debattiert, wie man König Otto und Königin Amalia ein Heim bieten könnte, das der gekrönten Häupter würdig wäre. Es war vielleicht unvermeidlich, dass die Blicke auf die Ruine des Parthenon fielen. Und vielleicht war es auch unvermeidlich, dass der deutsche König einen Architekten aus seiner Heimat beauftragte, ihm dort eine angenehme Residenz einzurichten.

Karl Friedrich Schinkel war der preußische Hofarchitekt. Er entwarf den neuen Palast, ohne den Parthenon besucht zu haben. Er hatte die aus dem Parthenon entführten Steine in London und die nicht fertiggestellte Replik in Edinburgh gesehen. Er hatte Stuart und Revett studiert, und er hatte die Klassiker gelesen. Er wusste alles über den Parthenon. Er hatte sogar schon den einen oder anderen Parthenon in Preußen gebaut: die Neue Wache an der Berliner Prachtstraße Unter den Linden, das Mausoleum der Hohenzollernkönigin Luise in Charlottenburg und einen königlichen Zufluchtsort für den preußischen Kronprinzen in Sanssouci. All diese Tempel waren im selben dorischen Stil gebaut wie der Tempel der Weisheit.

Schinkel wollte die von den Osmanen übriggelassenen Trümmer in Athen in einen grandiosen Palast verwandeln. Er wollte das antike Eingangstor wiederherstellen, das wie einst den Blick auf eine riesige Statue der Athene freigeben sollte. Sodann plante der Architekt einen Vorhof in Form eines Hippodroms, und dahinter sollte sich der eigentliche Palast erstrecken: eine filigrane Alhambra mit Höfen, Säulengängen und Brunnen, wo der König und seine Königin Amalia, die Rosengärten liebte, im Schatten spazieren gehen und den Blick über die Ebene ihres fremden Königreichs schweifen lassen könnten. Schinkels Entwurf für den Königspalast sah eine kühne Aneignung der Überreste des antiken Griechenland im Dienst der modernen Nation vor. Doch wie sein Zeitgenosse Canova, der sich geweigert hatte, seinen Meißel gegen den Marmor zu erheben, den der große Phidias berührt hatte, entschloss sich auch Schinkel, das Gemäuer des Parthenon unberührt zu lassen: Ihm schwebte ein antikes Juwel in modernem Gewand vor.

Aber Schinkel war nicht der einzige deutsche Architekt, der sich für den Parthenon interessierte. Der bayrische Hofarchitekt Leo von Klenze hatte ebenfalls einige Repliken des Tempels gebaut. Als der König von Bayern nach dem Sieg über Napoleon die gefallenen Helden seines Landes mit einem Monument ehren wollte, beauftragte er von Klenze, und dieser wusste wie die Bürger von Edinburgh genau, wo das geeignete Vorbild zu suchen war: Sein Parthenon, die Walhalla, erhebt sich bei Regensburg hoch über der Donau. In diesem Ruhmestempel wurden die Helden der bayrischen – und später der deutschen – Nation in Marmor verewigt. (Noch heute entscheidet ein Komitee darüber, wem diese Ehre zuteilwerden soll; eine der letzten Neuaufnahmen war Sophie Scholl, die den Widerstand gegen Hitler mit dem Leben bezahlt hatte.)

Dank seiner bayrischen Verbindungen konnte sich von Klenze am Hof König Ottos in Athen Gehör verschaffen. Er torpedierte Schinkels Entwurf mit dem heimtückischen Lob, es handle sich um einen »reizenden Mittsommernachtstraum«.[21] So bestieg Otto die Akropolis im Jahr 1834 nicht, um den Grundstein für seine neue Residenz zu legen oder um irgendetwas Neuartiges zu tun. Anders als Demetrios Poliorketes, Kaiser Theodosius, die Heilige Liga oder die Armeen von Sultan Mechmed II. war König Otto gekommen, um den wiederholten Schändungen des Parthenon ein Ende zu bereiten.

Das Ereignis hatte von Klenze arrangiert. Der König war seinem Rang entsprechend in beengende Kleidung gezwängt, aber sein Volk, die Jugend von Athen, trug die einfache Tracht der Vorfahren und schwenkte Myrtezweige. Der König saß in all seiner Pracht vor dem Parthenon, und Leo von Klenze bestieg das Podium, das vor dem Tempel aufgebaut worden war. Er sprach Deutsch:

> »Ihre Majestät betrat heute, nach so vielen Jahrhunderten der Barbarei, zum ersten Mal die gefeierte Akropolis, wandelnd auf der Straße der Zivilisation und des Ruhmes, auf der Straße, die Männer wie Themistokles, Aristides, Kimon und Perikles beschritten, und dies ist und soll in den Augen Ihres Volkes das Symbol für Ihre glorreiche Herrschaft sein. [...] Alle Überreste des Barbarentums werden entfernt werden, [...] und die Relikte der ruhmreichen Vergangenheit werden in eines neues Licht gerückt, als die feste Grundlage einer ruhmreichen Gegenwart und Zukunft.«[22]

Seit damals wirkt sich von Klenzes architektonisches Vorhaben auf die Akropolis aus – in Neubauten, Umbauten, Abrissarbeiten, Rechtsstreitigkeiten, gelehrten Studien und diplomatischen Missionen. Eine Generation nach der anderen hat seither im Namen der modernen griechischen Nation und im Gedenken an das Athen der Pallas Athene versucht, den Parthenon wieder zusammenzusetzen, ihn vollkommen zu machen, ihm seine Jungfräulichkeit zurückzugeben.

Im ersten halben Jahrhundert dieses Prozesses wurden all jene »Überreste des Barbarentums« beseitigt, die den Parthenon seit der klassischen Zeit verunstaltet hatten. Die Wachen wurden aus dem kleinen Gebäude vertrieben, das auf dem Marmorboden des Tempels stand, und die Hütten, die Gärten und der türkische

Harem auf der Akropolis wurden abgerissen. Als das erledigt war, wurden auch die Spuren früherer Vergewaltigungen beseitigt. Die Ruinen des Minaretts der osmanischen Moschee, die zuvor der Glockenturm der Kirche der Heiligen Weisheit gewesen waren, wurden dem Erdboden gleichgemacht, und mit ihnen verschwand die Apsis der Kirche, die einst mit dem Thron Platons verwechselt worden war.

Dann begannen die Ausgrabungen. In den dreißiger Jahren des 19. Jahrhunderts war die Akropolis von Gärten bedeckt, obwohl wir uns heute kaum vorstellen können, dass es möglich gewesen sein sollte, auf dem mit zerschlagenen Säulen und Gesimsbrocken übersäten Felsen Fruchtpflanzen anzubauen. Unter der türkischen Siedlung kam die byzantinische Festung zum Vorschein, und darunter das römische Heiligtum, und darunter die Fliesen, auf denen Perikles und Phidias gestanden hatten. Indem die Archäologen die Geschichte des Parthenon abschälten, versuchten sie, seine Unberührtheit wiederherzustellen.

Im Jahr 1894, die Reinigung war kaum abgeschlossen, brachte ein furchtbares Erdbeben die Marmorsäulen des Parthenon zum Einsturz. Nachdem sie die Ruinen der Ruine begutachtet hatten, machten sich die Archäologen erneut daran, dem Tempel seine Jungfräulichkeit zurückzugeben. Sie trugen die über die Anlage verstreuten Architravfragmente, die kannelierten Säulenschäfte und die Kapitelle zusammen – all jene Steine, die die Raubzüge der Barbaren, die christlichen und muslimischen Bilderstürme, die Explosionen, die Kalköfen und die Sammelleidenschaft nordeuropäischer Museen überstanden hatten. Dann machten sie sich daran, diesen unübersichtlichen Haufen von Bruchstücken zu sortieren und die Teile wieder zusammenzusetzen. Ein Säulenschaft nach dem anderen wurde zusammengefügt, und dann folgten Kapitelle, Architrave, Metopen, Triglyphen und Gesims.

Ende der zwanziger Jahre des 20. Jahrhunderts war das Peristyl des Parthenon fast vollständig. Obendrein war diese Rekonstruktion weitgehend ohne neues Baumaterial gelungen. Die Steine des Parthenon waren tatsächlich dieselben, die einst Phidias berührt und Perikles betrachtet hatte. Der für die antiken Bauten verantwortliche Architekt Nikolaos Balanos konnte mit Recht behaupten, dass der Parthenon nun so vollständig war wie seit der Explosion im Jahr 1687 nicht mehr.

Aber als die Handwerker die Restaurierung des Gebäudes in Angriff nahmen, ahnten sie nicht – oder sie vergaßen –, wie vollkommen es einst gewesen war. Der jungfräuliche Parthenon war nie nur ein Gebäude gewesen: Sein Körper war so perfekt, stark und beweglich gewesen wie jene der Heroen, deren göttlicher Kampf einst seine Haut verziert hatte. Seine Feinheit war für das bloße Auge kaum wahrnehmbar gewesen, aber für jeden einzelnen Stein des Parthenon konnte es nur einen Bestimmungsort geben: Keiner dieser Steine passte an irgendeinen anderen Ort als genau den, den Phidias ihm zugewiesen hatte.

Die Restaurateure, die in der Hitze der Sommertage die Bruchstücke des Tempels zusammensetzten, hatten das vergessen. Der wieder aufgebaute Parthenon mochte dem ursprünglichen Parthenon ähnlich sehen. Aber er war nicht vollkommen. Und da er nicht vollkommen war, war er nicht der Parthenon.

## Die Gegenwart

Im Jahr 1975 versammelte sich in Athen eine Gruppe von Archäologen, Denkmalschützern und Technikern. Von ihrem Seminarraum sahen sie zum Parthenon hinauf, dessen Steine bröckelten. Sie hatten keine Zeit zu verlieren.

Lord Byron hatte sich gewünscht, Lord Elgin hätte den Parthenon in Ruhe gelassen, damit der Tempel im Regen und Wind zerfallen könne. Nun wurde sein Wunsch erfüllt. Athen, das einst ein Dorf auf der Akropolis gewesen war, erstreckte sich nun vom

Berg Pentelikon, der den Marmor für den Parthenon geliefert hatte, bis nach Piräus, von wo aus die Skulpturen nach London verschifft worden waren. Die Autoabgase erstickten die riesige Stadt und verschmutzten den Regen, der auf den Tempel fiel. Die Fragmente des restaurierten Parthenon wurden von Eisenklammern zusammengehalten, die in die Säulen eingesetzt worden waren. Es dauerte nicht lange, bis das Eisen in der säurehaltigen Luft zu rosten begann und sich ausdehnte. Es sprengte den weißen Marmor, der es umhüllte, und Bruchstücke fielen zu Boden. Dunkelrote Rinnsale liefen an der Fassade herab, die einst in der antiken Luft gestrahlt hatte. Der Parthenon drohte durch die Restaurierung buchstäblich zu bersten. Obendrein wandelte der kontaminierte Regen den Marmor Molekül für Molekül in Gips um. So bestanden die Ruinen des Parthenon bald aus demselben Material, in die seine Formen im 18. Jahrhundert von den Bewunderern des Tempels gegossen worden waren, und der Gips wurde vom Regen einfach weggespült.

Das Komitee hörte sich den Vorschlag an, die Überreste des Tempels zu entfernen und durch eine Replik aus Glasfaser zu ersetzen. Man erwog die Möglichkeit, den Verkehr aus der Umgebung der antiken Stätten zu verbannen. Jemand regte an, das gesamte Gebäude in einer riesigen Blase einzuschließen. Man sprach auch über die Möglichkeit, überhaupt nichts zu tun und zuzulassen, dass sich der Parthenon auflöste. Und man diskutierte über den Vorschlag, den Tempel neu zu erbauen.

Nachdem man elf Jahre nachgedacht hatte, entschloss man sich, den Parthenon zu zerstören – zumindest zeitweilig, und natürlich sehr behutsam. Die Arbeiten sollen nach aktuellen Prognosen im Jahr 2018 abgeschlossen sein, 2451 Jahre nach dem Bau des Tempels. Jeder einzelne Marmorblock wird aus dem Gefüge herausgeholt. Die Klammern werden entfernt, um das Eisen durch unzerstörbares Titan zu ersetzen, wie es sich für einen jungfräulichen Tempel gehört. Anschließend wird der Block vermessen und analysiert, um herauszufinden, wo er sich ursprünglich befand. Ganz langsam wird das Puzzle zusammengesetzt, und sofern es möglich ist, werden die Steine genau an den Stellen eingesetzt, welche die ursprünglichen Erbauer für sie vorgesehen hatten.

Mittlerweile sind sämtliche Skulpturen, die sich noch im Parthenon befanden, in ein eigens für sie bestimmtes neues Museum am Fuß der Akropolis umgezogen, wo sie weder unter dem Alter noch unter der ungesunden Luft zu leiden haben. Im Herzen des Museums hat der gefeierte französische Architekt Bernard Tschumi ein spektakuläres Glasatrium gebaut, dessen Größe und Proportionen exakt denen des Jungfrauentempels entsprechen. Dieser Phantom-Parthenon ist noch leer, soll jedoch irgendwann all jene Skulpturen beherbergen, die sich derzeit noch im Ausland in Gefangenschaft befinden: in London, Paris, Palermo, Würzburg und Wien. Sollten sie eines Tages heimkehren, so wird vielleicht auch die Göttin der Weisheit wieder in ihr Haus einziehen.

Jedes Mal, wenn der Tempel zugrunde gerichtet wird, dauert es ein wenig länger, ihn wieder aufzubauen, und jedes Mal wird die Aufgabe ein wenig schwieriger. Diesmal werden Zerstörung und Wiederaufbau des Parthenon doppelt so lange dauern wie der ursprüngliche Bau. Doch irgendwann werden von diesem Tempel zwangsläufig nur noch Bruchstücke in Museen übrig sein. Es werden Kopien am Ufer des Mississippi, des Kelaniya, der Themse, der Spree, des Firth of Forth oder der Donau stehen. Der Tempel wird in den Zeichnungen von Stuart und Revett, in Millionen verblasster Fotos und Hunderten von schwärmerischen Beschreibungen überleben, zu denen auch diese hier zählt.

Endgültig vom materiellen Dasein gelöst, wird der Parthenon nur noch eine Idee sein. Er wird endlich vollkommen sein.

# Die Basilika von San Marco in Venedig

## Worin ein Prinz vier Pferde und ein Reich stiehlt

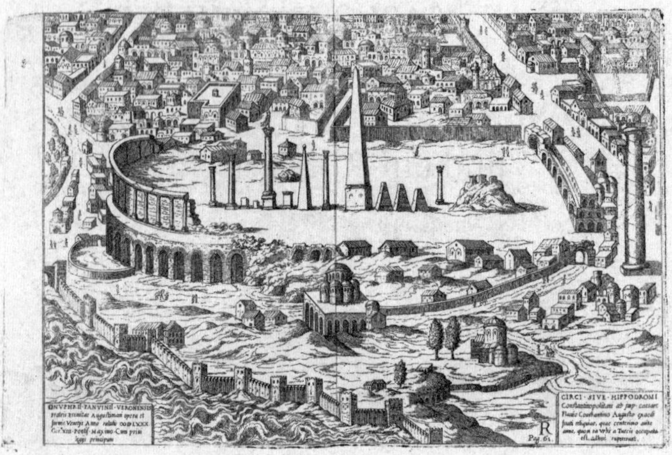


Eine Wechselstation für vier Pferde.

*Das Hippodrom von Konstantinopel.*

# Diebstahl

*Der Parthenon ist eine Ruine, da Teile des Tempels entfernt wurden. Zurück blieb nur ein verblassender Traum von Vollkommenheit. Einmal von dem Gebäude gelöst, für das sie angefertigt worden waren, wurden die Fragmente des Parthenon Zwecken zugeführt, für die sie nicht bestimmt waren: Bauern verwendeten sie zum Bau ihrer Hütten, Soldaten nahmen sie als Beutestücke mit, und englische Kunstliebhaber machten Sammlerstücke daraus. Dennoch bewahrten sie ein wenig von der Aura ihres heiligen Ursprungs. Deshalb waren sie ja gestohlen worden.*

*Das »dunkle Mittelalter«, das heißt die Jahrhunderte, die zwischen dem Ende der Antike und dem Wiedererwachen Westeuropas in der Renaissance verstrichen, gelten vielen als Ära von Unwissenheit und blinder Zerstörung. Für die Dunkelheit dieser Zeit steht die Silhouette von Kathedrale und Wald, die dem Betrachter im* Traum des Architekten *den Blick auf die klassische Vollkommenheit versperrt.*

*Aber das Mittelalter war das Bindeglied zwischen der Antike und der modernen Welt. Indem die Menschen des »dunklen Zeitalters« entschieden, welche Hinterlassenschaften der Antike erhalten und welche zerstört werden sollten, entschieden sie auch darüber, was die Antike uns hinterließ. Die mittelalterlichen »Barbaren« waren die launischen Kuratoren eines Museums, dessen Inhalt wir nie wirklich kennen werden.*

*In diesem Zeitalter, das von den Überresten einer Kultur zehrte, die es nicht nachahmen, geschweige denn überflügeln konnte, war es üblich, antike Fragmente zu stehlen und wiederzuverwenden. Die Menschen des Mittelalters stellten sich vor, die Bauwerke der Antike seien von Riesen errichtet worden, und sahen in den Bronzebildnissen von Göttern und Herrschern, die diese Bauwerke schmückten, Behausungen von Dämo-*

*nen. Und sie glaubten, die gestohlenen Fragmente würden den neuen Bauten, die sie damit schmückten, ein wenig von der Autorität einer verlorenen Vergangenheit verleihen.*

*Während die Barbaren also zahlreiche antike Bauwerke verwüsteten, gestalteten sie deren Überreste auch zu wunderbaren neuen Schöpfungen um. Nirgendwo kann man diesen Prozess besser verfolgen als in Venedig. Diese Stadt schwebte auf dem Wasser und besaß keine eigene Architektur. Um sich eine Architektur anzueignen, stahlen die Venezianer diejenige anderer, insbesondere jene von Konstantinopel.*

*Venedig ist ein Konstantinopel in neuer Gestalt, aber Konstantinopel war einst ein Rom in neuer Gestalt, und Rom war ein Athen in neuer Gestalt. Die Kette der Diebstähle und der gestohlenen Legitimität reicht bis in mythische Zeiten zurück, in denen am Ende vielleicht alle Zivilisationen die Quelle ihrer Legitimität suchen.*

Im siebten Jahr der Republik fand ein Triumphzug durch die Hauptstadt statt. Die Prozession bahnte sich vom Stadttor einen Weg durch die Straßen bis zum Marsfeld, wo die Kriegsbeute im Vaterlandstempel aufgehäuft wurde.

Aber dies war kein gewöhnlicher Triumphzug. Dem Volk wurden keine Sklaven, keine barbarischen Stammeshäuptlinge, keine bronzenen Brustpanzer und keine Waffen vorgeführt. Stattdessen bestaunten die Bürger von Paris Kamele, Löwen und Giraffen in Käfigen, Palmen und andere exotische Pflanzen in Töpfen sowie eine Sammlung sonderbar geformter und mit Tüchern bedeckter Kisten. Es marschierten kaum Soldaten in dem Zug, und nirgendwo war ein lorbeerbekränzter Feldherr auf seinem Streitwagen zu sehen. Dessen Platz an der Spitze der Prozession nahmen vier herrliche Pferde ein.

Ihre Mähnen und Schweife waren steif gebürstet, sie hoben die Läufe zu einem anmutigen Schritt und wandten einander die Köpfe zu, so als würden sie ein würdevolles Gespräch miteinander führen. Aber sie regten sich nicht, und ihr Fell schimmerte goldgrün in der Sonne: Diese Pferde lebten nicht, sie waren in Bronze gegossen. Nach ihrer Widmung wurden die bronzenen Pferde, die Löwen, Kamele und Giraffen, die Palmen und die mit Tüchern bedeckten Transportkisten zur Schatzkammer der Republik gebracht.

Die Menge stimmte den Lobgesang an, den man ihr beigebracht hatte: »Rom ist nicht mehr in Rom! Ganz Rom ist jetzt in Paris!«[23] Denn im Jahr 1798 war Rom nicht länger der Ort der

Triumphe, ja diesen Platz hatte die Stadt schon vor Jahrhunderten abtreten müssen. Und die Schatzkammer, in der die Kriegsbeute aufbewahrt wurde, war mittlerweile das Nationalmuseum der Republik, der Louvre.

Die Kriegsbeute rollte in den Hof des Museums, und die Transportkisten wurden über die Prachttreppe in die Grande Galerie hinaufgeschleppt, wo sie unter den Augen der ungeduldig wartenden Volksvertreter aufgebrochen wurden. Aus einer Kiste tauchte eine verkrampfte marmorne Hand auf, dann ein Arm, dann ein schmerzverzerrtes bärtiges Gesicht. Als die Kistenbretter fielen, kam Laokoon zum Vorschein, der mit seinen beiden Söhnen in der tödlichen Umarmung einer Schlange gefangen war.

Eine schwere Decke fiel herab und gab den Blick auf eine von Paolo Veronese gemalte, reich gedeckte Festtafel frei: Christus auf der Hochzeit von Kanaan. In einer Kiste verbarg sich die Madonna in Bellinis *Sacra Conversazione* aus der Kirche San Zaccaria: In der von einem goldenen Mosaik bedeckten Nische musizierten Engel zu Füßen der Mutter Gottes. In einer weiteren Kiste stand ein riesiger geflügelter Löwe aus Bronze, der ein Buch in einer ausgestreckten Pranke hielt.

In der großen Galerie des Louvre türmten sich die Kunstschätze Roms und Venedigs. Der bronzene Löwe war der Löwe von Sankt Markus, und die Gemälde waren der schönste Schmuck, den die Franzosen aus den Klöstern, Kirchen und sogar der Ratskammer von Venedig geholt hatten. Die Laokoon-Gruppe und der Apoll hatten zuletzt in den endlosen Galerien des Vatikan gestanden. In der Republik, deren Leitidee »Freiheit, Gleichheit, Brüderlichkeit« war, waren weder Sklaven noch Gold noch Kriegstrophäen Ausdruck des Triumphes, sondern Kunstwerke, die in einem Museum zur Schau gestellt wurden.

Gegenüber dem Louvre, auf der Place du Carrousel, wurde ein Triumphbogen errichtet. Die vier Bronzepferde, die den Zug angeführt hatten, wurden vor einen bronzenen Triumphwagen gespannt und zum Gedenken an diesen großen Tag oben auf das Monument gestellt.

*

Es war alles schon da gewesen: Wie die triumphierenden Franzosen wussten, hatten die Pferde aus Bronze fast 600 Jahre lang in der Hauptstadt einer anderen Republik die Triumphzüge angeführt.

Jedes Jahr am Himmelfahrtstag machte sich der Doge von seinem Palazzo aus auf den Weg zur Basilika von San Marco, die seine Kapelle und die Schatzkammer seiner Republik war, um dort den Triumph Venedigs zu feiern. Er kniete vor der Pala d'Oro, einem mit Edelsteinen verzierten und mit Gold überzogenen Altarretabel; unter dem Altar waren die Wunder wirkenden Reliquien des Evangelisten Markus begraben. Über dem Kopf des Dogen wölbten sich fünf zu einem griechischen Kreuz angeordnete Kuppeln. Sie waren mit im Zwielicht schimmernden Mosaiken ausgekleidet, auf denen die Geschichte der Republik und ihrer Schutzheiligen und -engel erzählt wurde.

Dann erschallten die Trompeten, und der Doge trat aus dem Halbdunkel des Doms auf den vom Sonnenlicht überfluteten Platz hinaus. Er ging zwischen den zwei Granitsäulen hindurch, auf denen die Schutzpatrone Venedigs standen: der Heilige Theodor auf seinem Krokodil und der Heilige Markus, der als geflügelter Löwe dargestellt war. Der Doge ging zum Wasser hinab und bestieg seine goldene Barke, den *Bucintoro*, um die Lagune zu durchqueren und auf die offene See hinauszusegeln, wo er symbolisch für das Bündnis Venedigs mit dem Meer einen goldenen Ring ins Wasser warf.

Nachdem die Vermählung vollzogen war, kehrte der Doge zum Markusdom zurück und stieg auf einen Balkon an der Westfront der Kirche. Über seinem Kopf tummelten sich ungezählte in den Stein gemeißelte Heilige in vergoldeten Kiosken, unter ihm erstreckte sich eine Arkade aus kostbarem grünen und roten Marmor, die von Skulpturen des Herkules und antiker Cäsaren gesäumt war. Und mitten aus dieser Fassade, unterhalb der Heiligen und oberhalb des zentralen Tors der Basilika, trabten die vier bronzenen Pferde. Der Doge stand hinter ihnen, als würde er auf dem Triumphwagen stehen, vor den sie gespannt waren, und blickte auf sein Volk herab, das unten auf der Piazza in einer großen Prozession vorbeizog. Da stand er im goldenen Umhang und hielt die Insignien seines Amtes in den Händen, wie versteinert in einer steifen, königlichen Haltung, die eines orientalischen Herrschers würdig gewesen wäre.

*

Es war alles schon da gewesen – zumindest erzählten das die Venezianer ihren neuen französischen Herren im Jahr 1798. Die vier bronzenen Pferde – sowie die mit Edelsteinen übersäten Ikonen der Pala d'Oro und der geflügelte Löwe – hatten schon in einer anderen Hauptstadt 800 Jahre lang an den Triumphzügen teilgenommen.

Am Jahrestag der Gründung dieser Stadt durchschritt der Kaiser ein Tor zwischen dem heiligen Palast und dem Hippodrom und präsentierte sich mit seinem Gefolge aus *Magistri*, Prokonsuln, Priestern und Reliquien in der imperialen Loge dem Volk von Konstantinopel.

Das Hippodrom, eine in die Länge gezogene steinerne Schüssel, war etwa 450 Meter lang und füllte sich an Tagen wie diesen mit vielleicht 100 000 Menschen. Das Hippodrom wurde der Länge nach durch eine Mauer, die *Spina*, in zwei Bahnen geteilt. An einem Ende erhoben sich die Starttore, die Ähnlichkeit mit einem Triumphbogen hatten, während die Bahn am anderen Ende gekrümmt war, so dass die Rennwagen um einen Obelisken herum wenden konnten.

Der vorrangige Zweck des Hippodroms waren die Pferderennen, aber es war mehr als eine Rennbahn. Die Blauen und die

Grünen, die ursprünglich zwei Rennsportmannschaften gewesen waren, hatten sich im Lauf der Zeit in mächtige politische Gruppen verwandelt, die dem Byzantinischen Reich ihren Willen aufzwingen konnten. Der *Milion*, jener Pavillon, von dem aus sämtliche Entfernungen im Kaiserreich gemessen wurden, stand direkt neben den Toren, aus denen die Pferdegespanne ins Rennen gingen.

Das Hippodrom war auch das Schatzhaus des Reichs. Auf der Spina und den Starttoren erhoben sich zwei Obelisken und eine Vielzahl von Statuen: mehrere Sphinxen, eine bronzene Säule, die ineinander verschlungene Schlangen darstellte (die »Schlangensäule«), ein gewaltiger Herkules aus Bronze, ein ebenfalls bronzener Elefant, ein Nilpferd mit schuppigem Schwanz, eine wunderschöne Helena, eine Wölfin, die Romulus und Remus säugte, und viele andere Figuren. Unter den Monumenten waren auch mindestens drei von bronzenen Pferden gebildete Quadrigen. Ein weiteres solches Viergespann, das einen vergoldeten Triumphwagen zog, wurde im Milion aufbewahrt.

Für Triumphzüge spannte man vier lebende Pferde vor diesen vergoldeten Wagen und stellte eine goldene Statue Konstantins hinein. Der Gründer der Stadt war wie der Sonnengott Apoll gekleidet und hielt einen kleinen Engel in der Hand, den Beschützer der Stadt. Der himmlische Gründer fuhr in seinem Triumphwagen durch das Hippodrom, während der in goldbestickte Gewänder gekleidete Kaiser vollkommen reglos in seiner Loge stand und das Ritual verfolgte. Die Priester hüllten ihn in eine Wolke aus Weihrauch und Glockengeläut, als wäre er Jupiter selbst, der Beste und Größte.

*

Es war alles schon da gewesen, denn die Quadrigen im Hippodrom hatten einst – gemeinsam mit dem bronzenen Herkules, mit Romulus und Remus und vielen anderen Geschöpfen, die nun die Menagerie der byzantinischen Pferderennbahn füllten – 400 Jahre lang an den Triumphzügen in der Hauptstadt einer anderen Republik teilgenommen. Das jedenfalls erzählten die Bürger Konstantinopels, und die Venezianer würden ihnen Jahrhunderte später nur allzu bereitwillig Glauben schenken.

Wann immer ein Feldherr, ein *Imperator*, einen bedeutenden Sieg über die Barbaren feierte, gestanden ihm der Senat und das Volk Roms einen Triumph zu, und er durfte an der Spitze seiner Armee in die Stadt einziehen. Alle Triumphzüge folgten der *Via Sacra*, dem heiligen Weg, der aus dem Süden in die Stadt führte, vorbei am Kolosseum, am Fuß des Palatins, durch das Forum und unterhalb des Tarpejischen Felsens zum Kapitol, dem kleinsten der sieben Hügel, wo sich der Tempel des Jupiter Optimus Maximus erhob, des Besten und Größten. Denn die angeketteten Barbaren wurden Jupiter vorgeführt, damit die angemessenen Opfer gebracht werden konnten: Die Gefangenen verloren ihre Schätze im Tempel, ihre Familien auf dem Sklavenmarkt und ihr Leben im Zirkus. Überall in Jupiters Tempel hingen die Ketten gefangener Feinde, die geborstenen Tore unterworfener Städte und die verstümmelten Gottheiten besiegter Republiken.

Jeder siegreiche Imperator ließ einen Triumphbogen errichten, der die Via Sacra überspannte und an seinen Sieg erinnerte. Diese Bögen, die wie protzige Stadttore wirkten, waren von korinthischen Säulen gesäumt, von geflügelten Siegesgöttinnen gekrönt und mit Reliefs und Inschriften versehen, welche die Heldentaten des Feldherren priesen. (Einige dieser Denkmäler stehen noch heute in Rom: Der Triumphbogen Konstantins I. erinnert an seinen Sieg in der Schlacht an der Milvischen Brücke, während auf dem Bogen des Titus mit beiläufigem Stolz die Plünderung des Tempels in Jerusalem dargestellt ist.) Da die Feldherren auf Streitwagen in die Stadt einzogen, waren ihre Triumphbögen durchweg von einer Skulptur eines Wagens samt Pferdegespann gekrönt. Auf der Via Sacra muss es Hunderte dieser Quadrigen gegeben haben.

Dann ließ der Imperator sein Bild auf Münzen prägen und in Marmor meißeln. Er wies den Bildhauer an, seinen Stiernacken in die Kopfhaltung eines griechischen Helden zu legen, seinen stumpfen Blick mit göttlicher Nachdenklichkeit zu erfüllen und seinen kahlen Schädel mit einer lockigen Haarpracht zu bedecken, die der Wind der Geschichte hoffentlich anmutig wallen lassen würde.

*

Es war alles schon da gewesen. Die Venezianer, die Byzantiner und die Römer erzählten eine Geschichte über den Ursprung ihrer Quadriga – oder zumindest erinnerten sie sich dunkel, wann diese Pferde zum letzten Mal von Helden angetrieben worden waren.

In seiner Jugend, vor all seinen Triumphen, liebte Alexander Pferde. Er stammte aus einer Königsfamilie, die diese Tiere liebte. Eines Tages zeigte ihm sein Vater Philipp ein wildes Pferd, das in der Ebene galoppierte.

»Dieses Pferd kann niemand zähmen«, sagte der König zu seinem Sohn.

»Ich werde es tun«, antwortete Alexander.

»Nun, wenn es dir gelingt, darfst du es behalten«, sagte sein Vater.

Alexander ging auf das Feld hinaus, näherte sich dem Pferd, flüsterte ihm etwas ins Ohr und streichelte seinen Nacken. Dann bestieg er zur Verwunderung des königlichen Hofes das Ross und ritt zu seinem Vater hinüber, als wäre dies die natürlichste Sache der Welt. Alexander nannte sein Pferd Bukephalos. Es begleitete den Feldherrn auf seinem Weg über die schmalen Gebirgspässe hinab nach Griechenland, durch die Ebenen Kleinasiens, durch die Wüsten Syriens und Ägyptens und die mesopotamischen Sümpfe, hinauf in die Hügel Persiens und bis in den indischen Dschungel.

Als Alexander die bekannte Welt erobert hatte, ließ er sich von dem Bildhauer Lysippos porträtieren. Lysippos beherrschte Marmor und Bronze und wurde mit zahlreichen Arbeiten beauftragt, darunter mehrere Quadrigen. Die Venezianer erzählten, ihr Pferdegespann sei eines seiner Werke – und das mussten sie von den Byzantinern gehört haben, die es ihrerseits von den Römern erfahren hatten.

Lysippos verstand sich auf die Bearbeitung von Bronze, aber vor allem verstand er es, dem Abbild des barbarischen Prinzen Transzendenz und Schönheit zu verleihen. Nachdem Alexander diese Skulptur gesehen hatte, ließ er sich nur noch von Lysippos porträtieren. In dessen Darstellungen Alexanders kam die unbändige Jugend, die erst Bukephalos und dann die Welt eroberte, ebenso zum Ausdruck wie die Nachdenklichkeit des Philosophenkönigs, des Schülers des Aristoteles und der indischen Weisen. Mit im Kampf zur Seite gewandtem Kopf erinnerte Alexander an Achilles, wie er Hektors Leichnam um die Mauern Trojas schleifte, doch sein nachdenklicher Blick ähnelte dem Apolls, der im Sonnenwagen über den Himmel fuhr und in Begleitung der Musen vom Parnass seinem Heim zustrebte.

Apolls Heimstatt – das Heiligtum von Delphi auf dem Parnass – beherbergte sowohl das Orakel des Gottes als auch eine verblüffende Vielfalt von Weihgaben, die ihm aus Dankbarkeit oder aus Furcht dargebracht worden waren. Vor Apolls Tempel stand eine Säule aus drei ineinandergeschlungenen Schlangen, ein Geschenk der Griechen zum Dank für den Sieg über die Perser in der Schlacht von Platää; die Säule war aus den Rüstungen und Waffen der besiegten asiatischen Armee gegossen worden. Unterhalb des Tempels befand sich eine geheimnisvolle Höhle, der schädliche Dämpfe entströmten, unter deren Wirkung die Priesterinnen des Heiligtums mit der Stimme des Gottes sprachen. Die Höhle hatte Apoll der Legende zufolge von einer Schlange erbeutet, die seit Anbeginn der Welt dort gehaust hatte. In solchen dunklen Höhlen, in denen giftige Dämpfe wabern, entstehen Mythen und Legenden.

Beim Heiligtum von Delphi fanden auch Spiele statt, und so wie im Krieg siegreiche Städte weihten auch die Athleten und Wagenlenker, die sich an den Wettkämpfen im Stadion beteiligten, dem Apoll Bildnisse. Nur ein einziges davon ist erhalten geblieben: ein großer, schlanker Wagenlenker aus Bronze, der die Zügel in den ausgestreckten Händen hält. Seine Pferde sind verschwunden. Die Vorstellung, dass sie zwei Jahrtausende später in Paris aufgetaucht sein könnten, wirkt verlockend.

Nicht dass es irgendeinen Beweis für diese Vermutung gäbe. Wo die Reise begann, die das Viergespann von Griechenland über Rom und Konstantinopel nach Venedig und von dort nach Paris führte, ist aus einem einfachen Grund unbekannt: Diese Pferde waren stets Diebesgut. An all den Triumphzügen durch die verschiedenen Städte nahmen sie unter Zwang teil. Sie waren nicht die Sieger, sondern die Besiegten, und die Geschichte wird stets von den Siegern geschrieben. Alles, was wir über diese vier Pferde wissen, wurde uns von den Plünderern berichtet.

*

In einigen Berichten heißt es, der Konsul Sulla habe sich die Pferde bei seinen Raubzügen durch Griechenland in den Tagen der Römischen Republik unter den Nagel gerissen. Andere meinen, die Quadriga sei vom ersten römischen Kaiser Augustus erbeutet worden, als er das Land verwüstete. Es heißt, er habe das Gespann auf sein Mausoleum auf dem Marsfeld setzen lassen, um seinen Namen mit dem Alexanders zu verknüpfen, mit dessen Bildern er auch sein Grab hatte verzieren lassen.

Aber keiner der römischen Kaiser, die Gefangene des Vermächtnisses Alexanders des Großen waren, verstieg sich zu etwas so Ungeheuerlichem wie Nero. Nachdem er seine Mutter ermordet und Rom und seine Schätze verbrannt hatte, strebte er nach Vervollkommnung und wandte sich den aus Griechenland gekommenen schönen Künsten zu. Nero spielte die Leier und ließ in den Theatern griechische Tragödien aufführen. Er nahm in der Arena und im Stadion an Wettkämpfen teil – es erübrigt sich fast zu erwähnen, dass er jedes Mal den Lorbeerkranz errang. Nero war derart beeindruckt von der Kultur Griechenlands, dass er alle Kunstwerke dieses Landes in seinen Besitz brachte, derer er habhaft werden konnte. Allein aus dem Heiligtum von Delphi ließ er 500 Bronzestatuen fortschaffen und nach Rom bringen. Vielleicht wurde der bronzene Wagenlenker durch diesen Diebstahl von seinen Pferden getrennt.

Doch Neros künstlerische Eskapaden beeindruckten seine Untertanen nicht. Ihr Imperator sollte nicht die Leier spielen, sondern Krieg führen. Nero begriff, dass er seinen Ruf nur auf die in Rom übliche Art verbessern konnte. Zufällig befand sich Rom zu jener Zeit in einem nicht enden wollenden Konflikt mit den Parthern. Nero stürzte sich auf einen kleinen Erfolg in diesem Krieg und bewegte den Senat dazu, ihm einen Triumphzug zu gewähren. Er sei ein neuer Alexander, verkündete er, denn wie dieser Held aus der Vorzeit habe er die Barbaren im Osten unterworfen.

Also wurde in der Hauptstadt ein Triumph zusammengezimmert, und die Prozession wälzte sich vom Stadttor zum Marsfeld hinauf, wo die Kriegsbeute Jupiter geweiht wurde. In aller Eile wurde ein Triumphbogen auf dem Kapitol errichtet und mit den vier kurz zuvor in Griechenland, vielleicht aber auch aus dem Mausoleum des Augustus gestohlenen Pferden gekrönt. Doch der Bogen blieb nicht lange stehen, denn Neros Phantasien lösten sich rasch in Luft auf. Es war noch kein Jahr seit seinem Triumph verstrichen, als er sich das Leben nahm, und der ganze Prunk wurde in aller Stille beseitigt.

*

Fast drei Jahrhunderte später beschloss Kaiser Konstantin, seinen Hof von Rom nach Byzanz zu verlegen und der Stadt einen neuen Namen zu geben: *Nova Roma*. In seiner neuen Hauptstadt errichtete der Kaiser einen Palast, ein Hippodrom und ein Forum mit einem Haus für den Senat. Auf diesem Forum ließ er eine Säule aufstellen, die von einer Skulptur Apolls gekrönt wurde, dessen Kopf Konstantin jedoch durch seinen eigenen ersetzen ließ. Auf dem Sterbebett ließ sich der Kaiser taufen und erklärte sich selbst zum vierten Mitglied der Dreifaltigkeit.

56 Jahre später brachte Kaiser Theodosius zu Ende, was Konstantin begonnen hatte. Während Konstantin geduldet hatte, dass seine Untertanen weiterhin die alten Götter verehrten, erklärte sein Nachfolger diesen den Krieg. Im Jahr 393 nahm Theodosius bei den Spielen in Olympia an den Wagenrennen teil, erklärte sich zum Sieger und schaffte die Spiele anschließend ab. Sie sollten erst 15 Jahrhunderte später fortgesetzt werden. Theodosius ließ den Altar der Siegesgöttin im Senatshaus in Rom abreißen und die ewige Flamme im Tempel der Vesta löschen. Das Orakel von Delphi wurde zum Schweigen gebracht, der Parthenon verwüstet, und in Alexandria spalteten die Abgesandten des Kaisers der Skulptur des Serapis den Schädel, wobei nicht die Wohnung eines Gottes, sondern ein Versteck für Edelsteine zum Vorschein kam, das von habgierigen Priestern eifersüchtig gehütet worden war.

Nachdem er bewiesen hatte, wie hohl und nichtig die heidnischen Götzenbilder waren, ließ Theodosius sie ins Hippodrom des neuen Rom bringen. Auf der Mauer, welche die Pferderennbahn in der Mitte teilte, ließ er einen Obelisken aus Luxor aufstellen, der etwa 2000 Jahre zuvor vom Pharao Thutmosis in Auftrag gegeben worden war. Dazu gesellten sich die Schlangensäule aus Delphi, die in der Dämmerung der klassischen Antike gegossen, und die Statue der jungfräulichen Athene, die aus dem Parthenon geraubt worden war. Unter all diesen Schätzen befand sich auch eine bronzene Quadriga, die angeblich von Neros Triumphbogen oder aus dem Mausoleum des Augustus stammte.

Nun standen diese unbrauchbaren Idole auf der Spina, einer von einem Meer aus Sand und rasenden Rennwagen umgebenen Insel, und wurden wie Kriegsgefangene zur Schau gestellt: Dies war die Beute, die die neue Macht bei der Zerstörung der alten gemacht hatte. Doch obwohl nun der Kaiser und sein Imperium christlich waren und nur Hohn für die Götzenverehrung übrig hatten, fürchteten sie sich ein wenig vor ihrer Kunstsammlung. Diese Götzen repräsentierten die Zivilisation, an deren Busen sie getrunken hatten, und als diese Zivilisation im Lauf der Zeit in der Versenkung verschwand, gelangten sie zu der Überzeugung, dass ihre Statuen Dämonen beherbergten und Zauberkräfte besäßen: Der Huf des bronzenen Pferdes, das den klassischen Helden Bellerophon getragen hatte, berge das Bild des zukünftigen Zerstörers von Konstantinopel, während die kolossale Statue Justinians das Versteck für Juwelen von unschätzbarem Wert sei, die erst an dem Tag entdeckt werden würden, an dem die Stadt fiele. Da war eine bronzene Schlange, deren Zauberkraft alle Schlangen aus Konstantinopel vertrieben hatte, und da war jene Nymphe auf einer Pyramide, die den Ruf des Windes beantwortete. All diese Geheimnisse zeigten, dass die Römer Konstantinopels nicht mehr in der Lage waren, den Zauber ihrer Vorfahren heraufzubeschwören.

*

450 Jahre nach Theodosius' großem Sturm auf die Götzenbilder, als Konstantinopel eine bedeutende und blühende Stadt war, lebten die Menschen in der Abgeschiedenheit des Marschlands, auf dem Venedig entstehen sollte, vom Fischfang. Doch jeden Abend, wenn sie die Sonne hinter dem flachen Rand der Erde untergehen sahen, erinnerten sie sich dunkel daran, dass sie einst ebenfalls Römer gewesen waren, und edle obendrein. Die Venezianer waren in die Lagune geflüchtet, als die Hunnen über ihre alte Stadt Aquiläa hergefallen waren. Es wird erzählt, sie hätten die Steine ihrer Tempel eingesammelt und seien damit aufs Wasser hinausgerudert, um nicht in Gefangenschaft zu geraten.

(Einige dieser Steine findet man heute auf der stillen Insel Torcello, wo sie sehr viel später zum Bau mittlerweile verfallender Kirchen verwendet wurden.) Zwischen seichtem Wasser und Schilf versteckt, waren die Venezianer vor den Katapulten, Bogenschützen und der Reiterei der Eroberer sicher. Nun trieben sie zwischen den Horizonten des Morgen- und des Abendlandes auf dem Wasser und mussten sich niemandem unterwerfen. Sie bauten ihre Häuser aus dem Ton, den sie auf ihren schlammigen Inselchen ausgruben und zu Ziegeln buken, und wenn diese Gebäude verfielen, lösten sie sich wieder in den Schlamm auf, dem sie entsprungen waren.

Jeden Morgen, wenn sie die Sonne im Osten über dem Meer aufgehen sahen, träumten die Venezianer von einem Schicksal, das der Größe ihres verlorenen Erbes angemessen sein würde. Und so kam es, dass sich die Bewohner Venedigs entschlossen, eine Vergangenheit zu stehlen, um ihre Zukunft darauf aufzubauen. Als Erstes wollten sie einen Schutzheiligen stehlen, der ihnen einen Stammbaum verschaffen, sie vor Übel bewahren und ihre Unternehmungen segnen sollte. Also schickten sie ihre Seefahrer los, um nach einem geeigneten Heiligen zu suchen.

Zu jener Zeit gehörte Alexandria zum Herrschaftsgebiet des Kalifats der Fatimiden, aber zwei Kaufleute aus Venedig, Buono da Malamocco und Rustico da Torcello, fanden in der Stadt eine alte Kirche, die dem Evangelisten Markus geweiht war. Der Heilige Markus hatte in Alexandria den Märtyrertod erlitten, und seine sterblichen Überreste wurden seit damals in dieser Kirche aufbewahrt. Die beiden Kaufleute kamen mit den Hütern seiner Gebeine ins Gespräch. Die Geistlichen erzählten ihnen, dass die Reliquien in Gefahr seien, da der Gouverneur von Alexandria ihre Kirche abreißen und den Marmor und die Säulen nach Babylon schicken wolle, wo sie für den neuen Palast des Kalifen verwendet werden sollten. Die beiden Kaufleute aus Venedig schlugen ihnen vor, die Gebeine des Heiligen aufzubewahren, bis die

Gefahr vorüber sei, und die Männer Gottes nahmen das Angebot dankbar an.

Eines Nachts ließen die Priester die venezianischen Besucher heimlich in die Kirche ein. Torcello und Malamocco holten die Überreste des Heiligen Markus aus ihrem Grab und ersetzten sie durch die Reliquien einer anderen, weniger bedeutenden Märtyrerin, der Heiligen Claudia – wobei uns die Legende nichts darüber verrät, wie sie an deren Gebeine gekommen waren. Sie verstauten die Knochen des wertvolleren Heiligen in einem Weidenkorb und bedeckten sie mit Schweineknochen, um die muslimischen Soldaten, die die Stadt bewachten, von einer Inspektion des Inhalts abzuhalten.

Die beiden Venezianer hatten jedoch nicht die Absicht, die Reliquien des Heiligen Markus zurückzugeben, wenn die Gefahr gebannt wäre. Sie begaben sich schnurstracks zum Hafen und brachten den Weidenkorb mit seinem heiligen Inhalt auf ihre Galeere. Als das Schiff ablegte, so will es die Legende, stieg aus dem Schrein des Heiligen Markus ein süßer Geruch auf. Die Bewohner Alexandrias eilten zu der Kirche, um zu sehen – oder besser: zu riechen –, was dort vorging, ließen sich jedoch von den Knochen der Heiligen Claudia in die Irre führen. Die Lippen der Geistlichen waren versiegelt, und die Leute kehrten heim, während die Venezianer das offene Meer erreichten. So gelang es Buono da Malamocco und Rustico da Torcello, unter den Augen der Alexandriner die Reliquien des Heiligen Markus zu stehlen.

In Venedig wurde eine einfache Kirche errichtet, um die Überreste des Heiligen aufzunehmen, der von nun an der gestohlene Schutzpatron einer Stadt war, die dem Meer gestohlen worden war. Doch als diese Kirche im Jahr 976 von einem Feuer zerstört wurde, beschlossen die Venezianer, sie durch einen prächtigeren Bau zu ersetzen, und erneut suchten sie im Osten nach Inspiration. Die neue Basilika von San Marco war der Kirche der Heiligen Apostel nachempfunden, die neben dem Hippodrom in

Konstantinopel stand. Diese Kirche wurde als *Heroon* bezeichnet, denn sie war von Konstantin, dem heldenhaften Gründer der Stadt, errichtet worden.

Das Heroon, das die Venezianer für ihren gestohlenen Gründer bauten, sah genauso aus wie das Original. Die Kirche war in Form eines gleichschenkligen griechischen Kreuzes angelegt und wurde von fünf eleganten Kuppeln überragt. Diese wurden von schweren Ziegelbögen und Stützpfeilern getragen, die ihrerseits auf kleineren Kuppeln und Bögen ruhten, so als bestünde die Kirche aus ineinander verschachtelten Mikrokosmen von stetig abnehmender Größe. Die dem Palast des Dogen gegenüberliegende Kirche war von Arkaden umgeben, die sich zur schlammigen Umgebung öffneten.

Der Bau dauerte etwa 50 Jahre, und als die Kirche fertig war, blickten der Doge, der Patriarch und das Volk Venedigs fasziniert auf die erhabenen Gewölbe und das edle Pflaster. Doch sie hatten das Gefühl, dass etwas fehlte. Dann fiel ihnen ein, dass sie vergessen hatten, wo sie die Gebeine des Heiligen Markus verwahrt hatten.

Das Volk beklagte den Verlust lautstark und forderte ein Wunder von den vergesslichen Herren der Stadt. Darauf riefen der Doge Vitale Falier und der Patriarch Domenico Contarini die Gemeinde in die neue Basilika und begannen zu beten. Stunde um Stunde stiegen die Gesänge und der Weihrauch in die Kuppeln empor, aber nichts geschah. Doch plötzlich breitete sich ein süßer Geruch in der Kirche aus. Einer der Pfeiler rechts vom Altar begann zu zittern, und das Mauerwerk gab nach. Mit einem Krachen tauchte ein Arm auf, dann ein Schulterblatt, ein Torso, ein Kopf – und dann fiel das ganze Skelett des Heiligen Markus auf den Boden der Kirche. Der Doge legte die Gebeine in einen Marmorsarkophag in der Krypta, und der Schutzheilige der Venezianer zog in sein Heroon ein.

Damit war die Basilika von San Marco fertig, aber es war ein kahles Gebäude, dem jeglicher Schmuck fehlte. Das war dem

Schrein des Schutzheiligen einer großen Republik nicht angemessen. Die Venezianer wussten, was sie zu tun hatten: So wie sie nach Osten gesegelt waren, um die Gebeine des Heiligen Markus aus Alexandria zu stehlen, so wie sie für ihr Heiligtum nach Osten geblickt und die Gestalt einer Kirche in Konstantinopel kopiert hatten, würden sie erneut nach Osten aufbrechen, um das Gold und den Marmor, die Ikonen, die Reliquien und die Ornamente zu finden, die sie brauchten, um ihre Kirche zu schmücken.

Zu jener Zeit lebte in Venedig ein Blinder namens Enrico Dandolo. Er hatte früher als Kaufmann in Konstantinopel gelebt, dort jedoch derart großen Unfrieden gestiftet, dass man ihn ausgewiesen hatte. Bei seiner Rückkehr nach Venedig behauptete Dandolo, die kaiserliche byzantinische Wache habe ihn geblendet. Der verbitterte Mann hegte einen glühenden Hass auf Konstantinopel und dachte darüber nach, wie er sich an der Stadt rächen könnte, die ihn verstoßen hatte. Dank seiner Gerissen- und Entschlossenheit stieg er rasch in der politischen Hierarchie Venedigs auf und eroberte schließlich das Amt des Dogen. Doch er wartete geduldig ab, bis sich eine Gelegenheit zur Rache bot.

Im Jahr 1201 hatte der Papst zum Kreuzzug aufgerufen, um Jerusalem den Ungläubigen zu entreißen. Da die Venezianer auf dem Wasser lebten, konnten sie weder Ritter noch Infanterie beisteuern. Aber sie boten an, die Flotte zu stellen, die die Kreuzfahrer ins Heilige Land bringen sollte. »Gebt uns 85 000 Silbermark«, erklärten sie, »und wir werden die Kreuzritter von Venedig aus zum sicheren Ruhm führen.« Der Papst willigte ein, die Venezianer begannen mit dem Bau der Schiffe, und die Ritter aus ganz Europa ließen ihre Burgen im Norden zurück, um sich auf den Weg nach Venedig zu machen. Im Jahr 1202 war die Flotte fast fertig, aber es hatte sich nur ein Drittel der versprochenen 33 000 Ritter eingefunden. Die Venezianer ließen diesen wilden Haufen nicht in die Stadt, sondern zwangen die Kreuzfahrer, am Ufer des Lido zu kampieren, wo sie ausharren sollten, bis die versprochene Truppenstärke erreicht wäre.

Doch dazu kam es nie. Die wenigen Ritter, die gekommen waren, konnten die von den Venezianern verlangten 85 000 Silbermark nicht aufbringen. Die Lage spitzte sich zu, und an diesem Punkt erkannte Enrico Dandolo seine Chance. Er unterbreitete den am Strand versammelten Barbaren einen Vorschlag. »Ihr könnt euch die Überfahrt ins Heilige Land verdienen«, erklärte er ihnen, »indem ihr unterwegs unsere Interessen vertretet. Ihr könnt unsere Kriege für uns führen und Beute machen, bis ihr die benötigten 85 000 Mark zusammen habt. Dann werden wir euch nach Jerusalem bringen.« Die Kreuzritter willigten ein und fragten, welche Ungläubigen sie zuerst angreifen sollten. Dandolo leckte sich die Lippen und antwortete: »Den Kaiser von Konstantinopel.« Die Ritter waren fassungslos. Sie waren nicht so weit gereist, um andere Christen zu ermorden.

Konstantinopel wurde zu jener Zeit von Alexios III. regiert, der den Thron erobert hatte, indem er seinen Bruder und Vorgänger Isaak II. blenden und in den Kerker hatte werfen lassen. Dandolo, der am eigenen Leib erfahren hatte, wie es war, von den Byzantinern geblendet und erniedrigt zu werden, erklärte den Kreuzrittern nun, dass sie sich das Himmelreich verdienen könnten, indem sie den rechtmäßigen Kaiser, Isaak II., zurück auf den Thron brächten. Zusätzliche Gnade könnten sie sich sichern, wenn es ihnen gelänge, Isaaks Sohn, einen weiteren Alexios, zum Mitregenten zu machen. Denn dieser Alexios werde Konstantinopel in den Schoß der katholischen Kirche zurückführen, von der das Byzantinische Reich seit so langer Zeit durch das Schisma getrennt sei. Mit diesem fadenscheinigen Vorwand verwandelte Dandolo einen Kreuzzug gegen die muslimischen Ungläubigen im Heiligen Land in einen Rachefeldzug gegen seinen alten Feind. Die Kreuzfahrer sträubten sich, aber sie saßen in den vom Wind malträtierten Dünen des Lido fest und waren nicht mit den Finessen der levantinischen Intrigen vertraut. Sie hatten keine Wahl. Also stachen sie in See und segelten nicht nach Palästina, sondern nach Konstantinopel.

Als man in Konstantinopel vom Plan der Venezianer Wind bekam, machte sich Panik breit. Zwar war die Stadt von gewaltigen Mauern umgeben und besaß unschätzbar wertvolle Bronzestatuen, prachtvolle Heiligtümer und weitläufige Paläste, aber das Byzantinische Reich hatte viel von seiner einstigen Größe verloren, und seine Legionen waren der nahenden barbarischen Horde zahlenmäßig nicht gewachsen. Unruhen brachen aus, und es wird erzählt, eine Volksmenge sei über eine Statue der Athene hergefallen und habe sie in Stücke geschlagen, da sie gen Westen blickte und deutete, in jene Richtung, aus der jeden Augenblick die Nemesis aufzutauchen drohte.

Und sie tauchte auf. Nach neun Monaten byzantinischer Intrigen, brutalen Beschusses mit Katapulten, langwieriger Verhandlungen, kirchlicher Beratungen sowie der Absetzung und Ermordung von drei Kaisern – darunter Isaak II. und Alexios IV., die man eigentlich auf den Thron hatte setzen wollen – zogen die Kreuzritter im April 1204 in die Stadt ein. Der Erste, der das Tor durchschritt, war Dandolo. Seine Soldaten schwärmten in der Stadt aus, und der große Schrecken begann: Nonnen wurden aus den Abteien geschleift und vergewaltigt, Kinder in die Sklaverei geführt, Mönche und Bischöfe hingeschlachtet. Die Kreuzfahrer stürmten das Heroon, dessen Abbild San Marco war, und legten es in Schutt und Asche, nachdem sie die sterblichen Überreste der dort begrabenen Kaiser geplündert hatten. Sie brachen in die Hagia Sofia ein, die Kirche der Heiligen Weisheit, raubten die wunderbaren Ornamente und die Reliquien und setzten eine Hure auf den Thron des Kaisers. Sie fielen über die Polyeuktos-Kirche her, rissen Wandpfeiler, Architrave und Marmorplatten heraus und ließen nur die leere Hülle stehen.

Und die Kreuzritter besuchten das Hippodrom. Der klassische Gelehrte Niketas Choniates, der Augenzeuge der Szene war, schilderte sie später so:

»Diese Barbaren, die alles Schöne hassen, verzichteten nicht darauf, die Statuen im Hippodrom und andere wundervolle Kunstwerke zu zerstören. Sie machten Münzen daraus und tauschten so große Dinge gegen kleine und mit Mühe angefertigte Dinge gegen wertloses Wechselgeld aus […]. Für einige wenige Stater, die obendrein aus Kupfer waren, überantworteten sie diese uralten und vielgepriesenen Schätze dem Schmelzofen.«[24]

In einem Klagelied auf die verlorenen Geschöpfe des Hippodroms beschrieb Choniates die wunderbar kunstvolle Verarbeitung dieser Gegenstände, die von ihnen vollbrachten Wunder und ihre mythische Herkunft.

Was die Soldaten nicht zerstörten, das luden die Venezianer auf ihre Schiffe und schafften es fort. Die Kreuzfahrer wurden als Herrscher über die verwüstete Stadt und das Reich zurückgelassen. Ein Teil der geraubten Schätze ging bei der Überfahrt verloren, ein Teil wurde auf dem Weg verkauft, aber vieles erreichte Venedig unversehrt. Die Beute wurde ins Arsenal der Stadt gebracht und unter den Augen der ungeduldigen Volksvertreter ausgepackt. Fragmente großartiger Bauten wurden auf den Kai gehievt: Kapitelle, Architrave und Ziergiebel aus weißem Marmor, Säulen aus rotem numidischem Granit und grüner Onyx, der aus den Schreinen und Palästen von Konstantinopel gerissen worden war. Da war eine Porphyrplatte, in die ein grobes Bildnis des Kaisers Diokletian samt seiner Senior- und Juniorkaiser gemeißelt war, und da waren sonderbare und zauberhafte Fragmente von Bronzeskulpturen: ein Löwe, ein Paar Engelsflügel, der Brustharnisch eines längst vergessenen Feldherrn, ein Krokodil, ein abgetrennter Kopf. Kisten wurden aufgebrochen, und ein Schauer schillernder Mosaikstückchen ergoss sich über den Boden. Aus anderen Kisten kamen grauenerregende Reliquien zum Vorschein: der Kopf Johannes des Täufers, Blutstropfen Christi in einem Glasfläschchen, ein Nagel des Kreuzes, Reste der Heiligen Luzia, Agatha, Helena, Symeon, Anastasius, Paulus. Da waren Ikonen, auf denen Heilige feierlich durch ein Fenster aus Edelsteinen blickten – und dann war da natürlich eine Quadriga mit Bronzepferden.

In den folgenden Jahren wanderten all diese Dinge auf das Dach der Basilika von San Marco, und der zuvor karge Ziegelbau begann zu erstrahlen und in der Sonne zu blitzen. Die aus den Kirchen Konstantinopels geraubten Platten aus Marmor, Onyx und Granit schmückten nun die Außenmauern des Gebäudes – die geborgte Kleidung ausgelöschter Heiligtümer bedeckte jetzt den zuvor nackten Körper von San Marco. Die Cäsaren aus Porphyr wurden in einem Winkel der Basilika untergebracht, und in unmittelbarer Nachbarschaft dienten zwei herrliche Wandpfeiler aus der Polyeuktos-Kirche von nun an als Sockel, auf denen die abgehackten Köpfe von Verbrechern zur Schau gestellt wurden. Die Fassade der Kirche wurde mit Reliefs verziert, auf denen die Heldentaten des Herkules dargestellt waren, und eine Büste des Kaisers Justinian wurde auf ein Pinakel an der Südwestecke gesetzt. Die vergoldeten Ikonen wurden zu großartigen Altartafeln zusammengefügt und mit den Juwelen besetzt, die man aus den Gräbern der Kaiser im Heroon geraubt hatte. Die Gebeine der Heiligen wurden in die Krypta gebracht (an Feiertagen holte man sie hervor). Die bronzenen Flügel und der Löwe wurden zum Emblem des Heiligen Markus zusammengeschweißt, während der Brustharnisch des Feldherrn und der körperlose Kopf mit einem kopflosen Körper zu einer Statue des Heiligen Theodor verbunden wurden, die man auf das Krokodil stellte. Die beiden Schutzheiligen Venedigs wurden anschließend unweit des Wassers an der Mole auf zwei gewaltige Säulen aus numidischem Granit gesetzt. Das bronzene Viergespann wurde natürlich auf den Balkon hoch über dem Haupttor der Kirche gestellt, wo die Pferde wie auf einem Triumphbogen eine gewaltige Sammlung kostbarer Beutestücke krönten.

*

Im Jahr 1792 begann eine neue Zeitrechnung. Die Franzosen entthronten und enthaupteten ihren König und die Adligen, derer sie habhaft wurden, und riefen eine Republik aus, in der alle ehemaligen Untertanen des Königs freie und gleiche Brüder sein sollten. Dann benannten sie das Jahr das Herrn 1792 in das Jahr 1 um. Und nachdem sie die beste aller Welten errichtet hatten, machten sie sich daran, die frohe Botschaft den weniger aufklärten Völkern Europas zu überbringen, den maroden Herzogtümern, Republiken, Grafschaften und Erzbistümern des alten Heiligen Römischen Reichs.

Keiner der freien, gleichen und brüderlichen Bürger der Republik diente seinem Land eifriger als Napoleon Bonaparte. Er selbst hielt sich für einen Alexander, einen Achilles, ja sogar einen Apoll, und in den Augen seiner Feinde war er ein Nero. Napoleon überquerte die Alpen und marschierte in der Hoffnung auf unsterblichen Ruhm in Italien ein. Genua, die Toskana, Rom und Neapel unterwarfen sich dem revolutionären Eroberer, aber die Republik Venedig ignorierte die Vorzeichen des nahenden Untergangs. Sie erlaubte Napoleons Armee sogar, durch ihr Territorium zu ziehen, um die alte Ordnung Italiens zu zerschlagen. »Venedig ist immer hier gewesen«, sagten sich seine Bewohner. »Venedig schuldet niemandem Rechenschaft. Venedig ist eine freie Stadt, die zwischen Morgen- und Abendland über dem Wasser schwebt.«

Am 20. April 1798 segelte ohne Vorankündigung ein Kriegsschiff in die Lagune. Es war ein französisches Schiff namens *Libérateur*. Die Regierung von Venedig, die keinen Gefallen an der napoleonischen Art der Befreiung fand, gab den Befehl, das Schiff unter Feuer zu nehmen. Bei dem Beschuss starb der Kapitän. Napoleon kochte vor Wut. »Die Ermordung des Kommandanten der *Libérateur*«, erklärte er, »ist beispiellos in den Annalen der modernen Nationen.«[25] Und er machte sich daran, Rache zu nehmen. Innerhalb von zwei Wochen standen seine Truppen am Ufer der Lagune. Napoleon stellte den Venezianern ein Ultimatum: Entweder ihre Republik unterwerfe sich der Revolution, oder sie werde von moderner Artillerie zerstört, vor der sie das Wasser nicht werde schützen können.

Früher einmal hätten die Venezianer über eine solche Provokation gelacht. Aber diesmal wurde der Große Rat der Republik einberufen, dem alle im Goldenen Buch aufgelisteten alten Familien angehörten. Doch nur wenige nahmen an der Versammlung teil, denn die meisten hatten bereits ihre Boote beladen und auf das Festland übergesetzt. Der Rat war nicht einmal beschlussfähig, da nur 537 der erforderlichen 600 Mitglieder erschienen waren. Diese bedauernswerte Rumpfversammlung beschloss mit 512 gegen 20 Stimmen, Napoleons Forderung stattzugeben. Fünf Mitglieder enthielten sich der Stimme.

So endete die »Erlauchteste Republik des Heiligen Markus«. Der Doge verließ die Ratskammer, kehrte in sein Domizil zurück und übergab die Phrygische Mütze und den alten Amtsring seinem Diener. »Bring sie fort«, sagte er. »Wir werden sie nicht mehr brauchen.« Das venezianische Volk feierte den Einzug der französischen Truppen, denn diese hatten die alte Oligarchie des Dogen und der Familien des Goldenen Buches zu Fall gebracht. Auf der Piazza San Marco wurde ein Freiheitsbaum aufgestellt, um den das Volk tanzte. Man sang revolutionäre Lieder und feierte das Ende der alten Herrschaftsordnung.

Begleitet wurden die französischen Truppen auf ihrem Feldzug von dem Mann, der als »Auge Napoleons« bezeichnet wurde: Der Baron Dominique-Vivant Denon war ein Kenner und ein guter Freund von Napoleons Frau Josephine. Wann immer die französischen Truppen im Triumph in eine alte Stadt einmarschierten, wann immer Friedensgespräche geführt und Verträge unterzeichnet wurden: Baron Denon war stets dabei, um seinem Herrn zu raten, wo man plündern, was man stehlen, welche Forderungen man stellen und was man erpressen sollte. Denon sorgte dafür, dass in die Kapitulationsbedingungen, die Venedig diktiert wurden, die Aushändigung von 20 Gemälden aufgenommen wurde. Diese Gemälde wurden am Tag des Triumphes im Jahre 7 der Republik im Louvre ausgepackt.

Aber die französischen Befreier Venedigs gaben sich nicht damit zufrieden, Bilder zu sammeln, denn Napoleon war kein bloßer Kunstkenner. Der Bucintoro, die goldene Barke des Dogen, wurde verbrannt und versenkt, der geflügelte Löwe des Heiligen Markus und das Krokodil des Heiligen Theodor wurden von ihren Säulen geholt. Und dann schickte Napoleon seine Soldaten zum Triumphbogen der Republik Venedig, zur Fassade des Markusdoms, damit sie die bronzene Quadriga abmontierten. Denon hatte ihm erzählt, dass diese Pferde einst die Triumphwagen der Kaiser von Konstantinopel, des Nero und des Augustus gezogen hatten – und vielleicht sogar den Wagen Apolls.

*

Weniger als zwei Jahrzehnte später war Napoleons Herrschaft beendet, und im Jahr 1814 teilten die Siegermächte sein Reich und seine Schätze untereinander auf. Denon, der mittlerweile Direktor des Louvre war, kämpfte erbittert um seine Sammlung. Die im Louvre gehüteten Schätze gehörten Frankreich, erklärte er, denn Frankreich habe sie erobert. Die Schätze im Louvre hätten einmal Staaten gehört, die es nicht mehr gebe, erklärte er, und daher gebe es auch keinen rechtmäßigen Eigentümer mehr, an den man sie zurückgeben könne. Die Schätze im Louvre seien seit jeher das Eigentum der einst gestürzten und nun wiederhergestellten französischen Monarchie und befänden sich seit undenklichen Zeiten in diesem Schatzhaus. Doch niemand glaubte ihm, und die Truppen der Verbündeten, die Napoleon besiegt hatten, nahmen wieder in Besitz, was ihren Herren gehört hatte.

Doch an wen sollte die Quadriga zurückgegeben werden? Nicht nur, dass sie viele Male gestohlen worden war: Sie hatte überdies Imperien gehört, die alle nicht mehr existierten. Makedonien, das Römische Reich, Byzanz und auch die Republik Venedig gab es nicht mehr.

Dennoch kehrten die bronzenen Pferde nach Venedig zurück. Ihr neuer Schutzherr, der österreichische Kaiser, war dabei, als sie wieder auf den Balkon des Markusdoms gesetzt wurden, obwohl Venedig mittlerweile nur noch ein Provinzhafen im riesigen Habsburgerreich war. Doch schon nach kurzer Zeit wurden sie in das Museum der Basilika, das Museo Marciano, gebracht. In diesem Stall stehen sie noch heute, geschützt durch ein ausgefeiltes Sicherheitssystem, damit sie nie wieder jemand stehlen kann.

# Die Ayasofya in Istanbul

## Worin ein Sultan einen Zauber spricht und den Mittelpunkt der Welt verlegt

Ein römisches Bauwerk, mit den Augen eines Muslims gesehen.
*Miniatur zum Gedenken an das Begräbnis Selims II. in der von ihm renovierten Ayasofya im Jahr 1581.*

# Aneignung

*Der Parthenon hätte in das nichtstoffliche Reich der Träume wechseln können, wäre er nicht in eine Kirche und anschließend in eine Moschee verwandelt worden. Jedes Mal, wenn sich seine Funktion änderte, wurde das Gebäude umgewandelt: Das Eingangstor wurde durch einen Altar versperrt, und der Altar musste einem neuen Eingangstor weichen. Doch jedes Mal, wenn eine Umwandlung die vorhergehende überlagerte, wurde die Herrschaft Athenes über den Parthenon bereichert, denn sie war die jungfräuliche Göttin der Weisheit, die eine geflügelte Siegesgöttin in der Hand hielt.*

*Die Menschen des Mittelalters verwüsteten die Bauwerke der Antike nicht nur, sondern fanden auch neue Verwendungszwecke für sie. Als die Barbaren in Rom einzogen, plünderten sie es nicht einfach – tatsächlich konnten sie die Gebäude, die sie dort vorfanden, oft gar nicht zerstören, weil sie zu solide gebaut waren. Doch da die Eroberer keine Verwendung für Theater, Tempel und Foren hatten, machten sie daraus Festungen für ihre Krieger, Kerker für ihre Gefangenen und Pferche für ihr Vieh.*

*Bei dieser Umwandlung der Bauwerke gingen sie oft brutal vor, aber ihnen ist es zu verdanken, dass überhaupt Theater, Bäder oder Foren überlebt haben. Wir haben Hybridgebäude geerbt, die sowohl von ihrem ursprünglichen als auch vom späteren Zweck geprägt wurden. Beispielsweise ist das Theater des Marcellus in Rom auch ein Palast, und das Forum Trajans ist nicht nur ein Marktplatz, sondern auch eine Festung.*

*Die Ayasofya in Istanbul war einst die Hagia Sophia, die große Kirche des Römischen Reichs und der Ort, an dem das Imperium seine letzte Schlacht ausfocht. Die Umwandlung dieser Kirche in eine Moschee ist ein spätes Beispiel für die Aneignung eines antiken Gebäudes.*

*Und diese Aneignung war (und ist) besonders umstritten, denn sie erforderte nicht weniger als die Verlegung des Mittelpunkts der Welt.*

*Die heutige Ayasofya ist sowohl Kirche als auch Moschee; sie ist zugleich ein antikes Bauwerk und ein sehr modernes Problem. Sie zeugt von der Verehrung und der Geringschätzung, mit der die Menschen des Mittelalters den Bauwerken begegneten, die sie von ihren Vorfahren geerbt hatten.*

Einst war Konstantinopel der Mittelpunkt der Welt, und im Zentrum Konstantinopels stand die Hagia Sophia, die Kirche der Heiligen Weisheit. Und im Zentrum der Hagia Sophia, die der Mittelpunkt Konstantinopels war, das der Mittelpunkt der Welt war, befand sich ein purpurner Stein, der als Omphalos, als Nabel bezeichnet wurde.

Am 28. Mai 1453 stand der römische Kaiser, der den Namen Konstantin trug, auf dem Nabel der Welt. Er blickte flehend zum Mosaik des Weltenherrschers Christus Pantokrator empor. Dieser mächtige Richter thronte in einer Kuppel von etwa zehn Metern Durchmesser, die sich in knapp 60 Meter Höhe über das Kirchenschiff wölbte und mit ungezählten Fenstern und Tausenden Öllampen gespickt war. Diese Kuppel ruhte auf vier riesigen Bögen, über deren Stützpfeilern sechsflügelige Seraphe schwebten. Im Osten und Westen wurden diese Bögen von Halbkuppeln getragen, die so breit waren wie die große Kuppel. Auch diese Halbkuppeln waren mit Fenstern durchsetzt und ruhten ihrerseits auf drei kleineren Halbkuppeln – eine derart atemberaubende Kaskade von Gewölben, dass man sich erzählte, sie müssten an einer goldenen Kette am Himmel hängen. Die Mosaike in diesen Gewölben bildeten einen Götterhimmel, in dem es von Engeln, Propheten, Prälaten der orthodoxen Kirche und kaiserlichen Familien wimmelte, und über dem Altar, im heiligsten aller Gewölbe, schwebte die Jungfrau Maria in Begleitung von zwei Engeln.

Als Kaiser Konstantin auf dem Nabel der Welt stand, drängten sich Kirchenmänner im Raum unterhalb des Bildes der Jungfrau. Es waren so viele, dass ihre mit Edelsteinen besetzten Roben wie Steinchen in einem bewegten Wandmosaik wirkten. Vor den Priestern erhob sich der Altar, und davor stand eine mit Ikonen geschmückte silberne Trennwand. Hin und wieder erschien einer der Priester in einer Wolke aus Weihrauch in der Tür dieser Ikonostase. Die Glöckchen schellten, und die auf der anderen Seite der Wand versammelten Gläubigen warfen sich vor dem Geistlichen auf den Boden. Die übrige Zeit streichelten und küssten sie die feierlichen Gesichter der Heiligen, deren silberne Bildnisse durch Jahrhunderte der Verehrung geschwärzt waren.

Die Priester und die Gemeinde riefen die Worte, die sie stets riefen, um ihren Kaiser zu preisen:

»Zum Ruhm und zur Erhebung der Römer
Erhöre dein Volk, o Herr,
Viele, viele, viele,
Viele Jahre und mehr,
Viele Jahre für dich, Konstantin, Kaiser der Römer.«[26]

Und Konstantin stellte sich für einen Augenblick vor, er wäre der erste Konstantin gewesen, dessen christliches Reich sich von Kaledonien bis Arabien, von Mauretanien bis Armenien erstreckte, er hätte Konstantinopel gegründet und im Jahre des Herren 360 die Hagia Sophia errichtet.

*

Jene Kirche war 50 Jahre nach ihrer Erbauung von einem Erdbeben in ihren Grundfesten erschüttert und von Kaiser Theodosius wieder aufgebaut worden: Aber die Hagia Sophia, in der dieser letzte Konstantin stand, war aus einem andersartigen, aus einem politischen Beben hervorgegangen. Im Januar 532, fünf Jahre nach der Thronbesteigung Justinians, griffen gewalttätige

Ausschreitungen zwischen den Blauen und den Grünen im Hippodrom auf die Straßen von Konstantinopel über. Eine Woche lang war der Kaiser im Palast gefangen, während der Pöbel die Stadt verwüstete. In der Nacht des 12. Januar brannte eine aufgebrachte Volksmenge die Hagia Sophia nieder.

Justinian war verzweifelt und ließ Boote für die Flucht vorbereiten. Aber seine Kaiserin war aus anderem Holz geschnitzt. Theodoras Vater war ein Bärenwärter bei den Grünen gewesen, ihre Mutter eine Prostituierte – und dasselbe erzählte man sich von der Kaiserin. Sie war an das Getümmel im Hippodrom gewöhnt und fürchtete sich nicht vor zügellosen Volksmengen. »Der Purpur ist ein gutes Leichentuch«, sagte sie trotzig und riet dem Kaiser, auszuharren und zu sterben, wenn es nötig sei. Justinian, der sich vor seiner Frau mehr fürchtete als vor dem Pöbel, schickte seinen General Belisarius zum Hippodrom. Am 18. Januar wurden rund 35 000 Aufrührer auf den Zuschauerrängen eingekesselt und niedergemetzelt. Die Ordnung war wiederhergestellt.

Justinian gab Isodor, einem Mathematiker aus Milet, sowie dem Architekten Anthemius von Tralleis den Auftrag, eine neue Hagia Sophia zu entwerfen. Nur einen Monat später, am 23. Februar, wurde der Grundstein für die neue Kirche gelegt, und die Arbeiten an der Basilika kamen mit unnatürlicher Geschwindigkeit voran. Es wurde gemunkelt, Justinian sei ein Teufel; andere meinten, den Arbeitern stünden Engel zur Seite, die darauf achteten, dass keine Werkzeuge gestohlen würden. Später hieß es, Justinian habe einen dieser Engel dazu bewegt, auch nach der Fertigstellung des Baus über die Kirche zu wachen.

Zwei Tage nach Weihnachten im Jahr 537 zog der Kaiser an der Spitze einer großen Prozession in die Hagia Sophia ein. Justinian schritt seinem Gefolge voraus, um die Kirche zu betreten. Er stand unter der großartigen Kuppel, die von dem Engel behütet an der goldenen Kette vom Himmel hing, und schrie: »Salomo, ich habe dich übertroffen!« Es war ein Augenblick der Anmaßung: Wie Prokopios, der geheime Chronist von Justinians Herrschaft, zu jener Zeit beobachtete, schien die Kuppel »irgendwie ohne festen Grund in der Luft zu schweben und zum Schaden derer, die sich darin befinden, vom Boden abzuheben«.[27] Die gerechte Strafe blieb nicht aus: 20 Jahre später wurde Konstantinopel erneut von einem Erdbeben erschüttert, und jene zauberhafte schwebende Kuppel – deren Halterung im Himmel offenbar gelöst worden war – zerfiel in einer Staubwolke zu einem Haufen Ziegelsteine.

Doch Justinian gab sich nicht geschlagen. Er ließ den Sohn jenes Mathematikers aus Milet, der ebenfalls Isodor hieß, herbeirufen, und nach nur drei Jahren erstrahlte die Kirche in alter Pracht. Diesmal war die Kuppel sogar noch höher als zuvor. Bei der erneuten Weihe des Gotteshauses erklärte Paulus Silentiarius: »Wunderbar zu sehen ist, wie die Kuppel [...] dem Firmament am Himmel ähnelt.« Doch klugerweise fügte er rasch hinzu: »[...] obwohl die Kuppel auf den kräftigen Schultern der Bögen ruht.«[28]

In den folgenden Jahrhunderten wurde die Hagia Sophia wiederholt von Erdbeben heimgesucht, so im Jahr 896, im Jahr 1317 und im Jahr 1346. Aber sie widerstand diesen Erdstößen und wurde noch großartiger. Nach jedem Erdbeben fügten Kaiser, Architekten und Ingenieure weiteres Mauerwerk hinzu, um einem Einsturz vorzubeugen, und während die Kirche im Inneren ihren himmlischen Glanz bewahrte, nahm ihr Äußeres im Lauf der Zeit das Aussehen eine labyrinthischen Turms zu Babel an, der den Himmel, dem er zustrebte, nie ganz erreichte.

In der ikonoklastischen Raserei des 8. und 9. Jahrhunderts wurden alle Bildnisse aus der Kirche entfernt, aber im folgenden Jahrhundert kehrten sie in größerem Glanz als je zuvor aus der Verbannung zurück: Christus Pantokrator, Maria, die Heiligen, Engel und Kaiser wurden in prachtvolle Mosaike gefasst, die nun von neuem die Gewölbe und Mauern bedeckten. Die Abgesandten des Prinzen Wladimir von Kiew berichteten nach einem Besuch der Kirche, sie wüssten nicht, ob sie »im Himmel oder auf Erden« gewesen seien. »Denn auf der Erde gibt es keine solche Pracht und Schönheit, und es fehlen uns die Worte, sie zu beschreiben. Wir wissen nur, dass dort Gott unter den Menschen weilt und dass ihr Gottesdienst schöner ist als der anderer Völker.«[29]

Als Konstantinopel im Jahr 1204 von den Venezianern geplündert wurde, schafften diese nicht nur die bronzenen Pferde und die Schätze aus dem Hippodrom fort, sondern griffen auch die Hagia Sophia an. Sie stürmten die Kirche, ermordeten die Menschen, die dort Zuflucht gesucht hatten, und setzten eine Hure auf den Kaiserthron. Um die Demütigungen auf die Spitze zu treiben, begruben sie Enrico Dandolo, den Dogen, der Konstantinopels Unglück heraufbeschworen hatte, in einem der Kirchenschiffe. (Sein Grabstein befindet sich noch heute dort.) Aber im Jahr 1261 kehrten die Römer nach Konstantinopel zurück, und Michael Palaiologos begab sich direkt in die Hagia Sophia, um sich dort feierlich zum Kaiser ausrufen zu lassen wie alle Kaiser vor ihm – auf dem Omphalos, dem Nabel der Welt, und unter der Kuppel, die an einer goldenen Kette vom Himmel hing.

*

Im Jahr 1453 stand der letzte Kaiser Konstantin umringt von seinem Hofstaat und seinen Priestern an derselben Stelle wie alle seine Vorgänger. In eine Wolke aus Weihrauch gehüllt, vergaß Konstantin für einen Augenblick, dass er nur noch ein unbedeutender Despot war, dessen Imperium nicht über die Mauern seiner Stadt hinausreichte. Er vergaß, dass die Juwelen in seiner Krone nur noch aus Glas bestanden und dass seine Staatskasse leer war. Er vergaß, dass der Patriarch der orthodoxen Kirche, erbost über das Bündnis des Kaisers mit dem Papst, ins Exil geflohen war. Und er vergaß, dass die Hilfe, die ihm die Italiener als Gegenleistung für diese Allianz versprochen hatten, nicht eintraf. Er vergaß, dass seine Untertanen ihn und seine Hagia Sophia bis zu dieser Nacht gemieden hatten, weil er ihre Seelen an die Barbaren im Westen verkauft hatte, die ihre Stadt schon so viele Male zugrunde gerichtet hatten.

Er vergaß für einen Augenblick, dass Konstantinopel seit fast zwei Monaten belagert wurde, und er vergaß, dass es in den vergangen drei Tagen unheilvolle Vorzeichen gegeben hatte: Zunächst hatte eine völlige Mondfinsternis die Bewohner der Stadt in Angst und Schrecken versetzt. Am nächsten Morgen versuchte der Kaiser, das Volk um sich zu sammeln, indem er in einer Prozession die *Hodegetria* durch die Straßen tragen ließ. Diese Ikone der Heiligen Jungfrau besaß Zauberkräfte: Sie führte selbständig Prozessionen an und erfüllte angeblich die Herzen der Feinde Konstantinopels mit Furcht. Konstantinopel hoffte, das werde ihr auch diesmal gelingen. Aber als die Altardiener die Hodegetria auf die Straße trugen, fiel sie zu Boden, und als die Beistehenden herbeieilten, um sie aufzuheben, blieb sie im Pflaster stecken. Dann trieb ein heftiger Wolkenbruch die Teilnehmer der Prozession auseinander. Hatte die Jungfrau der Hodegetria ihr Volk verlassen? Dies war das zweite Menetekel, und am Ende des Tages legten sich die Menschen noch verängstigter schlafen.

Die Ersten, die das dritte Zeichen sahen, waren draußen auf See. Als die Bewohner Konstantinopels am dritten Tag erwachten, stellten sie fest, dass sich ein derart dichter Nebel über ihre Stadt gelegt hatte, dass die Kuppel der Hagia Sophia nur noch als fahle Silhouette zu erkennen war. Seit Jahrhunderten diente sie den Seefahrern als Orientierungspunkt, denn in der Nacht waren die Öllampen, die zu Tausenden im Inneren der Kuppel brannten, noch aus weiter Ferne zu sehen. Um den Kurs ihrer Schiffe zu bestimmen, orientierten sich die Seeleute laut Paulus Silentiarius nicht am Kleinen Bären, sondern am »göttlichen Licht der Kirche«.[30]

In jener Nacht brannten die Lampen in der Kuppel der Hagia Sophia wie üblich und warfen ihr Licht über das Wasser. Aber plötzlich begannen sie sich sonderbar zu verhalten. Der Mönch Nestor-Iskander sah:

> »Aus dem oberen Teil des Fensters stach eine große Flamme heraus; sie umzüngelte lange Zeit die gesamte Spitze der Kirche. Dann verschmolzen die Flammen zu einer, ihre Farbe veränderte sich, und es erstrahlte ein unbeschreibliches Licht. Plötzlich stieg es empor in den Himmel. Alle, die dies gesehen hatten, waren bestürzt, sie begannen zu weinen und riefen auf Griechisch: Herr, erbarme dich! Das Licht ist in den Himmel aufgefahren!«[31]

Alle Welt wusste, was das bedeutete: Die goldene Kette war gerissen, der Engel war verschwunden, und der folgende Tag würde der letzte des Römischen Reichs sein. Es war zwecklos, sich in sektiererischen Phantasien zu ergehen, zwecklos, dem Kaiser vorzuwerfen, dass er die Italiener um Hilfe gebeten hatte, zwecklos, den Omphalos zu meiden. So versammelte sich das Volk von Konstantinopel am 28. Mai 1453 zu einem letzten Gebet in der Hagia Sophia. Als der Gottesdienst vorüber war, rief der Kaiser seinen Senat und seine Feldherren zusammen und richtete unter Tränen eine letzte Bitte an sie: »Empfangt sie mit euren Speeren und Pfeilen, damit sie wissen, dass sie mit den Nachfahren der Griechen und der Römer kämpfen.«[32] Dann ging er los, um die Stadt zu verteidigen. Das Volk erhob seine Stimme zu einem verzweifelten Ruf nach himmlischem Beistand – aber der Himmel hörte die Bewohner Konstantinopels nicht mehr.

*

Auf der anderen Seite der Stadtmauer hatten auch die islamischen Heerscharen die Zeichen gesehen, und sie waren zum Sturm bereit. Sie hatten seit langer Zeit auf diese Zeichen gewartet.

Im Jahr 628 hatte Kaiser Herakleios einen Brief von einem unbekannten Stammesführer aus der Wüste erhalten. Darin stand:

> »Im Namen Allahs, des Gütigsten und Barmherzigsten: Dieses Schreiben kommt von Mohammed, dem Sklaven Allahs, und seinem Apostel, und richtet sich an Herakleios, den Herrscher der Byzantiner. Friede sei mit jenen, die sich der göttlichen Führung beugen. Ich lade Dich ein, Dich Allah zu unterwerfen. Nimm den Islam an, und Allah wird Dir eine zweifache Belohnung zuteilwerden lassen. Doch wenn Du diese Einladung zurückweist, wirst Du Dein Volk auf einen falschen Weg führen.«[33]

Der Kaiser lachte. Er hatte gerade erst den König von Persien in der Schlacht besiegt, und er hatte nicht die Absicht, sich irgendjemandem zu unterwerfen oder sich dem Islam oder Allah anzuschließen, was immer das auch sein mochte. Aber innerhalb von acht Jahren war die Hälfte seines Reichs jenem unbekannten Stamm anheimgefallen, und nur 30 Jahre später standen die islamischen Armeen vor den Mauern der Stadt, deren Namen sie fälschlich als »Istanbul« aussprachen. Es dauerte vier Jahre, sie zu vertreiben. Doch vier Jahrzehnte später kehrten sie zurück und begannen, die Felder rund um die Stadt zu bestellen, als wäre dies ihr Land – bis die Rumi, die römischen Herren Istanbuls, sie erneut vertrieben.

Seit Mohammed seinen Brief an Herakleios geschrieben hatte, hatten die islamischen Armeen ihren Glauben bis nach Spanien im Westen, Indien im Osten, Wien im Norden und bis tief in die Sahara im Süden ausgebreitet. Aber es gab eine Stadt, die sich ihrem Vormarsch widersetzte. Istanbul war, wie die Muslime sagten, der »Knochen in Allahs Hals«.

Die Stadt mochte als Knochen in Allahs Hals stecken, aber die Armeen des Islam wussten, dass Allah diesen Knochen eines Tages schlucken würde. Sie erzählten einander eine Geschichte über die Kuppel, die sie vom Meer aus sahen und die über der Stadt dahinglitt wie ein Schiff unter vollen Segeln. Die Ayasofya, erzählten sie, war vor ewigen Zeiten von einem Kaiser der Rumi oder von König Salomo selbst errichtet worden; aber in der Geburtsnacht des Propheten Mohammed war die Kuppel der großen Kirche eingestürzt. Alle Versuche, sie wieder aufzubauen, scheiterten, bis die Rumi Gesandte zum Propheten schickten, der die Erlaubnis zum Wiederaufbau gab. Er sagte den Emissären, für die Kuppel solle ein Mörtel verwendet werden, der Sand aus Mekka, Wasser aus dem heiligen Brunnen Zamzam sowie seinen eigenen Speichel enthalte. Mit dieser wunderbaren Mischung kehrten die Abgesandten nach Istanbul zurück, und von diesem Tag an hielt die Kuppel der Ayasofya stand und erwartete den Tag, an dem die Armeen des Islam Besitz von ihr ergreifen würden.

Im Januar 1453 hielt Mehmed aus dem Haus Osman im Hof seines Palastes in Edirne eine Lanze empor, an der ein Pferdeschweif befestigt war. Mit dieser Geste rief er die Bewohner seines Reichs zu den Waffen. Am 23. März setzte sich die Armee in Marsch, und Anfang April schlug sie vor Istanbul ihr Lager auf. Sie hatten schon so lange gewartet. Nun sah Sultan Mehmed den verdunkelten Mond und die Flamme, die aus der großen Kuppel gen Himmel schlug, und er erinnerte sich an die Prophezeiungen. Er wusste, dass das Warten nun ein Ende haben würde. Um halb zwei Uhr morgens gab er den Befehl zum Angriff. Bei Sonnenaufgang hatten seine Truppen die Flagge des Propheten Mohammed auf den Mauern von Istanbul aufgepflanzt.

Konstantin, der letzte Kaiser von Konstantinopel, war verschwunden; seine Leiche wurde später gefunden, erkennbar nur an den purpurnen Schuhen, die das kaiserliche Siegel trugen. Jene Untertanen, die nicht hatten fliehen können und kein Versteck fanden, suchten Zuflucht in der großen Kirche, wo sie unter Glockengebimmel und in Weihrauch gehüllt ausharrten und einander ihre eigenen Prophezeiungen erzählten. Die islamischen Armeen würden bei der Säule Konstantins im Forum zurückgeworfen, sagten sie, und dann werde sie ein Racheengel aus der Stadt hinaus und bis nach Persien treiben. Der Kaiser werde nach Jerusalem ziehen, und das wiederhergestellte Reich werde in den Himmel aufgenommen werden.

Aber keine dieser Prophezeiungen trat ein. Stattdessen hörten die Menschen, wie mit Waffen gegen die Tore der Hagia Sophia geschlagen wurde, die einst die Tore des Zeustempels in Pergamon gewesen waren. Als die Soldaten eindrangen, sammelten die Priester die liturgischen Gegenstände ein. Die Ostmauer der Apsis öffnete sich, und sie verschwanden darin. Sie werden erst wieder auftauchen, wenn der Kaiser erneut nach Jerusalem zieht und das Reich wiederhergestellt sein wird.

Wer Widerstand leistete, wurde auf der Stelle niedergemetzelt, und die übrigen Christen wurden zusammengetrieben und wie Vieh auf den Markt geführt. Die islamischen Krieger schwärmten in der Kirche aus und rissen die Lampen und Einrichtungsgegenstände aus den Verankerungen. Sie nahmen sich die Messgewänder, um sie als Satteldecken zu verwenden, und sie zerschlugen die Ikonen, um das Gold und die Edelsteine herauszubrechen. Gläubige Muslime verabscheuen Bildnisse von Lebewesen, denn da Allah der einzige Schöpfer ist, betrachten sie es als Blasphemie, sich schöpferische Fähigkeiten anzueignen, und sei es auch nur im Dienst der Kunst. Die Mosaike und Ikonen in der Hagia Sophia stellten Engel und Propheten dar, Lebende und Tote, und daher waren sie gotteslästerliche und abergläubische Götzenbilder. Sie hatten die Schändung verdient.

Als Sultan Mehmed am Nachmittag eintraf, war fast der gesamte Schmuck des Gebäudes entfernt. Als er die Kirche betrat, stieß er auf einen Soldaten, der versuchte, eine Marmorplatte von der Wand zu reißen. Der Sultan schrie zornig: »Das Gold gehört dir, der Marmor mir!« Mit diesen Worten schlug er den Mann auf den Kopf und verbannte ihn aus seinem Dienst.

Als er seine Wut gezügelt hatte und begriff, dass er alles erreicht hatte, wofür die Armeen des Islam 800 Jahre gekämpft hatten, belegte der Sultan das Gotteshaus mit einem Zauber. Er befahl einem Muezzin, in die Kanzel hinaufzusteigen und zum Gebet zu rufen. Dann trat er in das Heiligtum der Hagia Sophia, stieg auf den Altar, fiel auf die Knie und warf sich in Richtung des Mittelpunkts der Welt nieder.

Aber der Mittelpunkt der Welt war nicht länger der Omphalos aus Porphyr, auf dem der letzte Konstantin am Vortag gestanden hatte. Nun war es ein anderer Stein, der vor einer Ewigkeit aus einem wolkenlosen Himmel in eine öde Wüste gefallen war. Die Beduinen, die von Zeit zu Zeit an diesem Ort vorbeikamen, sahen den Stein und verehrten ihn, weil er vom Himmel gefallen war. Sie errichteten rund um den Stein einen hölzernen Tempel, in den sie Bilder der wilden Tiere der Wüste und der Vögel schnitzten, und im Lauf der Jahre wuchs rund um diesen Tempel eine Stadt.

Eines Tages wanderte ein Kaufmann in die steinigen Hügel, welche die Stadt umgaben. Dort erschien ihm der Erzengel Gabriel und befahl ihm, niederzuschreiben, was er ihm sagte. Drei Jahre später begann Mohammed zu predigen. »Es gibt nur einen Gott«, sagte er, »und Mohammed ist sein Prophet.« Aber die Bewohner Mekkas, die seit Menschengedenken viele Götter – sowie einen großen schwarzen Stein – verehrten, reagierten erbost und vertrieben Mohammed aus ihrer Stadt. Er flüchtete nach Medina, um den Menschen zu erzählen, was der Erzengel ihm aufgetragen hatte. Schließlich kehrte er mit einer Gruppe von Anhängern zurück, und diesmal hörten ihm die Einwohner Mekkas zu.

Bis zum heutigen Tag muss sich jeder Moslem einmal in seinem Leben in weiße Baumwolle hüllen und sich auf den Weg zu der Stadt machen, in der der Erzengel Gabriel erstmals zu Mohammed sprach. In Mekka begeben sich die Pilger zu dem schwarzen Stein, der *Kaaba* (Würfel) heißt, um zu beten. Jede Moschee ist im Grunde nichts anderes als ein Ort, an dem allen guten Muslimen die *Qibla* gezeigt wird, die Richtung, in der sich die Kaaba befindet. Daher ist der wesentliche Bestandteil jeder Moschee eine Gebetsnische – der *Mihrab* –, die in Richtung des schwarzen Steins weist, der aus dem Paradies auf die Erde herabfiel.

*

Der Zauberspruch des Sultans wirkte nur langsam. Es dauerte viele Jahre, bis sich das Oströmische Reich in das Osmanische Reich, bis sich Konstantinopel in Istanbul und bis sich die Kirche Hagia Sophia in die Moschee Ayasofya verwandelt hatte.

Mehmed ließ vor der großen Kirche ein hölzernes Minarett errichten, von dem aus der Muezzin die Gläubigen zum Gebet rufen konnte. Sein Sohn Beyazit ersetzte dieses Minarett durch einen Turm aus Stein. In den nächsten zwei Jahrhunderten gesellten sich drei weitere Türme dazu, die gemeinsam mit dem ersten ein Quadrat bildeten, aus dem die Gesänge der Muezzin in alle Richtungen schallten. Im Inneren der Ayasofya übertünchten die osmanischen Handwerker alle Mosaike von Kaisern und Heiligen, an die sie herankamen. Die sechsflügeligen Seraphen, auf deren Schultern die Kuppel ruhte, versteckten sie hinter riesigen Schmucktafeln, von denen in mannshohen Buchstaben Koransuren prangten.

Am Ende des 16. Jahrhunderts wurden an der Westseite des Gebäudes zwei Brunnen gebaut, denn die Muslime müssen sich vor dem Gebet waschen. Das Wasser rann aus zwei alten Alabasterurnen, die Sultan Murat aus Pergamon mitgebracht hatte, und die Gläubigen ließen sich im Kreis um die Brunnen auf den ionischen Kapitellen aus einem vor langer Zeit verschwundenen heidnischen Heiligtum nieder, um sich die Füße zu waschen.

Ein gewobener Garten aus Teppichen bedeckte den weißen Marmorboden, damit sich die Gläubigen im Gebet niederwerfen konnten. Über das Kirchenschiff verstreut wurden hölzerne Gebetsstühle aufgestellt, die wie Kioske in einem Tulpenfeld wirkten. Der auffälligste gehörte dem Sultan: Er stand auf Marmorsäulen und verbarg den Herrscher in einem goldenen Gitterkäfig. Ende des 16. Jahrhunderts ließ Sultan Murad einen *Minbar,* eine Kanzel, am Südrand der Apsis errichten, einen kleinen Kiosk mit einem konischen Dach am Ende einer steilen Treppe. In die Apsis selbst ließ er den Mihrab setzen. Zu beiden Seiten der Gebetsnische wurden zwei riesige Kerzenleuchter aufgestellt, die Sultan Suleiman in einem Kloster in Ungarn erbeutet hatte.

Sämtliche Bestandteile der Ayasofya waren auf den schwarzen Stein in Mekka ausgerichtet. Nur für das Gebäude selbst galt das nicht. Die Hagia Sophia war wie alle christlichen Kirchen zwischen Sonnenauf- und Sonnenuntergang gesetzt worden. Im Westen befand sich die Welt des Todes und des Leidens, während der Altar nach Osten blickte, um die Auferstehung des Sohns Gottes zu feiern. Die Kaaba liegt jedoch nicht genau östlich, sondern südöstlich von Istanbul, weshalb die Ausrichtung nicht mehr stimmte, als sich die Hagia Sophia in die Ayasofya verwandelt hatte. Der Mihrab der Ayasofya lag etwa zehn Grad südlich der Mittellinie der Apsis der Hagia Sophia, die steile Treppe des Minbar stand nicht im rechten Winkel zu der Mauer, an die sie sich lehnte, und dasselbe galt für die Gebetsstühle. Selbst die Teppiche waren auf den Mihrab ausgerichtet, so dass sie quer über den Boden der Hagia Sophia lagen, und wenn sich die Moschee mit Reihen von Gläubigen füllte, bildeten diese einen weiteren Teppich, der ebenso perfekt geknüpft war wie der erste und nach Mekka wies. Nun richteten die Nachfahren des Sultans Mehmet die Kirche im Lauf der Jahre Zoll um Zoll und Grad um Grad auf den schwarzen Stein aus. So wie die Christen einst den Parthenon in eine Kirche verwandelt hatten, verwandelten die Muslime die Hagia Sophia in eine Moschee.

*

70 Jahre nach Mehmeds Zauberspruch beschrieb der Hofdichter Saduddin die Ayasofya als ein »uraltes Bauwerk […], das durch die Strahlen des wahren Glaubens erleuchtet und vom süß duf-

tenden Atem des Gesetzes erfüllt wird«. Und er beschrieb, wie nach fast einem Jahrhundert islamischer Glaubenspraxis »das Verzückung ausstrahlende Innere, erleuchtet durch die Verkündigung der Einheit, wie ein polierter Spiegel zu glänzen begann«.[34] Seine Worte waren ein Echo der klassischen Hexameter, die Paulus Silentiarius 800 Jahre früher deklamiert hatte, denn nicht nur die Muslime und die Söhne Osmans hatten die Hagia Sophia mit einem Zauberspruch belegt – umgekehrt waren auch sie von der Hagia Sophia verzaubert worden. Anfang des 16. Jahrhunderts konnte der Hofdichter Idris-i Bidlisi behaupten, dass die Ayasofya gleichermaßen heilig sei wie die Kaaba selbst, und der Dichter Cafer Çelebi bezeichnete sie als »den siegreichen Schah« unter den Moscheen, in der das Gebet hundertmal wertvoller sei als in jeder anderen.[35]

Im Jahr 1572 machte sich Sultan Selim II. daran, die Ayasofya zu reparieren. Er stellte die Gruppe von vier Minaretten um die Kuppel fertig und ließ viele der einfachen Gebäude abreißen, die sich um die Moschee drängten. Außerdem erließ er eine Fatwa, in der er verkündete, dass jeder, der sich der Instandsetzung der Ayasofya widersetze, weil sie früher eine Kirche gewesen sei, als Ungläubiger hingerichtet werden würde. Schließlich gab er Anweisung, ihn nach seinem Tod auf dem Gelände der großen Moschee zu bestatten, eine Regelung, die viele seiner Nachfolger nachahmten. Im Jahr 1595 ließ sich Murad III. im Garten der Moschee ein Grabmal mit Kuppel errichten, zu dem sich kurze Zeit später das Grab Mohammeds III. gesellte. Im Jahr 1622 ließ Mustafa I. das alte christliche Baptisterium in seine letzte Ruhestätte verwandeln, und einige Jahrzehnte später gesellten sich dort die sterblichen Überreste Sultan Ibrahims zu seinen Knochen. Heute erhebt sich die große Kuppel der Ayasofya über eine Stadt voller kleiner Imitate.

Und während sich Konstantinopel in Istanbul und die Hagia Sophia in die Ayasofya verwandelten, verlor das Geschlecht der Osmanen seinen ursprünglichen Charakter eines wilden Reitervolks und wurde den Römern, deren Reich es sich angeeignet hatte, immer ähnlicher. Vor der Eroberung Konstantinopels hatten die Türken ihre Moscheen nach zentralasiatischem Vorbild gebaut. Die Gebetshalle dieser Moscheen war üblicherweise nicht anspruchsvoller gestaltet als der offene Hof einer Karawanserei. Man betrat sie durch ein hohes gefliestes Tor, das von Minaretten flankiert war und an einen zwischen zwei Lanzen aufgehängten Teppich erinnerte. Diese Gebäude waren dem einfachen Haus aus Lehm und Holz nachempfunden, in dem Mohammed während des Exils in Medina gepredigt hatte. Aber die Gebetshalle der Fatih-Moschee (der Siegesmoschee), die Mehmed nach der Eroberung Konstantinopels dort errichtet hatte, war kein Hof, sondern ein riesiger Innenraum. Vier gewaltige Pfeiler trugen vier Bögen, auf denen eine großartige, mit Fenstern durchsetzte, lichtdurchflutete Kuppel ruhte. Und dieses Gebäude ähnelte am ehesten der großen Kirche der Römer.

Es war ein Soldat im Dienst des Sultans Suleiman, der diese neue Architektur zur Vollendung brachte, eine Architektur, mit der der alte Glanz Konstantinopels zurückkehrte. Sinan war ein Janitschar, einer der mörderischen Leibgardisten des Sultans, doch er fiel seinen Vorgesetzten nicht durch besonderes Geschick im Umgang mit Waffen, sondern durch seine Begabung für das Zeichnen und Bauen auf. Nach seinem Militärdienst wurde Sinan Militäringenieur und Chefmechaniker, und im Jahr 1538 machte der Sultan ihn zu seinem Hofarchitekten.

Nun konnte Sinan seinen grenzenlosen Einfallsreichtum beim Bau von Brücken und Aquädukten, Festungen und Religionsschulen, Grabmalen und Gärten ausleben. Doch vor allem entwarf Sinan Moscheen, und die wunderbarste seiner Moscheen war jene, die er für Suleiman den Prächtigen baute. Die Süleymaniye-Moschee wurde wie einst die Hagia Sophia mit ungeheurer Geschwindigkeit errichtet: Im Jahr 1557, nur sieben Jahre nach der Grundsteinlegung, war die große Kuppel vollendet. (Der Petersdom in Rom, der etwa zur selben Zeit in Angriff genommen wurde, konnte erst zwei Jahrhunderte später fertiggestellt werden.) Für seine Moschee plünderte Sinan die Schätze Istanbuls: Die Schiffe wurden von Säulen getragen, die aus der alten kaiserlichen Loge im Hippodrom, aus dem Bacchustempel in Baalbek und von einem Denkmal für Kaiser Arcadius auf dem alten Forum stammten.

Aber Sinan eignete sich nicht nur antike Fragmente an, denn die Süleymaniye-Moschee ist als Ganzes eine abgewandelte Imitation der Ayasofya. Über den weitläufigen Innenraum spannt sich eine Kuppel mit einem Durchmesser von knapp 25 Metern, und wie in der Ayasofya wird sie von vier Bögen getragen. Die Seitenbögen sind wie in der Ayasofya mit Bogenfenstern und marmornen Kolonnaden geschmückt, während die beiden Endbögen durch Halbkuppeln abgeschlossen werden, die ihrerseits auf drei weiteren Halbkuppeln ruhen.

Aber es gibt einen wesentlichen Unterschied zwischen der Süleymaniye-Moschee und der Ayasofya: Der Mihrab liegt exakt auf der Symmetrielinie des gesamten Gebäudes im Mittelpunkt der östlichen Apsis. Anders als in der Ayasofya konnten bei der Süleymaniye-Moschee sämtliche Bestandteile – sowie die Gärten, die Schulen, die Unterkünfte für die Pilger jenseits der Gärten und das Grab Suleimans des Prächtigen – auf den schwarzen Stein in Mekka ausgerichtet werden.

Gegen Ende seines Lebens bezeichnete Sinan die Süleymaniye-Moschee geringschätzig als »Arbeit eines Lehrlings«, und tatsächlich leitete dieses gewaltige und schöne Bauwerk lediglich die lange und fruchtbare Karriere des Architekten ein. In Istanbul wimmelt es von Moscheen, die Sinan erbaut hat, darunter die von blauen Iznik-Kacheln geprägte Rüstem-Pascha-Moschee im Basar und die in nobler Blässe erstrahlende Mihrimah-Moschee an der alten Stadtmauer. In all diesen Bauwerken wandelte Sinan Merkmale der Ayasofya ab: eine vom Licht durchflutete Kuppel auf einer Kaskade von Gewölben, in denen sich der Kreis des Himmels dem Quadrat der Erde annähert. Isodor von Milet und Anthemios von Tralleis hätten Sinans Moscheen verstanden – und ihn dafür bewundert.

In den Jahrhunderten, die nach Mehmeds Zauberspruch verstrichen, verwandelte sich die Hagia Sophia in eine Moschee, und jede Moschee verwandelte sich in eine Hagia Sophia. Die Silhouette Istanbuls ist das Meisterwerk Sinans, aber auch das Vermächtnis Justinians und seiner Frau Theodora, die ihrem Gatten verbot, seine Stadt im Stich zu lassen.

*

Im Jahr 1922, in den letzten Tagen des Osmanischen Reichs, wurde im Hof des Palastes in der Nachbarschaft der Ayasofya in aller Stille ein neuer Potentat gesalbt. »Was für ein Hohn!«, schrieb ein Reisender. »Statt eines feierlichen Rituals in der Eyüp-Moschee und eines Sultans, der das Schwert umgegürtet hat, haben wir hier eine Abordnung von Amtsträgern, die einem älteren Dilettanten mitteilt, dass er mit Stimmenmehrheit gewählt worden ist wie jeder andere Führer.« Die Zeremonie war kaum sehenswert: »Eine kleine Gruppe neugieriger Besucher und Korrespondenten hat sich versammelt, es wird ein kurzes Gebet gesprochen, und ein komischer Hofzwerg sowie einige Eunuchen geben dem Ganzen ein wenig Lokalkolorit.«[36]

Ein wenig Lokalkolorit, mehr war es tatsächlich nicht: Der letzte Sultan war nach Malta ins Exil geflohen, und sein Nachfolger durfte nicht einmal seinen Titel annehmen. Er durfte sich lediglich als Kalif bezeichnen, als Führer der Gläubigen. In einem Schreiben an den wahren Herrscher seines Landes, Mustafa Kemal, bat er um die Anhebung seines mageren Gehalts – und erhielt eine brüske Antwort: »Das Kalifat, Euer Amt, ist nicht mehr als ein historisches Relikt. Es ist keine Daseinsberechtigung. Es ist impertinent, dass Ihr es wagt, an einen meiner Sekretäre zu schreiben.«[37] Es dauerte nicht lange, da wurde auch der Kalif wie sein Vorgänger ins Exil geschickt. Mustafa Kemal, ehemals ein unbekannter Offizier mittleren Ranges, erhielt wie einst Mehmed den

Titel »Gasi« (Krieger) und verwandelte sich schließlich in »Atatürk«, den »Vater der Türken«. Aber den Titel eines Sultans oder Kalifen nahm er nicht an, denn diese Ämter verachtete er als dekadente Anachronismen in einem fortschrittlichen Zeitalter.

Im Jahr 1925 griff Atatürk zu einer auch zu seiner Zeit sehr umstrittenen Maßnahme und schaffte die islamischen Vorschriften für die Kopfbedeckungen ab: Die Frauen mussten von nun an keinen Schleier mehr tragen, und Form und Farbe des Fes würden keinen Aufschluss mehr über den Status eines Mannes geben. Atatürk selbst trug lieber einen Panamahut und einen Leinenanzug. Er schloss alle imperialen Mausoleen, in denen die Gläubigen seit langem beteten, sowie alle Derwischlogen, in denen sich die Mystiker in eine ausgesprochen unmoderne Trance tanzten. Im Jahr 1928 schaffte er das arabische Alphabet ab und befahl seinen Beamten, stattdessen eine Version des lateinischen zu entwickeln, und kurze Zeit später wurde die Anwendung der Scharia endgültig verboten. Mustafa Kemal tat alles, was in seiner Macht stand, um die Macht des Islam über sein Volk zu brechen, und verlegte den Mittelpunkt der türkischen Welt von Istanbul nach Ankara im Herzen Anatoliens.

Nachdem das getan war, trat er vor die Nationalversammlung in Ankara und wagte sich an das größte, bedeutendste und möglicherweise unangenehmste Relikt der Vergangenheit: die Ayasofya-Moschee. Im Jahr 1920 hatten die rachsüchtigen europäischen Sieger des Ersten Weltkriegs verlangt, den Zauber Sultan Mehmeds aufzuheben; die Ayasofya sollte wieder zur Hagia Sophia werden: Der demütigende Friedensvertrag von Sèvres enthielt die Bedingung, dass die größte Moschee in der größten Stadt der Türkei in eine Kirche zu verwandeln sei.

Jedermann wusste, dass die Ayasofya nicht immer eine Moschee gewesen war. Jedermann wusste, dass sich unter der weißen Tünche und den Teppichen, hinter dem Mihrab, dem Minbar und den Minaretten ein anderes Bauwerk verbarg, das seit etwa 500 Jahren im Bann des Islam stand. Aber hatte das Geschlecht der Osmanen durch die Wiedergeburt als türkische Nation nicht genug erlitten? Genügte es nicht, dass der Sultan ins Exil geschickt und das Kalifat abgeschafft worden war? Welche Demütigungen wollte der Vater der Nation seinem Volk auf Betreiben der europäischen Feinde noch auferlegen?

Atatürk mochte ein radikaler säkularer Politiker sein, aber er war auch ein gewandter Politiker. Seine klaren blauen Augen blinzelten, als er verkündete: »Wir haben die Amerikanische Gesellschaft für Byzantinistik eingeladen, mit Ausgrabungen bei der Ayasofya zu beginnen. Die Ayasofya wird ein Museum werden.« Die selbstgerechten europäischen Mächte, die anderen Vorträge über Modernität und freiheitliche Demokratie hielten, konnten kaum etwas einwenden gegen etwas so Modernes, gegen etwas so Liberales wie ein Museum. So blieb dem türkischen Volk, dem man wohl verzeihen konnte, dass es ein wenig nostalgisch an seinen alten Bräuchen hing, die demütigende Rückverwandlung der Ayasofya in die Hagia Sophia erspart.

Und nichts bereitete Atatürk größeres Vergnügen, als den abergläubischen Zauber zu brechen, der dieses Gebäude jahrhundertelang in seinen Fängen gehalten hatte. Das Bauwerk würde ein Museum ohne Religionszugehörigkeit sein, ein historisches Dokument, ein Erinnerungsstück an vergangene Zeiten, das internationale Kulturerbe einer vorurteilsfreien modernen Menschheit. So wie die goldene Kette, welche die Kuppel der Hagia Sophia am Himmel befestigt hatte, in der Vision der aufsteigenden Flamme in der Nacht des 25. Mai 1453 gerissen war, wurde nun auch das unsichtbare Band durchtrennt, dass die Ayasofya mit der Kaaba in Mekka verbunden hatte. Im Jahr 1929, etwa 1400 Jahre nach ihrer Errichtung, verwandelte sich die Ayasofya in ein Bauwerk, nicht mehr und nicht weniger. Es wies in keine bestimmte Richtung mehr, und es war nicht mehr der Mittelpunkt irgendeiner Welt.

Die Archäologen der Amerikanischen Gesellschaft für Byzantinistik gruben unter dem Pflaster vor dem Gebäude und fanden die Überreste der Basilika von Theodosius, die im Jahr 532 in den Kämpfen zwischen den Blauen und den Grünen niedergebrannt worden war. Die Forscher wuschen den Kalk von den Wänden und fanden die schimmernden Mosaike Konstantins und Justinians, der Heiligen Jungfrau und Jesu Christi. Sie entfernten die Teppiche und entdeckten einen purpurnen Stein, den Omphalos, der einst der Nabel der Welt gewesen war. Aber da die Hagia Sophia auch die Ayasofya gewesen war, ließen die Archäologen die Minarette, die Brunnen, die Betstühle, den Minbar und auch den Mihrab unangetastet. Sie sind erhalten geblieben als bruchstückhafte Überreste des Zaubers, mit dem Mehmed der Eroberer das Gotteshaus einst belegte, als er auf den Altar stieg, sich nach Mekka wandte und seine Gebete sprach.

Sowohl Christen als auch Muslime starten immer wieder Kampagnen für eine Rückgabe des Gebäudes an ihre Glaubensgemeinschaft, wobei beide Seiten auf ihre jahrhundertelange religiöse Praxis in der Kirche oder der Moschee verweisen können. Ein anderer Vorschlag lautet, die Ayasofya in ein Denkmal für die Opfer des großen Zusammenstoßes der Kulturen von den Kreuzzügen bis zum Krieg gegen den Terror zu verwandeln. In einem sind sich alle Beteiligten einig: Die türkische Regierung und die UNESCO stellen nicht genug Geld zur Verfügung, um das Bauwerk instand zu halten, und alle vermuten hinter dieser Gleichgültigkeit politische Beweggründe – seien sie nun religiöser oder säkularer Natur.

Im Jahr 2006 besuchte Papst Benedikt die Ayasofya. Er betete vor dem Mihrab sein *Ave Maria*, während sich radikalislamische Demonstranten vor den Mosaiken der römischen Kaiser zu Boden warfen und Allah anriefen. An jenem Tag wurde kein Zauber gesprochen – und wenn doch, so fand er offenbar weder bei der Heiligen Maria noch bei Allah Gehör. Das Gemurmel der Menge hallte in einer dunklen und leeren Kuppel wider, und die Gläubigen wanderten ziellos über den Stein, der einst der Nabel der Welt gewesen war.

# Das Heilige Haus von Loreto

## Die wundersame Übertragung der Santa Casa

Das Heilige Haus von Loreto wird von Engeln getragen.
*Stich, Andachtsbild aus dem 19. Jahrhundert.*

# Reproduktion

*Der Parthenon war ein Jahrtausend lang eine Kirche, länger, als er ein Tempel der Athene gewesen war, und seine Verwandlung erforderte mehr als einen Ausbruch von Zerstörungswut und mehr als eine Umwidmung. Ein Jahrtausend lang kerbte jeder Bischof von Athen seinen Namen in den Marmor des alten Tempels, um sich den Parthenon anzueignen. Würdenträger, die zu Besuch kamen, spendeten dem Gebäude in der Hoffnung auf einen endlosen Kreislauf von Gebeten Reliquien und Schätze.*

*Erfolgten die architektonischen Umwandlungen im frühen Mittelalter in brutalen Schüben von Diebstahl und Aneignung, so waren sie im Spätmittelalter das Ergebnis endloser Wiederholungen. Die Menschen des Mittelalters lebten in der geschlossenen Welt des Klosters und des Dorfes und in der unverrückbaren sozialen Hierarchie von Adel, Geistlichkeit und Bauernschaft. Dieses Leben war von den immer gleichen Ritualen des Kirchenjahrs und der Klosterstunden, vom Wechsel der Jahreszeiten und vom unabänderlichen Zyklus von Geburt, Erbe, Fortpflanzung und Tod beherrscht.*

*Diese auf der stetigen Wiederholung beruhende Stabilität war eine erstaunliche Leistung der Gesellschaften, die aus dem katastrophalen Zusammenbruch des Römischen Reichs und der Invasion der Barbaren hervorgegangen waren. All die vertrauten Gebete und Verwünschungen, all die Kopien antiker Texte in den Klöstern, all die jahreszeitlichen Lieder und Tänze erfüllten die mittelalterliche Welt mit der Gewissheit einer von Gott eingerichteten Ordnung.*

*Im Heiligen Haus findet man nichts, was mit der einzigartigen Vollkommenheit des Parthenon, mit dem gestohlenen Glanz von San Marco oder der vielschichtigen Komplexität der Hagia Sophia vergleichbar wäre. An derartigen Kriterien gemessen, hätte es nie Aufnahme in den Kreis der erhabenen Bauwerke im* Traum des Architekten *gefunden. Tatsächlich zeichnet es sich nicht durch Originalität, sondern durch Allgegenwärtigkeit aus: Man findet es in aller Welt an Orten, an denen man es nicht vermuten würde. Und der Bau des Heiligen Hauses – der Prozess, in dem es entstand – war ein Ritual, das immer aufs Neue wiederholt wurde, so wie Freud und Leid der Heiligen Jungfrau immer aufs Neue mit den Perlen des Rosenkranzes erzählt werden. Denn die Geschichte des Heiligen Hauses ist wie jene der Heiligen Jungfrau eine Geschichte der wundersamen Übertragung.*

Das Heilige Haus besteht aus einem Raum, der knapp vier Meter breit und gut neun Meter lang ist. In der westlichen Stirnwand dieses Hauses befindet sich ein quadratisches Fenster und in den Seitenwänden jeweils eine Tür. Im dunklen Innenraum riecht es nach Kerzenwachs. Die fettverschmierten und klammen Wände sind kahl bis auf die Überreste eines Freskos, das sie einst schmückte.

Das Heilige Haus befindet sich überall. Es gibt ein Heiliges Haus oberhalb einer Wiese im Dorf Walsingham in Norfolk. Es gibt eines auf dem Hügel von Acireale auf Sizilien, wo die heiligen Männer früher Zuflucht vor den Briganten suchten, und es gibt eines in den heiligen Tälern des Veltlin, wo es über steilen Weinhängen und schneebedeckten Hügeln unter der Kuppel der Kirche von Tresivio Schutz gefunden hat. In San Miguel de Allende in Mexiko versteckt sich in der Kirche von San Felipe Neri, die in Aztekengold glänzt, ein Heiliges Haus aus dem Jahr 1735.

Allein in der Tschechischen Republik gibt es etwa 50 Heilige Häuser. In Prag ist das Haus Teil eines Nonnenklosters, dessen sinnlich-heiterer Rokoko-Schmuck in scharfem Kontrast zum asketisch-besinnlichen Leben seiner Bewohnerinnen steht. In Slany ist es in einer Kirche am Rand eines staubigen Stadtparks versteckt, wo Roma schläfrig unter Zitronenbäumen auf den Bänken dösen oder miteinander streiten. In Rumburk, einer schmuddeligen Fernfahrerraststätte zwischen Prag und Dresden, wird es von einem Mädchen bewacht, während es in Českâ Lipa im städtischen Museum am Ende langer Gänge zu finden ist, die von ausgestopften Tieren, geologischen Proben, veralteten Landwirtschaftsmaschinen und Nazi-Memorabilien gesäumt werden. In Kosmonosy muss man in der Psychiatrischen Klinik nach dem Heiligen Haus fragen, während es in Poděbrady auf einem Felsen im Wald thront. In der schäbigen Ortschaft Zětenice trifft man am Ende eines langen Wegs auf einem bewaldeten Hügel auf ein Heiliges Haus, das die Zeit derart verändert hat, dass nur winzige Risse im Stuck verraten, wo sich einst seine Türen und Fenster befanden.

Es gibt auch Orte, von denen das Heilige Haus bereits entschwunden ist. In Ancienne-Lorette, das mittlerweile ein Vorort von Québec ist und an den Flughafen angrenzt, findet man billige Hotels, Lagerhallen und zahlreiche Taxistände. In den Touristenführern ist eine einzige historische Attraktion erwähnt: »Die Kirche Mariä Verkündigung geht auf das Jahr 1907 zurück.« Aber die Tradition der Marienverehrung an diesem Ort ist sehr viel älter, und noch älter ist diese Geschichte.

## 1674

Vor langer Zeit tauchte ein Stamm mit seinem Zauberer auf einer Lichtung beim großen Strom auf. Die Huronen nannten den großen Fluss Kaniatarowanenneh, und der alte Zauberer, der Pater Marie-Joseph Chaumonot, bestand darauf, den Fluss nach dem Heiligen Lorenz zu benennen, wer immer das sein mochte. Chaumonot und die Huronen waren viele Jahre gemeinsam durch die Wildnis gezogen und hatten zusammen schwere Zeiten überstanden. Sie waren müde und krank und brauchten Rast. Also luden sie ihre Lasten ab und bauten auf der Lichtung beim großen Strom ein Dorf.

Der Zauberer nannte das Dorf am Sankt-Lorenz-Strom Lorette, und im Herzen des Ortes errichtete er ein Heiliges Haus. Es bestand aus einem einzigen Raum, der knapp vier Meter breit und gut neun Meter lang war. In die westliche Stirnwand des Heiligen Hauses setzte er ein quadratisches Fenster und in die nördliche und südliche Seitenwand jeweils eine Tür. Die Wände des dunklen Innenraums waren kahl bis auf einige unbeholfene Fresken. An der Ostwand des Hauses stellte der Zauberer auf einem groben Holztisch ein Bild auf, das eine Frau mit ihrem neugeborenen Kind zeigte.

Als das Heilige Haus fertig war, ging Pater Chaumonot hinein und sprach in einer den Huronen unverständlichen Sprache einen Zauber aus.

»Gegrüßet seist du, Maria, voll der Gnade,
der Herr ist mit dir.
Du bist gebenedeit unter den Frauen,
und gebenedeit ist die Frucht deines Leibes, Jesus.«

Die Ältesten der Huronen warteten draußen vor dem Haus. Als Pater Chaumonot fertig war, trat er vor die Ältesten und erzählte ihnen seine Geschichte in ihrer Sprache.

## 1631

Es war einmal ein ungezogener kleiner Junge namens Joseph, dessen Eltern sehr arm waren. Dieser böse Junge stahl seinem Onkel 100 Sous und lief von zu Hause fort. Er wanderte viele Jahre durchs Land. Er wuchs auf der Straße auf und schlug sich mehr schlecht als recht durch. Er eignete sich die geschmeidigen Umgangsformen eines Hausdieners, die gespielte Autorität eines Lehrers und die Leidenschaft eines Liebhabers an und konnte doch nicht vermeiden, schließlich in Not zu geraten. Er war gezwungen, sein Dasein als Bettler auf den Straßen Anconas in Italien zu fristen, von Geschwüren bedeckt, in schmutzige Lumpen gehüllt, unrasiert, mit verwahrlostem Haar, von niemandem geliebt.

Er hatte von einem nahe gelegenen Heiligtum gehört, das zahlreiche Pilger besuchten. Nicht, dass er an einer Pilgerreise interessiert gewesen wäre – er hatte genug von der Welt gesehen, um den Aberglauben zu verachten. »Sollen sie die Augen gen Himmel richten und die Hände zum Gebet falten«, dachte er, »dann kann ich sie leichter von ihrem weltlichen Besitz befreien.« Also folgte Joseph den Pilgern auf ihrer eintägigen Wanderung zum Heiligtum. Schon aus mehreren Meilen Entfernung konnte man die Kuppel der Wallfahrtskirche sehen, die sich am Horizont auf einem befestigten Hügel erhob.

Die Mauern des Heiligtums umschlossen einen herrlichen Platz. In der Mitte stand ein Brunnen, und kolossale Säulengänge spendeten den Durstigen, den Kranken und den Trostsuchenden Schatten. Am Ende der Piazza stand die Kirche, und Joseph trat durch das offene Tor in die sakrale Dämmerung. Unter der gewaltigen Kuppel, die er aus der Ferne gesehen hatte, standen die Pilger in einer Schlange vor einem Schrein.

Genau unter der Kuppel, rechts vom Zentrum der Kirche, sah er einen vollkommen in Marmor gehüllten kleinen Bau. Zwischen korinthischen Säulen, die schlank und schön waren wie eine Jungfrau, erzählten Flachreliefs die Geschichte des Lebens der Mutter Gottes. Da war Maria kurz nach ihrer Geburt neben ihrer Mutter, der Heiligen Anna, und ihr Vater Joachim schaute zur Tür herein. Da war Maria, wie sie zum Tempel gebracht wurde. Da war die Vermählung mit Joseph. Da war die Erscheinung des Erzengels Gabriel, und da war Maria mit ihrem Sohn Jesus im Stall zu Bethlehem. Da war Maria, die am leeren Grab um ihren verlorenen Sohn weinte. Und da waren die Propheten und Weissagerinnen, die all diese Geschehnisse vorausgesagt hatten.

Joseph folgte den Pilgern in das marmorne Gehäuse. Im Inneren befand sich ein einfacher, dunkler Raum. Die klammen, speckigen Wände waren kahl bis auf Farbreste und Schmierereien in einer Sprache, die Joseph nicht verstand. An der östlichen Wand hing in einer Mandorla, einer goldenen Aura, ein herrliches Kultbild: ein kleines Baby mit seiner Mutter, der Heiligen Jungfrau Maria. Der Bettler vergaß für einen Augenblick, warum er hier war. Er kniete sich wie die Pilger vor dem Altar nieder und betete zur Mutter Gottes.

Als er wieder ins Sonnenlicht hinaustrat, war er ein anderer. Die Läuse, die Geschwüre und der Schmutz waren von ihm abgefallen, er war gereinigt. Er lief zurück in die Basilika und wandte sich an den ersten Priester, den er sah, um ihm atemlos von dem Wunder zu berichten, das sich gerade zugetragen hatte.

Doch der Priester schien keineswegs überrascht. Er führte den jungen Mann zurück in die Kirche, wies ihn an, sich vor einer steinernen Tafel an der Wand niederzusetzen, und deutete auf die Worte, die in den Stein gemeißelt waren: »Die wunderbare Übertragung der Kirche der Heiligen Jungfrau von Laureto.«

## 1294

Vor langer Zeit, erzählte der Priester, hatte eine tugendhafte Frau namens Laureta gelebt. Sie hatte viele Jahre in völliger Abgeschiedenheit in einem Lorbeerhain verbracht und, von der Wildnis und den Tieren des Waldes umgeben, zur Heiligen Jungfrau gebetet.

Eines Nachts hatte Laureta eine Vision: Ihr Hain war in gleißendes Licht getaucht, und vom Himmel senkte sich ein kleines Gebäude herab. Als es den Boden berührte, verbeugten sich die Lorbeerbäume vor ihm. Laureta rührte sich nicht, aber am folgenden Morgen sah sie, dass sich in ihrem Hain eine Lichtung geöffnet hatte, in deren Mitte ein kleiner Schrein stand. Sie ging hinein. An der östlichen Stirnwand des dunklen Raums, der knapp vier Meter breit und gut neun Meter lang und mit fremdartigen Zeichen übersät war, sah sie das kleine Baby und seine Mutter im Herzen einer goldenen Mandorla.

Laureta kniete nieder und betete ihr *Ave Maria*. Sie liebte die Einsamkeit und hielt die Ankunft des Heiligen Hauses in ihrem Lorbeerhain mehrere Tage lang geheim. Aber es konnte nicht lange so bleiben: Zuerst kamen die Neugierigen, die in der Nacht Geräusche gehört hatten und sehen wollten, was dort geschehen war. Dann kamen die Gläubigen, die zu dem kleinen Haus strebten, um die Heilige Jungfrau im Gebet zu preisen. Und dann kamen Diebe und Banditen, die sich im schattigen Lorbeerhain versteckten und die Opfergaben stahlen, die die Pilger zum Schrein brachten. Am bis dahin stillen Zufluchtsort einer Einsiedlerin drängten sich bald Massen von Menschen. Laureta flehte die Heilige Jungfrau an, diese Last von ihr zu nehmen.

Ihr Gebet wurde erhöht. Das Heilige Haus verschwand so rasch, wie es erschienen war. Wenige Augenblicke später tauchte es auf einer Wiese außerhalb von Lauretas Hain auf, die zwei Brüdern gehörte. Dort konnten sich die Pilger dem heiligen Ort über freies Feld nähern, und die Diebe konnten nicht unbemerkt heranschleichen. Es strömten derart viele Menschen mit Geschenken zum Heiligen Haus, dass das kleine Gebäude bald von Gaben überquoll. Die beiden Brüder, die jetzt die Herren über das Heiligtum waren, betrachteten ihren neuen Reichtum, sahen einander an, leckten sich die Lippen, rieben sich die Hände und lachten.

Aber es dauerte nicht lange, bis ihnen das Lachen verging, sie sich die Hände etwas weniger rieben und begannen, einander misstrauisch zu beäugen. Es dauerte nicht lange, bis sie begannen, einander zu verdächtigen, Geschenke aus dem Heiligtum zu stehlen. Und es dauerte nicht lange, bis die Brüder, die einander geliebt hatten, zu streiten begannen. Und während sie über die Geschenke stritten, die ihnen das Heilige Haus beschert hatte, entschwand es erneut.

Wenige Augenblicke später tauchte es auf einem Hügel in der Nähe auf. Dort konnten es nur die frommsten Menschen erreichen, und dort konnte es bewacht werden. Also blieb es dort. Die Wachen und Priester banden das Heilige Haus mit Tauen an Pflöcken fest, die sie in die Erde rammten, damit es nicht erneut fortschweben konnte. Und rundherum errichteten sie eine Mauer, damit niemand die Schätze stehlen konnte.

Jedermann wusste, dass dieses Haus heilig war, aber niemand ahnte, woher es gekommen war oder was es eigentlich für ein Haus war. Doch einige Jahre später wandte sich ein Eremit an die Behörden, denn er hatte einen Traum gehabt: Die Heilige Jungfrau war ihm erschienen, erzählte er, und hatte ihm die wahre Natur des Heiligen Hauses und den Grund seiner Wanderungen offenbart. Die Beamten gaben die Information an ihre Vorgesetzten weiter, und schließlich kam sie dem Papst zu Ohren, der kein leichtgläubiger Mensch war und 16 angesehenen Männern den Auftrag gab, den Wahrheitsgehalt dieser Geschichte zu überprüfen.

Diesen Männern nannte der Papst die Maße des Heiligen Hauses, die man ihm gemeldet hatte, und schickte sie zu dem Ort, von dem das Gebäude angeblich übertragen worden war. Die Abgesandten des Papstes überquerten das Adriatische Meer und erreichten den kroatischen Hafen Fiume. Man zeigte ihnen den Weg hinauf zur Festung oberhalb der Stadt und brachte sie zu einem alten Priester, dem Pater Alexander Georgewitsch, der ihnen seine Geschichte erzählte.

## 1291

Einst harrten einige Schäfer in der Nacht auf der Weide aus, um ihre Schafe zu hüten. Plötzlich erstrahlte alles um sie in göttlichem Glanz, und es erschien ihnen ein Engel. Sie waren von

Furcht überwältigt. Der Engel aber sagte zu ihnen: »Fürchtet euch nicht, denn ich bringe euch und allen Menschen frohe Kunde.« Aber die Schäfer fürchteten sich immer noch und liefen zur Festung zurück, die den Namen Tersatto trug.

Am folgenden Tag gingen die Schäfer wieder aufs Feld hinaus. Doch statt des himmlischen Gastes fanden sie auf der Weide ein kleines Haus. Aber die Schäfer wagten es nicht, das Gebäude zu betreten, und kehrten erneut zur Festung zurück.

Diesmal brachten sie die Festungswache und Pater Georgewitsch mit, dem sie beim Abstieg vom Hügel helfen mussten, denn er war alt und seine steifen Glieder schmerzten. Nun wagten sie sich in das kleine Haus hinein. Die kahlen Wände waren speckig und rußig, doch darunter war Gekritzel in einer Sprache zu erkennen, die nicht einmal der gelehrte Pater Georgewitsch entziffern konnte. An der östlichen Stirnwand stand auf einem hohen Tisch das Bildnis eines kleinen Babys in den Armen seiner Mutter.

Die Schäfer, die Wachen und der Priester verließen das Heiligtum, und Pater Georgewitsch humpelte nach Hause, um zu beten und die Heilige Jungfrau um Beistand zu bitten. Er schlief im Betstuhl ein. Im Traum erschien ihm die Jungfrau Maria und erzählte ihm alles über das Heilige Haus. Dann sagte sie: »Damit du alles, was du gesehen hast, bezeugen kannst, werde ich dich heilen. Deine unerwartete und plötzliche Genesung wird beweisen, dass wahr ist, was ich dir offenbart habe.«[38] Als sich Pater Georgewitsch von der Kniebank erhob, spürte er nicht den geringsten Schmerz. Er tat, was ihm die Mutter Gottes aufgetragen hatte, und begab sich zur Festung, um dem Kommandanten zu berichten, was ihm die Jungfrau Maria gesagt hatte.

Der Kommandant gab den Bericht an seinen Herrn weiter, den Ban von Kroatien, und dieser schickte Baumeister, die das Gebäude untersuchen sollten. Sie berichteten ihm, das Haus sei knapp vier Meter breit und gut neun Meter lang; bei dem goldgelben Stein, aus dem es gebaut sei, handle es sich um eine bestimmte Art von Lehm, und das süß duftende Holz des Dachgebälks stamme von der Zeder. Diese Baustoffe gab es in Kroatien nicht. Als er das erfuhr, schickte der Ban die kirchlichen Würdenträger an seinem Hof in die Archive. Die gelehrten Männer berichteten ihm, dass man solchen Lehm und solches Zedernholz nur in Palästina finde. Und sie erklärten ihm, dass die Dimensionen des Hauses nur mit denen eines einzigen Gebäudes übereinstimmten. Und dieses Gebäude stehe in der Verkündigungskirche in Nazareth.

Also schickte der Ban Abgesandte ins ferne Nazareth, damit sie sich das Heilige Haus ansähen, von dem die Kleriker gesprochen hatten. Die Gesandten überquerten Meere und Gebirge und mussten zahlreiche Gefahren überstehen, bevor sie Nazareth erreichten. Kurz zuvor waren die christlichen Kreuzfahrer aus dem Heiligen Land vertrieben worden, das nun wieder fest in der Hand der Mohammedaner war. Die Kirchen waren zerstört oder in Moscheen umgewandelt worden, und die Christen traten scharenweise zur Religion der neuen Herrscher über. Die kroatische Gesandtschaft fand Nazareth in einem trostlosen Zustand vor. Die Verkündigungskirche war eine Ruine. Die Besucher durchsuchten die Trümmer und fanden an der Stelle, an der sich laut Aussage ihres Führers das Heilige Haus befinden sollte, einen behelfsmäßigen Bau. An der Tür saß ein alter Priester. Sie traten ein, und er erzählte ihnen seine Geschichte.

## 328

Es war einmal die Tochter eines Gastwirts, die heiratete einen Soldaten. Die einen erzählen, die Geschichte habe sich in Nikomedien zugetragen, andere meinen, in York. Wie dem auch sei, ihr Name war Helena, und ihr Sohn – der ebenfalls Soldat wurde – trug den Namen Konstantin. Er wurde Kaiser von Rom, verlegte seine Hauptstadt nach Konstantinopel, führte das Christentum in seinem Reich ein und erklärte sich zum vierten Mitglied der Heiligen Dreifaltigkeit, um sich auf seinem Sterbebett dem Vater, dem Sohn und dem Heiligen Geist zuzugesellen. So wurde Helena, die aus einfachen Verhältnissen stammte, zur Mutter eines Gottes.

Wie ihr Sohn war Helena tiefgläubig, und als Konstantin den Osten seines Reiches befriedet hatte, unternahm sie eine Pilgerfahrt ins Heilige Land. 328 Jahre nach Christi Geburt suchte Helena die Orte auf, an denen er, der mit ihrem Sohn die Göttlichkeit teilte, gelebt und den Tod gefunden hatte und wiederauferstanden war.

Helena bereiste ganz Palästina, vollbrachte gute Werke, gründete Kirchen und fand wunderbare Reliquien. Sie gründete die Geburtskirche in Bethlehem und die Auferstehungskirche in Jerusalem. In einer Zisterne auf dem Hügel Golgatha spürte Helena das Wahre Kreuz auf, an dem Christus für unsere Sünden gestorben war. Im Gouverneurspalast in Jerusalem fand sie die Treppe, über die Pontius Pilatus hinabgeschritten war, nachdem er Jesus zum Tod verurteilt hatte. In den Ruinen auf dem Berg Moriah ließ Helena Säulen von Salomos Tempel ausgraben. All diese Dinge wurden gekennzeichnet, verpackt und an Helenas Sohn nach Rom geschickt, das damals noch die Hauptstadt von Konstantins Reich war. Dort befinden sie sich noch heute.

Nazareth war stets ein kleines und schwer auffindbares Dorf gewesen, aber Helena fand es. Sie zog mit ihrem kaiserlichen Gefolge in den Weiler ein und begann die Stätten zu suchen, an denen Jesus Christus seine Kindheit verbracht hatte. Sie fand die Quelle, aus der Maria ihr Wasser geschöpft hatte. Sie fand die Werkstatt, in der Joseph als Zimmermann gearbeitet hatte. Und sie fand ein kleines Haus mit einem einzigen Raum, das knapp vier Meter breit und gut neun Meter lang war und ein einziges quadratisches Fenster in der westlichen Stirnmauer hatte. Auf einem Regal aus anstehendem Gestein an der östlichen Stirnwand stand eine Statue von Mutter und Kind.

»Was ist das für ein Schrein, und was ist das für ein Bild?«, fragte Helena. »Ist es Kybele oder Juno? Oder ein anderes heidnisches Götzenbild?«

Der Hüter des Heiligtums zuckte mit den Schultern und erzählte ihr die Geschichte.

O

Einst stand in einem unbekannten Dorf ein kleines Haus. Es hatte nur einen einzigen, kahlen Raum von gut neun Metern Länge und knapp vier Metern Breite. In diesem kleinen Raum lebte eine Mutter mit ihrem Kind. Der Name des Dorfes war Nazareth. Das Kind, ein Mädchen, hieß Maria. Eines Tages saß Maria in ihrem Haus, als zu ihrer großen Überraschung ein Engel durch das Fenster an der Westseite des Hauses flog und zu ihr sprach. »Gegrüßet seist du, Maria, voll der Gnade«, sagte der Engel, »der Herr ist mit dir. Du bist gebenedeit unter den Frauen, und gebenedeit ist die Frucht deines Leibes, Jesus.«

»Ich bin die Magd des Herrn«, sagte Maria. »Mir geschehe, wie du es gesagt hast.«

So ward das Wort in diesem Haus Fleisch und wohnte unter uns. Viele Jahre vergingen, und Marias Sohn, unser Herr Jesus Christus, starb, wurde begraben und erstand von den Toten auf, wie es in der Heiligen Schrift heißt. Daher fällt es uns heute schwer, uns das kleine Mädchen und seine Überraschung vorzustellen, wenn wir an Maria denken. Stattdessen sagen wir:

»Bitte für uns, heilige Gottesmutter,
auf dass wir würdig werden der Verheißungen Christi.
Heilige Maria, Mutter Gottes,
bitte für uns Sünder
jetzt und in der Stunde unseres Todes.
Amen.«

## 328

Die Kaiserinwitwe Helena, die selbst Mutter eines Gottes war, kniete sich vor dem einfachen Bild in dem ärmlichen Schrein nieder und betete ihre *Ave Marias*. Und um den heiligen Ort zu ehren, befahl sie, ein Haus für dieses Haus zu errichten: Das heilige Gefäß des Hauses (welches das heilige Gefäß Maria beherbergt hatte, welches den Sohn Gottes beherbergt hatte) sollte in einem heiligen Gefäß aufbewahrt werden. Also errichtete man rund um das kleine Haus eine kleine Kirche und gründete ein kleines Nonnenkonvent, das das Heiligtum pflegen sollte.

## 1291

Und in genau diesem Heiligtum, erklärte der alte Priester den Abgesandten des kroatischen Ban, stünden sie nun. Dies sei die Stelle, an der das Heilige Haus gestanden habe, jenes Haus, in dem das Wort Fleisch geworden sei, die Wohnung der Mutter Gottes und Jesu Christi, der durch die Gegenwart der Heiligen Helena gesegnete Ort.

Aber dort war nichts. Helenas Kirche war verschwunden. Die gewaltige Basilika, die an ihrer Stelle von den Kreuzfahrern errichtet worden war, war verschwunden. Da war lediglich eine kleine Hütte an der Stelle, an der das Heilige Haus hätte stehen sollen. Das Heilige Haus selbst war verschwunden.

Und dann sagte der alte Priester den Abgesandten des Ban, wann das Haus verschwunden war. Und sie begriffen, dass der Tag, an dem das Heilige Haus aus Nazareth fortgeschwebt war, derselbe Tag war, an dem es in Tersatto aufgetaucht war. Die kroatischen Abgesandten des Ban sprachen nicht, sondern verließen Nazareth, und auf dem Heimweg dachten sie über das nach, was sie gesehen und gehört hatten.

## 1294

Die Abgesandten des Ban waren froh, als sie wieder heimischen Boden betraten, und sie freuten sich darüber, dass sie ihrem Herrn gute Nachrichten bringen konnten. Ihr Schiff legte in Fiume an, und sie wurden auf den Hügel zur Festung Tersatto hinaufgeführt. Doch sie wurden von einem übellaunigen Ban empfangen. Als sie ihm die Neuigkeiten mitteilen wollten, ließ er sie nicht ausreden. Ohne weitere Erklärung führte man sie zu dem Feld außerhalb von Tersatto, auf dem das Heilige Haus stand. Aber es gab kein Haus mehr. Es war verschwunden.

Der alte Pater Georgewitsch sagte den Emissären von Papst Bonifaz, wann genau das Heilige Haus verschwunden war. Da begriffen sie, dass die Nacht, in der das Haus aus Tersatto fortgeschwebt war, dieselbe war, in der es in jenem Lorbeerhain am anderen Ufer des Meeres aufgetaucht war. Obendrein erzählte Pater Georgewitsch, dass die Schäfer, die in jener Nacht auf dem Feld gewesen waren, himmlische Heerscharen am Himmel gesehen hatten. Die Engel hatten das Haus vom Boden gehoben und in die Dunkelheit fortgetragen. Die Emissäre des Papstes sagten nichts und machten sich auf den Heimweg, um Bonifaz zu berichten, was sie erfahren hatten.

## 1631

Der Priester nahm den Bettler Joseph Chaumonot bei der Hand und führte ihn zurück zum in Marmor gefassten Heiligen Haus von Loreto, das unter einer riesigen Kuppel stand und von Pilgern belagert wurde. Die beiden gingen gemeinsam hinein. In diesem kleinen Raum hatte Maria einst gesessen. Durch dieses Fenster war der Erzengel Gabriel geflogen, um ihr die frohe Botschaft zu überbringen. Abgesehen von Fragmenten eines uralten

Freskos waren die Mauern des Hauses kahl. In dem Haus hatte es gebrannt, erzählte der Priester dem Bettler, und die Wandmalereien hatten unter den Flammen gelitten – nur jene Teile, die Marias Gesicht zeigten, waren unversehrt geblieben. Bei den sonderbaren Zeichen, die in die Mauern geritzt waren, handelte es sich um Botschaften, die die Gläubigen in Griechisch, Aramäisch, Hebräisch und anderen Sprachen des Heiligen Landes geschrieben hatten, als das Haus noch an seinem ursprünglichen Platz in Nazareth gestanden hatte.

Der Priester führte Joseph Chaumonot um das Heilige Haus herum. Es war in eine herrliche marmorne Brüstung gefasst, die im Auftrag von Papst Julius II. nach Entwürfen seines bevorzugten Architekten Donato Bramante gebaut worden war. Auf den Seiten erzählten Flachreliefs die Geschichte der Heiligen Jungfrau: Geburt, Darbringung im Tempel, Verkündigung, Kreuzigung und Auferstehung. Eine der Szenen kannte Chaumonot nicht aus der Bibel: eine Schlacht im Verlauf der Eroberung des Heiligen Lands durch Mohammed. Über der Schlachtenszene war das Heilige Haus zu sehen, das von Engeln auf einer Wolke emporgehoben wurde. Es flog über das Meer und über Berge zur Festung von Tersatto, und von dort zog es weiter, um sich schließlich in einem dunklen Lorbeerhain niederzulassen. Auf dem steilen Dach des Hauses saßen Maria und ihr Kind, und ihr Schleier wehte im Wind. Es war genau, wie der Priester erzählt hatte.

Joseph Chaumonot wandte sich seinem Begleiter zu: »Das Heilige Haus der Mutter Gottes, in dem Gott und der Mensch eins wurden, das durch die Luft flog und vor dem ich heute stehe, hat mich gerettet. Ich war auf dem Irrweg, ein schmutziger, mit Geschwüren übersäter Bettler, und nun bin ich gereinigt. Was kann ich tun, um meine Schuld bei dem Heiligen Haus zu begleichen?«

Der Priester antwortete mit einer weiteren Geschichte, einem Gedicht über ein weiteres Heiliges Haus. Mit sanfter Stimme begann er, die »Ballade von Walsingham« zu singen.

# 1061

»Beholde and se, ye goostly folkes all,
Which to this place have devocyon
When ye to Our Lady askynge socoure call
Desyrynge here hir helpe in your trybulacyon:
Of this hir chapell ye may se the fundacyon.
If ye wyll this table overse and rede
Howe by myracle it was founded indede.«[39]

[Sinngemäß:
Haltet inne, Gläubige, die ihr diesen Ort verehrt,
wenn ihr die Heilige Jungfrau anfleht,
sie möge euch von eurem Kummer befreien:
Seht das Fundament ihrer Kapelle.
Wenn ihr diese Tafel umdreht, werdet ihr lesen,
dass sie durch ein Wunder entstand.]

Vor langer Zeit, erzählte der Priester, als König Eduard der Bekenner über England herrschte, hatte eine Edelfrau einen Traum. Ihr Name war Richeldis de Faverches, und sie war die Herrin über das Gut Walsingham in der Grafschaft Norfolk. Ihr Ehemann war kurz zuvor gestorben, und sie war allein mit einem Baby und einem großen Landgut zurückgeblieben. Richeldis war eine vielbeschäftigte Frau, die zahlreiche Pflichten hatte und sich um vieles sorgen musste.

Jeden Abend trieben ihre Bauern das Vieh in die Pferche, ihre Diener löschten die Kerzen, und ihre Handwerker legten ihre Werkzeuge nieder. Aber Richeldis ruhte nicht aus. Jeden Abend bettete sie ihren kleinen Sohn in einen Korb, stellte ihn neben sich, kniete nieder und wandte sich an die Heilige Jungfrau. Oft schlief sie auf ihrer Kniebank ein.

Eines Nachts erschien ihr im Traum ein Engel und brachte die träumende Edelfrau ins ferne Palästina. Er zeigte ihr die Kirche, die die Heilige Helena über Marias kleinem Haus errichtet hatte, und führte sie hinein. (Mittlerweile wissen wir, was sie dort sah.) Die Heilige Jungfrau Maria, die mit ihrem Kind an der Ostmauer des Hauses saß, sagte zu Richeldis:

»Lo doughter, consyder …
Of thys place take thou suerly the mette,
Another lyke thys at Walsyngham thou sette
Unto my laude and synguler honoure;
All that me seke there shall fynde socoure

Where shall be hadde in a memoryall
The great joy of my salutacyon.
Fyrste of my joys grounde and orygynall
Rote of mankyndes gracious redempcyon,
Whan Gabryell gaue to me relacyon
To be a moder through humylyte,
And goddys sonne conceyve in virgynyte.«[40]

[Nimm die Maße dieses Hauses,
und errichte mir zu Ehren eins wie dies in Walsingham,
auf dass jeder, der sich an mich wendet, Trost finden mag.

In einem Denkmal soll meine ursprüngliche Freude
über die Erlösung der Menschheit wohnen,
die Freude, die ich empfand, als Gabriel mir verkündete,
ich werde trotz meiner bescheidenen Herkunft
Gottes Sohn jungfräulich gebären.]

»Mir geschehe, wie du es gesagt hast«, antwortete Richeldis und machte sich daran, das Heilige Haus zu vermessen.

Als sie am Morgen erwachte, erhob sich Richeldis von ihrer Kniebank, verließ ihr Haus und ging durch ihren Garten zu der Wiese beim Dorf. Dort versammelte sie ihr Volk um sich und wählte die Handwerker aus, die das von der Heiligen Jungfrau aufgetragene Werk ausführen sollten. Richeldis erklärte, was sie beabsichtigte: Sie würden eine Replik des Heiligen Hauses in Nazareth bauen, in dem der Jungfrau Maria die Geburt Jesu verkündet worden war und sie Gottes Sohn aufgezogen hatte. Die Männer begaben sich an die Arbeit, und Richeldis machte sich auf die Suche nach einem geeigneten Ort für das Heilige Haus. Aber sie fand keinen guten Platz, denn der Boden war von Quellen durchzogen und zu morastig, um ein Steinhaus darauf zu errichten.

Am Ende des ersten Tages legten die Handwerker ihre Werkzeuge nieder, aber Richeldis ruhte sich nicht aus. Sie kniete nieder und betete zur Heiligen Jungfrau. Sie flehte Maria an, ihr einen geeigneten Platz für das Heilige Haus zu zeigen. Und wieder schlief sie über dem Gebet ein, aber diesmal hatte sie keinen Traum, und es wurde ihr kein Zeichen gegeben.

Am Morgen des zweiten Tags erhob sich Richeldis von ihrer Kniebank, verließ ihr Haus und ging durch ihren Garten zu der Wiese beim Dorf. Als sie dort ankam, sah sie, dass das Gras von himmlischem Tau glänzte. Doch es gab zwei Flecken auf der Wiese, die frei von Tau waren. Die Heilige Jungfrau hatte ihr doch ein Zeichen gesandt.

Beide Flächen hatten dieselben Maße wie die Grundfläche des Heiligen Hauses in Nazareth. Richeldis hatte um eine Antwort gebeten, doch stattdessen wurde ihr eine Wahl angeboten.

Sie wählte die erste Stelle und wies ihre Leute an, sofort an die Arbeit zu gehen. Sie legten die Grundsteine und begannen, die Mauern des Hauses darauf zu setzen: Aber aus irgendeinem Grund wollten die Steine nicht aufeinander liegen bleiben. Der Mörtel wurde nicht fest, und die Holzpfeiler fügten sich nicht zusammen. So war die Arbeit am Heiligen Haus am Abend der Vollendung kein Stück nähergekommen. Am Ende des zweiten Tages legten die Arbeiter ihre Werkzeuge nieder, aber Richeldis ruhte sich nicht aus. Sie kniete nieder und wandte sich an die Heilige Jungfrau. Sie verstand nicht, warum ihr Bemühen, der Mutter Gottes ihre Ergebenheit zu beweisen, offenbar fruchtlos blieb. Sie schlief im Gebet ein.

Am folgenden, dem dritten Tag erhob sich Richeldis von ihrer Kniebank, verließ ihr Haus und ging durch ihren Garten zu der Wiese beim Dorf. Das Gras war erneut mit himmlischem Tau benetzt. Doch dort, wo die Arbeiter ein Loch im Erdreich und Stapel von Baustoffen hinterlassen hatten, war nichts mehr zu sehen. Allem Anschein nach hatte die Heilige Jungfrau die Gebete der Edelfrau diesmal nicht erhört.

Doch plötzlich überkam Richeldis das Gefühl, beobachtet zu werden. Sie wandte sich um, und ihr Blick fiel auf die andere Stelle, die am Tag zuvor nicht von dem zauberhaften Tau bedeckt gewesen war. Dort erhob sich im Morgendunst das Heilige Haus, so vollkommen, so unbefleckt, so schön, als hätte es die Mutter Gottes mit ihren eigenen Händen erbaut.

Richeldis de Faverches begann zu beten:

»O gracyous Lady, glory of Jerusalem,
Cypresse of Syon and Joye of Israel,
Rose of Jeryco and Sterre of Bethleem,
O gloryous Lady, our askynge nat repell,
In mercy all wymen ever thou doste excell,
Therfore, blissed Lady, graunt thou thy great grace
To all that the devoutly visyte in this place.«[41]

[Die gnädige Jungfrau, Zierde Jerusalems,
Zypresse Zions und Freude Israels,
Rose von Jericho und Stern von Bethlehem,
weist unsere Bitten nicht zurück.
Sie übertrifft an Erbarmen alle Frauen,
und schenkt all jenen Gnade,
die diesen Ort in ergebenem Glauben aufsuchen.]

Der Wunsch wurde ihr gewährt, denn bald:

»Many seke ben here cured by Our Ladyes myghte
Dede agayne revyved, of this is no dought,
Lame made hole and blynde restored to syghte,
Maryners vexed with tempest safe to porte brought
Defe, wounded and lunatyke that hyder have sought
And also lepers here recovered have be
By Oure Ladyes grace of their infyrmyte.«[42]

[Viele Kranke heilte die Macht der Heiligen Jungfrau
und erweckte sie zu neuem Leben.
Lahme konnten wieder gehen, Blinde wieder sehen,
Seeleute kehrten durch den Sturm sicher heim in den Hafen.
Taube, Verwundete und Geisteskranke kamen dorthin,
und Leprakranke wurden geheilt
von unserer gnädigen Jungfrau Maria.]

Der junge Joseph Chaumonot unterbrach den Gesang des Priesters. »Wenn es ein Heiliges Haus in Walsingham gibt, so ist es also eine wunderbare Kopie des Heiligen Hauses, vor dem wir stehen, erbaut von Engeln im Auftrag der Jungfrau Maria? Wenn dies ein so großartiges und wunderbares Heiligtum ist, warum habe ich dann nie davon gehört?«

Der Priester antwortete ihm mit einer weiteren Geschichte, aber diesmal kam ihm statt poetischen Versen bittere Prosa über die Lippen. Viele Jahre nach dem Tod von Richeldis de Faverches, erzählte er, hatte König Heinrich VIII. das Heiligtum von Walsingham besucht. Wie alle Pilger war er barfüßig in das Dorf gekommen, begleitet von seiner Königin Katherina. Wie alle Pilger hielt er vor dem Eingang des Hauses inne, um einen Knochen zu küssen, der aus einem Finger des Heiligen Petrus stammte. Er sah die in einem Glasfläschchen aufbewahrte Milch aus dem Busen der Heiligen Jungfrau. Er trank aus dem heiligen

Brunnen, dessen Wasser Geisteskrankheiten heilte. Er hängte der Heiligen Jungfrau in dem Heiligtum eine goldene Kette um den Hals.

Aber 20 Jahre später forderte er die Kette zurück. Im Jahr 1534 wurde das Priorat von Walsingham in einem Schreiben aufgefordert, König Heinrich anstelle des korrupten und fernen Papstes als Oberhaupt der englischen Kirche anzuerkennen. Der Prior willigte ein. Er hatte gehört, wie es jenen erging, die König Heinrich die Stirn boten. Und Rom war fern. Er versicherte seinen Chorherren, die Änderung werde sich lediglich auf die Verwaltung auswirken.

Tatsächlich geschah eine Weile nichts. Doch dann erschienen eines Tages die Vertreter des Königs und begannen, sich in die Angelegenheiten des Priors einzumischen. Mit denen, die Widerspruch erhoben, wurde kurzer Prozess gemacht: Der Subprior und ein Laie baumelten bald am Galgen, und nach nur einem Jahr wurde das Priorat geschlossen. Die Vertreter des Königs entfernten das Bild der Mutter Gottes, das Fläschchen mit ihrer Milch und den Fingerknochen des Heiligen Petrus aus dem Heiligen Haus. All diese Reliquien wurden nach London gebracht, wo sie zusammen mit Tausenden anderen Objekten des Götzendienstes öffentlich verbrannt wurden.

Das Priorat wurde abgerissen, die Kapellen in Kuhställe und Scheunen verwandelt und das Heilige Haus selbst zerstört. Der Prior wurde für seine Willfährigkeit mit einer stattlichen Jahresrente von 100 Pfund belohnt, und die Ruinen der Abtei wurden für 90 Pfund an Sir Philip Sidney verkauft. Vom Traum der Edelfrau Richeldis de Faverches blieb nur ein brüchiger Steinbogen übrig, der sich unweit des Dorfes auf einer Wiese erhebt, über der an den Tagen der Mutter Gottes manchmal ein himmlischer Morgentau liegt.

# 1631

»Aber was haben die frommen Taten einer Dame, die vor Jahrhunderten starb, mit mir zu tun?«, fragte Chaumonot. »Das Heilige Haus von Walsingham ist fort, aber das Heilige Haus von Loreto, das einzig wahre, ist noch da. Ist das nicht genug?«

Der Priester beantwortete die Frage des jungen Mannes mit einer letzten Geschichte. Vor nicht allzu langer Zeit, erzählte er, hatte eine böhmische Edelfrau, die in Prag lebte, einen Traum gehabt. Ihr Name war Gräfin Benigna Katherina von Lobkowicz. Die Gräfin unterstützte Kaiser Ferdinand in den Religionskriegen, die das Land verwüsteten. Den reformierten Glauben von Ferdinands Feinden fürchtete und verabscheute sie. Sie hatte Geschichten über die Gräueltaten der Reformer in England gehört, über die Entweihung heiliger Stätten und die Zerstörung von Ikonen, und sie hatte gesehen, wie die Protestanten in ihrem eigenen Land dasselbe taten. Sie hatte in ihren Gebeten oft darum gefleht, dass der Kaiser die häretischen Armeen besiegen möge, und in der Schlacht am Weißen Berg waren ihre Gebete erhört worden: Die protestantische Streitmacht war besiegt worden. Nun betete die Gräfin zur Heiligen Mutter Gottes, ihr zum Dank für die Wiederherstellung des römisch-katholischen Glaubens in Böhmen dienen zu dürfen.

Mittlerweile wissen Sie, was ihr aufgetragen wurde – es heißt, ein Engel habe es ihr im Traum mitgeteilt. Die Gräfin schickte ihre Abgesandten nach Wien, wo Kaiserin Eleanora der Mutter Gottes von Loreto gerade eine neue Kapelle in der Augustinerkirche gewidmet hatte. Diese Kapelle war eine exakte Kopie der Wohnung der Jungfrau Maria, denn die Kaiserin, die Italienerin war, hatte ihre Architekten zum Studium des Heiligen Hauses nach Loreto geschickt. Die Kapelle, die sie in Wien für Eleonora gebaut hatten, war eine derart detailgetreue Kopie, dass dort sogar die Risse und Unregelmäßigkeiten im Gestein der Originalkapelle imitiert worden waren; außerdem hatte man sie mit nachgeahmten Fragmenten eines vom Feuer beschädigten Freskos geschmückt. Dieselben Architekten kamen nun nach Prag und bauten für die Baronin Lobkowicz eine exakte Kopie des Heiligen Hauses in Wien, das eine exakte Kopie des Heiligen Hauses in Loreto war.

Der Priester erzählte Chaumonot, Gräfin Lobkowicz sei nicht die Einzige gewesen, die ein Heiliges Haus hatte errichten lassen. Überall in Böhmen und anderen Ländern, die in den Religionskrieg verwickelt waren, bauten die Frommen und Rechtgläubigen Kopien des Heiligen Hauses. Sie arbeiteten in Palastkapellen und abgelegenen Abteien, auf Hügeln und in Dörfern, um die Mutter Gottes zu preisen. Sie bauten die entweihten Heiligtümer wieder auf und stellten die zerstörten Bilder wieder her. Sie bauten, weil ihre andächtigen Handlungen wichtiger waren als ihre Worte: Ihre Taten bedeuteten mehr als ihre Worte.

## 1674

Joseph Chaumonot wusste, was er zu tun hatte. Geläutert durch das wunderbare Wirken des kleinen Bauwerks, legte er das Gelübde ab, seine Schulden beim Heiligen Haus zu begleichen, indem er eine weitere Kopie davon baute und sein Leben der Bewohnerin dieses Hauses widmete, der Heiligen Jungfrau von Loreto. Er ging nach Rom, wo er sich bei den Jesuiten vorstellte, den Rittern der Jungfrau Maria.

Er hörte auf, Joseph der Bettler zu sein, und verwandelte sich in Pater Marie-Joseph Chaumonot, der als jesuitischer Missionar nach Kanada ging, um die Heiden zu bekehren.

Und das kleine Heiligtum, vor dem er nun stand, fern von Loreto, Palästina und Böhmen – dieses kleine Haus auf einer Waldlichtung am Ufer des Flusses Kaniatarowanenneh –, war sein Heiliges Haus, mit dem er sein Gelübde erfüllte.

Als Pater Chaumonot seine Geschichte beendet hatte, sangen die Ältesten der Huronen, die rund um das Heilige Haus auf dem Boden saßen, in ihrer eigenen Sprache die Geschichte der Maria, die ihr Zauberer ihnen erzählt hatte:

»Im Wintermond, als alle Vögel fort waren,
schickte der mächtige Kitchi-Manitu an ihrer statt
Engelschöre.
Neben ihrem Licht verblassten die Sterne,
und die wandernden Jäger hörten den Gesang:
Jesus euer König ist geboren, Jesus ist geboren *in excelsis gloria*.

In einer gebrochenen Baumrinde fand man das süße Kind,
Lumpen aus Kaninchenfell umhüllten seinen schönen Leib.
Aber als sich die Jäger näherten, erschallte laut der Engelsgesang:
Jesus euer König ist geboren, Jesus ist geboren *in excelsis gloria*.

Der erste Wintermond ist nicht so rund und voll
wie der Heiligenschein des hilflosen Kindes.
Von weither kamen die Häuptlinge
und brachten ihm Fuchs- und Biberpelze dar:
Jesus euer König ist geboren, Jesus ist geboren *in excelsis gloria*.

Oh, freie Kinder des Waldes, oh, Saat Manitus,
das heilige Kind von Himmel und Erde wurde heute für euch geboren.
Kniet nieder vor dem strahlenden Jungen,
der euch Schönheit, Frieden und Freude bringt:
Jesus euer König ist geboren, Jesus ist geboren *in excelsis gloria*.«[43]

Es heißt, Gottes Worte seien wie Saatkörner: Einige fallen auf guten Boden und bringen reiche Frucht, andere fallen auf steinernen Boden und vertrocknen. Pater Chaumonot war alt, als er seine Geschichte erzählte, und sie fiel auf steinigen Boden. Nach seinem Tod begannen die Huronen wieder, in der Prärie zu jagen und den Tieren im Wald nachzuspüren. Ihr Heiliges Haus verschwand. Die einzigen Spuren der wunderbaren Geschichte des Bettlers Joseph sind der Name seiner Siedlung, Ancienne-Lorette, und die dortige Kirche, die Mariä Verkündigung geweiht ist. Und ganz in der Nähe erheben sich große Bauwerke voller Menschen in die Lüfte und fliegen zu anderen Orten. Nicht umsonst ist die Heilige Jungfrau von Loreto die Schutzheilige der Luftfahrt.

Aber der alte Pater Chaumonot hätte keinen Grund zur Enttäuschung. Unzählige andere haben seit damals die Botschaft des Heiligen Hauses gehört und sind dem Beispiel von Richeldis de Faverches gefolgt: in Italien, Mexiko, Holland, Schottland. Das Heilige Haus sieht aus wie ein einfaches Gebäude. In Wahrheit ist es ein komplexes und tiefgründiges Gebet. Dieses Haus zu bauen ist eine Andachtsübung, die wie jede Andacht immer von neuem wiederholt werden muss. Das Heilige Haus ist ein Gebet, das Bestand in der Zeit hat. Es findet nur eine Weile an einem Ort statt, um dann auf einer Wolke fortzuschweben, es wird Opfer der ikonoklastischen Schändung, löst sich im Wald auf oder zieht sich in den Verfall zurück. Dann muss es von neuem gebaut werden, so wie alle Gebete immer wieder gesprochen werden müssen.

## 1931

Und wie alle Antworten auf Gebete erscheint das Heilige Haus dann, wenn man es am wenigsten erwartet. Vor nicht allzu langer Zeit, unter der Herrschaft König Georgs V., wurde ein neuer Vikar in die Landpfarrei von Walsingham in Norfolk entsandt. Eines Morgens ging Pater Patten zu einer Wiese am Ortsrand, die von glitzerndem Tau bedeckt war. Er hob eine kleine Metallscheibe auf, die im Gras lag. Als er sie in der Hand hielt, hatte er eine Idee.

Die Bauern förderten beim Pflügen ihrer Felder immer wieder alte Medaillen zutage, auf denen die Heilige Jungfrau von Walsingham abgebildet war. Pater Patten beauftragte einen Kunsthandwerker, nach dem Bild auf der Medaille eine Statue anzufertigen, die er in seiner Pfarrkirche aufstellte. Schon bald kamen die ersten Besucher, um zur Muttergottes von Walsingham zu beten. Anfangs waren es nur einige Bewohner des Dorfes. Doch die Neuigkeit machte die Runde, und immer mehr Menschen besuchten das bescheidene Heiligtum. Bald begannen regelmäßige Pilgerfahrten.

Ein Jahrzehnt, nachdem Pater Patten die Statue in seiner Pfarrkirche aufgestellt hatte, wurde das heilige Bildnis durch die Gassen des Orts zu einem neuen Haus getragen. Auf einer Anhöhe oberhalb der Wiese, auf der Richeldis de Faverches vor fast 1000 Jahren ihr Heiliges Haus gebaut hatte, stand nun eine neue Kirche. Die Mutter Gottes und ihr Kind wurden hineingebracht, durch das Gotteshaus getragen und schließlich zu einem kleinen Haus befördert, das an der Stirnseite des Hauptschiffs stand. Dieses Haus war knapp vier Meter breit und gut neun Meter lang. Dort wurden Maria und ihr Kind abgesetzt. Sie waren wieder zu Hause, und es war, als wären sie nie fortgewesen.

Jedes Jahr im Mai wird die Muttergottes von Walsingham in einer Prozession durch ihr Dorf getragen. In einem Blütenregen gehen ihr Ministranten, Kreuzträger, Thurifer, Priester, Bischöfe, Monsignori der Römisch-Katholischen Kirche, Ordensbrüder, Büßer, Chöre und Soldaten voran. Baldachine, Blumengebinde und Gruppen von Gipsheiligen bevölkern die engen Gassen der Ortschaft, und große vergoldete Kreuze ragen hinauf bis zu den Schlafzimmerfenstern der niedrigen Landhäuser. Da dies nicht das 15. Jahrhundert ist, säumen Reformer und Reformierte die

Straßen und prangern auf Spruchbändern den Aberglauben und die Götzenanbetung, die Korruption der Kirche und die Geschmacklosigkeit des Schauspiels an. Und da dies England ist, tun die Teilnehmer an der Prozession so, als würden sie die Proteste nicht bemerken.

Am Ende der Prozession wird die Mutter Gottes in ihr Haus mit dem einen Raum zurückgebracht, der nur ein kleines quadratisches Fenster hat. Und dort harrt sie aus, bis sie das nächste Mal gerufen wird.

# Die Kathedrale von Gloucester

## Worin ein Leichnam ein Gebäude zeugt

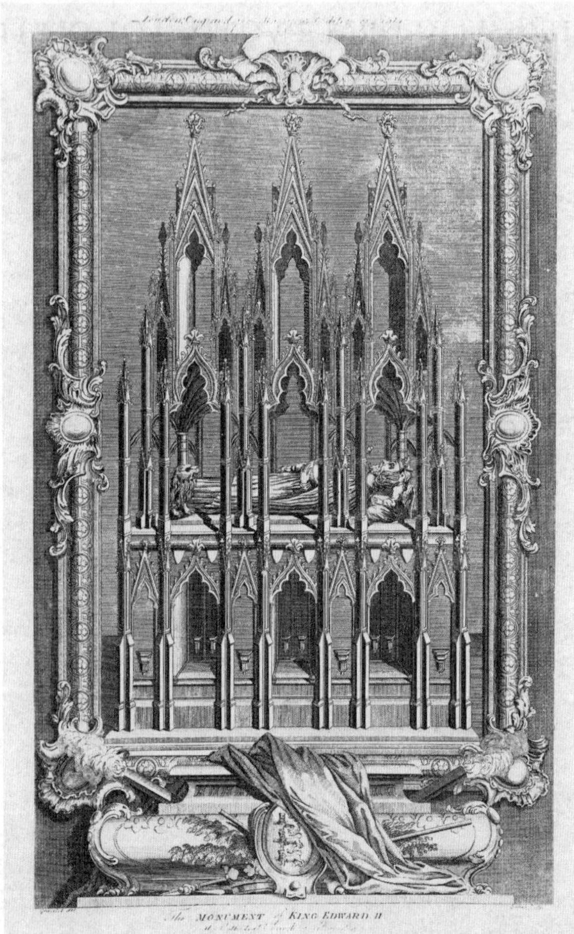


Die Keimzelle einer Kathedrale.

*Das Denkmal Eduards II. (1284–1327) in der Kathedrale von Gloucester.*

# Evolution

*Als sich im Jahr 1687 die Frauen und Kinder der türkischen Garnison im Parthenon versteckten, erzählten sie wunderbare Geschichten über ihren Zufluchtsort, um einander Mut zu machen. Aber diese Geschichten waren so viele Male wiederholt worden, dass sie schon lange nichts mehr mit der Originalversion zu tun hatten. Aus den Toren des Tempels waren die Tore Trojas geworden und aus der christlichen Apsis Platons Thron. So etwas wie eine perfekte Kopie gibt es nicht. Bauwerke und Geschichten verändern sich, wenn sie wiederholt werden.*

*Die Rituale des Mittelalters waren die Säulen, auf denen eine scheinbar stabile Welt ruhte. Doch sie waren gleichzeitig auch die Mechanismen, die den Wandel vorantrieben. Der langwierige Bau und Wiederaufbau der gotischen Kathedralen waren ein Prozess des Kopierens: Die Steinmetzlehrlinge jeder neuen Generation saßen zu Füßen der Meister, verwandelten sich selbst in Meister und gaben ihr Wissen an ihre eigenen Lehrlinge weiter. Aber es war auch ein Prozess der Evolution: Jede Generation, die von ihren Vorgängern lernte, veränderte, was sie vorfand, und gab ihr verändertes Wissen an die nächste Generation weiter, die dasselbe tat. Die frühesten gotischen Kathedralen waren karge und einfache Bauwerke, aber im Lauf der Jahrhunderte entstanden Schöpfungen von erstaunlicher Verfeinerung und Komplexität.*

*Da der Bau der Kathedralen derart lange dauerte, kam die Evolution nicht nur in verschiedenen Gebäuden zum Ausdruck, sondern auch in den zu verschiedenen Zeiten entstandenen Anbauten bestehender Kirchen. Die Kathedrale von Gloucester in England liefert eines der bemerkenswertesten Beispiele für diesen Prozess. Das ursprüngliche Gebäude war eine strenge normannische Basilika, aber in den folgenden Jahrhun-*

*derten nahm diese Kirche eine schmuckvollere Architektur an. In Gloucester trieb jede architektonische Generation die Verfeinerung voran, die sich in einer neuen Schicht über die vorhergehende legte und das Bauwerk durch ausgefallene Launen und Eigenarten bereicherte.*

*Den Ursprung der Verwandlungen dieser Kathedrale finden wir in einem königlichen Grabmal. Die architektonische Entwicklung des Gotteshauses könnte man fast als Kult um den darin begrabenen Leichnam bezeichnen: Es ist eine Geschichte von Gerüchten, die jedes Mal, wenn sie weitererzählt wurden, ein wenig farbenprächtiger wurden.*

Im Jahr 1327 rumpelte ein Karren durch das Tor von Berkeley Castle und rollte hinab in das graue Überschwemmungsgebiet des Severn. Als das Fuhrwerk den Rand eines Waldes erreichte, tauchten unter den Bäumen zwei strahlend weiße Hirsche auf. Die großen Tiere nahmen es reglos hin, dass die Fuhrmänner sie vor den Karren spannten, und zogen ihn den ganzen Weg bis nach Gloucester.

Die Mönche in der Abtei von Gloucester warteten bereits auf den Wagen. Sie waren besorgt, und der eine oder andere von ihnen mochte sogar Angst gehabt haben, denn auf dem Karren, der Berkeley Castle am Morgen verlassen hatte, lag der Leichnam König Eduards II. Es war drei Monate her, dass der König gestorben war, und die Geschichten, die sich um sein Ableben rankten, waren gleichermaßen farbenprächtig und entsetzlich. Man erzählte sich, er sei von seiner treulosen Frau Isabella und deren Liebhaber Roger Mortimer entthront worden. Die Mönche flüsterten einander ein Gedicht zu, das angeblich vom König selbst stammte:

»In winter woe befell me,
By cruel Fortune threatened.
My life now lies a ruin.
Once I was feared and dreaded,
But now all men despise me
And call me a crownless king,
A laughing stock to all.«[44]

[Im Winter befiel mich das Leid,
ein grausames Schicksal suchte mich heim.
Mein Leben ist zerstört.
Einst wurde ich gefürchtet,
nun werde ich nur noch verachtet.
Sie nennen mich einen König ohne Krone,
und haben nur noch Spott für mich.]

Fünf Monate lang sei Eduard in Berkeley Castle eingesperrt gewesen, erzählten einander die Mönche, aufgehängt über einer Jauchegrube, in der sich Leichen türmten. Doch er habe sich gegen den Tod gewehrt. Als seine Wärter des Wartens überdrüssig geworden seien, hätten sie ihn ermordet. Es hieß, er habe mit Männern geschlafen, weshalb ihm seine Henker einen glühenden Schürhaken in den Anus gerammt hätten. Seine Schreie habe man im Umkreis von mehreren Meilen gehört. Aber die Leiche wies keine sichtbaren Verletzungen auf.

Die Mönche hatten allen Grund, sich zu fürchten. Die anderen Priorate in der Grafschaft hatten sich aus Furcht vor Isabella und Mortimer geweigert, den Leichnam Eduards aufzunehmen. Aber der Abt von Gloucester, John Thokey, war ein Freund des ermordeten Königs gewesen, und er erinnerte die Mönche daran, dass er oft mit ihm an derselben Tafel gesessen hatte. So stand es auch in der *Historia* der Abtei. König Eduard II. hatte im Saal des Abtes gesessen und beim Anblick der Gemälde seiner Vorgänger scherzhaft gefragt, ob auch ein Bild von ihm darunter sei. »Der Abt erwiderte nicht heuchlerisch, sondern prophetisch, er hoffe, einst einen ehrwürdigeren Platz für ihn zu finden.«[45] Und genau das tat er: Thokey hatte etwas vor mit Eduards Leichnam. Der König habe ein schmachvolles Ende gefunden, erklärte der Abt seinen Mönchen, aber nun sei es an der Zeit, ihm die Ehre zukommen zu lassen, die ihm zu Lebzeiten verwehrt worden war.

Am 20. Dezember wurde der Leichnam des Königs, dessen Zustand nicht für die Zurschaustellung geeignet war, auf einem mit vergoldeten Löwen verzierten Leichenwagen unter einer hölzernen Statue versteckt und durch die Straßen Gloucesters gefahren. Hinter dem Wagen gingen jene, die am meisten von Eduards Tod profitiert hatten: seine Frau, Königin Isabella, ihr Liebhaber Mortimer und ihr Sohn, der neue König Eduard III. Ein silbernes Gefäß, in dem das Herz des toten Königs lag, wurde für das Volk sichtbar emporgehoben, und dann bettete man Eduard II. zur letzten Ruhe.

Kaum war er in der Kirche der Abtei bestattet, da begann rund um den königlichen Leichnam ein emsiges Treiben. Die Steinmetze der Abtei begannen, um die sterblichen Reste Eduards einen Sarkophag aus Purbeck-Marmor zu meißeln, auf den sie ein in Alabaster geschnittenes Bildnis des Königs setzten. Der sehnsüchtige Blick und die verdrießlich hängende Unterlippe dieses Abbilds erinnerten jene, die den Monarchen gekannt hatten, tatsächlich an Eduard. Das Kissen, auf dem sein Kopf ruhte, wurde von Engeln gestützt, so als wollten sie den König ins Himmelreich heben. Zu seinen Füßen lagen zwei Löwen, Sinnbilder seines Ranges.

Über dem Sarkophag und dem Bildnis hing der Himmel, zu dem die blinden Augen des liegenden Königs aufsahen. Die Steinmetze hatten rund um sein Grab eine Miniaturkathedrale gebaut, die zu filigran war, um von einem gewöhnlichen Menschen zu Lebzeiten bewohnt zu werden – in einem solchen Haus konnten nur Tote und Heilige wohnen. Die Bögen des Kirchenschiffes schienen von heiligen Flammen umzüngelt zu werden, und darüber erhoben sich drei Gewölbe, die ihrerseits von mit Kriech- und Kreuzblumen besetzten Spitzen gekrönt wurden.

Es war jene Art von Bauwerk, bei dessen Anblick man sich fragt, wie viele Engel auf einem Stecknadelkopf tanzen können. Es war ein kleines Wunder. Und doch kam zu jener Zeit niemand auf den Gedanken, die Namen der Männer, die es geschaffen hatten, in der *Historia* der Abtei festzuhalten.

*

Die Gloucester Abbey war im Jahr 680 von Osric gegründet worden, dem Herrscher des Königreichs Hwicce. Aber das Gebäude, in dem Eduard zur letzten Ruhe gebettet wurde, stammte aus dem Jahr 1089. Nachdem die Abtei von einer Feuersbrunst verwüstet worden war, ordnete Abt Serlo den Bau einer neuen Kirche in Form eines Kreuzes an. Am 15. Juli 1100 wurde der Kopf des Kreuzes fertiggestellt und der Chor für den Gottesdienst geweiht. Über dem Hochaltar wölbte sich der Halbkreis der Apsis. Das schwere Gewölbe des Chors wurde von massiven Mauern getragen, welche die Steinmetze mit runden Bögen durchsetzt hatten, die auf gedrungenen Säulen ruhten.

Vier Jahre nach der Weihe des Chors starb Abt Serlo. Sein Nachfolger war Abt Peter, und auf diesen folgte Abt William. Unter diesem wurde das Kirchenschiff – der Rumpf des Kreuzes – fertiggestellt, so dass die Gläubigen nun einen Platz hatten, an dem sie stehen konnten, während sie dem Gesang der Mönche im Chor lauschten. Das nach Westen ausgerichtete Schiff war so dunkel wie das Heiligtum des Abtes Serlo, und die massiven Bogengänge waren mit Zickzackleisten von ungestümer Einfachheit verziert.

Auf Abt William folgte Abt De Lacey, und auf diesen Abt Hameline. Im Jahr des Herren 1179 starb Abt Hameline und wurde durch Abt Carbonel ersetzt, und dessen Nachfolger war Abt Blunt. Und als Abt Blunt starb, trat Abt Foliot sein Erbe an.

In der Amtszeit von Abt Foliot wurde dort, wo sich das Hauptschiff und der Chor, der Rumpf und der Kopf des Kreuzes, mit den Querschiffen – den Armen des Kreuzes – trafen, ein Turm errichtet. Zu dieser Zeit erhielt das Hauptschiff auch ein neues Gewölbe, dessen spitze Bögen, schlanke Rippen und hohe Lichtgaden der alten Architektur ein wenig von ihrer Schwere nahmen.

Und als die neue Einwölbung des Schiffs vollendet war (aber noch vor Beginn der Arbeiten an der übrigen Abtei), starb Abt Foliot. An seine Stelle trat Abt John de Felda, dem Abt de Gamages folgte. Und als Abt de Gamages im Jahr 1306 starb, begann die Amtszeit des Abtes Thokey, jenes Mannes, der dem Leichnam des ermordeten Königs Eduard II. Asyl gewährte und ihn in der Abtei bestattete. Kurze Zeit später legte Abt Thokey sein Amt nieder und wurde von Abt Wigmore abgelöst, der, wie es in der *Historia* der Abtei heißt, »große Freude daran hatte, mit seinen eigenen Händen zu arbeiten, sei es im Handwerk oder bei dekorativer Tätigkeit«.[46]

Es dauerte nicht lange, da begann das wunderbare Grabmahl König Eduards Wunder zu wirken, und bald kamen die ersten Pilger, die sich Heilung oder Beistand erhofften. Im Purbeck-Marmor des Sarkophags und sogar im Alabastergesicht des Königs sind noch heute die Kreuze zu sehen, die von den Pilgern in den Stein geritzt wurden. Die Mönche berichteten, dass »die Spenden der Gläubigen und die Verehrung, die das Volk für den in der Kirche bestatteten König Eduard zeigte, ein solches Ausmaß annahmen, dass die Stadt Gloucester die große Zahl von Menschen, die aus den Städten, Ortschaften, Dörfern und Weilern Englands herbeiströmten, kaum noch aufnehmen konnte«.[47] Der Schrein Eduards II. keimte wie ein winziges Saatkorn im dunklen Chor der Abtei, durch die das Murmeln der betenden Wallfahrer hallte.

Und unter Abt Wigmore, der die Ausschmückungen liebte, wuchs der erste Spross aus dem Keim des feingliedrigen Grabmals König Eduards. Bald fanden sich die Pilger, die einen Blick auf den winzigen Schrein Eduards II. werfen wollten, in seinem Abkömmling wieder: in einer riesigen Reproduktion des Originals. Der neue Bau war so groß, dass das südliche Querschiff teilweise abgerissen werden musste, um Platz für ihn zu schaffen. Die Steinmetze nahmen die Mauer am Ende des Querschiffs weg und ersetzten sie durch einen riesigen Wandteppich aus Stein und farbigem Glas, durch den nun Licht in das bis dahin düstere Innere der Kirche flutete. Sie ersetzten das Originalgewölbe des Querschiffs durch ein komplexes Netz aus Rippen und fügten neue Lichtgadenfenster ein, deren Tudorbögen und deren Netz mit Maßwerk aus filigranen Dreipässen verziert waren. Schließlich schmückten sie die kahlen Wände des Querschiffs mit demselben Maßwerk wie die Fenster, womit man aus manchen Blickwinkeln nicht mehr erkennen konnte, wo die Fenster endeten und die Mauern begannen.

Es war eine komplexe und heikle Arbeit, und Hinweise auf die Schwierigkeiten, mit denen die Steinmetze zu tun hatten, sind noch heute erkennbar. Indem man der alten Struktur ihre Schwere genommen hatte, hatte man ihr auch einen Teil ihrer Fähigkeit genommen, das auf ihr lastende Gewicht zu tragen. Irgendwann wurde den Steinmetzen bewusst, dass der Turm in das Querschiff zu stürzen drohte. Also entwarfen sie einen riesigen Strebepfeiler, der ihn stützen sollte. Doch obwohl der Eingriff aus der Not geboren war, versteckten ihn die Steinmetze nicht, sondern ließen zu, dass der diagonale steinerne Schaft geradewegs durch das feine Gehäuse aus Maßwerk verlief, als Hinweis an alle Welt, dass sie mit dieser einfallsreichen Lösung eine Katastrophe abgewendet hatten. Die mittelalterlichen Bauten waren bis zu einem gewissen Grad stets experimentell, denn sie hingen von Sicherheitsspielräumen und Faustregeln ab, die nicht auf Berechnungen von Ingenieuren, sondern auf Erfahrung beruhten. Der Strebepfeiler, der das südliche Querschiff der Kathedrale von Gloucester durchtrennt, zeigt deutlich, wie experimentell sie waren.

Experimentell – und gefährlich. In winzigem Maßstab wird im südlichen Querschiff noch eine weitere Geschichte erzählt. An einer der Mauern ist ein kleiner steinerner Träger in Form eines T-Anschlagwinkels befestigt. Es wird angenommen, dass darauf einst ein Bildnis der Heiligen Barbara stand, die von den Steinmetzen oft angerufen wurde, um sie vor Wind und Feuer zu schützen. Auf dem Träger sind winzige Zinnen zu erkennen, so als handele es sich um das Dach eines großartigen Bauwerks, und an der Unterseite ist die Miniatur eines Kreuzrippengewölbes in den Stein gemeißelt. Eine winzige Figur eines bartlosen Lehrlings klammert sich verzweifelt an dieses Gewölbe, während der

Meister entsetzt hinaufstarrt: Allem Anschein nach wird der Lehrling gleich in den sicheren Tod stürzen. Immer wieder erlitten Steinmetze dieses Schicksal, aber niemand dachte daran, die Namen der Opfer in der *Historia* der von ihnen erbauten Abtei zu verewigen.

*

Als das Grab Eduards II. und das südliche Querschiff der Gloucester Abbey fertig waren, wurde Abt Wigmore zu Grabe getragen. Sein Nachfolger war Abt Staunton. In seiner Amtszeit besuchte Eduard III. in Begleitung seines gesamten Hofstaats das Grab seines Vaters. Für die Abtei machte sich der Besuch bezahlt. Eduard spendete zum Dank für eine sichere Überquerung des Meeres ein goldenes Modellschiff. Königin Philippa schenkte dem Kloster zum Dank für die Heilung der einen oder anderen Krankheit ein goldenes Herz und ein Ohr. Und ihr Sohn, Prinz Eduard, stiftete dem Heiligtum ein Kreuz aus demselben Material. Es wird angenommen, dass König Eduard III. den Abkömmling des väterlichen Grabmals im südlichen Querschiff der Kirche zu sehen bekam und den Wunsch äußerte, dass die Mönche und die Steinmetze den Chor, in dem sein Vater ruhte, auf ähnliche Weise verwandelten.

Und so brachte das südliche Querschiff der Abtei, das vom Grabmal Eduards II. hervorgebracht worden war, seinen eigenen Sprössling hervor, und die Steinmetze nahmen die Arbeit unter dem Mittelturm auf, wo sich die Arme des Kreuzes begegneten. Wieder ersetzten sie die alte Decke durch ein neues Gewölbe, aber diesmal griffen sie auf das zurück, was sie bei der Arbeit im südlichen Querschiff gelernt hatten. Das neue Gewölbe war noch komplexer als jenes, das sie zuvor gebaut hatten, und seine zahlreichen Gewölberippen entsprangen aus aufwendig ausgeführten Bossen, die mit Engeln, Heiligen und Wilden aus den Wäldern geschmückt waren. Die neue Decke wirkte weniger wie eine auf schweren Mauern ruhende steinerne Struktur, sondern eher wie ein Dach aus Schlingpflanzen in einem von Sonnenlicht durchfluteten Wald.

Als das Kreuz fertig war, rief der Herr Abt Staunton zu sich, und Abt Horton nahm seinen Platz ein. In seiner Zeit wurde das neue Gewölbe zur halbkreisförmigen Apsis des ursprünglichen Chors hin erweitert, wo der Hochaltar stand. Die Steinmetze rissen die Apsis ab und ersetzten sie durch ein riesiges Fenster, das zu seiner Zeit das größte der Welt war: Es war so gewaltig, dass es mit zwei hohen Strebepfeilern verstärkt werden musste, damit der Wind es nicht eindrückte. Ins Zentrum des Fensters setzten die Glaser ein Bild der Jungfrau Maria, die von ihrem Sohn die himmlische Krone entgegennahm. In den sonnigen Scheiben über ihrem Kopf flatterten Engel, und zu ihren Füßen versammelten sich die Heiligen, die Prälaten der Kirche und die Könige Englands. Unter diesen Würdenträgern fanden die Wappen und die Ritter Platz, die in der Schlacht von Crécy für König Eduard III. gekämpft hatten.

Und wie zuvor im Querschiff schmückten die Steinmetze die Wände des Chors mit demselben Gitter, das auch das großartige Ostfenster teilte. Ein Schirm aus schmalen Schäften und winzigen Dreipässen machte es dem Betrachter unmöglich zu erkennen, was Fenster, was Bogengang und was Wand war. Es war, als hätte das Gewölbe seine Tentakeln über die massiven Wände des Chors ausgestreckt, um diesen in einem Gewirr dünner Steinrippen aufzulösen, die mit buntem Glas verwoben waren und das Licht reflektierten. Das Enkelkind des Grabmals von Eduard II. hatte von seinen Vorfahren gelernt, sich jedoch noch elegantere und feinere Ausdrucksformen angeeignet.

Der umgestaltete Chor der Gloucester Abbey war ein Abkömmling des himmlischen Herrensitzes, der über dem Körper Eduards II. schwebte, aber sein Lebensraum war ein irdisches Bauwerk mit dicken Mauern und schweren Bogengängen. Überall in der Kathedrale ist zu sehen, wie schwierig es ist, den Himmel der Erde anzupassen. Der Körper des Chors ist ein Modell der himmlischen Ordnung, aber seine Seitenschiffe bergen ein Gemenge nicht zueinander passender architektonischer Elemente: Öffnungen wurden versperrt, Bauteile scheinbar willkürlich abgerissen, Bindeglieder improvisiert.

Bei mittelalterlichen Bauten wurde kaum einmal (ja vielleicht nie) ein im Voraus entworfener Plan in die Tat umgesetzt. Die Gebäude wurden nicht in ihrer Gesamtheit gezeichnet oder modelliert, bevor man an die Arbeit ging, weshalb vieles dem Zufall und dem Einfallsreichtum der Baumeister überlassen blieb. Dazu kam, dass die Errichtung großer Sakralbauten so lange dauerte, dass keine Generation hoffen durfte, ein ganzes Bauprojekt vom Anfang bis zum Ende verfolgen zu können. Daher war die mittelalterliche Architektur fast immer das Ergebnis eines langsamen, auf sukzessiven Änderungen beruhenden Anpassungsprozesses. Ein individuelles Genie war hier nie am Werk.

Nirgends ist das deutlicher zu sehen als an der Vierung der Kathedrale von Gloucester, wo die Mauern des Chors mit ihren eng stehenden tragenden Säulen den breiteren Querschiffen begegnen. Dieses strukturelle Problem hatte seinen Ursprung darin, dass die vorhandene Schale des Gebäudes und die Anbauten nicht zusammenpassten. Das Ergebnis war, dass das Gewölbe der Vierung – und der Turm darüber – von dünner Luft getragen wurde. Vielleicht lag es an einer falschen Berechnung.

Wie bei einer früheren Gelegenheit beschlossen die Steinmetze, ihr Problem nicht zu vertuschen, sondern zur Schau zu stellen: Sie würden den Anschein erwecken, als schwebe ihr Gewölbe tatsächlich in der Luft. Also spannten sie einen fast unmöglich dünnen und leichten Bogen über die Öffnung des Querschiffs und platzierten ein kleines Postament im Scheitelpunkt dieses Bogens.

Die gewaltige Last des Turms verteilte sich über die Rippen des Gewölbes, durch das kleine Postament und den feinen Bogen, und entlud ihren Druck sicher im Boden. Aber die Rippen zeigten keinerlei Belastung, sondern strebten vom Postament fort, als würden sie um den Kopf einer Stecknadel tanzen. Die Steinmetze hatten ein scheinbar unlösbares Problem der Ingenieurs- und Baukunst in Angriff genommen und eine Illusion von engelsgleicher Anmut geschaffen.

*

Als der Chor der Gloucester Abbey fertig war, starb König Eduard III., und Abt Horton folgte ihm bald. Sein Nachfolger war Abt Boyfield. In seiner Amtszeit besuchte König Richard II. die Abtei. Er betete am Grabmal Eduards II. und verschönerte es mit seinem Wappentier, dem weißen Hirsch – möglicherweise im Gedenken an die Tiere, die einst den Leichenwagen des Königs von Berkeley Castle nach Gloucester gezogen hatten. Außerdem schrieb er an den Papst, um ihm die Heiligsprechung Eduards vorzuschlagen.

Als Gott Abt Boyfield zu sich rief, trat Abt Froucester an seine Stelle. Und in seiner Amtszeit brachte der Chor von Gloucester, der das Kind des südlichen Querschiffs war, das der Abkömmling des Grabmals Eduards II. war, einen weiteren Spross hervor: einen Kreuzgang, der einen zentralen Garten umgab.

Auf der einen Seite öffnete sich dieser Kreuzgang durch ein Netz von Fenstern zum Garten, auf der anderen verbargen sich hinter massiven Steinmauern die säkularen Funktionen der Abtei. Die Steinmetze verkleideten alle Oberflächen des neuen Kreuzgangs mit dem gleichen Maßwerk, das sie schon bei der Umgestaltung des Chors verwendet hatten, so dass nicht zu erkennen war, was Wand und was Fenster war. Tatsächlich war diese Maskerade so gekonnt ausgeführt, dass man den Eindruck gewinnen konnte, sogar das schwere Gewölbe über dem Kreuzgang sei ein Skelett aus Steinrippen, bespannt mit einer Haut aus schimmerndem Glas.

Im Kreuzgang fand jedoch noch eine weitere Verfeinerung statt, ein weiterer Schritt in der Entwicklung der Abkömmlinge des Grabmals. Die Gewölbe über dem Sarkophag Eduards II., im neuen südlichen Querschiff und im umgebauten Chor waren im Grunde einfach tonnenförmige Tunnel, die im rechten Winkel andere Tunnel schnitten. Aber bei der Überwölbung des Kreuzgangs wählten die Steinmetze eine ganz andere Lösung. Zwischen die Fenster auf der Gartenseite setzten sie jeweils einen dünnen Steinschaft, dem ein konischer Fächer von Rippen entsprang, die sich über die Fenster ausbreiteten. Jeder dieser Fächer berührte den benachbarten, so dass die Gänge nicht wie Tunnel, sondern wie Alleen wirkten, in denen Palmen ihre Wedel ausbreiteten. Es war kaum vorstellbar, dass dies das Werk derselben Steinmetze war, die das Querschiff und den Chor gebaut hatten.

Der Kreuzgang war ein vollkommen neues Bauwerk, das außerhalb der Kirche errichtet wurde, aber in seinen Steinen kamen trotzdem noch die Launen und Idiosynkrasien seiner Ahnen zum Ausdruck, die ihren Ursprung in der mangelhaften Abstimmung zwischen diesen Anbauten und der ursprünglichen Abtei hatten. Beispielsweise gibt es im westlichen Gang eine Tür, die einst zur Wohnung des Abts führte. Man kann sie leicht übersehen. Dort gehen die Rippen des Gewölbes nicht von einem steinernen Schaft zwischen den Fenstern aus, sondern vom Schlussstein eines schlanken Bogens über der Tür – womit sie das Wunderwerk, das die Steinmetze mit dem scheinbar in der Luft tanzenden Gewölbe in der Vierung der Kirche vollbracht hatten, in einer Miniatur wiederholten. Dort war diese Lösung eine einfallsreiche Antwort auf eine strukturelle Notwendigkeit gewesen, während sie im Kreuzgang anscheinend aus einer Laune heraus gewählt wurde: Es war ein geerbter Tick, ein in den Genen angelegter Wesenszug, der auch ohne seinen ursprünglichen Daseinsgrund weiterlebte.

Als der Kreuzgang vollendet war, segnete Abt Froucester das Zeitliche. Sein Nachfolger war Abt Moreton, der jedoch starb, »ohne etwas Erwähnenswertes geleistet zu haben«.[48] Und auf Abt Moreton folgte Abt Morwent, der mit einem Umbau des Kirchenschiffs begann, jedoch nach nur drei Gewölbebögen aus dem Leben gerissen wurde.

Sein Nachfolger war Abt Boulers, der zum königlichen Gesandten in Rom ernannt und vom Herzog von York in Ludlow Castle gefangen gehalten wurde. Ihm blieb kaum Zeit, einen Beitrag zum großen Bauwerk in Gloucester zu leisten. Im Jahr 1450 wurde Abt Boulers Bischof von Hereford. Sein Nachfolger war Abt Sebrok, und in seiner Amtszeit brachten die Abkömmlinge des Grabs von König Eduard einen weiteren Sprössling hervor, der größer und spektakulärer werden sollte als all seine Vorfahren. Nachdem das Grabmal Eduards II. für den Umbau des südlichen Querschiffs und des Chors gesorgt hatte, durchstieß es nun das Dach und gab dem Glockenturm über der Vierung der Kirche eine neue Gestalt.

Der neue Turm, der von nun an von der Existenz dieses Grabmals kündete, war noch von den fernen Feldern und Auen am Ufer des Severn aus zu sehen. Aber er strebte nicht wie ein spitzer Turm dem Himmel zu. Er wirkte eher, als hätte sich ein schwereloses Heiligtum aus Maßwerk, Spitzbögen, dünnen Strebepfeilern und Steinblumen herabgesenkt, um über dem Dach der Abtei zu schweben. Die Turmspitze war mit Zinnen und Ecktürmen verziert, die derart von feinen Lochmustern übersät waren, dass man meinen konnte, sie seien nicht aus Stein gemeißelt, sondern aus Spitze gehäkelt.

Auf Abt Sebrok folgte Abt Hanley, und dessen Nachfolger war Abt Farley. Unter diesen Äbten barst die alte Kirche und gebar einen weiteren Abkömmling des Königsgrabs: eine neue Kapelle, die hinter dem Altar an der östlichen Stirnmauer der Kirche lag. Diese Marienkapelle war nicht in der irdischen Höhle des alten Gebäudes gefangen. Das Sonnenlicht drang von allen Seiten ein und brach sich in den bunten Glasscheiben, die sich vom golden schimmernden Stein abhoben. Da vom alten Bauwerk losgelöst, waren bei der Marienkapelle keine ausgefallenen Kunstgriffe erforderlich, die der Not und falschen Berechnungen entsprangen und die harmonische Komposition von Querschiff, Vierung und Chor durchbrachen.

Aber die Steinmetze wählten trotzdem sonderbare Lösungen. Strebepfeiler schnitten diagonal durch das Maßwerk, Gewölbe entsprangen schwindsüchtigen Bögen, die durch die Luft flogen, und an langen, dünnen Schäften hingen Büschel von Steinrippen. Doch es war nicht launische Willkür, die diese redundanten und zierlichen Motive schuf. In der Marienkapelle wurden all die sonderbaren und wunderbaren Schöpfungen festgehalten, die Generationen von Steinmetzen bei der Verwandlung der Gloucester Abbey hervorgebracht hatten. Die Kapelle war das Testament und die Geschichte dieser Künstler. Da die Mönche nicht bereit waren, die Werke der Steinmetze aufzuschreiben, entschlossen sich diese anscheinend, ihre eigene *Historia* der Abtei in den Stein zu meißeln.

*

Da es keine schriftlichen Aufzeichnungen gibt, kann man nur vermuten, wer diese Steinmetze waren. Einige Beobachter sahen konzeptionelle Ähnlichkeiten zwischen dem südlichen Querschiff der Gloucester Abbey und der Kapelle St. Stephen's im Palast von Westminister, doch diese Kapelle fiel im Jahr 1834 einem Feuer zum Opfer. Die Gelehrten sind der Ansicht, Eduard III. habe den Steinmetzmeister von St. Stephen's, einen gewissen Thomas von Canterbury, mit dem Auftrag nach Gloucester entsandt, der letzten Ruhestätte seines Vaters höfische Würde zu verleihen. Doch mit Gewissheit werden wir das nie erfahren. Thomas von Canterbury wird letztmals im Jahr 1336 erwähnt, nur neun Jahre nach dem Tod Eduards II.

In London sind einige Fragmente ausgestellt, Überreste des Kapitelhauses der mittelalterlichen Kathedrale St. Paul's. Die in diese Steine gemeißelten Formen haben derart große Ähnlichkeit mit jenen in der Gloucester Abbey, dass manche Experten meinen, sie müssten von ein und demselben Steinmetz geschaffen worden sein. Bei diesem Mann soll es sich um William Ramsay gehandelt haben, den wichtigsten Spross einer Steinmetzdynastie, die um die Mitte des 14. Jahrhunderts Kathedralen und Schlösser in Ostengland baute. Er hatte unter Anleitung (und möglicherweise als Lehrling) von Thomas von Canterbury an St. Stephen's in Westminster mitgearbeitet.

Aber es gibt keine Aufzeichnungen über William Ramsay in der *Historia* der Gloucester Abbey. Tatsächlich sind überhaupt keine Handwerker aus dieser Zeit erwähnt. Wir wissen, dass ein gewisser John von Sponlee im Jahr 1336 die Arbeiten am Gloucester Castle leitete und später bei Hof beschäftigt war. Möglicherweise setzte er die Entwürfe William Ramsays für den Chor der Klosterkirche um. Vielleicht wurde der große Künstler auf ihn aufmerksam, nahm ihn als Lehrling auf und brachte ihn an den Hof Eduards III. Wir werden es nie erfahren.

Die Fächergewölbe im Kreuzgang geben uns weitere Rätsel auf. Offenkundig haben sie einige Merkmale der Gewölbe im Inneren der Abtei geerbt, aber in anderer Hinsicht ist keinerlei Verwandtschaft mit diesen zu erkennen, und es kann kein Zweifel daran bestehen, dass sie das Werk eines anderen Meisters sind. Einen möglichen Hinweis gibt uns eine Zeichnung des Kapitelhauses der nicht weit von Gloucester entfernten Kathedrale von Hereford aus dem 17. Jahrhundert. Dieses Kapitelhaus wurde kurze Zeit später abgerissen. Die Linienführung auf dem groben Papier ist unsicher, aber die Verwandtschaft ist unverkennbar: Das Gewölbe dieses verschwundenen Kapitelhauses – oder zumindest der auf Papier gebannte Geist dieses Bauwerks – hat derart große Ähnlichkeit mit dem Gewölbe des Kreuzgangs in Gloucester, dass kaum vorstellbar ist, dass es keinerlei Verwandtschaftsbeziehung zwischen den beiden gab.

Wir wissen sogar, wer das Kapitelhaus in Hereford entwarf. Der Mann hieß Thomas von Cantebrugge und wurde im Jahr 1365 Ehrenbürger von Hereford. Nun ist Cantebrugge der alte Name für Cambridge, einen Weiler an der Straße zwischen Gloucester und Bristol. Manche Kunsthistoriker sind der Ansicht, dieser Thomas von Cantebrugge dürfte seine Laufbahn unter William Ramsay oder John von Sponlee begonnen und am Chor von Gloucester gearbeitet haben. Dort sei er Meister geworden, bevor er dann nach Hereford weitergezogen sei. Das ist möglich. Vielleicht war dieser Thomas von Cantebrugge der Erfinder des Fächergewölbes. Aber wir werden es nie erfahren.

In der *Historia* ist zu lesen, dass die Umwandlung des Glockenturms von Gloucester unter Abt Sebrok von einem Chorherrn der Abtei entworfen und durchgeführt worden sei, einem gewissen Robert Tully, der später Bischof von St. David's im Fürstentum Wales geworden sei. Es gibt jedoch einen alten Reim, welcher der *Historia* widerspricht:

»John Gowere,
Who built Campden Church
And Glo'ster towre.«[49]

Das ist das Einzige, was wir über diesen John Gower wissen. Und über die Steinmetze, die die Marienkapelle von Gloucester entwarfen und bauten, wissen wir überhaupt nichts.

*

Es ist vielleicht kein Zufall, dass die heutigen Freimaurer – die natürlich über all ihre Aktivitäten Stillschweigen bewahren müssen – ihren Ursprung auf ein Dokument aus dem Jahr 1390 zurückführen. Zu jener Zeit wurde der Kreuzgang der Gloucester Abbey gebaut. Dieses Dokument, das Regius-Manuskript, ist in einem englischen Dialekt verfasst, welcher der Grafschaft Gloucestershire zugeordnet wird. Darin hielten die Steinmetze erstmals ihre Geschichte auf Pergament fest, statt sie in Stein zu meißeln.

Das Regius-Manuskript verkündet in vollmundigem Latein: »Hic incipient constituciones artis geometriae secundum Euclydem.«[50] [Hier beginnen die Verfassungen der Kunst der Geometrie gemäß Euklid.] Denn die Steinmetze des Mittelalters waren keine ungebildeten Handwerker, wie manchmal angenommen wird. Dass sie schweigsam waren, bedeutet nicht, dass sie unfähig waren, sich mitzuteilen. Sie schwiegen aus freien Stücken. Die Steinmetze waren gelehrte Männer alter Abstammung, und vor allem waren sie freie Männer, nicht Leibeigene irgendeines adligen Herren oder Abtes. Steinmetzmeister wie Thomas von Canterbury, John von Sponlee und Thomas von Cantebrugge konnten kommen und gehen, wann es ihnen gefiel, und folgten den großen Bauvorhaben für Kathedralen, Schlösser und Abteien im ganzen Land.

Diese Männer hatten eigene Vorstellungen, und sie hatten ihre Geheimnisse. Damit sie alle in den Genuss des gesammelten Wissens kommen konnten, einigten sich die Steinmetzmeister auf eine Reihe von Regeln. Zwei Bestimmungen hatten besondere Bedeutung: Sie wollten sich regelmäßig versammeln, und sie wollten Lehrlinge einstellen und ausbilden.

Diese Beziehung zwischen Meister und Lehrling sorgte dafür, dass die zahlreichen Abkömmlinge des Grabs von Eduard II., die der Reihe nach die alte Klosterkirche des Abts Serlo überlagerten, alle derselben Familie zugeordnet werden konnten. Nach dem Begräbnis des Königs in der Abtei folgten mehr als ein Jahrhundert lang in einer ununterbrochenen Kette die Schüler ihren Lehrern. Die Meister, die unter den Äbten Hanley und Farley die Marienkapelle erbauten, waren bei den Meistern in die Lehre gegangen, die unter Abt Sebrok den Turm errichtet hatten, und diese hatten ihr Handwerk von den Meistern gelernt, die unter Abt Morwent den westlichen Abschluss des Hauptschiffs erneuert hatten. Diese Meister waren bei den Steinmetzen in die Lehre gegangen, die unter Abt Froucester den Kreuzgang gebaut hatten, und diese hatten bei den Meistern gelernt, die unter den Äbten Staunton und Horton den Chor errichtet hatten und ihrerseits Lehrlinge jener Steinmetze gewesen waren, die in der Zeit des Abts Wigmore das Querschiff gebaut hatten. Die Kette ging zurück bis zu jenem unbekannten Meister, der das Grabmal des Königs geschaffen hatte.

Jede Generation lernte von der vorangegangenen, und am Ende tat dies auch die Abtei selbst. In der Marienkapelle wurden sämtliche Lehren zusammengefasst, die man im Lauf der Bauzeit von anderthalb Jahrhunderten gezogen hatte; im Glockenturm wurde die Innenarchitektur des Chors und der Vierung auf das Äußere des Bauwerks übertragen; im Chor und in der Vierung finden wir eine elegante Verfeinerung der experimentellen Gestaltung des südlichen Querschiffs; und bei diesem Querschiff handelt es sich um eine vielfach vergrößerte Rekonstruktion des Grabmals Eduards II.

Das zwergenhafte ursprüngliche Bauwerk, ein Schmuckstück aus sonderbaren orientalischen Bögen und filigranen, durchbrochenen Türmchen, in dem der Stein eine engelsgleiche Schwerelosigkeit angenommen hatte, war der Urahn eines ganzen architektonischen Volkes. Seine Nachfahren passten sich Generation auf Generation der primitiven und teilweise feindseligen Umgebung von Serlos Abtei an. Ihr Urvater, das Grabmal, ist inmitten all des dichtgedrängten architektonischen Glanzes heute kaum noch zu sehen.

*

Im Jahr 1498 starb Abt Farley und wurde durch Abt Malvern ersetzt, der noch im selben Jahr das Zeitliche segnete. Ihm folgten die Äbte Braunche, Newton und Parker. Abt Parker hatte keinen Nachfolger, denn in seiner Amtszeit löste Heinrich VIII. das Kloster auf und vertrieb die Mönche aus dem Haus, an dem sie 900 Jahre lang gearbeitet hatten. Doch die Klosterkirche von Gloucester zerstörte König Heinrich nicht. Stattdessen verlieh er ihr den Rang einer Kathedrale, da sie die letzte Ruhestätte eines seiner Vorväter war.

Zumindest glaubte Heinrich das. Im Jahr 1337, als die Steinmetze gerade begannen, den Chor der Gloucester Abbey umzubauen, hatte Eduard III. einen Brief von einem genuesischen Priester namens Manuele de Fieschi erhalten. De Fieschi schrieb:

»Im Namen des Herrn, Amen. Ich habe mit eigener Hand niedergeschrieben, was mir Euer Vater gebeichtet hat, und anschließend habe ich dafür gesorgt, dass man mich Eurer Hoheit bekannt macht.

Erstens hat er gesagt, dass er sich nach der Bedrohung durch Eure Mutter und da er glaubte, England habe sich gegen ihn erhoben, von seinen Gefolgsleuten trennte [...] und von Lord Henry von Lancaster gefangengenommen wurde. Und sie brachten ihn nach Kenilworth Castle, [...] und dort verlor er, weil viele Leute es forderten, seine Krone. Kurz darauf wurdet Ihr zu Mariä Lichtmess gekrönt.

Schließlich schickten sie ihn in die Burg Berkeley. Nach einiger Zeit sagte der Diener, der ihn bewachte, zu Eurem Vater: ›Sire, die Ritter Lord Thomas Gurney und Lord Simon Barford sind gekommen, um Euch zu töten. Wenn Ihr möchtet, werde ich Euch meine Kleider geben, damit Ihr fliehen könnt.‹ In diesen Kleidern entkam er in der Dämmerung aus dem Gefängnis. Und als er, da man ihn nicht erkannte, die letzte Tür erreicht hatte, ohne auf Widerstand gestoßen zu sein, fand er den Türwächter schlafend vor und tötete ihn rasch. Und mit den Schlüsseln öffnete er die Tür und ging hinaus.

Als die Ritter, die gekommen waren, um ihn zu töten, sahen, dass er geflohen war, beschlossen sie aus Furcht vor dem Zorn der Königin und aus Angst um ihr Leben, den besagten Türwächter in eine Truhe zu legen, sein Herz herauszuschneiden und es der Königin zur Täuschung zu zeigen, als wären es das Herz und der Leichnam Eures Vaters. Und der Türwächter wurde an Stelle des Königs in Gloucester begraben.

> […] Nach reiflicher Überlegung und Erwägung aller Dinge […] ging er schließlich nach Paris und von Paris nach Brabant, und von dort aus nach Köln, um am Schrein der drei Könige Andacht zu halten. Und dann durchquerte er die deutschen Länder und machte sich auf den Weg nach Mailand in der Lombardei.
>
> In Mailand begab er sich zu einer Einsiedelei im Schloss von Milasci, und da dieses Schloss vom Krieg heimgesucht wurde, zog er zur Einsiedelei von Cecima in der Diözese Pavia in der Lombardei weiter. Und dort blieb er zwei Jahre in Abgeschiedenheit, tat Buße oder betete für Euch und andere Sünder zum Herrn.«[51]

In der Bergeinsiedelei von Cecima, einem stillen und seit Jahrhunderten unveränderten Ort, befindet sich ein einfaches Grabmal. Und diese Nische im Felsen, erzählt man sich, sei die wahre letzte Ruhestätte Eduards II. Gloucester war ein Gerücht, eine Täuschung, die so oft wiederholt und überarbeitet wurde, dass sie schließlich jedermann glaubte.

# Der Tempio Malatestiano in Rimini

## Worin ein Gelehrter einen Tempel übersetzt

Das Emblem eines großen Mannes.

*Sigismondo Malatesta und die Kirche San Francesco in Rimini,*
*Medaille von Matteo de' Pasti.*

# Übersetzung

*Der Parthenon wurde durch eine Explosion im Jahr 1687 zerstört. Von da an taugte er nicht mehr zum Tempel, zur Kirche oder zur Moschee, sondern war nur noch eine Antiquität, eines jener kanonischen Meisterwerke, die im Traum vor dem Auge des Architekten vorüberziehen. Von jeglichem unmittelbaren Nutzen befreit, verwandelte sich der Parthenon in ein abstraktes Objekt der spekulativen Betrachtung. Die Gelehrten rekonstruierten ihn in Aquatinta und kopierten ihn in Gips. Sie machten aus dem Tempel ein platonisches Modell für das, was die Architektur ist und sein sollte – und damit ruinierten sie ihn weiter, denn ihre Bewunderung machte aus den Steinen des Parthenon ein Kunstwerk, das man in fernen Museen auf Sockel stellen konnte. Jene Vergangenheit, welche die Gelehrten zu bewahren und zu verstehen versuchten, verschwand vor ihren Augen.*

*Die Renaissance bemühte sich, wie die Bezeichnung sagt, um eine Wiedergeburt der Künste der Antike. Aber eine zu neuem Leben erweckte Zivilisation ist nicht dasselbe wie eine lebende, die langsam, Schritt für Schritt, gewachsen ist. Das wiedererstandene Latein der humanistischen Renaissance-Gelehrten wurde in strenge grammatische und syntaktische Regeln gezwängt, die lateinische Rhetorik bestand aus einem Kanon von einstudierten Formen. Auch die Architekten der Renaissance erfanden eine streng klassifizierte und katalogisierte Baukunst, und ebenso wie den Dichtern fiel es ihnen schwer, ihre eigene, lebende Kultur anhand der Begriffe einer exhumierten, toten Sprache zu beschreiben. Wie konnte man Konzepte diskutieren, mit denen sich die Griechen und Römer nie beschäftigt hatten? Wie konnte man für den Entwurf einer Kirche eine Grammatik verwenden, die der Existenz des*

*Christentums vorausgegangen war? Die Architekten der Renaissance waren oft gezwungen, sich mit Gebäuden der jüngeren Vergangenheit auseinanderzusetzen: mit Klöstern, Burgen und Kirchen, die aus einer Zeit stammten, in der die Zivilisation bedauerlicherweise in einem langen, tiefen Schlaf gelegen hatte. Wie ihre humanistischen Zeitgenossen versuchten die Renaissance-Architekten, diese neueren Bauwerke in eine klassische Sprache zu übersetzen, die sie nicht nur wiederbelebt, sondern auch neu erfunden hatten.*

*Der Malatesta-Tempel von Rimini ist eines der frühesten Beispiele für diese akademische Annäherung an die antike Architektur. Man kann ihn als Übersetzung eines Gebäudes von einer architektonischen Sprache in eine andere betrachten. Aber alle Sprachen beinhalten bestimmte Konzepte, die nicht vollständig übersetzt werden können, und der Tempio Malatestiano in Rimini ist weder eine Kirche noch ein Tempel, sondern ein sonderlicher Zwitter. In diesem Bauwerk kommt es nicht zu einer Verschmelzung von Renaissance und Antike, von Gegenwart und Vergangenheit. Zwischen dem Architekten auf seiner Säule und dem architektonischen Glanz, den er überblickt, besteht eine unüberbrückbare Kluft.*

Im Jahr 1461 rief Papst Pius II. seine Kardinäle und Fürsten zu einer wichtigen Versammlung nach Rom. Sie trafen sich in der Kurie, am päpstlichen Hof, um über Sigismondo Pandolfo Malatesta, den Tyrannen von Rimini, Gericht zu halten. Pius trug die Anschuldigungen vor:

»Sigismondo Malatesta ging unehelich aus der adligen Familie Malatesta hervor. Er hatte einen starken Charakter und einen mächtigen Körperbau. Er war ein redegewandter und erfahrener Heerführer. Er kannte die Geschichte, und in Philosophie wusste er mehr als ein Laie. Was immer er anpackte, er schien dafür gemacht zu sein. Aber er ließ sich vom Laster und von so ungehemmter Geldgier treiben, dass er nicht nur zum Dieb, sondern auch zum Räuber wurde. Er ging so weit, dass er sogar seinen Töchtern und Schwiegersöhnen Gewalt antat. Als Halbwüchsiger machte er sich schon an Frauen heran und erfuhr käufliche Schamlosigkeiten. Oft schändete er junge Männer. Dem Sakrament der Ehe brachte er keine Achtung entgegen. Er vergewaltigte dem Herrgott geweihte Jungfrauen, er entehrte jüdische Frauen, Mädchen und Knaben; die sich ihm widersetzten, peitschte er barbarisch zu Tode. Zahlreiche Frauen, deren Kinder er zur Taufe gehalten hatte, verführte er zum Ehebruch, und er tötete ihre Männer. Jeden Barbaren übertraf er an Grausamkeit, mit seinen blutbeschmutzten Händen marterte er Schuldige und

Unschuldige durch erschreckende Torturen. Selten kam die Wahrheit über seine Lippen. Er war ein Meister der Täuschung und der Heuchelei, war unredlich, eidbrüchig, treulos. [...] Und wenn seine Untertanen ihn beschworen, endlich eine Politik des Friedens zu betreiben und Mitleid mit dem Vaterland zu haben, das oft durch seine Schuld geplündert wurde, dann antwortete er: ›Geht und seid guten Mutes, denn solange ich lebe, werdet ihr keinen Frieden haben.‹ So war Sigismondo, ruhelos, sinnlich, unermüdlich, vom Krieg besessen, schlimmer als alle, die jemals lebten und leben werden, die Schmach Italiens und die Schande unserer Generation.«[52]

Der Papst hegte einen besonders tiefen Hass gegen Malatesta, da dieser seine Heimatstadt Siena betrogen hatte, während er in päpstlichem Dienst gestanden hatte. Es fiel Pius nicht schwer, Zeugen und Beschwerdeführer zu finden, denn der Tyrann hatte zahlreiche Feinde. König Alfons von Neapel hatte Malatesta als *Condottiere*, als Söldner in seinen Dienst gestellt, doch sein Untergebener hatte rasch die Seite gewechselt, um gegen seinen Dienstherren zu kämpfen. Federico da Montefeltro, der Herr von Urbino, war ein alter Feind der Familie Malatesta, und Francesco Sforza, der selbst auch ein Condottiere war, war ein neuer.

Sforza erhob die ersten Anschuldigungen in der Kurie. Er hatte Malatesta im Jahr 1442 seine Tochter zur Frau gegeben, doch nur drei Jahre später hatte sich der Schwiegersohn eine Mätresse genommen, die 12-jährige Isotta degli Atti. Malatesta, der damals 28 Jahre alt war, hatte Isotta durch ein Fenster gesehen, und die beiden hatten sich augenblicklich ineinander verliebt. Er warb mit tiefempfundenen Versen um sie:

»Vor dir verneigen sich Blüten und Gräser,
selig, von deinen süßen Füßen getreten,
von deiner azurnen Robe gestreift zu werden.

Eitel ist die Sonne am frühen Morgen,
doch erblickt sie dich, erblasst sie
und wendet beschämt und in Tränen sich ab.«[53]

Die Hindernisse für ihre Liebe wurden aus dem Weg geräumt, ignoriert oder glücklichen Wendungen des Schicksals überlassen: Isottas Vater starb bald und hinterließ ihr eine große Mitgift. Malatestas Frau Polissena erhob möglicherweise Einwände, aber es fügte sich gut, dass sie ebenfalls das Zeitliche segnete, nachdem sie die Affäre ihres Ehemanns drei Jahre lang ertragen hatte. Selbstverständlich war jeder – einschließlich ihres Vaters – davon überzeugt, dass sie von ihrem Mann ermordet worden war.

Allerdings hielten sich alle Fürsten des Papstes (und viele seiner Prälaten) Mätressen. Alle hatten sie Bastarde in die Welt gesetzt, ihre Vorgesetzten betrogen und sich auf Familienfehden eingelassen. Sie wussten alle, dass derartige Vorwürfe allein nicht genügten, um Sigismondo Malatesta zu verurteilen. Also legte der Papst der Kurie eine weitere Anschuldigung vor, die das Schicksal seines Feindes besiegeln sollte. Das Corpus Delicti war eine Medaille, eine kleine Bronzescheibe, die Malatestas Profil zeigte. Auf der Bildseite war ein Gebäude mit einer Kuppel zu sehen. Die Inschrift lautete: PRAECL. ARIMINI TEMPLUM – »Der herrliche Tempel von Rimini«.

Das abscheulichste Verbrechen, das man Sigismondo Malatesta vorwarf, war eine architektonische Untat. Er habe sich, so der Vorwurf, einen blasphemischen Tempel errichtet, der »derart voll von heidnischen Bildern ist, dass er nicht wie ein Tempel für Christen, sondern wie einer für Teufelsanbeter wirkt«.[54] Obendrein sei dieser Tempel einmal eine Kirche gewesen. Die armen Franziskanermönche konnten es bezeugen.

Sigismondos Vorfahr Malatesta da Verucchio hatte den Franziskanern einst erlaubt, in unmittelbarer Nachbarschaft des alten römischen Forums in Rimini eine Kapelle zu errichten. Wie bei diesem Orden üblich, war diese Kapelle wenig mehr als ein Unterstand aus Ziegeln, in dem man beten konnte. Das Gebäude hatte ein Bogentor an der Westfront und einen einfachen Raum, der mit einem Holzdach gedeckt war. Als die Kapelle fertig war, ließ Malatesta da Verucchio den Hausmaler der Franziskaner, Giotto, ein Altarbild malen. Das Gemälde, dessen Einfachheit und Klarheit der Botschaft des Heiligen Franziskus entsprach, zeigte Christus am Kreuz. Vor ihm kniete Malatesta selbst, in der Hoffnung, ein Blutstropfen des Erlösers möge auf ihn herabfallen und ihn von seinen Sünden reinwaschen. Als er im gesegneten Alter von 100 Jahren starb, wurde der »alte Bluthund«, wie Dante ihn nannte, in der Kirche der Franziskaner in Rimini bestattet, und seine Nachkommen ließen sich ebenfalls alle dort begraben, in der Hoffnung, ihre Seelen würden durch die Verbindung mit dem Heiligen Franziskus ebenfalls von ihren Sünden gereinigt. Diese bescheidene Familiengrabstätte hatte Sigismondo Malatesta nun in eine hochmütige Blasphemie verwandelt.

*

Als Nächstes wurden der Kurie die Aussagen von zwei Höflingen Malatestas vorgelegt, die über seine Studien und seinen herausragenden Verstand berichteten. Sigismondo Malatesta sei ein Bastard und ein Glücksritter, erklärten sie, aber er habe stets davon geträumt, ein wirklicher, ein legitimer Fürst zu sein. Im Jahr 1432, er war gerade 15 Jahre alt, überredete Malatesta Kaiser Sigismund, der in Rimini haltmachte, ihn zum Herrn über die Stadt zu machen, obwohl diesen Titel nicht der Kaiser, sondern nur der Papst vergeben konnte.

Wie die wirklichen, legitimen Fürsten seiner Zeit strebte Malatesta danach, sich nicht nur in der Kriegskunst, sondern auch in den Künsten des Friedens hervorzutun: in Philosophie und Literatur, Mathematik und Musik, Astrologie und Geschichte. Als er im Dienst des Papstes im Jahr 1436 an der Weihe des Doms von Florenz teilnahm, hatte Malatesta Gelegenheit, einige der herausragenden Denker seiner Zeit kennenzulernen. Diese Gelehrten sammelten eifrig alte Schriften, verfassten jedoch auch neue. Um die Sprache nach Jahrhunderten der ekklesiastischen Erstarrung zu neuem Leben zu erwecken, schrieben sie historische Abhandlungen nach der Art des Livius, derbe Geschichten und Satiren wie Petronius sowie Schmähschriften, Lobreden, Brandreden, Lehrgedichte und Reden im vollendeten Latein des Cicero.

Im Jahr darauf traf der Papst den byzantinischen Kaiser, der im Westen Beistand im Kampf mit den vorrückenden islamischen Heeren suchte. Während die führenden Köpfe Italiens die lateinische Gelehrsamkeit vertraten, brachte die byzantinische Gesandtschaft die Weisheit der alten Griechen mit. Der Delegation gehörte auch Georgios Gemistos Plethon an, ein Poet und Philosoph, der in den Hügeln oberhalb von Sparta lebte. Plethon verfocht radikale Ideen. Er war für seine Schrift *De differentiis*, in der er das platonische und das aristotelische Gotteskonzept miteinander verglich, zum Häretiker erklärt worden, und in seiner *Zusammenfassung der Lehren des Zoroaster und des Platon* hatte er eine Rückkehr zum heidnischen Glauben der Vorfahren vorgeschlagen. Auf dem Heimweg vom Konzil machte Phleton in Rimini Station, wo er sich eine Weile aufhielt und Gespräche mit dem jugendlichen und wissbegierigen Herrscher Malatesta führte. Dann bestieg er sein Schiff und segelte heim ins Byzantinische Reich, das 15 Jahre später ausgelöscht wurde. Die beiden Männer sahen sich nie wieder.

Von Plethons Thesen angeregt, begann Malatesta, der unbedingt ebenso kultiviert sein wollte wie jene Aristokraten, in deren Dienst er kämpfte, einen eigenen Hofstaat von Humanisten um sich zu sammeln. Er holte Basinio Basini aus Parma als Hausastrologen nach Rimini, wo Basini den lateinischen Namen Basinius annahm und das Epos *Hesperis* verfasste, in dem er die Taten seines Herrn mythisch verklärte, so als zeichnete sich Malatesta durch den Mut des Achilles, die Majestät des Augustus und die Weisheit Platons aus. Basinius pries sogar die illegitime Beziehung zwischen Malatesta und Isotta in einem Gedichtzyklus mit dem Titel *Liber Isottaeus*. Vom Hof Papst Eugens IV. warb der Condottiere aus Rimini Roberto Valturio ab, der für seinen neuen Herrn eine lateinische Abhandlung über die Kriegskunst verfasste. Malatesta war derart stolz auf dieses Werk, dass er Abschriften davon an eine Vielzahl von Personen schickte, darunter Lorenzo de' Medici (Lorenzo der Prächtige) und der König von Ungarn.

*

Eine der Kopien von *De re militari* war, wie die päpstliche Kurie nun erfuhr, gerade in der venezianischen Kolonie Kreta im Besitz eines gewissen Matteo de' Pasti gefunden worden. Dieser Mann, so die empörende Enthüllung, war von Malatesta beauftragt worden, das Werk dem Sultan von Konstantinopel zu überbringen. Aber de' Pastis Beteiligung an den Verbrechen seines Herrn war keineswegs darauf beschränkt, dass er für Malatesta Kontakte zu den Ungläubigen knüpfte. Auch seine Aussage wurde den Fürsten und Prälaten der Kurie vorgelegt.

Bei einem Abendessen in den Gärten des Maecenas in Rom hatte Malatesta einst voll Bewunderung gesehen, dass sich der Fürst von Ferrara wie in alter Zeit Medaillen mit seinem Konterfei prägen ließ. De' Pasti war unter anderem ein Medailleur, und im Jahr 1446 bewegte Malatesta ihn dazu, nach Rimini zu kommen und ähnliche Medaillen für ihn zu gestalten. De' Pasti entwarf eine Reihe von Medaillen, die auf der einen Seite Sigismondo Malatesta im Profil und auf der anderen verschiedene Embleme zeigten, welche die edlen Eigenschaften des Fürsten priesen. Auf einer Medaille hielt eine Verkörperung der Fortitudo, der Tapferkeit (schließlich war Malatesta ein Soldat), eine gebrochene Säule und saß auf zwei Elefanten, den Wappentieren der Familie Malatesta. Eine weitere Medaille zeigte nur einen einzelnen Elefanten, der die Feinde Malatestas niedertrampelte und seinen Ruhm hinausposaunte. Auf einer dritten Medaille war eine Ritterrüstung abgebildet. De' Pasti illustrierte auch die Manuskripte von *Hesperis* und *De re militari* mit Abbildungen des Tyrannen und seiner Werke, wobei er diesen Darstellungen das Aussehen antiker Inschriften und Reliefs verlieh. Um ihn für seine Bemühungen zu belohnen, wurde er zum Hofarchitekten von Rimini ernannt und durfte sich Edelmann nennen.

Aber Malatesta gab sich nicht damit zufrieden, mit Abhandlungen, Medaillen und Emblemen zu spielen. Mit dem Ertrag seiner militärischen Erfolge machte er sich daran, das ererbte Rimini in das Rimini seiner Träume zu verwandeln. Er baute sich eine großartige Festung, das Castel Sigismondo, wo er wie der wirkliche Fürst residieren konnte, der zu sein er sich so sehr wünschte. Dann wandte er seine Aufmerksamkeit der Kirche des Heiligen Franziskus zu, in der die Gebeine seiner Vorfahren ruhten. Er begann darüber nachzudenken, wie man ihn wohl in Erinnerung behalten würde, wenn er sich eines Tages zu ihnen gesellte. Im Jahr 1447 legte Sigismondo Malatesta den Grundstein für eine neue Kapelle an der Südseite der Kirche. Die Kapelle sollte seinem Namenspatron, dem Heiligen Sigismund, geweiht sein, und als sie fertig war, beauftragte Malatesta den Maler Piero della Francesca mit der Ausschmückung des Innenraums.

Es war ein einfacher Auftrag, nur eine Wand sollte mit einem Fresko verziert werden. Auf den ersten Blick wirkte Pieros Arbeit wie ein konventionelles Gemälde: Es zeigte einen Sigismondo aus Fleisch und Blut, der vor dem Heiligen kniete, dessen Namen er trug, so wie sein Vorfahr Malatesta da Verucchio auf Giottos Altargemälde vor dem gekreuzigten Christus gekniet hatte. Aber das war auch schon alles, was die beiden Bilder miteinander verband.

Auf derartigen Gemälden wurde der Heilige üblicherweise in den Mittelpunkt gerückt, während sich der Stifter mit einem Platz am Rand begnügen musste, so als sollte betont werden, dass der Heilige dem Herzen der Schöpfung näher stand als der gewöhnliche Sterbliche, der ihn verehrte. Doch der Mittelpunkt von Pieros Bild befindet sich in Malatestas Auge. Malatesta, der wie ein Kaiser auf einer Münze im Profil dargestellt ist, kniet vor einer Wand zwischen zwei korinthischen Säulen, bei deren Darstellung der Maler darauf achtete, die Regeln des Vokabulars, der Grammatik und der Syntax der klassischen Architektur genau zu befolgen.

Vor Malatesta sitzt ein Heiliger Sigismund auf seinem Thron, und dieser Heilige hat eine keineswegs zufällige Ähnlichkeit mit dem Kaiser Sigismund, der den jugendlichen Malatesta zum Herrn von Rimini gemacht hatte. Tatsächlich war St. Sigismund ein passender Schutzheiliger für den deutschen Kaiser und auch für Malatesta selbst. Bevor Sigismund ein heiliger Mann wurde, war er ein barbarischer Fürst gewesen, der in einem seiner furchtbaren Tobsuchtsanfälle den Befehl gab, den eigenen Sohn zu erdrosseln. Später zog er sich auf der Suche nach Vergebung in eine Einsiedelei im Wald zurück, aber unter den Barbaren war Vergebung nicht leichter zu finden als unter den italienischen Condottieri, und Sigismund wurde in einem Brunnen ertränkt.

Die Kernaussage des Freskos findet man in den Emblemen im Hintergrund, die so platziert sind, als handele es sich um die Bildseite einer Medaille. Ein Medaillon zeigt das Castel Sigismondo, das die Sicherheit des Condottiere gewährleistet. Unter dem Medaillon liegen zwei anscheinend friedliche Hunde auf dem Boden. Einer von ihnen, ein vollkommen weißes Tier, sieht den Heiligen (den Kaiser) an und stellt die Treue dar, die jeder Hund seinem Herrn entgegenbringen sollte. Der andere Hund ist schwarz und wendet sich ab: Er stellt die Wachsamkeit dar, das notwendige Misstrauen eines Fürsten, der seine Macht erhalten will. Piero della Francesca malte keinen einfachen Bittsteller, der sich an seinen himmlischen Schutzherrn wendet, sondern einen Fürsten, welcher der Mittelpunkt der Welt ist, loyal, aber misstrauisch, stark und barbarisch. Als er das fertige Bild sah, wusste Malatesta, dass er immer ein abtrünniger Condottiere sein würde, und entschloss sich, die einfache Kirche des Heiligen Franziskus in einen Tempel zu verwandeln, der wie jene der alten Cäsaren seinen Ruhm verewigen würde.

Zur selben Zeit, als die Kapelle des Heiligen Sigismund errichtet wurde, entstanden unter der Leitung Matteo de' Pastis und des Bildhauers Agostino di Duccio noch weitere Kapellen. Bei oberflächlicher Betrachtung waren diese Anbauten mit ihren Spitzbögen und schmalen Lanzettfenstern einfach Erweiterungen der Architektur der ursprünglichen Kirche. Doch wenn man sich die Details ansah, stellte man fest, dass sie nichts mit den engelhaften Harmonien einer gotischen Kapelle zu tun hatten, denn in diesen Bauwerken wurde die von Piero della Francesca gemalte klassische Architektur in Marmor auf die Struktur des Gebäudes übertragen. Sämtliche Bögen ruhten auf einem Paar korinthischer Säulen und wurden von Stuck umrissen, der nach Art eines römischen Triumphbogens gestaltet und mit lateinischen Inschriften versehen war, die Sigismondo Malatesta priesen.

Vordergründig waren diese neuen Kapellen verschiedenen Heiligen geweiht, aber ihr Schmuck verkündete eine Botschaft, die alles andere als christlich war. Die Ausschmückung war eine Enzyklopädie der heidnischen Weisheit. Ausgerechnet die Sakristei – der Ort, an dem die liturgischen Gegenstände für die Messe aufbewahrt werden – wurde von Pieros subversivem Fresko der beiden Sigismunde beherrscht. Die Kapelle, die dem Altar am nächsten war, war den Musen gewidmet – Musen mit wallendem Haar, durchscheinenden Gewändern und empörend entblößten Körpern. Auf der anderen Seite des Altars befanden sich Darstellungen der Planeten, die nach den Göttern der Antike benannt waren: Merkur, Venus, Mars, Jupiter und Saturn, entsprechend den Stationen der Sterblichen auf der Reise zur platonischen Weisheit. Die Gebeine von Malatestas Vorfahren wurden in einer »Arca degli Antenati«, einem Grabmal der Ahnen, aufbewahrt, und ihre Kapelle wurde von den Propheten und Weissagerinnen aus alter Zeit bewacht, die das Kommen Christi so sicher vorausgesagt hatten wie Malatestas Vorfahren dessen Herrschaft. Das Altarbild des Malatesta da Verucchio, des zu Christi Füßen knienden Gründers der Dynastie, wurde entfernt, damit sein Ruhm nicht den seines Nachkommen überschatten konnte.

Eine weitere Kapelle nahm die Grabstätte Isottas auf. Malatesta beauftragte de' Pasti und di Duccio, für sie ein noch großartigeres Grabmal zu entwerfen als für ihn selbst. Der ein Stück über dem Boden aus der Wand ragende Sarkophag wird von zwei Elefanten getragen, eingehüllt vom bestickten Mantel eines Ritters. Über dem Sarg hängt ein Helm. Das Grab wird vom Wappen der Malatestas geziert, und zwei Engel halten eine Bronzeplatte empor, in die der Name der Mätresse des Condottiere eingraviert ist. Die Kapelle (ja sogar die ganze Kirche) ist mit den ineinander verwobenen Monogrammen S und I übersät – manche glauben, gemeint sei die skandalöse Liebschaft des Tyrannen, während seine legitime Frau irgendwo an einem dunklen Ort in der Kirche liege.

Im Lauf der Arbeiten wurde das Innere des alten gotischen Gotteshauses in klassischen Schmuck gekleidet. Korinthische Säulen, prachtvolle Friese und Balustraden überfluteten die Kirche mit antiken Fragmenten. Akanthus und Lorbeer breiteten ihr Blattwerk über die Wände aus, und die alten Kapellen und Schreine der Heiligen wurden von exotischen Elefanten, auf Delphinen reitenden Putten und verehrten Kurtisanen erobert.

Der Höhepunkt dieses maßlosen, selbstgefälligen und heidnischen architektonischen Rausches war Sigismondos Grab. Es war überladen mit Wappen und Bannern, die seinen unzüchtigen Wahlspruch trugen: »Ich trage das Horn, das alle sehen mögen, so groß, dass ihr es nicht glauben könnt.«[55] (Es heißt, dass Malatestas Totenschädel bei der Exhumierung seines Leichnams im 18. Jahrhundert tatsächlich von einem teuflischen Horn entstellt gewesen sei.) Um die Blasphemie zu vervollständigen, setzte Malatesta eine Inschrift über das Tor seines Tempels, die so hochtrabend war wie die eines göttlichen römischen Kaisers:

»Sigismondo Pandolfo Malatesta – der zahlreichen und größten Gefahren im italischen Kriege entging – der Siege heimbrachte – der die Unternehmungen mit Tapferkeit und Glück vollendete und dafür diesen Tempel dem unsterblichen Herrgott und der Stadt widmete – hochherzigen Sinnes und unter großen Kosten baute er ihn [den Tempel] und hinterließ ein edles und heiliges Monument.«[56]

*

Es ist nicht dokumentiert, ob Sigismondo Malatesta am Prozess gegen seine Seele teilnahm, aber wenn er es tat, dürfte einem der Sekretäre der päpstlichen Kurie nicht wohl in seiner Haut gewesen sein. Leon Battista Alberti war wie Sigismondo Malatesta ein Bastard, der aus einer Familie von Bastarden stammte. Er war der illegitime Sohn eines Hauses, das aus Florenz verbannt worden war und auf dessen Mitglieder ein Kopfgeld ausgesetzt war. Sein Vater starb, als Alberti noch sehr jung war, und seine Familie erkannte seinen Erbanspruch nicht an, so dass er gezwungen war, sich allein in der Welt zu behaupten. Er wählte ein Gelehrtenleben, studierte kanonisches Recht in Bologna und wurde im Jahr 1428 zum Priester geweiht. Alberti zeichnete sich auf verschiedensten Gebieten aus. In seiner autobiographischen *Vita Anonyma* beschrieb er sich als einen Mann von ungewöhnlicher Körperkraft, der eine Münze bis zum hohen Dach des Gewölbes der Kathedrale hinaufwerfen und beidbeinig über den Kopf eines Mannes springen könne.

Alberti las und schrieb nach Art der Humanisten und studierte die antike Literatur, um die großen Denker besser zu verstehen und Werke nach ihrem Vorbild verfassen zu können. Im Jahr 1424 schrieb er *Philodoxeus*, eine allegorische Liebeskomödie – und zwar in einem derart vollkommenen Latein, dass er ein Jahrzehnt später einen Kommentar ergänzen musste, in dem er erklärte, dass dieses Stück *nicht* aus dem alten Rom stamme. Er verfasste eine Grammatik der toskanischen Sprache und Abhandlungen über die Familie, Gedanken über *De commodis litterarum atque incommodis* (»Über die Nutzen und die Nachteile der Dichtkunst«) und Schmähschriften gegen die Priesterschaft – und das alles im kristallklaren Latein Ciceros und Cäsars. Und er schrieb *Intercoenales*, *Theogenius* und *Momus*, dunkle, phantastische Fabeln nach Art des Lukian.

Anhand solcher Fabeln erläuterte Alberti den Zweck seiner Studien, sofern »erläutern« das geeignete Wort ist. Er erzählte Geschichten wie die in *Intercoenales*. Er hatte einen Traum gehabt, erzählte er. Darin hatte er auf einem Berg gestanden, zu dessen Füßen der Fluss des Lebens rauschte. Überall im Wasser trieben Menschen: Manche klammerten sich an mit Luft gefüllte Tierblasen, um sich über Wasser zu halten, andere drängten sich auf sinkenden Booten, und wieder andere versuchten, sich allein und ohne Hilfe in den Fluten zu behaupten. Die meisten von ihnen hielten sich an Brettern fest, die teilweise einzeln in der Strömung trieben und zum Teil behelfsmäßig zu Flößen zusammengebunden waren.

Alberti sah zahlreiche Wesen, die über dem Wasser und den Menschen durch die Luft schwebten, und fragte sich, wer sie wohl sein mochten. Da tauchte an seiner Seite ein Schatten auf und sagte:

> »Erweise denen höchste Ehre, die sich von der Menge abheben […]. Mit Recht gelten sie als göttlich, nicht nur aufgrund ihrer göttlichen Eigenschaft, sondern auch weil sie als Erste die Flöße bauten, die du auf dem Fluss treiben siehst. Diese Bretter, in die sie die Namen der freien Künste geritzt haben, sind eine große Hilfe für jene, die im Fluss schwimmen.«[57]

Und dann deutete der Schatten auf eine weitere Gruppe von Wesen, die den Göttern untergeordnet waren, jedoch über den verzweifelten Schiffbrüchigen im Wasser standen:

»Diese anderen sind ebenfalls den Göttern ähnlich, aber sie erheben sich nicht vollkommen aus dem Wasser, da ihre geflügelten Sandalen Makel aufweisen: Sie sind Halbgötter und verdienen Ehrerbietung und Verehrung. [...] Ihr Verdienst ist es, die Flöße vergrößert zu haben, indem sie Treibgut hinzufügten. Zudem vollbringen sie die bewundernswerte Leistung, die Bretter an den Riffen und Stränden zu bergen, um neue Flöße daraus zu bauen und denen zu geben, die in der Mitte des Stroms treiben. Sterblicher, erweise ihnen Ehre. Danke ihnen für die große Hilfe, die sie denen leisten, die sich im wilden Strom des Lebens über Wasser zu halten versuchen.«

»Das ist, was ich in meinem Traum sah und hörte«, berichtete Alberti, »und auf wunderbare Weise schien ich Aufnahme unter die geflügelten Götter gefunden zu haben.« In seinen Träumen war er göttlich; er setzte die Flöße nicht nur zusammen, sondern erfand sie, um jenen zu helfen, die sich durch den Fluss des Lebens kämpften. Dieser Mann strebte hohe Ziele an.

Alberti trat im Jahr 1432 als *Abbreviator* in die päpstliche Kurie ein, wo er seine Lateinkenntnisse nutzen konnte, um endlose Verkündigungen zu entwerfen, endlose Sitzungen zu protokollieren und endlose Briefe des päpstlichen Hofes zu verfassen. Im Gefolge des Papstes kehrte Alberti auch erstmals nach Florenz zurück, in die Stadt, aus der seine Familie verbannt worden war. Und in Florenz begegnete er erstmals einer Renaissance, die nicht auf Buchstaben beschränkt, sondern auch in Stein gemeißelt worden war. Im Dom hatte Alberti Zeit, die gewaltige Kuppel Filippo Brunelleschis zu bewundern, deren Vollendung zu feiern der päpstliche Hof gekommen war. So riesig war diese Kuppel, dass das gesamte Pantheon von Rom darunter Platz gefunden hätte. Tatsächlich hatte Brunelleschi eine Weile in der Ewigen Stadt verbracht, wo er die Ruinen der römischen Bauwerke studiert, vermessen und zerlegt hatte, um ihre Architektur zu verstehen und die Konstruktion seines eigenen Meisterwerks zu planen. Die römischen Bauwerke galten allgemein als Werke von Giganten oder Teufeln oder aber als göttliche Wunder. Doch Brunelleschi hatte nur Verachtung für diese Altweibergeschichten übrig und machte sich daran, die Bauten selbst auszumessen. Nach Florenz zurückgekehrt, setzte er das Gelernte ein, um die Bauwerke zu übertreffen, die er studiert hatte.

Alberti war derart beeindruckt von den Neuerungen, die Brunelleschi und die übrigen Gestalter der florentinischen Architektur eingeführt hatten, dass er in mehreren lateinischen Abhandlungen Loblieder auf diese Meister sang. Die Schriften *De Pictura* und *De Statua* gaben der Malerei und der Bildhauerei literarischen Ausdruck und machten sie zum Gegenstand der intellektuellen Spekulation. In den vierziger Jahren des 15. Jahrhunderts nahm Alberti die langwierige Aufgabe in Angriff, auch die Architektur literarisch zu erfassen. Sein Werk *De Re Aedificatoria* war der einzigen aus der Antike überlieferten Abhandlung über die Baukunst nachempfunden, *De Architectura* von Vitruv. Wie dessen Arbeit war auch Albertis *De Re Aedificatoria* in zehn Bücher unterteilt, die sich mit öffentlichen und privaten Gebäuden, mit der Ingenieurskunst und den klassischen Säulenordnungen befassten und zahlreiche Anleihen bei den Schriften anderer Koryphäen nahmen. Vitruv selbst jedoch war in Albertis Augen eine zweifelhafte Quelle:

> »Das, was er uns hinterlassen hat, ist jedenfalls nicht klar, und angesichts seiner Schreibweise konnten die Römer denken, er wolle wie ein Grieche wirken, während die Griechen glauben konnten, er plappere in Latein. Sein Text jedoch beweist, dass er weder griechisch noch lateinisch schrieb, so dass er eigentlich auch auf das Schreiben hätte verzichten können, anstatt etwas zu schreiben, das wir nicht verstehen können.«[58]

Alberti versuchte die Kernaussagen des Vitruv in einem reinen, nicht durch das Griechische verfälschten Latein herauszuarbeiten. So ist der Titel seines Werks *De Re Aedificatoria* eine Latinisierung von *De Architectura*, eine Bezeichnung griechischen Ursprungs. »Und täusche ich mich nicht, so habe ich, was ich schrieb, so geschrieben, dass man nicht leugnen kann, es sei lateinisch und man könne es verstehen«, stellte Alberti fest.[59] Aber er hatte es nicht nur mit einem verfälschten Text, sondern auch mit einer verfälschten Architektur zu tun:

> »Es blieben also als Tatzeugen für die Vergangenheit die Tempel und Theater, von denen man wie von den besten Lehrmeistern vieles lernen konnte: und diese sah ich in unseren Tagen nicht ohne Tränen zerstören. Und die heute etwas bauen, denen gefallen die neuen, wahnwitzigen Albernheiten viel besser, als das treffliche Ebenmaß dieser herrlichen Bauten. Deshalb wird niemand leugnen, dass in kurzer Zeit sozusagen dieser Teil des Lebens und der Erkenntnis gänzlich untergegangen sein wird.«[60]

Alberti wusste genau, welche dringende Aufgabe er zu erfüllen hatte. »Ich empfand es als Pflicht jedes edlen Menschen und jeder gelehrten Person, eine Disziplin, der unsere besonnenen Vorfahren so großen Wert beimaßen, vor der Auslöschung zu bewahren.«

*De Re Aedificatoria* war ein Versuch, das architektonische Wissen der Antike zu erhalten und zu neuem Leben zu erwecken, und Alberti reinigte die von ihm beschriebene architektonische Welt gründlich von jenen »neuen, wahnwitzigen Albernheiten«, die ihm zufolge nicht nur die Arbeit seiner Zeitgenossen, sondern das gesamte architektonische Erbe des Mittelalters beherrschten. Alberti beschrieb Städte, in denen sich großartige Foren, Säulengänge und Theater drängten – Bauwerke, die zu seiner Zeit den Dieben als baufällige Verstecke dienten, sofern sie überhaupt noch standen. Er beschrieb Kirchen als Tempel, in denen nicht der eine Gott der Christen, sondern viele Götter wohnten, und er schrieb über die Weisheit des Plinius und des Herodot, als würden sie tatsächlich in seiner Zeit wirken, anstatt einer fernen und zerstörten Vergangenheit anzugehören.

*De Re Aedificatoria* war das Werk eines Theoretikers, doch als Alberti kurz davor stand, das Buch abzuschließen, erhielt er Gelegenheit, seine Theorien in die Praxis umzusetzen. Es ist nicht überliefert, wie und wo genau der humanistische Gelehrte auf Sigismondo Malatesta traf, aber eine der ersten Früchte der neuen Verbindung war eine Medaille Matteo de' Pastis, die aus dem Jahr 1450 stammte, also aus einer Zeit, als die Kapelle des Heiligen Sigismund bereits im Bau war. Die eine Seite der Medaille zeigt wie gehabt das Profil Sigismondo Malatestas, aber auf der anderen ist ein Gebäude zu sehen, das als »der herrliche Tempel von Rimini« bezeichnet wurde. Die Medaille ist klein, aber es ist klar zu erkennen, dass dieser »herrliche Tempel« nicht zu den über die Stadt verstreuten antiken Überresten gehörte, sondern ein neues, von einer riesigen Kuppel beherrschtes Bauwerk war.

Der »herrliche Tempel von Rimini« war natürlich die Kirche des Heiligen Franziskus, deren Innenraum gerade von dem Medailleur und seinen Mitarbeitern verschönert wurde. Aber während Matteo de' Pastis Ausgestaltung des Innenraums eine unbeholfene klassische Collage darstellte, die ebenso missraten war wie eine mittelalterliche Abschrift von Vitruv, wurde die Gestalt, die Alberti dem Äußeren der Kirche gab, zum reinsten Ausdruck der klassischen Weisheit, den sich der Autor von *De Re Aedificatoria* vorstellen konnte. Albertis Fassade hüllte die alte Ziegelkirche in ein Gewand aus weißem istrischem Stein. Der ursprüngliche Torbogen blieb erhalten, aber der Gelehrte verwandelte ihn in einen Sigismondo Malatesta gewidmeten Triumphbogen. Alberti wusste alles über den antiken Zusammenhang zwischen Bögen und militärischem Ruhm:

»Doch was Forum und Dreiweg in noch höherem Maße ziert, sind die Bogen, welche bei der Mündung der Straße aufgestellt werden. Ein solcher Bogen ist nämlich wie ein immer offenstehendes Tor. [...] Weil dies Bauwerk an hervorragender Stelle stand, deshalb bewahrte man hier die errungene Kriegsbeute und die Siegeszeichen.«[61]

Der Triumphbogen, den Alberti für Malatesta entwarf, wurde von zwei Säulen eingerahmt, deren Größe und Details direkt von denen des mittlerweile zerstörten Stadttors kopiert waren, das Kaiser Augustus einst über der alten Via Flaminia errichtet hatte, die Rimini mit Rom verband. Zu beiden Seiten des Bogens befanden sich Nischen, die Alberti nach Meinung mancher Experten für die Sarkophage Malatestas und Isottas vorgesehen hatte. Das alte Lichtgadenfenster darüber wurde ebenfalls von Säulen eingerahmt und mit einem Baldachin von der Art gekrönt, die den Reliquien heiligen Schatten spenden.

Auch die Seitenmauern der Kirche übersetzte Alberti aus der naiven provinziellen Gotik in Fassaden von strenger klassischer Ernsthaftigkeit. Jede Seite erhielt sieben Rundbögen, welche die Gebeine der am Hof Malatestas wirkenden Humanisten beherbergen sollten. Für den Osttrakt der Kirche entwarf Alberti eine gewaltige Kuppel, die nicht wie Brunelleschis Werk in Florenz spitz zulaufen, sondern wie jene des Pantheon in Rom abgerundet sein sollte. Das ganze Gebäude wurde auf einen hohen Sockel gestellt, wie ein römischer Tempel über dem Forum.

Das von Alberti gestaltete Äußere des »herrlichen Tempels von Rimini« war anders als der Innenraum nicht nur in seinen Bestandteilen, sondern auch in seiner Gesamtheit klassisch. Jedes einzelne Element stand im richtigen Verhältnis zu allen anderen Elementen, so dass, wie es die mathematischen Gesetze der Griechen verlangten, vollkommene Harmonie zwischen ihnen herrschte. Alberti gab Pythagoras recht: »Es ist vollkommen sicher, dass sich die Natur in allem immer gleich bleibt. [...] Die

Zahlen aber, welche bewirken, dass jenes Ebenmaß der Stimmen erreicht wird, das den Ohren so angenehm ist, sind dieselben, welche es zustande bringen, dass unsere Augen und unser Inneres mit wunderbarem Wohlgefühle erfüllt werden.«[62]

Da jeder Bestandteil des »herrlichen Tempels von Rimini« mit allen anderen Bestandteilen harmonierte, war er schön, und da er schön war, war er vollkommen. Alberti verkündete, dass »die Schönheit eine bestimmte gesetzmäßige Übereinstimmung aller Teile, was immer für einer Sache, sei, die darin besteht, dass man weder etwas hinzufügen noch hinwegnehmen oder verändern könnte, ohne sie weniger gefällig zu machen«.[63] Und wenn der Tempel von Rimini vollkommen war, so musste sein Schöpfer eigentlich zu den geflügelten Göttern gezählt werden.

Während Alberti sein Bauwerk in Rimini entwarf, gestaltete Matteo de' Pasti extra für Alberti eine weitere Medaille. Die eine Seite dieser Medaille zeigte das stolze Profil des humanistischen Gelehrten, und auf der anderen Seite trug sie ein Emblem mit gnomischer Inschrift: das kreativ blitzende Auge des Wissens, das von göttlichen Schwingen emporgetragen wurde, und darüber prangten die Worte »Quid tum«, was mit »Was nun?« übersetzt werden könnte.

*

Alberti war immer noch Sekretär am päpstlichen Hof. Nach der Fertigstellung eines großen hölzernen Modells seines Entwurfs für den Tempel wurde er nach Rom zurückgerufen. Daher vertraute er die Ummantelung des »herrlichen Tempels von Rimini« Matteo de' Pasti an. Die Briefe, welche die beiden Männer Ende des Jahres 1554 wechselten, zeigen deutlich, was geschieht, wenn die Theorie in die Praxis übersetzt wird. Offenkundig verstanden de' Pasti und seine provinziellen Handwerker die klassische Sprache von Albertis Entwurf nicht und äußerten unüberlegte Zweifel an den pythagoreischen Proportionen des Tempels. Alberti wischte die Kritik vom Tisch:

> »Grüße. Eure Briefe waren in vieler Hinsicht willkommen, vor allem, da mein Herr getan hat, was ich wollte, indem er die besten Ratschläge aller Männer angenommen hat. Aber wenn Ihr mir sagt, Manetto behaupte, die Kuppel müsste zwei Durchmesser hoch sein, ziehe ich vor, nicht ihm, sondern denen zu glauben, welche die Bäder, das Pantheon und all die anderen großartigen Bauwerke errichteten, und der Vernunft vertraue ich mehr als jedem Menschen. Und wenn er auf die Meinungen der Leute vertraut, wäre ich nicht überrascht, wenn er oft im Irrtum wäre.«[64]

Zu den ästhetischen gesellten sich praktische Probleme. Die Verwirklichung von Albertis vollkommenem Entwurf stieß auf physikalische Hindernisse. Es traten Schwierigkeiten auf, weil Alberti kein neues Bauwerk errichtete, sondern ein altes veränderte – ein Bauwerk, das in seinen Augen zweifellos ein Beispiel für »neue, wahnwitzige Albernheiten« war. So schrieb er an de' Pasti:

> »Was den Stützpfeiler in meinem Modell anbelangt, so bedenkt bitte, was ich Euch gesagt habe: dass die Fassade eine unabhängige Struktur sein sollte, da ich die Weite und Höhe der Kapellen [des bestehenden Gebäudes] unangemessen finde. [...] Wenn Ihr sie [die neuen Pfeiler in Albertis Entwurf] verändert, wird die ganze Musik dissonant. Und lasst uns darüber nachdenken, wie wir die Kirche mit etwas Leichtem umhüllen können. Die Pfeiler werden keine schwere Last tragen können. Und daher schien uns ein hölzernes Tonnengewölbe nützlicher.«[65]

Alberti hatte sich entschlossen, seine neue Fassade vollkommen von dem alten Gebäude zu trennen, und das aus zweierlei Gründen: Erstens schien ihm die alte Kirche derart unelegant, dass sie sein neues Bauwerk nicht einmal berühren sollte. Zweitens glaubte er, dass die Struktur der Kirche durch die Erweiterung – durch die neuen Kapellen der Musen, der Planeten, des Heiligen Sigismunds und Isottas – erheblich geschwächt worden sei; daher schlug er vor, die Decke des Kirchenschiffs nicht aus Mauerwerk, sondern aus Holz zu bauen. Das Ergebnis war, dass es kaum eine Beziehung zwischen Albertis neuer Fassade und der dahinter versteckten gotischen Kirche gab. Ziegelmauern, mittelalterliche Strebepfeiler und Spitzbogenfenster lugten zwischen seinen klassisch geschwungenen Bögen hervor. Das Alte und das Neue gehorchten ganz unterschiedlichen Rhythmen.

Dazu kommt, dass die Kirche des Heiligen Franziskus einige bis dahin unbemerkte Charakteristika aufwies, die sich der Verwirklichung von Albertis Entwurf widersetzten, so als wollte die Kirche selbst sein großartiges Projekt behindern. Aus der Westfront ragten Strebepfeiler hervor, die den zwei für die sterblichen Überreste Malatestas und Isottas vorgesehenen Nischen im Weg standen. Der ursprünglich rechteckige Entwurf für diese Nischen hätte diese alten Pfeiler freigelegt, weshalb Alberti de' Pasti riet, die Nischen rund zu bauen, um die Pfeiler zu verbergen. Aber de' Pasti musste bald feststellen, dass diese Lösung neue Schwierigkeiten heraufbeschwor: Die Sarkophage würden nicht in runde Nischen passen und aus dem Gebäude hervorragen. Schließlich entschied man, vollkommen auf die Nischen an der Westfassade zu verzichten und die Gräber Malatestas und Isottas ins Innere der Kirche zu verlegen. So kommt es, dass der hochmütige Condottiere nun in einem dunklen Winkel rechts neben dem Haupteingang liegt.

Das gesamte Projekt litt unter Albertis Abwesenheit. Aus Furcht, Malatestas Vertrauen zu verlieren, schrieb er:

»Es möge jemand hierher [nach Rom] kommen, und ich werde mein Bestes tun, um meinen Herrn zufriedenzustellen. Was Euch anbelangt, so bitte ich Euch,

> [all das] zu bedenken, viele Meinungen einzuholen und sie an mich weiterzuleiten. Vielleicht sagt jemand etwas Nützliches. Empfehlt mich unserem Herrn, wenn Ihr ihn seht, oder schreibt ihm, denn ich möchte ihm meine Dankbarkeit bezeugen. Empfehlt mich dem großartigen Roberto und dem Protonotar und allen, von denen Ihr glaubt, dass sie mich lieben.«[66]

All diese Schwierigkeiten gehörten im 15. Jahrhundert genauso wie heute zur Architektur, aber beim Bau des »herrlichen Tempels« traten Probleme auf, die über Albertis Entwurf hinausgingen: Malatesta hatte nicht genug Geld, um das Projekt abzuschließen. Also versuchte de' Pasti, am Verkleidungsstein zu sparen, doch das Baumaterial genügte trotzdem nicht. Anstatt Kalkstein aus Istrien oder Marmor aus Carrara kommen zu lassen, begann Malatesta, sich den benötigten Stein aus dem römischen Hafen von Rimini zu beschaffen, der nicht nur eine ehrwürdige Ruine, sondern auch das wirtschaftliche Herz der Stadt war. Und »wenn hier und dort an den Häusern von Rimini kostbare ornamentale Steine oder Tafeln entdeckt wurden, litt die alte Stadt beträchtlichen Schaden«.[67] Malatesta überredete den Abt von San Apollinare in Classe (Ravenna), ihm Teile seiner Kirche zu verkaufen, die einst von Justinian, dem Erbauer der Hagia Sophia, errichtet worden war. Der Abt schickte ihm Wagen voller Porphyr und Serpentinitgestein, das heute den Bogen des Westtors von Malatestas Tempel ziert. Die Bevölkerung Ravennas war derart empört, dass die Stadt sämtliche Verträge mit dem Condottiere kündigte und sich an Venedig wandte, damit es ihre Ehre verteidige.

Die Halbgötter aus Albertis Traum hatten aus dem Treibgut, das sie aus dem Fluss des Lebens fischten, Flöße des Wissens gebaut, und nun wurde der »herrliche Tempel von Rimini« aus den Überresten uralter Gebäude zusammengesetzt. Der große Humanist hatte nicht geahnt, dass die Schöpfung seines klassischen

Meisterwerks eine derart zerstörerische Wirkung auf die Hinterlassenschaft der Antike haben würde, die er doch eigentlich bewahren wollte.

*

Malatesta geriet langsam in eine ausweglose Lage, und die Zahl seiner Feinde wuchs von Tag zu Tag. Im Jahr 1458 schmiedete der neue Papst Pius II. ein Bündnis gegen ihn. Eine Streitmacht der Verbündeten fiel im Hinterland von Rimini ein, überrannte 57 Ortschaften und massakrierte alle Bewohner, die sich nicht ergeben wollten. Im Jahr darauf versetzte Malatesta seine Juwelen, um Truppen auszuheben, brach eine Rebellion vom Zaun und rächte sich mit der Belagerung mehrerer papsttreuer Orte. Roberto Valturio, einer der Humanisten, die in seinen Diensten standen, verglich ihn herausfordernd mit dem »göttlichen Vespasian, der den Tempel der Concordia und des Friedens baute und vollendete«,[68] aber im Jahr 1461 war Malatestas Herrschaftsgebiet auf die Stadt Rimini zusammengeschrumpft. Zu jener Zeit eröffnete der Papst in Rom den Prozess gegen ihn.

Das Urteil stand von vornherein fest. Die Kurie setzte Malatesta als Fürsten ab, exkommunizierte ihn und verurteilte ihn zur Hölle. Er wurde in ungezählten italienischen Städten vor den Kirchentoren *in effigie* verbrannt. Die Venezianer, die der Meinung waren, Malatesta könne nützlich für sie sein, handelten schließlich eine Begnadigung für den Verurteilten aus. Er musste drei Tage lang fasten und anschließend im Forum von Rimini den Kniefall vor einem päpstlichen Legaten machen und um Verzeihung bitten.

Seinen letzten Feldzug führte Malatesta fern von seinem kurzlebigen Fürstentum. Drei Jahre nach seiner Verurteilung und Begnadigung schickten ihn die Venezianer nach Griechenland, wo er gegen die Türken kämpfen sollte. In den Hügeln oberhalb der antiken Stadt Sparta fand er jemanden wieder, den er für immer verloren geglaubt hatte: Georgios Gemistos Plethon, den griechischen Gelehrten, dessen Heidentum ihn in seiner Jugend inspiriert hatte. Plethon war tot. Malatesta ließ seine Männer die Gebeine des Philosophen einsammeln und schickte sie nach Rimini, wo sie in einem der Seitengewölbe des »herrlichen Tempels« bestattet wurden, die Alberti für die Überreste berühmter Männer vorgesehen hatte.

Der Tempel blieb unvollendet. Die Kuppel existiert nur als Zeichnung. Die hohe Rundbogennische über dem Westportal, die Malatesta möglicherweise für sein eigenes Monument vorgesehen hatte, wurde nie fertiggestellt. Die Ziegelfassade der alten Kirche San Francesco ragt immer noch aus der unvollendeten Renaissance-Fassade hervor, die durch das Grabmal hätte geschlossen werden sollen. Die Hälfte der Sarkophage an den Seitenmauern ist leer geblieben, da es Malatesta nicht gelang, genug berühmte Männer um sich zu versammeln, um die Gräber zu füllen. Die Bögen, die diese Sarkophage einrahmen, ragen aus der Mauer und fördern die Ziegel des mittelalterlichen Bauwerks zutage, die sie eigentlich verbergen sollten.

Malatesta starb im Jahr 1468 in Griechenland an der Malaria. Sieben Jahre später feierte Roberto, ein illegitimer Sohn, der Sigismondos Erbe angetreten hatte, seine Hochzeit. Auf der Festtafel stand ein riesiger, mit einer Zuckerglasur überzogener Kuchen in der Form jenes »herrlichen Tempels von Rimini«, den sich Robertos Vater und sein Architekt Alberti vorgestellt hatten. Der Tempel überlebte das Fest nicht.

*

Leon Battista Alberti, der in den Schoß der Kurie zurückgekehrt und vom Untergang seines Schutzherrn Malatesta nicht betroffen war, wandte sich rasch anderen Projekten in Florenz, Mantua und Rom zu. Aber keines seiner Bauwerke wurde je abgeschlossen. Sie blieben Ruinen wie die Überreste der Antike, die Alberti nachzuahmen versuchte.

Alberti hatte gehofft, seine Bauten würden von vollkommener Schönheit sein. Als er in seinem Traum auf dem Berggipfel stand und die Götter über den Fluss des Lebens schweben sah, träumte er, einer von ihnen zu sein. Für diese Blasphemie wurde er bestraft. Der »herrliche Tempel von Rimini«, sein Manifest der klassischen Vollkommenheit, ist nicht mehr als ein unvollständiger Satz, eine nicht folgerichtige Aussage, ein Gestotter.

# Sanssouci in Potsdam

## Worin nichts geschieht

Prospect des Bassins, und der Ruinen, welche auf einem Berge, Sans-Soucy gegen über, befindlich.

Klassische Ruinen.

*Ansicht des Beckens und der Ruinen auf dem Hügel gegenüber Schloss Sanssouci.*

# Simulation

*Im Jahr 1833 entstand eine neue griechische Nation, die vor einer wichtigen Aufgabe stand: Sie musste ihre Geschichte erfinden. Die Griechen beschafften sich einen König und diskutierten über die Möglichkeit, den Parthenon zu seiner Residenz zu machen. Karl Friedrich Schinkel entwarf für diesen Palast eine Collage klassischer Bauten, die sich um ihren Prototyp – den Parthenon – sammeln sollten. Der Tempel selbst sollte eine Ruine bleiben, ein Memento mori, das der jungen Nation die Vergänglichkeit aller Zivilisationen vor Augen halten sollte. Schinkels Entwurf simulierte ein Griechenland, das es nie gegeben hatte. Sein Palast war, wie* Der Traum des Architekten, *eine Geschichtsstunde, die Schinkel einer Nation anbieten wollte, die keine eigene Geschichte besaß.*

*Der Tempio Malatestiano war ein Schlachtfeld, auf dem ein Kampf zwischen Vergangenheit und Gegenwart, zwischen dem Vertrauten und dem Andersartigen ausgetragen wurde. Für Alberti stand außer Frage, auf welcher Seite er stehen musste und welche Seite gewinnen würde. Aber die Geschichte rollte über ihn hinweg, und das, was von seinem Tempel übriggeblieben ist, ist nicht vollkommener als all die anderen jungfräulichen Heiligtümer und Tempel der Weisheit, deren Wracks über die Geschichte der Baukunst verstreut sind. Jede Architektur, die Vollkommenheit anstrebt, wird schließlich dem anheimfallen, was ihre Schöpfer als beklagenswerten Verfall und Ruin bezeichnen.*

*Eine Ausnahme ist die Gartenarchitektur. Im Schoß der* Natura naturans, *der schöpferischen Natur, ist es stets erlaubt gewesen, sich am Lauf der Zeit zu erbauen, anstatt sich ihm entgegenzustemmen. Dies galt insbesondere in der Aufklärung, als Edward Gibbon* Verfall und Untergang des Römischen Reiches *schrieb, während er die Ruinen des Fo-*

*rum Romanum betrachtete und den Franziskanermönchen lauschte, die am Tempel des Jupiter Optiumus Maximus das Abendgebet sangen. Seine Leser, gebildete Menschen mit Geschmack, vertrieben sich die Zeit in den langweiligen Sommern mit der Errichtung ausgefallener Gartenanlagen, und die launenhaften Belvederes und Ruinen stellten eben jene Veränderlichkeit zur Schau, gegen die sich die Baukunst traditionell aufgelehnt hatte. Wie* Der Traum des Architekten *waren diese Gärten Felder der Spekulation, Miniatursimulationen der historischen Prozesse, die von einem Gipfel aus betrachtet werden sollten, mit unbeschwerter Distanz, sorglos.*

Vor langer Zeit, als die Welt ohne Sorgen war, lag in einem Wald ein See. Hohe Pappeln säumten dieses stille und dunkle Gewässer, und an seinem Ufer hatten die Menschen ein Heiligtum für die Nymphe errichtet, die dort lebte. Dieser Schrein ist immer noch da, eine kleine Nische in einer Mauer am Wasser.

Eines Tages stieß ein Prinz bei einer Wanderung auf diesen See und dieses Nymphäum und entschloss sich, dort einen Garten anzulegen. Und in dem Garten errichtete er zwei Denkmäler: eines für seinen Vater, den König, und eines für seine Mutter, die Königin. Im Lauf der Zeit fügten die Griechen diesen Gartenbauten einen Tempel hinzu, und irgendwann wurde das Heiligtum mit einem dorischen Säulengang umsäumt.

Im Lauf der Zeit muss das Heiligtum an Bedeutung gewonnen haben, denn die Römer errichteten dort eine Bäderanlage, damit sich die Pilger, die diesen Ort besuchten, erfrischen konnten. Im Atrium thronten Apoll und Bacchus über einem Bad aus russischem Jaspis. Im nächsten Raum fielen Licht und Regen in ein von vier dorischen Säulen eingerahmtes Auffangbecken, ein *Impluvium*, und im dritten lag auf bronzenen Konsolen, die in die Form von Drachen gegossen waren, alles bereit, was man für das Bad benötigte. Die goldenen Tore des *Caldariums*, des Dampfbads, öffneten sich in die feuchte Dunkelheit, und der Pilger stieg zwischen anmutigen Karyatiden aus weißem Marmor in den warmen Dampf hinab.

Die Römer müssen es auch gewesen sein, die den Torbogen hinzufügten, vielleicht in der turbulenten Zeit ihres Niedergangs, denn es war ein grobes Bauwerk, das offenkundig der Verteidigung diente. Im Mittelalter wurde das Tor mit einem Turm befestigt.

Im Lauf der Zeit verfiel das Heiligtum, und im Schutz des Turms wurde ein Bauernhaus errichtet. Dieses Landhaus ist eines jener zeitlosen für die Campagna charakteristischen Gebäude: wenig mehr als eine ockerfarbene Scheune, gespickt mit Rundbogenfenstern im Stil des toskanischen Quattrocento. Über dem eigentlichen Haus verläuft unter dem Dach eine Galerie, in der die Bewohner im Sommer ein wenig frische Luft genießen und ihre Feldfrüchte trocknen konnten. Auf einer Seite zeigt ein im selben Stil gehaltener Anbau, wie die Bauernfamilie in Zeiten des Wohlstands ihren Wohnbereich ausweitete. Diese Bauern wussten zweifellos nichts von der architektonischen Bedeutung des Heiligtums, dessen Überreste sie bewohnten. Sorglos banden sie ihre Schweine und Kühe an einer uralten Mauer an, und auf der anderen Seite richteten sie sich eine Laube ein, in deren Schatten sie sich vor der Sommerhitze zurückziehen konnten. Die dorischen Säulen, die einst um das Heiligtum gestanden hatten, stellten sie auf die Mauer. Sie verfügten frei über die Kapitelle und das (mittlerweile verlorene) Fries und legten auf ihre neue Kolonnade das Rankgerüst für ihre Weinstöcke, und dort, wo diese Überdachung eine zusätzliche Stütze brauchte, verstärkten sie sie mit zwei hölzernen Hermen, die sie auf dem Gelände gefunden hatten.

Und dann sammelten die Bauern die verbliebenen Bruchstücke des Heiligtums ein, um ihre Laube damit zu verzieren. Ein korinthisches Säulenkapitell verwendeten sie als Fuß für einen Tisch, ein beschädigter Sarkophag diente ihnen als Wasserbecken, in das noch heute kühles Wasser aus dem Maul eines bronzenen Butts sprudelt. Sie setzten ein altes Flachrelief in die Mauer und stellten mehrere architektonische Fragmente auf die Bank, die sie rund um ihren Tisch errichtet hatten. Und dann ließen sie sich in der Mittagshitze dort nieder.

Es ist eine beschauliche, zeitlose Szene, aber derjenige, der danach sucht, findet in diesem Ensemble aus See, Tempel, Bad, Turm und Bauernhof auch eine Enzyklopädie der Architekturstile. Und da die Geschichte der Baukunst nicht mehr und nicht weniger ist als die Entwicklung des Stils von einer Generation zur nächsten, stellt dieses einfache Haus nicht weniger dar als eine Architekturgeschichte, geschrieben in bröckelndem Stein und rissigem Mörtel. Hier hatte es an einem einzigen Ort einen Garten gegeben, den ersten der menschlichen Wohnorte, dann Schreine, die sich im Lauf der Zeit in die opulenten Tempel eines Imperiums verwandelten, und schließlich die verfeinerten Monumente der Antike, die den Barbaren zum Opfer fielen und durch die einfache Behausung von Bauern ersetzt wurden. Die Chronik jeder Zivilisation ist eine solche Geschichte von Ursprung, Gründung, Aufbau, Verfeinerung und Niedergang. Und nirgendwo kann man die Zyklen der Geschichte besser nachvollziehen als an einem Ort, an dem Bauwerke aus vielen verschiedenen Zeiten versammelt sind, deren künstlerische Entwicklung und deren Verfall unterschiedlich weit vorangeschritten sind.

Zwischen der Wanderung des Prinzen, der noch voller Unschuld war, und dem Leben der gleichermaßen unschuldigen Bauern waren Jahrhunderte verstrichen, und es sollte vielleicht darauf hingewiesen werden, dass sowohl der Prinz als auch die Bauern in Zeiten lebten, in denen die Zivilisation ein tiefes Tal durchschritt. Aber die Bauern besaßen etwas, was dem Prinzen fehlte, nämlich ein – wenn auch unvollkommenes – geschichtliches Erbe, und obendrein etwas, an das sie sich erinnern konnten. Nichts wird je vergessen. Jeder Zyklus der Geschichte ist dem vorangegangenen überlegen, denn die historischen, technologischen, philosophischen oder künstlerischen Lektionen können nicht wieder verlorengehen. Daher können wir von einem Fortschritt der Zivilisation sprechen.

*

Karl Friedrich Schinkel saß unter dem vom Wein überwucherten Rankgitter, das ihn vor dem gleißenden Sonnenlicht schützte, lehnte sich auf seiner Bank zurück und griff nach dem Weinglas, das auf der Tischplatte stand, die auf einem antiken korinthischen Kapitell ruhte. Es war eine bezaubernde Geschichte aus dem Mund eines charmanten Erzählers. Einer seiner Freunde erinnerte sich später: »In seinen Bewegungen war ein Adel und ein Gleichmaß, in seinem Munde ein Lächeln, auf seiner Stirn eine Klarheit, in seinem Auge eine Tiefe und ein Feuer [...]. Größer aber noch war die Gewalt seines Wortes, wenn das, was ihn innerlich beschäftigte, unwillkürlich und unvorbereitet auf seine Lippen trat. Dann öffneten sich die Pforten der Schönheit [...].«[69]

Aber Schinkel hatte kein Wort sagen müssen. Es war lediglich eine Geste nötig gewesen, denn die Geschichte wurde von den Steinen erzählt, die ihn umgaben. Tatsächlich saß er mitten in dieser Geschichte, in der Laube vor dem alten Flachrelief und den anderen bruchstückhaften antiken Bestandteilen seiner Geschichte, die in bröckelndem Stein und fleckigem Ocker erzählt wurde, aus zerschlagenem Marmor zusammengesetzt war und vom Wein begleitet wurde.

Und das Wunderbarste war, dass Schinkel die ganze Geschichte erfunden hatte. Der See war nicht natürlicher als die sprudelnden Brunnen, und der uralte Schrein nicht primitiver als die Parterres der Palastgärten. Der Tempel war genauso wenig griechisch, die Bäder genauso wenig römisch, der Turm genauso wenig mittelalterlich und das Landhaus genauso wenig toskanisch wie die Kasernen von Potsdam. Der Ort trug den Namen Siam, und die Fragmente und verfallenden Mauern waren höchstens 14 Jahre alt.

Karl Friedrich Schinkel war daran gewöhnt, Phantasien heraufzubeschwören. Die von ihm entworfenen Kulissen für die *Zauberflöte*, in der die Königin der Nacht auf einem zunehmenden Mond durch eine Galaxie reitet, werden noch heute verwendet. Sein *Panorama von Palermo* zeigte einen Blick auf die Stadt im sanften Abendlicht, während die Panoramabilder des brennenden Moskau und der Völkerschlacht die Betrachter in Schrecken und Ehrfurcht versetzten. Die Kunde vom Talent dieses Künstlers erreichte bald den preußischen Hof, und der König und die Königin von Preußen luden Schinkel ein, für sie tätig zu werden.

Das von Schinkel entworfene Schlafzimmer Königin Luises, das in blassem Rosa ausgemalt und mit Musselin verkleidet war, erweckte die reizvolle Vorstellung, am Morgen in einem durchscheinenden Zelt zu erwachen. Für ihren Ehemann Friedrich Wilhelm III. baute er eine Replik der Villa Reale del Chiatamone, die der König von einer glücklichen Italienreise in schöner Erinnerung hatte. Ohne sie je besucht zu haben, baute Schinkel die Villa so überzeugend nach, dass sich der König an den sonnigen Golf von Neapel versetzt fühlte. Für die jüngeren Söhne des Königspaars, die Prinzen Carl und Wilhelm, errichtete Schinkel eine weitere italienische Villa, Schloss Glienicke, sowie am anderen Ufer der Havel auf einem bewaldeten Hügel Schloss Babelsberg im Stil der englischen Gotik. Aber Siam wurde Schinkels subtilste Träumerei, die derart solide in Geschichte und Philosophie verankert war, dass man beinahe glauben konnte, sie sei wirklich.

Alexander von Humboldt, der im selben gesprenkelten Schatten saß, war entzückt von Schinkels Geschichte, denn sie entsprach seiner eigenen Vorstellung von der Naturgeschichte. Humboldt behauptete, dass jedes Verständnis für die Natur ausgehen müsse von einer sorgfältigen Untersuchung der verwirrenden Vielfalt von Pflanzen-, Tier- und Mineralienarten und von der Geschichte der menschlichen Wahrnehmung der Natur in Philosophie, Poesie und Kunst. »Die Natur muss gefühlt werden; wer nur sieht und abstrahiert, kann ein Menschenalter, im Lebensgedränge der glühenden Tropenwelt, Pflanzen und Tiere zergliedern, er wird die Natur zu beschreiben glauben, ihr selbst aber ewig fremd sein.«[70]

Schinkels Darstellung von Licht und Schatten, Garten und Innenraum, Land und Wasser entsprach der Überzeugung des Naturphilosophen, dass Natur und Kultur einander nicht widersprächen, sondern symptomatisch füreinander seien und einander ergänzten.

Besonders glücklich war Alexander von Humboldt darüber, dass man ihn gebeten hatte, das Bauernhaus in Siam als sein eigenes Haus zu betrachten und dort zu wohnen, wann immer er wolle. Humboldt fühlte sich nie daheim, wenn er zu Hause war. Seine wissenschaftlichen Erkundungsreisen durch Lateinamerika und Russland und seine diplomatischen und beruflichen Besuche in den Hauptstädten Europas hätten seine Wanderlust befriedigen sollen, aber sie machten ihn nur noch rastloser. Ein Aufenthalt in Schinkels Utopie ermöglichte es ihm, ein wenig von den Freuden des Reisens zu genießen, ohne die damit verbundenen Unannehmlichkeiten auf sich nehmen zu müssen: Hier konnte er sich in der Laube eines toskanischen Landhauses entspannen, ohne dafür ins Ausland reisen zu müssen. Und hier konnte er fernab des hektischen Treibens der Stadt nachdenken, schreiben und Gespräche mit klugen und kultivierten Männern führen.

Komplettiert wurde die kleine Versammlung um das korinthische Kapitell an jenem sonnigen Nachmittag im Mai 1840 durch den Prinzen von Siam. Er war so zufrieden mit sich wie seine gelehrten und illustren Freunde, denn jener lange Spaziergang durch Lügengeschichten und anspruchsvolle Konversation war ebenso seine Schöpfung wie ihre.

Seit seiner Jugend träumte der Prinz von Siam von Italien. Im Jahr 1828 war er erstmals nach Rom gereist und hatte auf dem Weg in die Ewige Stadt Venedig, Florenz, Neapel und all die anderen Kronjuwelen der europäischen Zivilisation bewundert. Bei der Rückkehr in die sandigen Ebenen seiner Heimat war er entschlossen, den preußischen Wäldern die üppigen Gärten und Villen von Tivoli abzuringen. In seinem Auftrag entwarf der Landschaftsarchitekt Peter Joseph Lenné gewundene Wege und elegante Gebüsche. Weitläufige Rasenflächen und hohe Pappeln erinnerten an die Ebenen und Zypressenhaine der Campagna.

Und mit Schinkel an seiner Seite schuf sich der Prinz von Siam eine Villa. Nicht zum ersten Mal wurde der Architekt herbeigerufen, um ein Gebäude zu errichten, das der glücklichen Reminiszenz dienen sollte. Diese Villa sollte an die Grand Tour des Prinzen erinnern und an seine Begegnung mit den Werken des Plinius, der einst selbst mit Vergnügen an eine Villa zurückgedacht hatte. Die Räume wurden in dem kühnen Ochsenblutrot und Olivgrün der Häuser von Pompeji ausgemalt, mit exquisiten Grotesken verziert und mit gemalten Szenen aus dem Golf von Neapel behängt. Die Möbel wurden so gestaltet, dass sie wirkten, als könnten sie zusammengelegt und mitgenommen werden, wenn der Prinz seine Reise fortsetzen wollte. Ein Schlafzimmer wurde wie ein großes Zelt aus blauem und weißem Drillich dekoriert, und in diesem Zelt standen Feldbetten mit Markisen, die an gekreuzten Speeren befestigt waren. Dies war der ideale Ort für einen Sommerurlaub.

Siam war ein heiteres Reich der Freiheit. Die Menschen kehrten bei Sonnenuntergang beschwingt von den Feldern heim, anstatt durch die dunklen, steinigen Straßen einer großen Stadt zu trotten. Sie trugen luftige Kleider statt der engen Korsette, in die sich die Europäer zu jener Zeit zwängen mussten. Sie führten ein einfaches Leben und kümmerten sich nicht um die Medaillen, die Militärparaden und die Hofbälle, die den Geist erstickten. Die Menschen von Siam waren frei – frei von Fronarbeit, frei von Konventionen, frei von Politik und Geschichte. Sie waren glücklich.

Der Prinz hoffte, in Siam werde auch er frei sein. An jenem Frühlingsnachmittag im Jahr 1840 war sein Krongut fast fertig. Schinkels Bauernhaus vervollständigte das Panorama, das man von der Terrasse der Villa aus bewundern konnte. Die gefällige Mischung von Baustilen regte zu eben jener müßigen Nachdenklichkeit an, der sich der Prinz in seiner freien Zeit so gern hingab. Und Humboldt hatte das Bild mit seiner Einwilligung, einige Monate darin zu verbringen, vervollkommnet: der Naturphilosoph in vollkommener Harmonie mit seiner Wohnstätte und der Natur. Es würde ein wunderbarer Sommer werden.

*

Der alte Mann, der einst der Prinz von Siam gewesen war, lehnte sich zurück und seufzte, als er sich an jene fernen Tage erinnerte. Wunderbare Sommer enden immer zu schnell, dachte er. Einen Monat nach jenem sonnigen Mainachmittag hatte der Prinz den preußischen Thron geerbt. Noch im Herbst desselben Jahrs war Schinkel gestorben, und das Bild Siams hatte sich im Dämmerlicht der Erinnerung aufgelöst. Eigentlich hatte das Krongut gar nicht im fernen Siam gelegen, sondern am Fuß des königlichen Gartens in Potsdam. Der Kronprinz hatte seinen Zufluchtsort aus einer Laune heraus auf diesen Namen getauft, da er Siam für ein Land der Freiheit und des Genusses hielt.

Die Gründung Siams war lediglich eine Fingerübung gewesen, denn es war nur ein kleiner Teil der magischen Residenz, das nun das Heim des Prinzen sein würde: Der Palast war, wie der neue König wusste, so errichtet worden, dass er dort alle Mühsal, alle Konventionen, alle Politik und Geschichte abschütteln konnte. Dort konnte er sorglos sein. Daher wurde seine neue Residenz auf den Namen Sanssouci getauft.

Sanssouci war ein Jahrhundert früher vom Urgroßonkel des Königs erbaut worden. Dieser Urgroßonkel hatte sich Frédéric rufen lassen. Er war ein sehr lebhafter Mensch gewesen, und wie später sein Urgroßneffe wollte er überall lieber sein als zu Hause. Doch im Gegensatz zu seinem Nachfolger, der Italien liebte, hatte er ein Faible für Frankreich. Er träumte von den eleganten Umgangsformen und den geistreichen Unterhaltungen in den Pariser Salons und am Hof von Versailles: Das Leben dort, glaubte er, musste ganz anders sein als sein graues Dasein in den Wäldern und sandigen Ebenen Preußens. Wenn Gott die Welt für ihn gemacht habe, schrieb er, so habe er Frankreich zu seinem Vergnügen geschaffen. Und Frédéric beschloss, sich zu vergnügen. Natürlich konnte er sich seinen königlichen Pflichten nicht entziehen, aber wenn er schon nicht in Versailles leben konnte, so konnte er doch die Trianon-Schlösser nach Preußen holen. Wenn er durch seine Gärten schlenderte und sich an der frischen Luft von den Sorgen seines königlichen Amtes erholte, sagte er: »Quand je serai là, je serai sans souci.« (»Wenn ich da sein werde, werde ich ohne Sorge sein.«)

Im Jahr 1744 beauftragte Frédéric einen alten Freund aus seiner Militärzeit, Georg Wenzeslaus von Knobelsdorff, mit dem Bau eines Palastes, in dem er *sans souci* sein könnte. Wie jedes glückliche Paar stritten die beiden unentwegt, und Frédéric setzte sich oft selbst an den Zeichentisch, um die Entwürfe seines Freundes zu korrigieren. An dem Hang, den das Schloss überblicken würde, wurden Terrassen angelegt, und der König beschloss, dort Gewächshäuser zu bauen, die Feigen und Trauben und Pfirsiche für die königliche Tafel liefern sollten. Als Sanssouci im Jahr 1747 fertiggestellt war, zog Frédéric sofort ein.

Der Palast war von bescheidenen Ausmaßen, aber seine Innenräume waren außergewöhnliche Schöpfungen, die anscheinend nicht aus prosaischen Ziegeln und Gips, sondern aus Zucker, rosa Wolken und Sonnenuntergängen bestanden. Im Musikzimmer steht immer noch das wohltemperierte Klavier, das einst von Johann Sebastian Bach gespielt wurde. Im Jahr 1747 war der reizbare alte Mann von Frédéric eingeladen worden, nach Sanssouci zu kommen und ihn in den Grundlagen und der Kunst der Musik zu unterweisen. Es heißt, der Komponist sei von dem verweichlichten jungen Prinzen nicht beeindruckt gewesen und habe dessen musikalische Bemühungen nur allzu gerne kritisiert. Neben dem Klavier steht das Notenpult, an dem Frédéric einst stand, um seinen Gästen nach dem Essen etwas auf der Flöte vorzuspielen. Die Architektur des Musikzimmers löst sich in einem kaleidoskopischen Muster auf: Die Spiegel sind in schwungvollen Rocaille-Schmuck gefasst und mit Kerzenhaltern bestückt. Der glitzernde Kristalllüster hängt von einer Decke, die mit einem vergoldeten Gitter verziert ist, an dem Wein rankt und lachende, betrunkene Putten umhertollen.

Frédéric war ein eifriger Leser und bewunderte seit langem den geistreichen Voltaire. Im Jahr 1750 überredete er den berühmten Dichter dazu, sich in Sanssouci zu ihm zu gesellen. (Ihr Techtelmechtel währte nicht lange, denn der streitlustige Voltaire konnte der Versuchung nicht widerstehen, nach der Hand zu beißen, die ihn fütterte, und musste nach drei Jahren zu seiner Nichte nach Paris fliehen – oder zu seiner Mätresse, je nachdem, wem man glauben möchte.) Voltaires Schlafzimmer in Sanssouci war so geistreich und verdorben wie der Dichter selbst. Die Decke war mit feinen Ranken aus Stuckrosen übersät, und auf den Wänden tummelte sich zwischen Blumengirlanden und Früchten eine exotische und willkürliche Menagerie aus Affen, Papageien und Ibissen. Wenn der Philosoph an einem Sommermorgen erwachte und die Sonne durch die hohen französischen Fenster strömte, mochte er sich im fernen Cataya oder Cipango wähnen – bis er draußen auf der Terrasse Frédéric und seine bellenden Hunde hörte.

Den Mittelpunkt von Sanssouci bildete ein Speisesaal, denn nichts liebte Frédéric mehr als ein gutes Gespräch bei Tisch. Während er die im eigenen Garten geernteten Früchte fein säuberlich in Scheiben schnitt, flog die Unterhaltung von der Kunst zur Mathematik, vom Bauwesen zur Freiheit. Die Mittagessen und Diners, die seine beiden französischen Küchenchefs zubereiteten, waren von legendärer Dauer, und der König trank ungezählte Gläser Champagner und ungezählte Tassen Kaffee. Als Speisesaal nutzte er eine Kuppelrotunde, die wahrhaftig ein Tempel der kulinarischen Freuden war, eine ovale Kolonnade aus korinthischen Säulen in Weiß und Gold, überwölbt von einer Kuppel, die von Putten und Musen bewohnt wurde, welche die Gesprächsthemen des Gastgebers personifizierten.

Die Gärten von Sanssouci waren voller wunderbarer Illusionen ferner Zeiten und Orte. Zum Tee ließ man sich im Chinesischen Haus nieder, einem Pavillon mit einem Dach in der Form eines riesigen Zelts, das von vergoldeten Palmen getragen wurde, und Veranden, die von in vergoldetem Vergnügen erstarrten Mandarinen und Konkubinen bevölkert waren. Es gab einen Tempel der Freundschaft, in dem Frédéric seiner geliebten Schwester Wilhelmine gedachte. Es gab eine vollkommen funktionstüchtige Windmühle, in der die königlichen Kinder Bauern spielen konnten, und einen gepflegten Wald mit Alleen und *rondpoints*, in dem gejagt werden konnte.

Aber die schönste Überraschung sparte sich der König bis zur Verabschiedung seiner Gäste auf. Wenn sie aller Sorgen ledig die zuckersüßen Freuden des Palastes hinter sich ließen, führte man sie hinauf zum eindrucksvollen, düsteren Ruinenberg. Dort erhob sich die schwer beschädigte Mauer eines großen Amphitheaters, das große Ähnlichkeit mit dem Kolosseum in Rom hatte, ein verfallener Rundtempel, ein *Monopteros*, der einst vielleicht der Wohnort eines Philosophen gewesen war. Außerdem stieß man auf eine Gruppe von drei kolossalen ionischen Säulen, die zweifellos Teil der Kolonnade eines Tempels der Diana gewesen waren. Es war, als hätte sich in der Antike auf diesem Hügel eine Stadt erhoben, in deren Schatten Frédéric nun seine Residenz erbaut hatte.

Es war eine bezaubernde *plaisanterie*, ein Memento mori, das nach einem ausgiebigen Mahl besichtigt wurde und, wie der König hoffte, ein wehmütiges Lächeln in die gepuderten Gesichter der philosophischen Gäste zaubern würde. Entworfen hatte die Ruine der italienische Theatermaler Innocente Bellavite, der sich, wie später Schinkel, darauf verstand, die einsamen Ebenen und Felsen der römischen Campagna zu inszenieren, wo die Schäfer ihre Herden in den Schatten mächtiger Aquädukte trieben und die Bauern ihre ärmlichen Behausungen in verfallenen Kapellen einrichteten.

In seiner märchenhaften Residenz tat Frédéric überhaupt nichts, jedenfalls nichts, was die Welt bewegte: Er schrieb, spielte Flöte und veranstaltete glänzende Bankette; er aß die Südfrüchte, die er in seinen Gewächshäusern anbaute, und betrachtete von der Halle aus die schemenhafte Illusion von Ruinen. Er lebte sorglos, *sans souci*, oder zumindest hoffte er, so zu leben. Es war, als stünde hinter den Toren seines Parks die Zeit still und als wäre die Geschichte nichts als ein verführerisches Trugbild.

Sanssouci war eine Phantasie. Es war kein wirklicher Ort, kein Ort, an dem man Botschafter empfing und all den anderen ermüdenden Pflichten eines Königs nachkam. Also ließ Frédéric am Fuß des Gartens einen dieser Orte errichten, wo er diese lästigen Dinge tun konnte, ohne seinen ständigen Urlaub unterbrechen zu müssen. Das Neue Palais war ein von einer arroganten Kuppel gekrönter barocker Komplex, den man durch eine kolossale halbkreisförmige Kolonnade aus korinthischen Säulen betrat. Dort gab es zahllose Schlafzimmer, üppige Festsäle, ein Theater, eine mit Muscheln ausgekleidete Neptungrotte und ein Kunstmuseum, aber Frédéric konnte nicht dazu bewegt werden, Zeit dort zu verbringen. »Das ist nur eine Fanfaronade«, sagte er, eine Prahlerei.

Wenn seine Pflichten ihn zwangen, Sanssouci zu verlassen, träumte Frédéric davon, die französischen Fenster seines Schlafzimmers zu öffnen und mit seiner Lieblingshündin Madame de Pompadour (benannt nach der Mätresse des Königs von Frankreich) in die Morgensonne hinauszuschlendern. Um sein Heimweh zu besänftigen, las er, und er schrieb: Briefe an Voltaire, Gedichte, Darstellungen seiner eigenen *res gestae*, seiner großen Taten. Es heißt, er hätte einer der herausragenden französischen Dichter des 18. Jahrhunderts werden können, wäre er nicht König gewesen.

Es gab ein Buch, das ihn überallhin begleitete. In seinen Augen war es der einzige Roman, den man wieder und wieder lesen konnte. Voltaire hatte *Candide* geschrieben, nachdem er sich mit

Frédéric überworfen und Sanssouci verlassen hatte, aber der Roman, in dem ein naiver und zuversichtlicher Jüngling sein Chateau in der Provinz verlässt, um die Welt zu entdecken, traf bei einem König, der durch sein Erbe daran gehindert worden war, dasselbe zu tun, einen Nerv. Vielleicht dachte Voltaire an Frédéric, als er das Buch schrieb, und der König dürfte zustimmend gelächelt haben, als sich Candide am Ende des Romans, nachdem er die Schrecken der »besten aller möglichen Welten« erlebt hatte, aus dieser Welt zurückzog und erklärte: »Il faut cultiver notre jardin.«

Frédérics Nachfahre, der ehemalige Prinz von Siam, der nun König von Preußen war, war nur zu gern bereit, die Pflege dieses Gartens zu übernehmen und in den Palast einzuziehen, der ein halbes Jahrhundert weitgehend unbewohnt gewesen war. Wenige Monate nach dem Tod seines Vaters flogen die Fensterläden von Sanssouci auf, und die Sommersonne flutete durch die französischen Fenster und schreckte die Putten und Affen aus ihrem jahrzehntelangen Schlummer auf. Die Staubdecken wurden weggezogen und gaben vergoldeten Rocaille-Schmuck frei, und bald ächzte die Tafel in der Kuppelrotunde wieder unter dem Gewicht der im Garten geernteten Früchte. (Vielleicht ächzte sie auch unter den ungeschlachten Bonmots des neuen Königs, dem Frédérics Leichtigkeit fehlte.)

Der König beauftragte Ludwig Persius, der in Schinkels später Schaffensperiode mit diesem zusammengearbeitet hatte, mit einem Bauprogramm, das alles in den Schatten stellte, was Frédéric geschaffen hatte. Auf einer Anhöhe im Wald bauten Persius und der König die Villa Medici in Rom nach. Endlose Treppenfluchten führten an Grotten, Rosengärten und Nymphäen vorbei zur eigentlichen Villenanlage, die von hohen Aussichtstürmen gekrönt wurde. Zu beiden Seiten erstreckten sich Orangerien, in denen der betörende Duft von Orangen- und Zitronenbäumen hing, so dass man nicht nur die Anblicke, sondern auch die Gerüche Italiens genießen konnte. Und im Sommer konnte sich der

König wie ein Renaissance-Humanist fühlen, wenn er die Glocken hörte, die wie in der Ewigen Stadt zur Abendmesse riefen. Ein Pumpenhaus, das die Brunnen im Park mit Wasser versorgte, wurde als ägyptische Moschee getarnt, die sich im Wasserbecken spiegelte, als stünde sie in einer fernen Oase. In der Nähe ließ der König eine Kirche in Form eines romanischen Klosters samt beschaulichem Kreuzgang errichten, und ein Stück weit entfernt entstand auf einem als Pfingstberg bekannten Hügel eine weitläufige Terrasse, wo man von luftigen Arkaden und Türmen aus einen herrlichen Blick auf den fernen Horizont hatte.

In seiner Jugend hatte er versucht, in den Loggias von Siam Italien heraufzubeschwören, aber das Sanssouci, über das der König jetzt herrschte, hatte sich in ein Panoramabild verwandelt, in eine maßlose Halluzination, ein unwirkliches Schauspiel von Türmen und köstlichen Palästen, in dem dank der Architektur alle Zeiten und Orte gegenwärtig waren. Im Herzen dieses Märchenschlosses war der König von Preußen ein Prospero, der Visionen einer Universalgeschichte herbeizauberte, in denen – wie Schinkel einmal sagte – die Architektur alle menschlichen Verhältnisse veredelte. Es war der Stoff, aus dem die Träume sind.

*

Im August 1945 saßen drei Männer auf der Terrasse des Cecilienhofs, einem aus Fachwerk bestehenden und von Weinranken überwucherten Schlösschen, das der letzte König aus dem Haus Hohenzollern für seine Schwiegertochter Cecilie hatte erbauen lassen.

Die drei Männer hielten sich seit einem Monat dort auf, und es war ein angenehmer Monat gewesen. Ihre Residenzen befanden sich in der Nähe, in den Gärten von Schinkels gotischem Schloss Babelsberg. Einer ihrer Adjutanten beschrieb diese Unterkünfte in seinem Tagebuch:

»Sie bestehen aus einer Reihe von Villen, die alle auf den See blicken und sehr reizvoll sind. Wir haben ein Haus für die drei Stabschefs, und wir haben Jumbo bei uns. Attlee wohnt in der Nachbarschaft auf einer Seite und Bridges daneben und der Premierminister eine Tür weiter. Auf der anderen Seite Pug. Ich verbrachte den Nachmittag damit, mich einzurichten, und versuchte am Abend, im See einen Hecht zu angeln.«[71]

Die drei Männer waren jedoch nicht gekommen, um zu angeln oder die schöne Aussicht zu genießen. Sie hatten Regierungsgeschäfte zu erledigen. Die Villen gehörten ihnen nicht. Ein anderer Mitarbeiter schrieb:

»Natürlich sind alle Deutschen hinausgeworfen worden. Wo sie hin sind, weiß keiner. Kannst Du Dir vorstellen, wie wir uns fühlen würden, wenn die Deutschen und Japaner das in England tun würden und wenn wir alle vertrieben worden wären, um Platz für Hitler und Konsorten zu machen?«[72]

In den Gesprächen der drei Männer ging es nicht um philosophische Fragen. Die Großen Drei, die Regierungschefs Großbritanniens, der Vereinigten Staaten und der Sowjetunion, waren nach Potsdam gekommen, um die deutsche Frage ein für alle Mal zu klären und ein besonders unangenehmes Kapitel der Geschichte abzuschließen. Sie stimmten nicht in vielem überein, aber über eines waren sie sich einig: Die Könige von Preußen waren sorglos gewesen. Die Märchenbauten, die sie in ihren Sommerferien errichtet hatten, waren der Stoff, aus dem Alpträume gemacht waren, und außerhalb von Sanssouci hatte die Zeit nicht stillgestanden. Die Geschichte war alles andere als eine Illusion, die Geschichte war voller Sorgen.

Jenseits der Mauern seines Parks war Frédéric alles andere als ein zurückhaltender Akteur auf der historischen Bühne gewesen: Außerhalb von Sanssouci war er Friedrich der Große gewesen, der sich unter den Fürsten des 18. Jahrhunderts durch seine besonders ausgeprägte Kriegslust ausgezeichnet hatte. Nur ein Jahr nach der Thronbesteigung hatte er sein Heer ins benachbarte Schlesien geschickt, um es zu annektieren, und den Großteil seines restlichen Lebens verbrachte er mit Versuchen, seine Rivalin, die Kaiserin Maria Theresia, daran zu hindern, sich dieses Gebiet zurückzuholen. Seine Truppen marschierten über die Oder nach Breslau, stießen durch Sachsen nach Prag vor und erreichten fast die Tore Wiens. Friedrich setzte Grafen, Könige und sogar Kaiser ein und ab, und am Ende seines Lebens einigte er sich in einem außergewöhnlichen realpolitischen Coup mit seinen einstigen Feinden, der habsburgischen Kaiserin und dem russischen Zaren, auf die Teilung Polens. Diese Entscheidung wirkte sich noch im Jahr 1945 aus. Und ihre Folgen sind bis heute erkennbar.

Sein Leben außerhalb der Mauern von Sanssouci verbrachte Friedrich nicht nur damit, in einer Welt voller Sorgen Ruinen zu betrachten, sondern auch damit, Sorgen und Ruinen zu erzeugen. Er wusste sehr wohl, wie sinnlos das war. Als seine Armeen im Jahr 1760 Sachsen besetzten, schrieb der König: »Ich schonte das schöne Land so weit es ging, aber es ist auf das Schlimmste verwüstet. Wir sind schon elende Narren. Wir haben unsere Freude daran, die Meisterwerke menschlichen Fleißes zu zerstören, und hinterlassen nichts als hasserfüllte Erinnerungen an unsere Verwüstungen und die Not in ihrem Gefolge.«[73]

Nicht, dass ihn diese Einsicht von weiteren Feldzügen abgehalten hätte. Er schrieb an seinen Freund Katte: »Zugegeben, der Krieg ist grausam – welch ein Leben für die unglücklichen Soldaten. Sie kriegen mehr Schläge als Brot und werden nur selten ohne Narben und mit heilen Gliedern entlassen. Der Bauer ist noch schlimmer dran – er verhungert oft genug. Ihr müsst zugeben, dass die Hartnäckigkeit der Königin von Ungarn und meine eigene viele Menschen ins Unglück stürzt.«[74] Tatsächlich war es der König, der halsstarrig war; die ungarische Königin, Kaiserin Maria Theresia, konnte nur für den Untergang dieses »Ungeheuers« beten. Friedrich der Große genoss einen derart furchtbaren Ruf, dass Napoleon, als er nach der Invasion Preußens sein Grab besuchte, zu seinen Offizieren sagte: »Entblößen Sie Ihr Haupt, meine Herren! Wenn er noch lebte, stünden wir nicht hier.«[75]

Die Nachfahren Friedrichs des Großen übernahmen seinen despotischen Militarismus und ahmten sein aufgeklärtes Leben in Sanssouci nach. Im Jahr 1848 wurde König Friedrich Wilhelm IV., der als Prinz die Freiheit in Siam genossen hatte, von seinen Untertanen in Berlin herausgefordert, ihnen dieselben Freiheiten zu gewähren. Sie versammelten sich auf den Straßen und riefen nach einer Verfassung, einer liberalen Regierung und der Vereinigung aller deutschen Länder zu einem Nationalstaat. Die Geschichte eröffnete dem König eine Gelegenheit, sein ganzes Reich in ein glückliches Siam zu verwandeln.

Am 18. März schickte der aufgeklärte und freiheitsliebende König seine Truppen los, um die Demonstranten zu zerstreuen. An jenem Tag starben Hunderte Menschen auf den Straßen Berlins. Doch das Volk war davon überzeugt, die Geschichte auf seiner Seite zu haben, und die Demonstranten gingen nicht nach Hause, wie der König es gewünscht hatte. Drei Tage später sah er sich gezwungen, Sanssouci zu verlassen und in die Stadt zurückzukehren. Man zog ihm eine Armbinde in Schwarz-Rot-Gold an, den Farben der Revolution, und brachte ihn zum Friedhof, damit er denen die letzte Ehre erweisen konnte, deren Tod er kurz zuvor angeordnet hatte. Vielleicht glaubte der König in diesem Moment tatsächlich, dass die Geschichte auf der Seite des Volkes war, aber vielleicht hatte er einfach keine andere Wahl. Wie auch immer, er stand nun vor dem versammelten Volk und gab dessen Forderung nach Freiheit und Fortschritt nach. Und dann kehrte er nach Sanssouci zurück.

Das neue Preußen währte nicht lang. Der König schlenderte durch seinen Park und ließ sich zum Nachdenken in seinen italienischen Prunkbauten nieder, und als der Herbst kam, löste er die demokratisch gewählte Volksversammlung auf, setzte die moderne freiheitliche Verfassung außer Kraft und stellte unter Androhung von Gewalt seine persönliche Autorität wieder her. Im folgenden Jahr, als ihm die Nationalversammlung in Frankfurt die deutsche Kaiserkrone anbot, lehnte er diesen »Reif aus Dreck und Lehm« ab, an dem seiner Meinung nach der »Ludergeruch der Revolution« klebte.[76] Er zog sich nach Sanssouci zurück und erging sich in der Betrachtung seines neuesten Prunkbaus. Ohne jede Ironie taufte er das Bauwerk auf den Namen Friedenskirche.

Friedrich der Große hatte davon geträumt, dem französischen König beim Ankleiden beizuwohnen. Friedrich Wilhelm IV. gab seinen Träumen von Italien und Siam den Vorzug vor der Krone eines Kaiserreichs. Doch sein Nachfolger Wilhelm I. wurde im Jahr 1871 nach dem Triumph über Frankreich im Spiegelsaal von Versailles zum Kaiser aller Deutschen gekrönt.

Sein Enkel, Kaiser Wilhelm II., bekam bei dieser schillernden Gelegenheit Lust auf imperiale Abenteuer. Er hatte nicht das Bedürfnis, *sans souci* zu sein. Wenn er sich in Potsdam aufhielt, residierte er im Neuen Palais, das sein Vorfahr Frédéric als *Fanfaronade* bezeichnet hatte. Er ließ dort elektrisches Licht und modernste Sanitäranlagen installieren. Er baute sogar einen Tunnel zwischen den Küchen und dem mehrere Hundert Meter entfernten Speisesaal.

Für Wilhelm II. war die Fanfaronade, das großtuerische Gehabe, ein Lebensstil. Er lebte inmitten von bombastischem Glanz und begann, seine eigene Propaganda für bare Münze zu nehmen. Es hörte sich an wie eine pharaonische Inschrift, als er von sich sagte: »Tief im Dschungel in fernen Teilen der Welt sollte jedermann die Stimme des deutschen Kaisers kennen. Auf dieser Erde sollte nichts geschehen, ohne dass er zuvor gehört wurde.

Sein Wort muss auf jeder Waage Gewicht haben [...]. Auch im Inland sollte das Wort des Kaisers alles sein.«[77] Um dafür zu sorgen, führte er sein Reich in den Krieg mit einem seiner Vettern, dem König von England, mit dem russischen Zaren und selbstverständlich mit dem alten Feind Frankreich, und der Rest sind Schlamm und Granaten und Giftgas und vollkommen unromantische Ruinen. Fast ein Jahrhundert später werden auf den Schlachtfeldern jenes Krieges immer noch Gebeine von Soldaten ausgegraben.

Wie sich herausstellte, war alles tatsächlich nur eine Fanfaronade gewesen. Der Kaiser weigerte sich, angesichts der Niederlage abzudanken – sein Kanzler, Prinz Max von Baden, musste es für ihn tun. Vor der Bekanntgabe seiner Abdankung setzte sich Wilhelm II. nach Holland ab, schickte jedoch noch einen Zug zum »Kaiserbahnhof« beim Neuen Palais, um 56 Waggons voller Schätze abtransportieren zu lassen: seine riesige Sammlung von Schnupftabakdosen, Hunderte Militäruniformen, Möbelstücke, die Schinkel und Persius für seine Vorfahren entworfen hatten, und natürlich Porträts von Friedrich dem Großen. Zu einem friedlichen Leben auf dem friedlichen Landgut Huis van Doorn gezwungen, war der ehemalige deutsche Kaiser alles andere als *sans souci*. Er war fest davon überzeugt, dass man ihn zurückrufen werde, damit er seinen rechtmäßigen Platz wieder einnehmen könne. Aber das geschah nie. So verbrachte der alte Mann seine Zeit damit, seine Enttäuschung an den Bäumen im Park seines Hauses auszulassen. Im Exil fällte er etwa 600 Bäume und hinterließ eine Landschaft, die ein wenig an die Schlachtfelder Flanderns erinnerte.

Daheim in Berlin wurde am 9. November 1919 vom Balkon des Palastes, den er zurückgelassen hatte, eine »Freie sozialistische Republik« ausgerufen und die furchtbare Geschichte des modernen Deutschland in Gang gesetzt. Stalin, Churchill und Truman waren sich einig: Hitlers Götterdämmerung war eine direkte Folge der aristokratischen Eitelkeit Friedrichs des Großen, des repressiven Konservatismus von Friedrich Wilhelm IV. und des extremen Größenwahns von Kaiser Wilhelm II. Diese Eigenschaften schienen ihren Ursprung im preußischen Wesen zu haben, in etwas Rohem, Aggressivem und Gefährlichem. Wenn man die Deutschen nicht von ihrer Sucht heilte, die Welt mit Ruinen und verrückten Prunkbauten zu übersäen, würden sie es wieder und wieder tun.

Diese Geschichte klang überzeugend, sie war ein überzeugender Vorwand. Die Großen Drei hatten Deutschland in eine Ruinenlandschaft verwandelt. Ganze Städte hatten sich an einem einzigen Nachmittag in einem Feuersturm aufgelöst, und von den Palästen der einstigen Herrscher von Dresden, Stuttgart, München und Berlin waren nur noch Skelette übrig. Während die Großen Drei auf der Terrasse des Cecilienhofs plauderten, schafften ihre Handlanger alle Gemälde, Skulpturen, Möbel und sonstigen Schätze fort, derer sie habhaft wurden.

Auf dem Weg zum Cecilienhof fasste der amerikanische Präsident Harry Truman den Entschluss, eine Atombombe auf Japan abzuwerfen, und auf der Terrasse dieses hübschen Schlösschens bewegte er seine Verbündeten dazu, den Japanern ein Ultimatum zu stellen: Kapituliert oder tragt die Konsequenzen. Sie trugen die Konsequenzen. Als die Bombe gezündet wurde, blieben in Hiroshima die Uhren stehen, und die Erzeugung von Ruinen würde nie wieder sein wie zuvor.

*

Hätten die Großen Drei freie Zeit gehabt, um den Cecilienhof für einen längeren Spaziergang zu verlassen, so hätten sie bald den königlichen Park von Sanssouci in Potsdam erreicht. Der britische Außenminister Anthony Eden notierte sich: »Zerstörung von Potsdam furchtbar, und das alles mit einem Angriff von 50 Minuten, wie mir gesagt wurde. Muss eine Stunde in der Hölle gewesen sein.«[78] Das feine barocke Stadtschloss Friedrichs des Großen, Schinkels edle Nikolaikirche und die Straßen des Städtchens erinnerten nun an die Ruinenlandschaft Roms. Hier und dort ragte eine Säule oder eine gestikulierende Statue aus den rauchenden Trümmerhaufen heraus, während zerlumpte Frauen in den Überresten ihrer einst schönen Stadt nach etwas Essbarem suchten. Selbst Winston Churchill, der Architekt dieser Demütigung, war bewegt: »Mein Hass ist mit ihrer Kapitulation gestorben, und ihre Gesten, ihr ausgezehrtes Aussehen sowie ihre abgenutzte Kleidung berührten mich sehr.«[79]

Doch Sanssouci war mehr denn je ein verzaubertes Königreich. Die dekorativ überwucherten Gärten, die in den letzten Kriegsjahren niemand mehr gepflegt hatte, bildeten nun eine geeignete Kulisse für ein melancholisches Gartenfest. Die Palais, deren Gemälde und Möbel in ferne Bunker fortgebracht worden waren, wirkten verlassen wie eine angesichts des nahenden Winters verschlossene Sommerfrische. Die Ruinen, die Friedrich der Große zur Unterhaltung seiner Gäste gebaut hatte, waren nur noch ein wenig mehr ruiniert worden, und der normannische Turm auf dem Ruinenberg war von einem Blindgänger getroffen worden. Das ebenfalls schwer beschädigte Belvedere am Ende einer langen Allee bot ein malerisches Bild. Nur das Westtor des Neuen Palais erweckte einen betrüblichen, dabei jedoch pittoresken Eindruck: Der große Triumphbogen war mit Kugellöchern übersät, und die korinthischen Säulen der Kolonnade lagen in Trümmern im hohen Gras verstreut.

Und in Siam kletterten die Weinranken über den Laubengang aus gestohlenen antiken Säulen, und das Wasser tröpfelte noch immer aus dem Maul eines bronzenen Fischs in einen zerbrochenen Sarkophag. Die Fensterläden des Bauernhauses waren geschlossen, die römischen Bäder trocken und staubig. Der griechische Tempel war so elegant wie eh und je; das vom Prinzen von Siam angelegte Gartenreich war lediglich ein wenig überwuchert, und die hohen Pappeln spiegelten sich im stillen, dunklen Wasser des Sees. Es war nichts geschehen.

# Notre-Dame de Paris

## Worin der Tempel der Vernunft wiederhergestellt wird

Eine Phantasie des 19. Jahrhunderts.
*Frontispiz von Victor Hugos* Notre-Dame de Paris.

# Wiederherstellung

*Die großen Bauwerke, die im* Traum des Architekten *auftauchen, entstanden zu verschiedensten Zeiten und an unterschiedlichsten Orten, aber in Thomas Coles gemaltem Entzücken sind sie alle neu und vollkommen, so wie ihre Erbauer sie sich vorgestellt hatten. Im Jahr 1834 stand Leo von Klenze vor dem Parthenon, umringt von Männern und Frauen, die wie antike Griechen gekleidet waren, und schwor ebenfalls, die Jahrhunderte ungeschehen zu machen: Er würde dem Tempel seine ursprüngliche Jungfräulichkeit zurückgeben. Im folgenden Jahrhundert wurden Erweiterungen herausgeschnitten und Auslassungen rückgängig gemacht, und im Verlauf dieser Arbeiten wurden zahlreiche byzantinische und osmanische Überreste für immer zerstört. Von Klenze ging bei seiner Restaurierung selektiv vor; der Tempel der Athene erhielt Vorrang vor allen anderen Teilen des Parthenon.*

*Restaurierung war, um es mit den Worten eines ihrer bedeutendsten Vertreter zu sagen, des französischen Architekten Viollet-le-Duc, eine moderne Idee und Praxis. Während die Renaissance-Architekten die antiken Bauten als Musterbeispiele studierten und die Historiker der Aufklärung sie als Lektionen verstanden, konnten es die Architekten des 19. Jahrhunderts nicht erwarten, sie in ihren Originalzustand zurückzuversetzen.*

*Eine Erklärung für ihre Ungeduld könnte das Zeitalter sein, in dem sie lebten. Es war eine Zeit beispielloser Umwälzungen. Die Französische Revolution von 1789 zerschlug das Ancien Régime und brachte eine vollkommen neue Welt hervor, in der die Zeitrechnung wieder bei null begann. Die industrielle Revolution gab der Welt eine neue Gestalt und veränderte ein für alle Mal die Beziehung zwischen Menschen und Din-*

*gen. In einer solchen Zeit musste ein Bauwerk, das in einer vergangenen Ära errichtet worden war, wie ein kostbares Relikt einer Lebensweise wirken, die rasch verschwunden war.*

*Der Parthenon wurde nur zu einer Ruine restauriert, aber Notre-Dame de Paris, ein weiteres Heiligtum, das einer Jungfrau gewidmet war – außerdem war die Kirche für kurze Zeit ein Tempel der Vernunft und der Weisheit –, ist das Paradebeispiel für eine vollständige Restaurierung nach der Art des 19. Jahrhunderts. Während von Klenze den Parthenon von barbarischen Auswüchsen befreite, versuchte Viollet-le-Duc, Notre-Dame die Pracht zurückzugeben, die ihr von Barbaren einer jüngeren Generation geraubt worden war.*

*Aber Notre-Dame war nicht der Parthenon. Die Kathedrale, deren Bau Jahrhunderte gedauert und deren Gestalt sich laufend gewandelt hatte, war nie eine makellose Jungfrau gewesen. Die restaurierte Notre-Dame war eine willkürliche Fiktion. Diese Kombination aus Roman und Wissenschaft wäre den Steinmetzen, die den Bau ursprünglich begonnen hatten, unverständlich gewesen. Wie* Der Traum des Architekten *ist diese Restaurierung weniger für den großen historischen Überblick als für den historischen Zeitpunkt bezeichnend, zu dem sie stattfand.*

Im Jahr 1963 grub der Autor und Möchtegern-Revolutionär Guy Debord eine kleine, aber aufschlussreiche historische Fußnote aus. In einem Pamphlet mit dem Titel »Auf den Kehrichthaufen der Geschichte« schrieb er über die Kommune von 1871:

> »Die Geschichte der Brandstifter, die in den letzten Tagen der Kommune aufbrachen, um Notre-Dame zu zerstören, dort jedoch auf ein bewaffnetes Bataillon von Künstlern der Kommune trafen, ist ein aufschlussreiches Beispiel für die direkte Demokratie. […] War es richtig von diesen Künstlern, dass sie im Namen zeitloser ästhetischer Werte – und letzten Endes im Namen der Museumskultur – eine Kathedrale verteidigten, während andere mit der Zerstörung dieser Kathedrale ihre vollkommene Ablehnung einer Gesellschaft zum Ausdruck bringen wollten, die in ihrer Blütezeit die Absicht gehabt hatte, das gesamte Leben der Unterdrückten dem Schweigen und dem Vergessen zu überantworten?«[80]

Es war nur ein Splitter einer Geschichte, und niemand weiß genau, was wirklich geschah. Es heißt, die Kommunarden seien in die Kathedrale eingedrungen und hätten sämtliche Kirchenbänke aufgestapelt und angezündet. Aber das Gebäude ist immer noch da, während die Kommune längst verschwunden ist. Allerdings liegt auf der Hand, warum die Kommunarden Notre-Dame möglicherweise angriffen: Wenn es ein Symbol für all das gab, was der Freiheit, der Gleichheit und der Brüderlichkeit im Weg stand – der Vernunft und dem Fortschritt und all dem –, so war es diese Kathedrale.

*

Notre-Dame erhob sich über das Paris der Kommune, wie sie sich seit Jahrhunderten über Paris erhob. Die Westfront der Kathedrale war eine wankende Stadt, in der ein Bauwerk auf das andere geschichtet war, ein vertikales Labyrinth, bevölkert von sämtlichen Kreaturen, die einst die Phantasie der mittelalterlichen Menschen heimgesucht hatten. Um die drei Tore im Westportal drängten sich Scharen von Engeln – und dazu Heilige, Märtyrer sowie Verkörperungen der Tugenden und der sieben Todsünden. Über den Toren hatten die Heilige Anna und ihre Tochter, die Heilige Jungfrau, Platz gefunden. In der Mitte hatte Jesus Christus den Vorsitz über das Jüngste Gericht. Über den Portalen standen alle Könige Israels in einer Reihe, und über der Galerie der Könige stand die Königin des Himmels, flankiert von zwei Schutzengeln. Die Fensterrose in ihrem Rücken wirkte wie ein Glorienschein. Noch weiter oben, über der Rosette, verlief quer über die Westfront eine weitere Galerie, ein Wald aus kleinen Säulen und Spitzbögen, ein Horst brütender Wasserspeier, missraten, hässlich und ergreifend traurig. Über dieser Menagerie aus Stein erhoben sich zwei gewaltige Türme, die von schmalen Spitzbogenfenstern durchbrochen waren, damit die Glocken, die darin hingen, in ganz Paris zu hören waren. Und wie von dieser Musik angeregt, wuchsen Ranken, Blätter und sonderbare Geschöpfe aus dem Stein. Und über all dem verschmolz eine Turmspitze mit dem Himmel über Paris, der so grau war wie Stein und Blei.

Das wesentliche Merkmal des Innenraums von Notre-Dame war das Dämmerlicht. Hohe Buntglasfenster hoben sich von Mauern ab, die vom Kontrast fast rabenschwarz gezeichnet wurden. Die Fenster säumten das Kirchenschiff wie farbenfrohe

Banner, die für einen Festtag aufgehängt waren. Darunter öffneten sich zu beiden Seiten des Hauptschiffs zweireihige Seitenschiffe mit zahllosen, aufwendig ausgemalten und kunstvoll gestalteten Kapellen, die zahlreichen Heiligen und Kulten geweiht waren. Auf halbem Weg zum Altar wurde das Langhaus von einer Vierung unterbrochen. Das südliche Querschiff endete in einer großen Fensterrose, einem Kaleidoskop aus Buntglas und Stein. Die warmen Farben dieser zauberhaften Wand erzählten die Geschichten aus dem Neuen Testament, die von der Figur Christi im Zentrum ausgingen. Das nördliche Querschiff wurde ebenfalls von einer Rosette beleuchtet, in deren Mittelpunkt die Heilige Jungfrau mit dem Kind auf dem Knie thronte. Um dieses Bild des neuen religiösen Systems waren in konzentrischen Kreisen die Vertreter des alten angeordnet: die Propheten, Könige und Hohepriester Israels.

Hinter dem Querschiff endete das Hauptschiff im Halbkreis der Apsis, wo der Hochalter stand, der »Unserer lieben Frau von Paris« gewidmet war. Hinter dem Altar fiel die Morgensonne durch hohe Fenster in die Kirche. Die Apsis war der Kopf der Kirche, und das gesamte Gebäude hatte die Form des mit ausgestreckten Armen am Kreuz hängenden Sohns Gottes: Die Steinrippen des Gewölbes bildeten sein Skelett, und die bemalten Wände und das bunte Glas, die sich dazwischen erstreckten, waren sein lebendiger Körper.

Dieser göttliche Körper enthielt Bilder aller Dinge, die der Christenheit bekannt waren. Im Osten warf die aufgehende Sonne ihr Licht auf den Auferstehungsaltar. Im Westen beleuchtete die sanfte Glut der untergehenden Sonne die Visionen des Jüngsten Gerichts. Die Propheten und Patriarchen des Alten Testaments hatte man ins Zwielicht des Nordens verbannt, während die Apostel und Heiligen des Neuen Testaments im warmen Licht aus dem Süden badeten. Die Lehren der Heiligen Schrift, die der Besserung des Menschen dienten, waren nahe am Boden abgebildet, wo die Gläubigen sie genau studieren konnten, während an den Außenmauern hoch in den Steilwänden und Klippen der Kirche all die Ungeheuer aus den alten Überlieferungen, die Wesen mit den Ziegenbärten und Hörnern, den Fledermausflügeln und den Gesichtern im Hinterteil wohnten. Kein Wunder, dass die Kommunarden dieses Bauwerk zerstören wollten.

*

Die Kathedrale mochte mittelalterlich wirken, aber diese Inkarnation von Notre-Dame de Paris war erst 1864, sieben Jahre vor Gründung der Kommune von 1871, fertig geworden. Die Architekten Eugène-Emmanuel Viollet-le-Duc und Jean-Baptiste Lassus waren im Jahr 1843 vom Ministerium für Justiz und Kultus mit der Restaurierung der bestehenden Kathedrale beauftragt worden und hatten keine Mühen gescheut, um ihr ein möglichst authentisch wirkendes mittelalterliches Aussehen zu verleihen. In seinem Projektbericht an das Ministerium erklärte Viollet-le-Duc: »Der Künstler muss vollkommen in den Hintergrund treten, er muss seinen eigenen Geschmack und seine Neigungen vergessen, um seinen Gegenstand zu studieren und den Vorstellungen, die dem zu restaurierenden Bau zugrunde lagen, auf den Grund zu gehen.«[81] Seine Vorgehensweise beruhe nicht auf der Vorstellungskraft, sondern auf der Analyse der historischen Zeugnisse. Er fuhr fort:

> »Diese eingehende Untersuchung war notwendig, um Vorstellungen zu erklären, zu vervollständigen und vielfach zu berichtigen, die ausschließlich auf Textquellen beruhten, denn ein Text ermöglicht allzu oft unterschiedliche Auslegungen oder ist unverständlich. Die archäologischen Zeugnisse hingegen, die in den Steinen des Bauwerks festgehalten sind, bleiben trotz der oft schwierigen Datierung unstrittig und liefern uns genaue Informationen.«[82]

Viollets Restaurierung bestand im Grunde aus zwei Eingriffen: Zum einen mussten die Ablagerungen von Jahrhunderten entfernt werden, zum anderen mussten im Lauf der Zeit entfernte Bauelemente wieder an ihren Platz gesetzt werden. Der erste Eingriff war eine archäologische Herausforderung, aber noch schwieriger war es, die Dinge, die entfernt worden waren, mit wissenschaftlicher Präzision zu ersetzen. All die Skulpturen an der Westfront waren von Händen geschaffen worden, die vor Jahrhunderten zu Staub zerfallen waren, und der Stein, aus dem sie bestanden hatten, war aus Steinbrüchen gekommen, die seit langem erschöpft waren oder mittlerweile unter den Vororten der wachsenden Stadt begraben lagen. All die bunten Glasscheiben, die einst das Kirchenschiff gesäumt hatten, hatten Darstellungen enthalten, über die es keine Aufzeichnungen gab. Nicht nur der Inhalt dieser enzyklopädischen Bibliothek des mittelalterlichen Geistes war verlorengegangen, sondern auch das Material, aus dem sie bestanden hatte, und die Fertigkeiten, mit denen sie erzeugt worden war.

Viollet missbilligte die Versuche, das Verlorene durch selbstgestaltete Ornamente aus zeitgenössischem Material zu ersetzen, das nicht zum ursprünglichen passte. »Denn man kann die Form unmöglich mit einem anderen Material erhalten«, schrieb er. »Gusseisen kann das Erscheinungsbild von Stein genauso wenig wiedergeben wie Eisen vortäuschen kann, Holz zu sein.«[83] Daher restaurierte Viollet Notre-Dame mit Hilfe von Material und Techniken, die den seiner Meinung nach authentischen am nächsten kamen. Was die Form der Skulpturen und anderer verlorener Bauelemente anbelangte, schrieb er:

> »Daher sind wir der Meinung, dass die Statuen, welche die großen Tore, die Galerie der Könige und die Pfeiler schmückten, nur ersetzt werden können, indem die erhaltenen Statuen entsprechender Bauwerke aus derselben Ära sorgfältig kopiert werden. Es gibt Modelle in Chartres,

> Reims, Amiens und vielen anderen Kirchen Frankreichs. Diese Kathedralen dienen uns auch als Modelle für das in Notre-Dame zu ersetzende Buntglas, Modelle, die unmöglich zu imitieren sind, während es klug ist, sie zu kopieren.«[84]

Die Kathedrale von Notre-Dame, die im Jahr 1864 fertiggestellt wurde, war das Ergebnis akribischer Forschung. Die Kommunarden, die sieben Jahre später kamen, um eine mittelalterliche Kathedrale zu zerstören, sahen nicht, dass dieses Bauwerk nur ein Phantom jener Kirche war.

*

Die restaurierte Notre-Dame de Paris war ein Meisterwerk der kunsthistorischen Forschung, aber den Anstoß zu dieser Arbeit hatte etwas anderes gegeben, nämlich eine Liebesgeschichte. Victor Hugo hatte im Jahr 1829 mit der Arbeit an seinem Roman *Der Glöckner von Notre-Dame* begonnen. Der Held der im Jahr 1482 spielenden Geschichte lebte in der Kathedrale, seit er als Baby auf ihren Stufen gefunden worden war. Für Quasimodo war Notre-Dame die Welt, und er verließ diese Welt kaum einmal:

> »Er träumte von keinen anderen Spalieren als von den immer im Farbenglanz schimmernden Kirchenfenstern, von keinen anderen Schatten als denjenigen des steinernen Blattwerkes, das sich, mit Vögeln überladen, in dem Büschel der sächsischen Kapitäle auf- und niederzieht; von keinen anderen Bergen als den kolossalen Türmen der Kirche, von keinem anderen Meere als dem zu seinen Füßen brausenden Paris.«[85]

Und tatsächlich hatte Quasimodo Ähnlichkeit mit der Notre-Dame zu Victor Hugos Zeit, denn er wirkte »wie ein gebrochener und schlecht wieder zusammengesetzter Riese«. Die Heldin des Romans war eine tanzende Zigeunerin namens Esmeralda, und auch sie hatte Ähnlichkeit mit Notre-Dame, zumindest mit der Notre-Dame, wie sie in Hugos Vorstellung im Jahr 1482 ausgesehen haben mochte, denn sie besaß eine sonderbare und exotische Schönheit, die jeden in ihren Bann schlug. Aber die eigentliche Heldin der Geschichte war Notre-Dame de Paris selbst, und Hugo wusste, wie sein Roman enden würde: mit der Zerstörung aller Hoffnungen des Buckligen, der Zigeunerin und der Kathedrale.

Esmeralda wird unter einem fadenscheinigen Vorwand in die Irre geführt und von den skrupellosen Männern missbraucht, die vorgeben, sie zu verehren. Nachdem sie als Hure, Hexe und Mörderin zum Tod verurteilt worden ist, steht sie in Erwartung ihrer Hinrichtung im weißen Büßerhemd vor der Kathedrale, als Quasimodo an einem Seil herabschwingt und sie entführt. Die beiden fliegen an den Portalen, an der Galerie der Könige und an der großartigen Rosette in der Westfront vorbei, hinauf zu den Wasserspeiern, in deren abscheulicher Gesellschaft Quasimodo sein Leben fristet. Hier findet Esmeralda Zuflucht, und Quasimodo beschützt sie.

Aber die Geschichte endet nicht gut. Der Pöbel von Paris glaubt, Quasimodo habe das schöne Zigeunermädchen geraubt, und beschließt, sie aus seinen Klauen zu retten. Die Menge rennt gegen die Westfront von Notre-Dame an, aber die Tore der Kathedrale widerstehen dem Angriff wie die Tore einer großen Stadt, die einem Belagerungsheer trotzen. Doch Notre-Dame widersteht nicht nur, sie wehrt sich auch: Ihre Wasserspeier erbrechen eine höllische Galle aus geschmolzenem Blei, die sich über das Volk ergießt, und zwischen den beiden Türmen schlagen Flammen empor. Das Gemäuer der Kathedrale beteiligt sich an der Verteidigung und lässt Schiefertafeln und Balken auf die Belagerer herabregnen. Der Pöbel muss sich zurückziehen.

Doch einem jungen Mann gelingt es, die Galerie der Könige zu erklimmen. Er jubelt über seinen Erfolg, aber bevor er sich versieht, ist einer der steinernen Könige zur Stelle, packt ihn an den Füßen und schleudert ihn über den Balkon. Quasimodo erscheint auf der Galerie und hält den leblosen Körper des Opfers empor, denn es war nicht »Unsere liebe Frau von Paris«, die sich verteidigte, sondern ihr buckliger Schutzgeist. Er kehrt der entsetzten Menge den Rücken und läuft in die Kirche zurück, hastet durch die Gänge und über Simse zurück zu Esmeraldas Versteck – doch seine Zigeunerdame von Paris ist fort.

Soldaten zerstreuen die Menge, die Ordnung wird wiederhergestellt. Am folgenden Morgen öffnen die Bürger von Paris die Türen und Fensterläden ihrer Häuser. Auf dem Vorplatz der Kathedrale

> »standen ein paar alte Frauen mit ihren Milchtöpfen in den Händen und betrachteten erstaunt die Verwüstungen an dem großen Portal von Notre-Dame und die beiden Bäche von Blei, die in den Steinritzen erstarrt waren. Das war alles, was von dem nächtlichen Tumult übriggeblieben war. Der von Quasimodo zwischen den beiden Türmen angezündete Holzstoß war erloschen.«[86]

Von der Galerie der Chimären an der Spitze von Notre-Dame blickt Quasimodo über die Stadt. In der Ferne sieht er die Zigeunerin am Galgen hängen und unter ihrem weißen Kittel im Todeskampf zucken, und mit einem Schluchzen, das seine Brust erbeben lässt, sagt er: »Ach, alles, was ich geliebt habe!«[87]

Hugo hatte eine Elegie auf eine Notre-Dame verfasst, die es seit langem nicht mehr gab, aber seine Romankathedrale war auch eine großartige moderne Erfindung. Der Roman war im Januar 1831 fertig und wurde ab März zum Verkauf angeboten. Das Buch war ein gewaltiger Erfolg, und Tausende Menschen verschlangen nicht nur die Tragödie der beiden Damen von Paris, sondern suchten auch den Ort auf, an dem sich all das zugetragen hatte. Sie konnten nicht anders, als in ihrer Vorstellung zu errichten, was Hugo geschildert hatte, und dabei die Eingriffe seit dem Jahr 1482 zu ignorieren. Sie dachten sich den zerstörten glänzenden Schmuck der Kirche. Im Jahr 1837 sagte die Herzogin von Orléans zum Autor: »Ich habe *Ihre* Notre-Dame besucht.«

Hugo hatte das Bauwerk in *Der Glöckner von Notre-Dame* verwandelt, und es dauerte nicht lange, da verlangte seine Leserschaft, dass die Steine der Kirche sich den Worten in seinem Buch anpassten. Im Jahr 1845 machten sich Viollet-le-Duc und Lassus ans Werk, um diese Forderung zu erfüllen.

*

Es gab viel zu tun, denn die Kathedrale in dem Roman war unter mehreren Jahrhunderten der »Blindheit der Zeit und der Dummheit der Menschen« begraben, wie Hugo es ausdrückte. Ein spektakuläres Gemälde von Jacques-Louis David aus dem Jahr 1804 zeigt, wie die Kirche aussah, bevor Viollet-le-Duc an die Arbeit ging. Auf diesem Bild ist das mittelalterliche Schnitz- und Maßwerk, in dem Quasimodo und Esmeralda ihr fiktives Versteck fanden, nicht zu sehen, denn diese Elemente sind unter rotem und weißem barocken Marmor versteckt. Die Apsis ähnelt am ehesten einem der überladenen Salons in Versailles oder einer Opernkulisse.

Auf Davids Bild ist ein zierlicher Napoleon Bonaparte zu sehen, der in einer Geste, die an Karl den Großen erinnern soll, eine Krone auf den Kopf seiner Frau Josephine setzt. Der Papst selbst wohnt der Szene bei, und in den Seitenschiffen der Kirche drängen sich die Großen Frankreichs.

Davids Gemälde verrät nichts über das Entsetzen und die Faszination, die den bei der Krönung Anwesenden angesichts von Napoleons schamloser Aneignung der Szenerie und der Requisiten des Ancién Regime ins Gesicht geschrieben standen. Es heißt, einer der Gäste, ein ehemaliger General der Französischen Revolution, habe vernehmlich gemurmelt: »Was für eine Schande, dass die 300 000 Franzosen, die gestorben sind, um einen Monarchen vom Thron zu stoßen, die Früchte ihres Opfers nicht ernten können!«[88] Es ist nicht überliefert, was nach der Zeremonie mit ihm geschah.

Zehn Jahre später schritt Ludwig XVIII. – ein wirklicher König – das Hauptschiff von Notre-Dame entlang. Er wollte Gott mit einem Gebet für seine Krönung und die Wiederherstellung der Monarchie danken, nachdem Frankreich ein Vierteljahrhundert lang eine gescheiterte Republik und ein Ersatzkaisertum gehabt hatte. Die Kathedrale wirkte mittlerweile ebenso schäbig und kitschig wie eine gemalte Theaterkulisse, wenn nach der Vorstellung das Licht im Saal angeht. Im Jahr 1830 wiederholte sich die Geschichte fast in Miniatur: Karl X. wurde in der dreitägigen Julirevolution gestürzt, und für einen Augenblick sah es so aus, als könnte die Republik wiederhergestellt werden. Aber es kam nicht dazu, und Karls Vetter Ludwig Philipp von Orléans wurde auf den Thron gesetzt.

In jenem Sommer beschloss der junge Victor Hugo, dem die scheinbare Zerbrechlichkeit der restaurierten Monarchie Sorgen bereitete, dass seine Phantasie Notre-Dame de Paris erhalten musste, wenn die Geschichte nicht dazu in der Lage war. Also schloss er sich in seiner Wohnung ein und begann zu schreiben.

*

Hugos von Buckligen und schönen Zigeunerinnen bevölkerte Phantasie war ein Paradebeispiel an romantischer Fiktion. Aber seine zeitgenössischen Leser wussten nur zu gut, dass seine Geschichte auf historischen Ereignissen beruhte, die obendrein nicht allzu lange zurücklagen.

Am 23. Oktober 1793, auf dem Höhepunkt der Revolution, schickte die Kommune von Paris das Volk nach Notre-Dame. Der Erzbischof von Paris trat vor die Menge, zerriss sein Ornat und erklärte, es solle keine Religion außer jener der Freiheit geben.

Dann kletterten die Leute wie die Tollköpfe in Victor Hugos Roman auf die Galerie der Westfassade und stießen die 28 Königsstatuen von ihren Sockeln. Die zerschmetterten Monarchen wurden enthauptet und verstümmelt in die Seine geworfen oder in der Rue de Santé als Poller ins Straßenpflaster gepflanzt.

Die Kathedrale war zu diesem Zeitpunkt bereits ein Wrack. Drei Jahre früher, im Februar 1790, war der Hochaltar von Notre-Dame durch einen Altar des Vaterlands ersetzt worden. Das Volk versammelte sich dort, um den Eid auf die Nation abzulegen, und sogar Ludwig XVI., der christlichste aller Könige, musste diesen Eid leisten. Im November desselben Jahres wurde die Ausweisung der Geistlichen aus der Kathedrale angeordnet. Kurz nachdem sie die Kirche verlassen hatten, kamen die Vertreter des Volkes und beschlagnahmten sämtliche Utensilien des christlichen Aberglaubens. Sie entfernten die Bildnisse Christi, der Heiligen Jungfrau, der Heiligen und der Aristokraten, die diese Heiligen verehrt hatten, und schickten sie ins Antiquitätenmuseum, das sie in einem alten Kloster eingerichtet hatten, denn dorthin gehörte derartiger Unfug ihrer Meinung nach. Die Vertreter des Volkes rissen Kerzenhalter, Reliquienschreine und Lampen aus ihren Verankerungen und brachten sie zum Nationalen Schatzamt, wo Gold, Silber und Bronze zum Nutzen der Republik eingeschmolzen wurden. Im Jahr darauf wurde auch die Kirchturmspitze abmontiert, um das Blei einzuschmelzen und Munition daraus zu gewinnen. Doch erst am 10. November 1793 war die Umwandlung von Notre-Dame vollendet.

An jenem Tag kauerte eine Diva aus der Comédie Française hinter einer Pappkulisse und wartete auf das Zeichen für ihren Auftritt. Es war dunkel und heiß, die phrygische Mütze drückte ihre hübschen Locken platt, und das griechische Gewand rutschte ihr immer wieder von den Schultern, aber Mademoiselle Maillard war an derartige Unannehmlichkeiten gewöhnt. Außerdem geschah all dies im Namen der Revolution. Als sie ihr Stichwort hörte, trat Mademoiselle Maillard vor und platzierte sich vor die

Tür eines eilig zusammengebastelten Belvederes, das die Inschrift »À la Philosophie« trug. Ihr zur Seite standen Gipsbüsten von Rousseau und Voltaire. Der Tempel befand sich auf einem felsigen Berg, und Mademoiselle Maillard bahnte sich ihren Weg zu einem Thron, um dort Schild und Speer der Athene an sich zu nehmen. Dort saß sie nun reglos wie eine Statue, während ihr der Chor der Comédie und die Volksvertreter Opfer darbrachten und ihren Namen riefen: »Vernunft! Vernunft!« Die Novembersonne, die durch die Lichtgaden drang, tauchte die Göttin und ihren blassen Tempel in ein leidenschaftsloses, rationales Licht.

Nachdem die Vertreter des Volkes der Göttin der Vernunft gehuldigt hatten, hoben sie Mademoiselle Maillard hoch und trugen sie in westlicher Richtung durch das Hauptschiff ihres Tempels. Die Göttin wanderte von Schulter zu Schulter, und hin und wieder fiel das Licht auf ihre blasse griechische Robe. Dann flog ein schweres Holztor auf, und die Göttin der Vernunft fand sich in der kühlen Herbstluft wieder, um hoch über dem stinkenden Schlamm und dem übelriechenden Pöbel, der ihren Namen skandierte, auf den Platz hinauszuschweben.

Hinter der Göttin ragte die Fassade ihres Tempels wie eine große Stadt empor, in der sich zerstörte Gebäude türmten, und an diese Ruinen klammerten sich die verstümmelten Überreste der besiegten Feinde der Vernunft. Die Tore wurden von Figuren gesäumt, denen die Flügel gestutzt und die Köpfe abgeschlagen worden waren und denen man die anachronistischen Zepter aus den Händen gerissen hatte. Über dem Mittelportal saß ein verunstalteter Christus, der beim Jüngsten Gericht religiöse Willkür obwalten ließ. In der Galerie darüber fehlten sämtliche Figuren, und der Sockel im Herzen der Fensterrose war leer. Die Türme waren mit steinernen Stümpfen übersät: Hier und da ragte eine Klaue oder ein Fledermausflügel aus einem Pfeiler hervor und erinnerte das in der Tiefe versammelte Volk daran, dass die Ungeheuer erwachen, wenn die Vernunft schläft.

Ein Jahr später schlug Jacques-Louis David, der Mann, der in der Revolution als Schiedsrichter des guten Geschmacks fungierte – und später auch den Schiedsrichter des guten Geschmacks in Napoleons Imperium geben sollte –, den Bau eines Monuments vor, mit dem die Umwandlung der Kathedrale in einen republikanischen Tempel gefeiert werden sollte. Herkules, das Symbol der revolutionären Macht, würde sich an der Spitze der Île de la Cité auf dem Gipfel eines Berges erheben, und dieser Berg würde aus den zerschmetterten Engeln und Heiligen bestehen, die von Notre-Dame hinabgestürzt worden waren. Dann wäre der Sieg der Vernunft über die reaktionären Kräfte der Religion vollkommen.

*

Es war ein Sieg, der sich fast ein Jahrhundert lang abgezeichnet hatte. Kardinal de Noailles, Anfang des 18. Jahrhunderts Erzbischof von Paris, war ein charmanter, geistreicher und sehr reicher Mann gewesen. Er war ein Anhänger des Jansenismus, einer Lehre, die das Theatralische der traditionellen Religion ablehnte und für ein Christentum eintrat, das seine Anhänger mit Vernunft aufklären sollte, anstatt sie durch Mysterien und Rituale zu betäuben. Zu der Zeit, als Noailles den Bischofsstuhl einnahm, war Notre-Dame voll von Gegenständen zur Pflege der Mysterien und Rituale. Könige, Adlige, Geistliche und Gilden hatten im Kirchenschiff Votivgeschenke angehäuft: Gemälde, Statuen, Grabsteine und Metallarbeiten. Ludwig XIV. hatte sogar den gesamten Altarraum der Kathedrale in barocke Marmorarkaden kleiden lassen, die später als Kulisse für die opernhaften Inszenierungen rund um Napoleon und Mademoiselle Maillard dienen sollten. Die Kathedrale war dunkel und überladen. Noailles war der Meinung, dass sie dringend der Aufklärung bedurfte.

In den zwanziger Jahren des 18. Jahrhunderts ordnete Noailles an, den Boden von Notre-Dame, der durch unzählige Bestattungen uneben und im Lauf der Jahrhunderte vom Schlurfen unzähliger Füße abgewetzt worden war, mit weißem Marmor auszulegen, der das Licht, das in das Kirchenschiff fiel, zurückwerfen würde. Er ließ die über Jahrhunderte durch Kerzen- und Weihrauch geschwärzten Wände der Kathedrale mit Kalkfarbe streichen, so dass die Sonnenstrahlen auf strahlende Oberflächen fallen und die zum Gebet versammelte Gemeinde in Licht hüllen konnten.

Noailles' Nachfolger traten in seine Fußstapfen. Im Jahr 1741 wurden die Buntglasscheiben aus den Lichtgaden entfernt und durch Weißglas ersetzt. Der Großteil der Scheiben, auf denen schließlich nur kindische Geschichten für Einfältige dargestellt waren, wurde zerschlagen und verschwand spurlos. Auch die bröckelnden Wasserspeier, die das Äußere der Kathedrale entstellten, wurden entfernt, denn in den siebziger Jahren des 18. Jahrhunderts war es hin und wieder vorgekommen, dass eines dieser scheußlichen Ungeheuer auf das Pflaster herabstürzte und die Damen erschreckte. Von nun an schoss das Wasser, das der Nieselregen des Frühlings und die Sommergewitter über Paris entluden, nicht mehr aus den Mäulern der Untiere, sondern wurde unauffällig über moderne Abflussrohre aus Blei abgeleitet.

Als im Jahr 1789 die Revolution begann, war der Großteil der barbarischen Merkmale der Kathedrale von Notre-Dame bereits versteckt oder entfernt worden. Die Revolutionäre mussten nur noch ein paar letzte Pinselstriche setzen, um ihren Tempel der Vernunft zu vervollkommnen.

*

Viollet-le-Ducs Aufgabe war es, Notre-Dame wieder in den Zustand zu versetzen, in dem sich die Kathedrale befunden hatte, bevor die Zeit und der Mensch mit ihrem Zerstörungswerk begonnen hatten. Er nahm an, dass Notre-Dame einst das Bauwerk gewesen war, das den Erbauern vorgeschwebt hatte; diesen Zustand hofften Viollet-le-Duc und Lassus nun wiederherzustellen. Das Problem war, wie man feststellen konnte, wer die ursprünglichen

Erbauer gewesen waren und was ihnen vorgeschwebt hatte. Denn dieser Tempel der Mutter Gottes war anders als jener auf der Akropolis nicht nach einem einzigen Entwurf gebaut worden.

Die Arbeiten an Notre-Dame hatten im Jahr 1163 begonnen, als Maurice de Sully, der Bischof von Paris, mit seinem Hirtenstab einen Grundriss in den Boden der Île de la Cité zeichnete. Doch es gab wesentliche Unterschiede zwischen Sullys Kathedrale und der Notre-Dame, die Hugo und Viollet kannten und liebten. Wo sie beim Blick nach oben hohe Lichtgaden sahen und sich strahlende Farben von Buntglasfenstern vorstellten, hatte Sully eine massive Wand mit sehr viel kleineren Fenstern bauen lassen. Wo Hugo und Viollet das vielschichtige äußere Gerüst von Schwibbögen bewunderten, hatten Sullys Steinmetze einfach massives Mauerwerk aufgetürmt, um die Gewölbe im Inneren zu stabilisieren. Die ursprüngliche Notre-Dame war nicht jenes Gefäß des Lichts, jenes Skelett aus feinen Steinrippen und bunt schimmerndem Glas gewesen, das die Bewunderung des 19. Jahrhunderts weckte, und der ursprüngliche Bauherr Maurice de Sully hatte sich seine Kirche auch nie so vorgestellt.

Sully starb im Jahr 1196, 33 Jahre, nachdem er mit seinem Bischofsstab die Stelle markiert hatte, an der seine Kirche entstehen sollte. Nach seinem Tod kamen die Arbeiten für kurze Zeit zum Stillstand; zu diesem Zeitpunkt waren lediglich der Altarraum und drei Joche des Langhauses fertig. Im Jahr 1200 wurden die Bauarbeiten wieder aufgenommen, und eine neue Generation von Steinmetzen nahm die Fertigstellung des Hauptschiffs in Angriff. Als sie das große Loch an der Westseite der Kathedrale schlossen, wurde das Innere dunkler und dunkler. Bald war klar, dass die kleinen Lichtgadenfenster nicht genug Licht in das Kirchenschiff ließen, weshalb die Steinmetze beschlossen, sie zu vergrößern.

Diese Änderung an der Gestalt des Gebäudes warf neue Probleme auf. Als die Fenster des Kirchenschiffs noch klein gewesen waren, hatte die Kathedrale eine starke Struktur gehabt, da die hohen Gewölbe von massiven Mauern gestützt worden waren.

Doch als die Steinmetze daran gingen, die Lichtgadenfenster zu vergrößern, stellten sie rasch fest, dass sie die Wand in eine Glasfläche verwandelten, die nicht geeignet war, große Lasten zu tragen. Wenn die Gewölbe nicht einstürzen sollten, mussten die Steinmetze einen anderen Weg finden, um sie zu stützen.

Also entwarfen sie brückenartige Strebebögen – *arcs boutants* –, die den vom Gewicht der Gewölbe ausgeübten Druck, den Gewölbeschub, von den Wänden des Kirchenschiffs ableiteten und auf die äußeren Strebepfeiler verlagerten. Diese Pfeiler, bei denen es sich um Türme aus massivem Mauerwerk handelte, leiteten den Gewölbeschub vertikal zum Boden ab. Zusammen mit den Rippen des Gewölbes bildeten die Strebepfeiler einen robusten Steinkäfig, der nicht mehr durch Stützwände stabilisiert werden musste. Nun konnten die Steinmetze daran gehen, schwere Steinmassive in helle Glasfassaden zu verwandeln, die hoch oben im Kirchenschiff strahlten.

Und so löste sich die Gestalt von Notre-Dame de Paris von den Absichten Maurice de Sullys: Indem sie Vernunft und Erfahrung einsetzten, gelang es den Steinmetzen, den ursprünglichen Bau zu verbessern. Die abschließenden Joche des Kirchenschiffs füllten sich mit Licht, während sie auf der Außenseite ein phantastisches Skelett von Steinbögen und Pfeilern bildeten, das dem Himmel zustrebte. Und die Steinmetze von Notre-Dame waren so beeindruckt von ihrer Schöpfung, dass sie noch vor dem Abschluss der Arbeiten mit dem Umbau der Kirche begannen – besser gesagt, sie veränderten das, was sie bereits gebaut hatten, um es ihrem neuen Konzept anzupassen. Nun arbeiteten sie sich durch das Schiff zurück zum ursprünglichen Altar von Maurice de Sully und erweiterten sämtliche Lichtgadenfenster, damit das Licht in einen bis dahin dunklen Raum fluten konnte. Dann arbeiteten sie sich an den Seitenwänden der Kathedrale entlang, um ihre Schwibbögen und ihre Strebepfeiler hinzuzufügen, und wo zuvor nur schweres Mauerwerk gewesen war, löste sich das ganze Gebäude Schritt für Schritt in luftige Leichtigkeit auf.

Die Jahrzehnte verstrichen, und die Steinmetze arbeiteten weiter daran, die unfertige Kathedrale zu verändern. Victor Hugo schrieb über ihre Arbeit:

»Die großen Bauwerke, wie die großen Gebirge, sind das Werk der Jahrhunderte. Oft wandelt sich die Kunst, während sie noch ruhen; sie werden in Ruhe und Frieden fortgesetzt, entsprechend der umgewandelten Kunst. Die neue Kunst nimmt das Monument, wo sie es findet, verkrustet sich darin, gliedert sich ihm an, entwickelt es nach seiner Laune [...]. Der Mensch, der Künstler, das Individuum verwischen sich auf diesen großen Massen ohne Urhebernamen; die menschliche Intelligenz fasste sich darin zusammen und gestaltete sich darin zum Ganzen. Die Zeit ist der Baumeister, das Volk ist der Maurer.«[89]

Die Zeit blieb der Architekt von Notre-Dame: Nach Maurice de Sullys Tod wurde die Kathedrale über Jahrhunderte hinweg immer wieder neu erfunden und neu gebaut. Wenn Viollet-le-Duc einen Originalzustand finden wollte, in den die Kirche zurückversetzt werden konnte, so würde er ihn erfinden müssen.

*

Viollet-le-Duc stellte sich vor, wie der Altarraum der Kathedrale ausgesehen haben mochte, als Quasimodo und Esmeralda dort herumgegeistert waren. Napoleons Thron wurde hinausgeworfen, und der Tempel der Philosophie verschwand. Die gelbliche Tünche, mit der Kardinal de Noailles den Stein übermalt hatte, wurde entfernt. Für das Zentrum des Altarraums entwarf Viollet-le-Duc einen gotischen Altar, den er mit Kupferblech verkleidete und mit Edelsteinen verzierte. Es war, als wären vier Jahrhunderte ungeschehen gemacht worden.

Und dann wurde der Entwurf in die Tat umgesetzt. Die marmorne Kulisse des barocken Altarraums Ludwigs XIV. wurde herausgerissen, und dahinter kam ein Ring von gotischen Spitzbögen zum Vorschein, die zu denen im Kirchenschiff passten. Viollet-le-Duc befahl seinen Handwerkern, die gesamte weiße Tünche aus dem 18. Jahrhundert abzuschaben, und bald hatten Wände, die scheinbar nur aus bemalter Pappe bestanden hatten, das Gewicht und den Ernst des Steins wiedergewonnen.

Nun nahm Viollet-le-Duc ein weiteres Vorhaben in Angriff und gestaltete die Westfront von Notre-Dame so, wie sie seiner Meinung nach vor der Zerstörung der Skulpturen durch die Revolutionäre ausgesehen hatte. Seine Steinmetze machten sich ans Werk, damit all die verschwundenen Bewohner dieser großen himmlischen Stadt, all die Engel und Heiligen und die abscheulichen Wasserspeier wieder ihre angestammten Plätze einnehmen konnten. Und die Westfront wurde erneut zu einem Bild des mittelalterlichen Universums, der göttlichen Schöpfung, »von welcher sie den doppelten Charakter entlehnt zu haben scheint: Mannigfaltigkeit im Vereine mit Ewigkeit«, wie Hugo schrieb.[90]

Doch die schwierigste Frage war, was mit den freistehenden Strebepfeilern und den hohen Lichtgaden des Kirchenschiffs geschehen sollte. Diese Elemente waren nicht Bestandteil des ursprünglichen Bauprojekts von Bischof de Sully gewesen, weshalb Viollet-le-Duc vor einer schwierigen Wahl stand: Er konnte alle Spuren des späteren, beschwingteren Baus beseitigen und die Kathedrale in den von Sully beabsichtigten Zustand zurückversetzen, oder er konnte die Strebepfeiler stehen lassen und die Kirche in der veränderten Form wiederherstellen.

Viollet-le-Duc verwarf beide Optionen und wählte ein einfallsreiches Vorgehen: Er erfand eine Bauweise, welche die verschiedenen Erscheinungsbilder der Kathedrale in ihrer langwierigen Baugeschichte miteinander verband. Diese Strategie hatte praktische und archäologische Vorteile. Viollet-le-Duc behielt die Verbesserungen aus dem 13. Jahrhundert – die *arcs boutants* und hohen Lichtgaden – rund um das Kirchenschiff und die

Apsis bei. Anders ging er bei der Vierung vor. In den an die Vierung angrenzenden Jochen stellte er Sullys ursprüngliches Konzept der großen Flächen massiven Mauerwerks mit kleinen Fenstern wieder her. Die nach Sullys Entwurf wieder aufgebauten Joche wurden symmetrisch um das Zentrum der Kathedrale angeordnet, was ihm sowohl strukturell als auch im Auge des Betrachters Stärke verlieh und das Bauwerk um sein Zentrum herum festigte. Die in der Revolution niedergerissene Turmspitze über der Vierung ersetzte Viollet, womit er die Symmetrie der Komposition zusätzlich erhöhte und betonte, dass diese Kathedrale ein unversehrtes, jungfräuliches Ganzes war.

*

Doch Notre-Dame war nie zuvor ein Ganzes gewesen. Es hatte nie einen ursprünglichen, vollkommenen Zustand gegeben, der wiederhergestellt werden konnte. Die Notre-Dame, die Viollet-le-Duc im Jahr 1864 abschloss, war ein Versuch, ein bewegliches Ziel an einem Punkt zu fixieren, und die Archäologen und Kunsthistoriker bedauern, dass die Restaurierung die Versuche erschwert hat, die Geschichte der Kathedrale zu entwirren. Obwohl Viollet-le-Duc mit größter Sorgfalt vorging, war seine Arbeit weniger ein Ergebnis der historischen Forschung als eine romantische Fiktion, eine Allegorie, ein Manifest, das ebenso viel zerstörte, wie es bewahrte.

Und Viollet-le-Duc war sich dessen durchaus bewusst. Zum Stichwort »Restaurierung« schrieb es in seinem *Dictionnaire raisonné de l'architecture française du XIe au XVIe siècle*: »Der Begriff und die Sache selbst sind modern. Ein Bauwerk zu restaurieren bedeutet nicht, es zu erhalten, zu reparieren oder wieder aufzubauen; vielmehr bedeutet es, das Gebäude in einen Zustand der Ganzheit zu versetzen, in dem es sich zu keinem Zeitpunkt befunden haben kann.«[91]

Der berühmte englische Kunstkritiker John Ruskin war entsetzt und bezeichnete die Restaurierung als »eine falsche Vorstellung des zerstörten Werkes«:[92] Wenn Notre-Dame das Werk von Jahrhunderten war, dann gab es für die Beseitigung des Beitrags des 18. Jahrhunderts aus kunsthistorischer Sicht keine triftigeren Gründe als für den Abriss irgendwelcher anderen Umbauten. Mit der Beseitigung jener Schichten, die frühere Epochen zu ergänzen für nötig gehalten hatten, hinterging man diese rückwirkend. Und die Wiederherstellung der Dinge, die entfernt worden waren, war ebenfalls ein Verbrechen, denn dieser Eingriff beruhte auf dem widersinnigen Wunsch, die obsoleten Gesellschaften wiedererstehen zu lassen, die diese Dinge ursprünglich geschaffen hatten. Ruskins Schüler William Morris bemerkte dazu: »Sonderbarerweise finden wir die Vorstellung lächerlich, griechische Steinmetze könnten ein gotisches oder gotische Steinmetze könnten ein griechisches Bauwerk errichten, während wir es keineswegs absonderlich finden, dass viktorianische Handwerker ein gotisches Bauwerk schufen.«[93]

Ruskin schlug eine radikale Strategie vor. Man solle überhaupt nicht eingreifen oder nur das Unumgängliche tun. »Bewacht ein altes Bauwerk mit ängstlicher Sorgfalt; bewahrt es so gut wie angängig und um jeden Preis vor dem Zerfall [...]; bindet es mit Eisenklammern zusammen, wo es sich löst; stützt es mit Balken, wo es sich neigt; kümmert euch nicht um die Unansehnlichkeit solcher Stützen: besser eine Krücke als ein verlorenes Glied.«[94] Morris war noch radikaler: »Wenn es sich nicht mehr für die gegenwärtige Nutzung eignet [...], sollte man ein anderes Gebäude errichten, anstatt das alte zu verändern oder zu erweitern.«[95]

»Wir verstehen die Strenge dieser Prinzipien«, erwiderte Viollet-le-Duc, »und akzeptieren sie vollkommen – aber sie können nur dort gelten, wo wir es mit einer reizvollen Ruine ohne Zukunft oder gegenwärtigen Nutzen zu tun haben.«[96] Notre-Dame de Paris war jedoch keine reizvolle Ruine, sondern der wichtigste Tempel der fortschrittlichsten Nation auf der Erde. Die Kathedrale war in den verheerenden Tumulten der Revolution, die das alte vom modernen Regime trennten, entweiht worden; und so, wie es notwendig geworden war, die Monarchie wiederherzustellen, war es auch notwendig, den Sitz seiner religiösen Autorität wiederherzustellen.

Aber so wie die restaurierte Monarchie (und später das Zweite Kaiserreich) nichts mehr mit dem Ancien Régime zu tun hatte, war auch die restaurierte Kathedrale Notre-Dame keine Kopie des Originals. Sie war eine für das 19. Jahrhundert typische Phantasie, ein Manifest nicht des Mittelalters, sondern der Moderne. Viollet-le-Duc hatte die Freiheit, Geschmeidigkeit und Wissbegierde der gotischen Bauweise mit dem modernen Geist verglichen, und er drängte die Architekten seiner Zeit, ebenso einfallsreich zu sein wie die Steinmetze, die Notre-Dame erbaut hatten.

Für Viollet-le-Duc war die gotische Architektur eine moderne Architektur: Der Restaurator prophezeite Bauwerke der Zukunft, deren Helligkeit und Schlankheit sich mit der lichten Eleganz der filigranen Lichtgaden von Notre-Dame würden messen lassen können und deren strenge strukturelle Logik von den Gewölben und Strebepfeilern der mittelalterlichen Steinmetze inspiriert sein würde. Viollets Notre-Dame de Paris war so typisch für das Paris des 19. Jahrhunderts wie die Galeries Lafayette und die Glasdächer der Gare d'Orsay.

Es ist paradox, dass einige der Kommunarden von 1871 ihre Wut an dieser Kathedrale ausließen. Denn wenn sie ein Denkmal der Vernunft und des Fortschritts brauchten, hätten sie nur einen Blick auf die Gewölbe und Strebepfeiler von Notre-Dame werfen müssen.

# Die Hulme Crescents in Manchester

## Worin die Prophezeiungen eintreten

Erinnerung an die Zukunft.
*Fingiertes Cover einer Ausgabe von* The Architects' Journal *aus dem Jahr 1971 für eine Ausstellung über die Hulme Crescents im Jahr 2004.*

# Prophezeiung

*Lord Byron wünschte sich, die Dilettanti und die Gelehrten seiner Zeit würden den Parthenon in Ruhe sterben lassen. Sein Wunsch erfüllt sich. Der Tempel löst sich in Luft auf, und alle Restaurierungs- und Konservierungsarbeiten der Welt können sein Verschwinden nur hinauszögern.*

*Die Restaurierung war, wie Viollet-le-Duc erklärte, ein durch und durch moderner Umgang mit alten Bauten. Sie beruhte auf der Überzeugung, die Vergangenheit, die durch historische Umwälzungen von der Gegenwart abgekapselt worden war, sei ein legitimes Objekt des vorurteilsfreien Studiums. Die Architekten, die Viollets Erbe antraten (und einen Propheten der Modernität in ihm sahen), betrachteten seine Methoden spiegelverkehrt und schrieben Geschichten dessen, was kommen würde. Sie analysierten die Zukunft mit derselben Sorgfalt, die ihre Vorgänger im 19. Jahrhundert bei der Untersuchung vergangener Zeiten hatten walten lassen. Es war, als hätte sich Thomas Coles Architekt, ausgestreckt auf dem Kapitell seiner Säule, von den Monumenten Ägyptens, Griechenlands und Roms abgewandt und träumte stattdessen von den großartigen Bauten der Zukunft.*

*Im zeitlosen Traum des Architekten erscheinen alle Zeitalter gleichzeitig vor seinem Auge. Aber in der tatsächlichen Welt verdrängt jede Generation die vorangegangenen, nur um selbst von den folgenden verdrängt zu werden. Die Verwirklichung der fortschrittlichen Utopien der Moderne ging mit der Zerstörung all dessen einher, was ihr vorausgegangen war. Doch auch diese neue Welt verwandelte sich rasch in eine alte und wurde von anderen Visionen verschlungen.*

*Die Hulme Crescents in Manchester waren einst eine solche Utopie, eine Wirklichkeit gewordene Prophezeiung der Moderne – und als ein-*

*ziger der in diesem Buch behandelten Bauten sind sie mittlerweile verschwunden. Von ihnen ist nichts geblieben als Erinnerungen, die hinter Flüssigkristallbildschirmen aufbewahrt werden. Auf verstreuten Websites tauschen die ehemaligen Bewohner der Crescents Geschichten darüber aus, wie einst die Zukunft aussah.*

> »Hallo, guten Abend und willkommen in Hulme, Manchester, Großbritannien! Ich habe die große Ehre, allen Slumbewohnern mitteilen zu dürfen: Ihre Gebete wurden erhört. Willkommen im Paradiiiiies!«[97]

Wir sind im März 1993, und es sieht keineswegs wie das Paradies aus. Der Sucher der Videokamera blinzelt in die Dunkelheit und findet keinen Halt im flackernden Licht des brennenden Grases. Eine Prozession von Vermummten taucht aus den Flammen auf. Die Kamera zoomt ein unverhülltes Gesicht heran, das mit schwarzer und weißer Farbe verschmiert ist und lediglich eine Mischung aus Mitleid und Verachtung zeigt. Ein erstickter Schrei gellt durch die Nacht, und eine dumpfe Trommel schlägt den Takt für einen trübsinnigen Marsch.

Dann explodiert die feierliche Szene in grellem Stroboskopenlicht und dröhnender Musik, und die Slumbewohner von Hulme Crescents beginnen zu tanzen. Scheinwerfer erleuchten ein riesiges Gebäude: fleckige Betonplatten, glitzernde Glasscherben und dumpf schimmernde Sicherheitszäune. Quer über der Fassade des Gebäudes hängt eine weiße Leinwand, die vom Dach bis zum Boden reicht, und an der Oberkante dieses Leichentuchs mühen sich einige Personen mit einem sperrigen Gegenstand ab.

Ein Scheinwerfer nach dem anderen findet sein Ziel, der Rhythmus und der Lärm der Menge schwellen an. Die geisterhaften Figuren versammeln sich an der Brüstung und halten für kurze Zeit inne. Dann bewegen sie sich alle gleichzeitig und wuchten ihre Last – ein kleines weißes Auto – zur Dachkante. Dort schwankt es einen Augenblick, und dann birst die Betonbrüstung. Das Auto fällt vor dem Schirm in die Tiefe, so langsam, als würde es im Wasser versinken. Die Menge grölt, drängt vorwärts und begräbt das Wrack unter ihren Körpern. Die Explosionen in der Luft über ihnen bemerken die Leute kaum.

*

Es hätte nicht so kommen sollen. Damals, im Jahr 1971, als die Crescents eingeweiht wurden und sich alle Welt zum Tee im Zion Centre versammelte, hätte niemand dieses Ende voraussehen können. Damals hatte es den Anschein, als wären die Crescents eine wunderbare Offenbarung. Sie waren fristgerecht und im Rahmen der veranschlagten Kosten fertig geworden. Die Anlage sah großartig aus. Die *Manchester Evening News* pries unter der Überschrift »Eine kleine Stadt mit allem erdenklichen Komfort« einen »Komplex von Überführungen, Unterführungen und Zusammenführungen« und jubelte über »Häuser mit Zentralheizung und Doppelfenstern«. Dies war ein eigenständiges, friedliches »Refugium«, samt eigenen Spazierwegen, Läden und einer Bücherei.[98]

Es gab vier Crescents, vier Halbmonde, die jeweils 800 Meter lang waren und in einem riesigen offenen Park standen. Jedes dieser Gebäude war sieben Stockwerke hoch und bestand aus Hunderten Wohnungen, die allesamt den höchsten ergonomischen Ansprüchen an die Raumgestaltung entsprachen und über Veranden zugänglich waren, von denen aus man auf weite Grasflächen blickte. Die Schöpfer der Crescents, Hugh Wilson und Lewis Womersley, hatten ihre vier Gebäude nach großen britischen Architekten benannt: William Kent, John Wood, John Nash und Charles Barry. Wilson und Womersley hofften offenkundig, mit ihrem Werk Aufnahme in diesen illustren Kreis zu finden. Sie erklärten: »Unser Bestreben in Hulme ist es, für die Probleme des Lebens im 20. Jahrhundert eine Lösung zu finden, die jenen Ansprüchen genügen wird, die im 18. Jahrhundert die Bewohner von Bloomsbury und Bath erhoben.«[99] Das war ein kühnes Vorhaben: Die eleganten georgianischen Hausgruppen von Bloomsbury und Bath waren sehr weit von Hulme entfernt. Aber im Jahr 1971 schien alles möglich.

*

Auf die Crescents hatte die Menschheit lange warten müssen, aber die Zukunft lässt eben immer auf sich warten. Es war mehr als hundert Jahre her, seit ein junger deutscher Geschäftsmann namens Friedrich Engels in Manchester eingetroffen war. Sein Vater hatte ihn in der Hoffnung in diesen glühenden Schmelztiegel der industriellen Revolution geschickt, ein wenig Arbeit in der familieneigenen Fabrik werde dem jungen Mann seine naiven Ideale austreiben. Aber der Sohn verabscheute seine neue Tätigkeit, die keineswegs geeignet war, seine radikalen Ansichten zu ändern. Er tat sich mit einer gewissen Mary Burns zusammen, die ihn in all jene Stadtteile von Manchester führte, die seinem Vater völlig unbekannt waren. Der junge Engels war derart entsetzt von dem, was er dort zu sehen bekam, dass er seine Eindrücke in einem Buch schilderte. In *Die Lage der arbeitenden Klasse in England* zeichnete der Autor ein lebhaftes Bild der Situation:

> »In einem ziemlich tiefen Loche, das in einem Halbkreis vom Medlock und an allen vier Seiten von hohen Fabriken, hohen bebauten Ufern oder Aufschüttungen umgeben ist, liegen in zwei Gruppen etwa 200 Cottages, meist mit gemeinschaftlichen Rückwänden für je zwei Wohnungen, worin zusammen an 4000 Menschen, fast lauter Irländer, wohnen. […] [E]ine Unmasse Unrat, Abfall und ekelhafter Kot liegt zwischen stehenden Lachen überall herum, die Atmosphäre ist durch die Ausdünstungen derselben verpestet und durch den Rauch von einem Dutzend Fabrikschornsteinen verfinstert und schwer gemacht. […] Das Geschlecht,

> das in diesen verfallenden Cottages […] zwischen diesem grenzenlosen Schmutz und Gestank in dieser wie absichtlich eingesperrten Atmosphäre lebt – das Geschlecht muss wirklich auf der niedrigsten Stufe der Menschheit stehn.«[100]

Engels verließ die Stadt und das Unternehmen seines Vaters bald darauf und ging mit Mary Burns nach Paris, wo er Karl Marx begegnete. Im Jahr 1848, ganz Europa wurde gerade von der Revolution erschüttert, veröffentlichten die beiden das *Kommunistische Manifest*, in dem sie unter anderem forderten:

»1. Expropriation des Grundeigentums und Verwendung der Grundrente zu Staatsausgaben.
2. Starke Progressivsteuer.
3. Abschaffung des Erbrechts.
4. Konfiskation des Eigentums aller Emigranten und Rebellen.
5. Zentralisation des Kredits in den Händen des Staats durch eine Nationalbank mit Staatskapital und ausschließlichem Monopol.
6. Zentralisation des Transportwesens in den Händen des Staats.
7. Vermehrung der Nationalfabriken, Produktionsinstrumente, Urbarmachung und Verbesserung der Ländereien nach einem gemeinschaftlichen Plan.
8. Gleicher Arbeitszwang für alle, Errichtung industrieller Armeen besonders für den Ackerbau.
9. Vereinigung des Betriebs von Ackerbau und Industrie, Hinwirken auf die allmähliche Beseitigung des Gegensatzes von Stadt und Land.
10. Öffentliche und unentgeltliche Erziehung aller Kinder. Beseitigung der Fabrikarbeit der Kinder in ihrer heutigen Form. Vereinigung der Erziehung mit der materiellen Produktion usw.«[101]

Im Jahr 1971 waren viele dieser Forderungen erfüllt. Wer ein Denkmal für Marx und Engels sehen wollte, musste nur nach Hulme reisen. Eigentümerin der Crescents war die Stadtverwaltung von Manchester, und jedermann holte seine staatlichen Sozialleistungen beim staatlichen Postamt ab. Niemand erbte etwas. Niemand besaß etwas, das er hinterlassen konnte, und wenn er etwas besaß, so musste er es versteuern. Für die Fahrt in die Stadt bedienten sich die Leute der öffentlichen Verkehrsmittel, die Gewerkschaften und Unternehmen bildeten industrielle Armeen, und alle Kinder hatten Zugang zur allgemeinen Bildung. Und nun sorgten die Hulme Crescents, riesige Betonbauten in einem Meer von Grünflächen, sogar für die »allmähliche Beseitigung des Gegensatzes von Stadt und Land«.

*

Die von Marx und Engels angekündigte neue Ordnung war eine Utopie, aber die beiden erwarteten ja nicht, dass die Verwirklichung ihrer Vision friedlich erfolgen würde. »[Die Kommunisten] sehen aber auch, dass die Entwicklung des Proletariats in fast allen zivilisierten Ländern gewaltsam unterdrückt [...] wird. Wird hierdurch das unterdrückte Proletariat zuletzt in eine Revolution hineingejagt, so werden wir Kommunisten dann ebenso gut mit der Tat wie jetzt mit dem Wort die Sache der Proletarier verteidigen.«[102]

Und die Kommunisten waren nicht die Einzigen, die glaubten, dass man der Welt einen kräftigen Stoß in die richtige Richtung geben müsse. Aufrufe zu gewaltsamen Erhebungen wurden überall in Europa zum Leitmotiv modernistischer Manifeste – und zwar keineswegs nur im Bereich der Politik. In einer verrückten Nacht im Jahr 1909 saßen einige junge Männer, die sich selbst als »Futuristen« bezeichneten, in ihrer Wohnung und brachten alles zu Papier, was ihnen durch den Kopf ging. Sie lebten im rückständigen Italien, und sie langweilten sich. Die Schrecken, die Engels mit eigenen Augen gesehen hatte, beeindruckten die Futuristen aus der Ferne. Sie hätten genauso gut von Manchester träumen können:

> »Wir werden die großen Menschenmengen besingen, welche die Arbeit, das Vergnügen oder der Aufruhr erregt; besingen werden wir die vielfarbige, vielstimmige Flut der Revolution in den modernen Hauptstädten; besingen werden wir die nächtliche, vibrierende Glut der Arsenale und Werften, die von grellen elektrischen Monden erleuchtet werden; die gefräßigen Bahnhöfe, die rauchende Schlangen verzehren; die Fabriken, die mit ihren sich hochwindenden Rauchfäden an den Wolken hängen; die Brücken, die wie gigantische Athleten Flüsse überspannen, die in der Sonne wie Messer aufblitzen; die abenteuersuchenden Dampfer, die den Horizont wittern; die breitbrüstigen Lokomotiven, die auf den Schienen wie riesige, mit Rohren gezäumte Stahlrosse einherstampfen und den gleitenden Flug der Flugzeuge, deren Propeller wie eine Fahne im Winde knattert und Beifall zu klatschen scheint wie eine begeisterte Menge.«[103]

Und nachdem sie sich genug von dem zu Gemüte geführt hatten, was sie gerade konsumierten, gingen sie los und fuhren ein Auto zu Schrott. Da standen sie nun ölverschmiert zwischen den Wrackteilen und verkündeten in ihrem Manifesto die mutwillige Zerstörung der Vergangenheit:

> »Wir stehen auf dem äußersten Vorgebirge der Jahrhunderte! [...] Warum sollten wir zurückblicken, wenn wir die geheimnisvollen Tore des Unmöglichen aufbrechen wollen? [...] Drauf! Legt Feuer an die Regale der Bibliotheken! [...] Leitet den Lauf der Kanäle ab, um die Museen zu überschwemmen! [...] Oh, welche Freude, auf dem Wasser die

alten, ruhmreichen Bilder zerfetzt und entfärbt treiben zu sehen! [...] Ergreift die Spitzhacken, die Äxte und die Hämmer und reißt nieder, reißt ohne Erbarmen die ehrwürdigen Städte nieder!«[104]

Ein Vierteljahrhundert später gelangten die Stadtväter von Manchester zu der Überzeugung, dass Spitzhacken und Hämmer atsächlich das Beste für Hulme wären. Doch ihre Motivation war nicht die Liebe zu der »vielstimmigen Flut der Revolution«. Den Entschluss, diesen Stadtteil dem Erdboden gleichzumachen, fällten die Stadtväter ganz im Gegenteil aus Furcht vor einem Aufstand. »Trotz Krankheit, Tod und baufälligen Häusern«, hatte der *Manchester Guardian* berichtet, »hat sich die Bevölkerung seit dem Waffenstillstand [von 1918] nicht davon abhalten lassen, in wachsender Zahl in dieses Viertel zu drängen«.[105] Eine derartige Ansammlung von Bewohnern konnte sich leicht in eine der von den Futuristen angekündigten großen Menschenmengen verwandeln, die sich nicht unbedingt an der Arbeit oder am Vergnügen, sondern eher am Aufruhr berauschen würde.

Also kaufte die Stadt den gesamten Stadtteil Hulme. Die Bewohner des Armenviertels wurden in Ziegelhäuschen in den Vororten umgesiedelt, die als »Häuser für Helden« bezeichnet wurden, um die Zwangsmaßnahme in ein vorteilhaftes Licht zu rücken. Anschließend wurde der gesamte Stadtteil dem Erdboden gleichgemacht. Zurück blieb ein leeres Ödland. Die alte Hauptstraße von Hulme verwandelte sich in einen Pfad, der sich im Sommer staubig durch die trockenen Wiesen zog. Niemand wusste, was mit dem Land geschehen sollte.

*

Aber die Lösung ließ nicht lange auf sich warten. 1933, ein Jahr bevor die Stadtverwaltung die Räumung des Armenviertels von Hulme angeordnet hatte, hatte eine Gruppe junger Architekten, von der Leidenschaft der Jugend angetrieben, ein Schiff gechartert, um von Marseille aus in See zu stechen und Kurs auf die Zukunft zu nehmen. Als das Dampfschiff im Hafen von Piräus anlegte, hatte der Congrès Internationale d'Architecture Moderne eine klare Vorstellung davon, wie die Zukunft aussehen würde. Im Schatten der Akropolis verkündeten die Mitglieder des CIAM vor 1500 Vertretern der griechischen Regierung, sie hätten »eine Antwort auf das gegenwärtige Chaos in den Städten« gefunden. Sie hatten einen Vorschlag, der »alle Türen zum Urbanismus der Moderne aufstoßen wird [...]. In den Händen der Behörden wird die aufgeschlüsselte, kommentierte und mit entsprechenden Erläuterungen versehene Charta von Athen das Werkzeug sein, mit dem das Schicksal der Städte in die richtige Richtung gelenkt werden kann.«[106]

Am Anfang der Charta standen eine Warnung und eine Vision, gehüllt in bruchstückhafte unheilvolle Ankündigungen: »Eine ungeheure, umfassende Veränderung bemächtigt sich der Welt: Die Zivilisation der Maschine tritt ihre Herrschaft an, inmitten der Unordnung, des Improvisierten, der Trümmer ... Seit einem Jahrhundert bereits ... Aber seit einem Jahrhundert wächst auch der neue Geist ... Seit einem Jahrhundert haben klar blickende Männer Ideen gehabt, Grundbegriffe aufgestellt, Vorschläge gemacht ... Vielleicht kommt einst der Tag ...«[107] Es folgte eine aus 25 Punkten bestehende Doktrin, in der mit wissenschaftlicher Präzision dargelegt wurde, wie die Stadt der Zukunft aussehen werde und müsse. Und die Stadt der Zukunft würde nicht theoretisch sein. Der Kongress ergänzte die wissenschaftliche Analyse durch eine politische Aufforderung: »Die Charta muss sowohl in den Gemeinden als auch in den staatlichen Behörden den Verantwortlichen vorgelegt werden.«[108]

Doch so wissenschaftlich die Charta auch daherkam, ihr Ausgangspunkt war ein Schwall von Prophezeiungen, die ebenso wirr waren wie die Raserei der Futuristen. In den euphorischen ersten Tagen der Russischen Revolution hatten die sowjetischen

Architekten riesige kollektive Wohnbauten entworfen, die buchstäblich über der Tundra schweben sollten, getragen von der Ehrfurcht gebietenden Kraft der Kernfusion. In Deutschland prophezeite der Dichter Paul Scheerbart Städte aus Glas, und der Architekt Bruno Taut träumte von einer Kristallfestung, die in der klaren Alpenluft glitzern würde. Kein Wunder, dass die Architekten des CIAM in der Gewissheit nach Athen aufbrachen, die Verwirklichung der idealen Stadt sei in greifbare Nähe gerückt.

Ihre endgültige Form erhielten die in der Athener Charta festgehaltenen Prinzipien in einem kurz nach der CIAM-Konferenz veröffentlichten Buch ihres Vordenkers Le Corbusier. *La Ville radieuse* war die Blaupause für ein neues Jerusalem. Zu den Füßen dieser »strahlenden Stadt« lagen die rauchenden Fabriken, die über ein ausgefeiltes Gleissystem mit der übrigen Welt verbunden waren. Gekrönt wurde sie von Kristalltürmen, in denen die Angehörigen der intellektuellen Elite der Stadt sitzen und wie die Philosophenkönige in Platons *Staat* regieren würden. Den Körper der Stadt bildeten die Wohnungen der Menschen, und grüne Parks waren ihre Lungen.

Diese »strahlende Stadt« war der reinste Ausdruck der in der Charta verfochtenen Stadtplanung, die »keine zweidimensionale, sondern eine dreidimensionale Wissenschaft« war.[109] Erhöhte Straßen zogen sich über Grünflächen und mündeten in großartige Wohngebäude, die über den Baumkronen schwebten. Auf den Dächern und Balkonen dieser Wohntürme vergnügten sich die Bewohner wie Erste-Klasse-Passagiere auf den Sonnendecks eines Ozeanriesen. Ihre Blicke schweiften über eine anscheinend leere grüne Landschaft, einen unberührten Wald, in dem keine Spur der menschlichen Geschichte zu erkennen war. Die Paläste und Tempel früherer Zeiten waren ausgelöscht worden, so wie die Straßen und Plätze aus Le Corbusiers Zeit verschwunden waren. Zurück blieb nur die Zukunft: eine Weite voll von »Sonne, Raum und Grünflächen«, wie Le Corbusier es ausdrückte. Dies war ein Paradies, das erst am Ende der Zeit Gestalt annehmen konnte.

Aber die Architekten, die am Congrès Internationale d'Architecture Moderne teilnahmen, mussten nicht auf das Ende der Zeit warten, um ihr Paradies zu sehen. Ihre Utopie war nicht als unzugängliches Eiland gedacht, als »U-topia« nach Thomas Morus, als »Nicht-Örtlichkeit«. Sie wurde gleich um die Ecke Wirklichkeit. Innerhalb eines Jahrzehnts hatte der Zweite Weltkrieg die alten Städte gründlicher ausgelöscht, als es sich die Kommunisten und die Futuristen je hätten ausmalen können. Die Welt war bereit, neu geschaffen zu werden.

*

Und sie wurde neu geschaffen – zumindest ein Großteil von ihr. In den Nachkriegsjahren wurden die verwüsteten Städte Europas mit bemerkenswerter Geschwindigkeit nach dem Vorbild der »strahlenden Stadt« wieder aufgebaut. Aber in dem leeren Raum, der einmal Hulme gewesen war, geschah drei Jahrzehnte lang nichts. Im Jahr 1964 besuchte Robert Mellish, der vom Wohnungsbauminister zum »Fortschrittsspäher« ernannt worden war, das innerstädtische Ödland und rief aus: »Warum zeigen Sie mir diesen trostlosen Ort? Warum stellen Sie hier nicht ein paar Häuser hin?«[110]

Gekränkt durch den Aufschrei des Fortschrittsspähers, entschlossen sich die Stadträte von Manchester zu handeln. Sie überquerten das Mittelgebirge der Pennines, um sich anzusehen, was im nahe gelegenen Sheffield vor sich ging. Was sie dort sahen, beeindruckte sie und weckte ihren Neid: Auf einem Hügel im Zentrum hatten ihre Konkurrenten eine Stadt aus der Prophezeiung der Moderne errichtet. In weitläufigen Wohnkomplexen wurde ein Proletariat, das bis vor kurzem kaum Zugang zu fließendem Wasser gehabt hatte, mit Sonne, Raum, Grünflächen und Innentoiletten versorgt. Obendrein hatte Sheffield eine sehr britische

Version der »strahlenden Stadt« gebaut. Die britischen Architekten der Nachkriegszeit liebten offenkundig glanzvolle Ozeanriesen, die in Meeren von Grünflächen kreuzten, aber sie waren auch bemüht, etwas von der Vertrautheit der anheimelnden alten Armenviertel zu bewahren, die sie unbedingt ersetzen wollten. Ohne sich dessen bewusst zu sein, hegten sie nostalgische Gefühle für das Kopfsteinpflaster und die Rücken an Rücken stehenden Reihenhäuschen, die einst Englands Alptraum gewesen waren. Denn sie machten die Erfahrung, dass die Architektur der Moderne auch die modernste aller Heimsuchungen mit sich bringen konnte: Einsamkeit und Entfremdung.

Die Park-Hill-Anlage in Sheffield schien die definitve Lösung zu sein: Riesige Betonblocks, zwischen denen sich weitläufige Grünflächen erstreckten, bedeckten ein Areal, das ehemals zur dichtbebauten Innenstadt gehört hatte. Die Gebäude waren durch große offene Betonterrassen verbunden, die ein Netz von »Straßen in der Luft« bildeten. Die Wohnungen gingen auf die Terrassen hinaus wie einst die Reihenhäuser auf die Straßen. Die Architekten der Anlage prognostizierten zuversichtlich, dass sich auf diesen Terrassen bald spielende Kinder tummeln würden, während sich ihre Mütter zum Plauderstündchen um den Müllschlucker versammeln würden wie früher um den Brunnen auf dem Dorfplatz.

Die Stadtväter von Manchester wussten, was sie zu tun hatten. Sie warben J. S. Millar ab, der wesentlich zur Verwirklichung von Park Hill beigetragen hatte, und übertrugen ihm die Leitung der Planungsabteilung. Millar trat an Lewis Womersley heran, der ebenfalls an dem Projekt in Sheffield beteiligt gewesen war und nun das Ödland von Hulme umgestalten sollte. Womersley und sein Partner Hugh Wilson waren ausgesprochen umtriebig: Sie hatten bereits Pläne für die Erweiterung und Umwandlung der britischen Städte Skelmersdale, Redditch, Northampton und Nottingham vorgelegt oder arbeiteten daran. Im Jahr 1966 präsentierten die beiden dem Stadtrat von Manchester ihre Entwürfe für Hulme. Das Protokoll der Sitzung verrät wenig über die Begeisterung, die dieser Entwurf bei den Wichtigtuern im Wohnungsbauausschuss auslöste:

> »Die Zusammenfassung des Plans für Phase 5 von Hulme sieht vor, dass die Bebauungsdichte in der Nähe des Siedlungszentrums steigen sollte, und beinhaltet den Vorschlag, eine urbane Umgebung in der Größenordnung einer Stadt zu schaffen. Die von den Beratern vorgeschlagene Lösung zur Steigerung der Größenordnung und der Bebauungsdichte besteht darin, in wenigen kühn konzipierten und einfachen Formen Blockanlagen mit Maisonettewohnungen in einer Höhe von sechs Stockwerken zu errichten, um große Freiflächen möglich zu machen.«[111]

Die Wohnblocks wurden in Form von vier Halbmonden angelegt – so würden sie nach Aussage der Architekten an den Royal Crescent in Bath und die Nash-Terrassen rund um den Regent's Park in London erinnern. Die Stadträte, die keine dieser Anlagen kannten, waren entsprechend beeindruckt.

Doch der Plan entsprang nicht nur der Sehnsucht nach georgianischer Eleganz. Hulme sollte unter Einsatz industrieller Fertigungsmethoden in einen modernen Ort verwandelt werden. Im Bericht der Architekten wurde erklärt, wie »eine sowohl in den Innenräumen als auch bei den äußeren Bauelementen hochwertige Verarbeitung möglich wird, weil die strukturellen Bauteile, Armaturen und Versorgungseinrichtungen unter Werksbedingungen hergestellt und überwacht werden und nicht den für eine offene Baustelle charakteristischen klimatischen und sonstigen Risiken ausgesetzt sind«.[112] Einfach ausgedrückt, bedeutete dies, dass der gesamte Komplex aus Betonfertigteilen zusammengesetzt wurde. Fünf Jahre nach Wilsons und Womersleys Präsentation waren die Hulme Crescents, deren Wesenszüge die Propheten von Engels bis Le Corbusier angekündigt hatten, bereit, ihre ersten Bewohner aufzunehmen.

*

Einige Leute können sich noch daran erinnern, was die Crescents eigentlich hätten sein sollen. »Caroline«, die Besucherin einer Website mit dem zu einem Nachruf passenden Namen *ex-Hulme* schreibt:

> »Ich war vier Jahre alt, als wir dort einzogen. Meine Familie zog nach Hulme, weil Broughton in Salford geräumt wurde. Nach dem, was mir meine Mutter erzählt hat, versprach man uns ›eine strahlende Zukunft in den neuen, über Veranden zugänglichen Wohnungen‹. Anfangs, das heißt in den ersten Jahren, die wir dort wohnten, war es ein schöner Platz zum Leben. [...] Ich erinnere mich, wie beeindruckt ich war, als ich den Mann gegenüber sah, der seinen Hillman Avenger putzte. Er machte das jeden Sonntag. Wir fanden leicht Anschluss, und es schien sich eine wirkliche Gemeinschaft zu bilden. [...] Es gab Läden und ein Waschhaus. In jenen Tagen war es unglaublich schick, eine Waschmaschine zu haben. Ich habe die Adam- und Nash-Crescents entstehen sehen, [...] und, wie gesagt, in den ersten paar Jahren war es dort schön, wir hatten alle Einrichtungen, die wir uns wünschen konnten, [...] es waren wunderbare Häuser. Voller wirklich neuer Ideen; die Leute, die darin lebten, hatten große Hoffnungen. Die Leute redeten miteinander. Und ich kann mich daran erinnern, welchen Spaß wir mit einer anderen Familie hatten. Diese Nachbarn luden meinen Großvater und mich zum Tee in ihre Wohnung ein. Sie zeigten uns die sonderbare Art, wie ihre Wohnung gestaltet war. Aber sie war sauber und hübsch, und sie waren sehr stolz darauf.«[113]

Aber als die Leute eine Weile in den Häusern wohnten, begannen die Crescents ein wenig von ihrem Glanz zu verlieren. »Caroline« fährt fort:

> »Dann plötzlich, ich glaube, es war 1972, ging etwas schief. Die Leute zogen aus. Ich erinnere mich daran, dass ich mit meiner Mutter in die Läden ging, und wir liefen schnell über die Grünflächen vor dem Crescent, weil in den Treppenhäusern seltsame Gestalten herumhingen. Dabei gab es dort alles, Parks genau vor dem Haus, Läden und all das. Aber es ging alles schief. Ich weiß nicht warum, aber es ging schief. Mit den Crescents ging es bergab, ihr Zustand verschlechterte sich.«

Der Zustand der Gebäude verschlechterte sich: Es begann mit feuchten Flecken an der Wand. Schon im Winter 1971 hatten einige Mieter begonnen, sich über Feuchtigkeit in ihren Wohnungen zu beschweren, über dunkle Kleckse auf den strahlenden neuen Tapeten. Die Architekten und Beamten des Wohnungsamtes kamen, um sich den Schaden anzusehen, und rügten die Bewohner, weil sie die Fenster nicht öffneten, wenn sie kochten oder ihre Wäsche zum Trocknen aufhängten. Also fingen die Mieter an, ihre Wohnungen zu lüften und sich dem eisigen Durchzug auszusetzen. Aber die Feuchtigkeit blieb.

Im Jahr 1973 kam die Ölkrise, und die Energiekosten stiegen rasant. Die Crescents wurden mit Strom beheizt, weshalb die Preisexplosion ihre Bewohner besonders schwer traf: In einigen Fällen sprangen die Heizkosten auf 500 Pfund im Quartal. Daraufhin meldeten viele Bewohner einfach den Strom ab. Sie überstanden den dunklen Winter in ihren modernen Wohnungen, indem sie bei altmodischem Kerzenlicht vor Ölöfen hockten. Wenigstens konnte man im Dämmerlicht die Flecken an den Wänden nicht sehen.

Aber das waren lediglich bautechnische Schwierigkeiten. Es

gab jedoch auch Verwaltungsprobleme. Die Crescents waren gebaut worden, um einer besonders benachteiligten Gruppe von Bürgern eine neue Heimat zu geben: 70 Prozent der Bewohner kamen aus abgerissenen Elendsvierteln, ein Drittel lebte von städtischen Sozialleistungen. Daher zahlte die Stadt ihre Miete an die Stadt. Und als der Anteil der Sozialhilfeempfänger stieg – zwei Jahre nach der Einweihung der Crescents lebten bereits 44 Prozent der Bewohner von Transferleistungen – sanken die Mieteinnahmen der Stadt weiter. Nun musste die Stadtverwaltung mit einem stetig schrumpfenden Budget Wohnkomplexe instandhalten, die sich über mehr als drei Kilometer erstreckten: Sie musste defekte Laternen ersetzen, die Gehwege reinigen und den Müll beseitigen, der vom Wind über die Betonterrassen und die Grünflächen verstreut wurde. Doch die Gemeinde war nicht einmal darauf vorbereitet, die grundlegende Instandhaltung der Anlagen zu bewältigen, geschweige denn darauf, die Ratten- und Kakerlakenplagen zu bekämpfen, die sich wie ein Flächenbrand in den Crescents ausbreiteten.

Und das waren nur die Verwaltungsprobleme. Verschärft wurde die Lage durch gravierende Planungsfehler. Wie in Park Hill in Sheffield gelangte man in den Crescents über Veranden, die sich wie lange Schläuche an der Vorderseite der Blöcke entlangzogen, in die Wohnungen. Diese »Straßen in der Luft«, die sich über mehrere Kilometer erstreckten, erwiesen sich tatsächlich als die geselligen Gemeinschaftsräume, die den Architekten vorgeschwebt hatten: Die Kinder liebten es, dort herumzulaufen und Klingelmännchen zu spielen. Sie liebten es, auf die Balustraden zu klettern und darauf herumzuturnen. Die Bauweise der Balustraden schien förmlich dazu einzuladen, denn zahlreiche Einbuchtungen boten Halt für die Füße, und die Simse waren breit genug, um sich daraufzulegen. Es war nur eine Frage der Zeit, bis ein Kind hinabstürzen würde. Das erste Opfer war ein vierjähriger Junge. Er war nur ein Jahr älter als die Crescents.

Das Unglück brachte das Fass zum Überlaufen. Im Jahr 1975

richteten die Bewohner der Hulme Crescents eine Petition an den Wohnungsbauausschuss der Stadt Manchester. Sie hatten Angst um ihre Kinder und stellten unmissverständliche Forderungen:

»– Es muss eine Liste der Familien erstellt werden, die in andere Wohnungen umquartiert werden wollen.
– Die Familien müssen nach Dringlichkeit behandelt werden.
– Es sind Termine für die Umquartierung zu nennen.
– In die frei werdenden Wohnungen sollten keine neuen Familien einziehen, sondern alleinstehende Personen, kinderlose Paare oder Studenten.
– Alle Mieter müssen ungeachtet von Mietrückständen das Recht haben, sich auf die Liste setzen zu lassen.«[114]

»Warum sollen wir dafür bezahlen, in diesen gefährlichen Gefängnissen zu leben?«, hieß es in der Petition. Die leidenschaftliche Forderung lautete: »Die Umquartierung muss *sofort* beginnen.«

Der Wohnungsbauausschuss gab den Bewohnern recht. Die Familien zogen aus, und die leeren Crescents standen frei für Singles, kinderlose Paare und Studentengruppen. Einer der neuen Bewohner erinnert sich: »Ich zog am 11. Dezember 1981 ein. Alles war von einer hohen Schneeschicht bedeckt – ungewöhnlich für Manchester. Wir schlichen durch die Crescents und waren voller Ehrfurcht – das war monolithische Macht, vollkommene Leere. Ich glaube, nicht einmal der Anblick der Pyramiden kann sich damit messen.«[115]

In den Crescents herrschte mittlerweile wahrhaftig gähnende Leere. Es wollten derart wenig Menschen in Hulme leben, dass die Stadt begann, die Wohnungen zu verschenken. Obwohl »verschenken« eigentlich nicht das richtige Wort ist, wie sich »Karen« auf der Website *exHulme* erinnert:

»Ich kam 1982 nach Hulme und wohnte der Reihe nach in allen Crescents. [...] Ich zog regelmäßig mit dem Einkaufswagen um, den alle Welt dafür verwendete, mit einer Netzsicherung und einem Draht, um den Zähler zu überbrücken, und mit meinem Sicherheitsschloss. Das war damals ganz normal – man suchte sich eine Wohnung aus und zog ein. Obwohl es einmal schiefging, als ich mir anscheinend dieselbe Wohnung ausgesucht hatte wie zwei Kerle, die versuchten, mich mit einem Hammer totzuschlagen.«[116]

Man brach einfach in eine leerstehende Wohnung ein und annektierte sie für eine Weile. Über Miete und Vermieter brauchte man sich keine Gedanken zu machen: Wenn die Behörden herausgefunden hatten, dass man die Wohnung besetzt hatte, war man bereits weitergezogen. Das war der Unterschied zu den Familien, die weggezogen waren: Es gab nichts, was die neuen Bewohner der Crescents an diesen Ort gebunden hätte.

Nachdem die ersten Bewohner der Crescents fort waren, hatte die Stadtverwaltung von Manchester die Zugangsveranden in regelmäßigen Abständen durch Stahltore unterbrochen, die nur mit einem Sicherheitscode geöffnet werden konnten. Die Mieter kannten diese Codes, die städtischen Beamten hatten sie rasch vergessen und die Polizei fand sie nie heraus. Da die Behörden Behörden waren, dauerte es eine Weile, bis sie begriffen, dass sie sich selbst ausgesperrt hatten. Sie waren den neuen Bewohnern einfach nicht gewachsen, die in Ermangelung einer sichtbaren Autorität begannen, sich ihr eigenes Gesellschaftssystem auszudenken. Sie waren jung, träge, nutzlos und frei. Sie hatten keine Familie, keinen Job und keinen Besitz. Das Eigentumsrecht wurde in Hulme außer Kraft gesetzt: Nichts gehörte irgendjemandem, und alles gehörte allen. Alles wurde gestohlen, ergaunert, für Spiele verwendet, zerstört und verschenkt. Die Bewohner erzählten einander, dass eingetreten war, was Engels vorausgesagt hatte.

Die Bewohner von Hulme machten, was sie wollten. Nicht genug damit, dass man sich in den Crescents nicht um die allgemein akzeptieren Verhaltensregeln scherte: Sie wurden abgeschafft und zum Ziel grundsätzlicher Verachtung. »Karen« erinnert sich an ein »Frühstück im Grünen«:

> »Erinnert ihr euch an Queenie? An einem heißen Sommertag saßen wir beim Zion Square im Gras. Wir waren etwa 15 bis 20 Leute, die tranken und rauchten. Da kam Queenie fluchend und schreiend daher und bot uns an, sich jedermann ins Gesicht zu setzen! Der arme Shaun (ich fürchte, er lebt mittlerweile nicht mehr) wurde im Gras festgehalten, während sie es tatsächlich tat. [...] Ich erinnere mich, dass Rizzla auch dabei war, und ich erinnere mich auch noch gut an den Tag, an dem er vom oberen Gehweg zwischen Robert Adam und William Kent gegenüber den Spinners runtersprang. Wir rannten alle aus dem Pub, überzeugt, dass er platt auf der Straße liegen würde, aber er stand einfach auf und ging fluchend los, um es noch einmal zu tun! Was für ein Verrückter.«[117]

Mitte der achtziger Jahre waren die »Hulmans«, wie sie mittlerweile genannt wurden, ein wilder Haufen, an dessen Umtriebe sich die Beteiligten bis heute wehmütig zurückerinnern. Bei My-Space gibt es sogar eine Crescents-Seite, ein fiktives persönliches Profil der Gebäude, die erklären, wen sie »gerne treffen würden«:

> »Punks, Gruftis, Abschaum, Vollidioten, Junkies, Penner, Gammler, Tiere, Nichtsnutze, Arschlöcher, Schwachköpfe, Alkies, Speedfreaks, Perry Boys [eine Jugendgang in Manchester], Krusten, Pissköpfe, Straßenräuber, Gauner, Mondsüchtige, Rastas, Verrückte, Möchtegerne, Stützeempfänger, Irokesen, Psychobillys, Spikeys Mum, Kakerlaken, Methadonbezieher, Arschficker, gewalttätige

Bastarde, depressive Hippies, Abhänger, Kleinkriminelle auf Barbiturat, Wichser, LSD-Schlucker, Schweine, Weggetretene, Ausreißer, Schleimer, Dopefresser, Protestkiffer, das Scream Team, Stringies […].«[118]

Das hatte nicht in den Prophezeiungen gestanden.

*

Im Jahr 1976 besuchte ein junger Musikjournalist namens Tony Wilson ein Konzert in der Free Trade Hall in Manchester. Die Veranstaltung war nur spärlich besucht. Gerade mal 40 Leute waren gekommen, um eine unbekannte neue Band mit dem schönen Namen Sex Pistols zu hören.

Als Wilson die Halle etwa eine Stunde später verließ, war er von messianischem Eifer erfüllt: Er würde die Botschaft des Punks verkünden. So etwas Aufregendes hatte er nicht mehr erlebt, seit er Engels gelesen und im Cabaret Voltaire eine Lesung über den Dadaisten Tristan Tzara gehört hatte. Er funktionierte die Räume eines alten Arbeitervereins am Rand der Crescents in den Russell Club um, der ein Ort für die neue Musik werden sollte, die da aus den Wohnblocks drang. Wilsons Kunstfabrik – die Andy Warhols Factory oder auch dem Bauhaus nachempfunden war – mochte nicht gerade beeindruckend wirken, aber sie wurde zum Treibhaus für eine neue Avantgarde, die auf die Prophezeiungen der Moderne zurückgriff. The Fall, Joy Division und viele andere Bands begannen ihre Laufbahn in diesem Club, und Wilson gründete das Plattenlabel Factory Records, das Manchester einen Platz in der internationalen Musikszene sichern sollte. Wilson beauftragte den Grafiker Peter Saville mit der Gestaltung der Poster und Plattencover, und Saville tat genau, was Laszlo Moholy-Nagy, Marcel Duchamp und Georges Braque in den zwanziger Jahren getan hatten: Er riss die Dinge auseinander und klebte sie zu Collagen zusammen, zu schmerzhaft kühlen Bildern einer zersplitterten Vergangenheit und einer unvollständigen Zukunft.

Diese Musik ist unauslöschlich in das Gedächtnis der ehemaligen Bewohner der Crescents eingebrannt. »James« schreibt:

> »Meine vielleicht schönste Erinnerung ist die an den einsamen Augenblick, in dem ich zum ersten Mal die Nadel auf *Power, Corruption and Lies* setzte, nachdem ich die Platte gleich am Tag ihres Erscheinens gekauft hatte. Ich war Anfang zwanzig, und die Platte brachte für mich den existentiellen Schrecken von Hulme sowie die Freiheit und die kreativen Möglichkeiten zum Ausdruck, die sich dort jedem boten, der den alltäglichen Geruch nach Pisse in den Treppenhäusern und Aufzügen ertragen konnte und die Hundescheiße, die wie ein Zauberteppich der Verzweiflung überall herumlag.«[119]

»James« teilte seine Wohnung mit einem Schlagzeuger, und gemeinsam malten sie das Wohnzimmer schwarz aus und klebten Eierschachteln auf die Wände, um sich ein behelfsmäßiges Aufnahmestudio einzurichten. Sie waren nicht die Einzigen: »Lloyd« betrieb im dritten Stock des Charles-Barry-Halbmonds zwei Piratensender und zog jedes Mal, wenn sich ein Besuch der Ordnungsmacht ankündigte, mit seiner Anlage in eine Wohnung in einem schwer zugänglichen Winkel der Crescents um. Joy Division posierte auf den Betonterrassen für körnige graue Fotos, und bIG*fLAME, das »beste Jazz-Fuck-Trio Großbritanniens«, wurde 1982 in den Crescents aus der Taufe gehoben. A Certain Ratio, A Guy Called Gerald, Finley Quaye, die Inspiral Carpets und viele andere Bands jammten in den Crescents und traten in den improvisierten Studios und Clubs auf, die die Betonfluchten unentwegt mit zuckendem, stampfendem, pulsierendem Lärm erfüllten.

Mitte der achtziger Jahre begann sich die Musik in Hulme zu

verändern. Die neuen Bands waren nicht gut, und ihre Texte waren nicht tiefsinnig. Die Happy Mondays gaben einem ihrer Alben den Titel *Pills 'n' Thrills and Bellyaches*, und das sagte, worum es in Wirklichkeit ging: um Drogen. Zum Punk hatte Bier gehört – zumindest warf man hin und wieder eine Flasche durch den Raum, während man sich die Songs anhörte (wenn »anhören« das richtige Wort ist). Zu Tony Wilsons Post-Punk gehörte Gras: Man setzte die Nadel ehrfurchtsvoll auf die Platte und legte sich aufs Bett, um auf das Gefühl des existentiellen Schreckens zu warten. Zur neuen Rave-Musik der späten Achtziger gehörten Pillen: Speed, Acid und vor allem Ecstasy – Chemikalien, die dafür sorgten, dass man die ganze Nacht, den ganzen folgenden Tag und noch mal die ganze Nacht durchtanzte und dabei blöde Grimassen schnitt. Es war gleichgültig, wie hirnlos die Musik war.

Und um diese Zeit begannen die Crescents, sich selbst zu vernichten. Es fing an mit einer Party im Jahr 1989. Eigentlich war es nur eine After-Party: Nachdem die Clubs geschlossen hatten, versammelten sich ein paar Leute in einer Küche, um die Drogen abzutanzen. Doch irgendwann gerieten die Dinge außer Kontrolle: Die Leute hatten ihre Freunde mitgebracht, und bald herrschte ein solches Gedränge in der Küche, dass man nicht mehr atmen, geschweige denn tanzen konnte. »Bruce« erinnert sich dunkel, was dann geschah: »Ich weiß noch, dass Jamie einen Presslufthammer holte und sich an der Wand seiner Wohnung zu schaffen machte. Ich glaube, er wollte einen Club aufmachen. [...] Aber die Folge war, dass ihm seine ganze Studioausrüstung geklaut wurde.«[120] Sie hatten die Wand zur Nachbarwohnung durchbrochen. Und als weitere Leute auftauchten, taten sie es ein zweites Mal. Und als noch mehr Leute auftauchten, taten sie es ein drittes Mal. Als Jamie seinen Presslufthammer weglegte, hatten sie mehrere Wände und Stockwerke durchlöchert. Aus einer Küche war eine weitläufige, infernalische Kaverne geworden, in der schwitzende Körper und dröhnende Bässe wogten:

»Im Wohnzimmer gab es ein riesiges Soundsystem – die Küche einen Stock tiefer war in eine Bar verwandelt worden, in der jamaikanisches Bier verkauft wurde, und der ganze Block schien Marihuana zu verströmen. Nicht, dass das irgendwem aufgefallen wäre, denn alle Welt war vollkommen zugedröhnt – trübe Augen in zerknitterten Gesichtern schielten in den dämmrigen Dunst. Man tastete sich vorsichtig durch das Treppenhaus, und das Ganze zog sich bis in den zweiten Stock.«[121]

Es dauerte nicht lange, bis die Partys auf den gesamten Komplex ausgedehnt wurden, der nun für jeden, der nicht Tag und Nacht tanzte, weitgehend unbewohnbar war. »Gonnie« erinnert sich an das

»denkwürdige Hulme-Demolition-Sound-System, weniger wegen der Musikauswahl, sondern vor allem, weil sie in dem kleinen Einkaufszentrum von Mittwochnacht bis Donnerstagmorgen, zwischen der Sperrstunde in den Clubs und der Öffnung der Läden, Techno spielten. Gelegentlich tauchte eine einzelne Polizeistreife auf, um nachzusehen, was dort vor sich ging. Desert Storm Danny am Mischpult, und sein Kumpel Joe lief herum, um die Leute zu motivieren. Während ältere Leute an einem grauen Donnerstagmorgen vorbeischlurften, um sich ihre Frühstücksmilch zu holen, tanzten immer noch ein paar Leute auf den Dächern des Zentrums, andere lagen auf den Sofas und Polstersesseln herum, die in den zum Abriss freigegebenen Wohnungen zurückgelassen worden waren.«[122]

Die Stadtväter, die im Jahr 1934 aus Furcht vor einem von Vergnügen und Aufruhr berauschten Volk das Armenviertel von Hulme abgerissen hatten, hätten sich in ihren schlimmsten Alpträumen nicht die schöne neue Welt ausmalen können, die den Platz dieser Slums eingenommen hatte.

*

Der Stadtrat von Manchester hatte bereits im Jahr 1986 eine Konferenz einberufen, um eine Lösung für die Crescents zu finden. Offensichtlich machte man sich keine allzu großen Hoffnungen auf ein glückliches Ende der Geschichte, denn die Veranstaltung trug den Titel »Katastrophe mit Zugang über die Veranda«. Man hatte alles versucht. Man hatte einen Wohnungsbaufonds eingerichtet, um den Komplex zu renovieren, aber die Bewohner hatten die Büros des Teams geplündert, das entsandt worden war, um ihnen zu helfen. Man hatte eine Studie in Auftrag gegeben, um sich ein genaues Bild von der sozialen, wirtschaftlichen, Umwelt- und Wohnsituation in der Gegend zu machen, aber das Projekt war gescheitert. Hulme sah nicht aus wie ein lösbares Problem.

In jedem Fall konnte Manchester dieses Problem nicht allein lösen, weshalb die Stadt schließlich die Zentralregierung um Hilfe bat. Im Jahr 1991 erhielt Manchester einen Zuschuss, um sein größtes Problem zu lösen. Natürlich war das nicht genug Geld, um alles ins Lot zu bringen, aber zumindest konnte sich die Stadtverwaltung nun aus dem Vermietungsgeschäft zurückziehen. Das offizielle Ziel des Projekts bestand, wie es in der nüchternen Bürokratensprache hieß, in der Schaffung eines »sicheren, sauberen und attraktiven« Umfelds, damit die Bewohner in den Genuss von Unterkünften kommen würden, »die sowohl ihrem Bedürfnis nach Wohnraum als auch ihren Ansprüchen an diesen Lebensort entsprechen«. Die Planer hofften, letzten Endes werde sich »die örtliche Bevölkerung langfristig zu der Wohnanlage bekennen«.[123]

Nun könnte man meinen, dass dies verglichen mit den Forderungen des *Kommunistischen Manifests* oder der Charta von Athen ziemlich bescheidene Forderungen waren. Aber für einen Ort wie die Hulme Crescents war dies eine wunderbare Zukunftsvision, die jahrelang eine bloße Phantasievorstellung gewesen war.

Natürlich hatte die Zukunft ihren Preis: Die Crescents selbst konnten darin keine Rolle spielen. Also beauftragte der Stadtrat die Theatergruppe Dogs of Heaven, einen spektakulären Abschied zu inszenieren, ein Finale, das der Hölle angemessen war, in die sich die Crescents verwandelt hatten. In einer klaren Märznacht im Jahr 1993 stießen die Himmelhunde ein Auto vom Dach des John-Nash-Wohnblocks und zelebrierten eine Feuerbestattung für eine Utopie, die sich nicht wie geplant entwickelt hatte. Das Spektakel wurde in der *Late Show* der BBC übertragen.

Es gibt noch einen weiteren, von einem Amateur gedrehten Film, auf dem die Ereignisse am Tag danach festgehalten sind. Der Film rauscht, aber die Musik pulsiert noch immer. Ein Haufen verwahrloster Gestalten zieht aus Türen und Fenstern, Autoteilen und Küchenschränken zusammengeschusterte Schlitten hinter sich her. Die Leute stapeln das Gerümpel zu Füßen eines riesigen Phönix auf, der aus Fragmenten des Betongebäudes in ihrem Rücken besteht, und tanzen um den Feuervogel herum, während er die geopferten Überreste ihrer Häuser verschlingt.

Die Hulmans verabschiedeten sich auf bekannte Art von ihren Crescents. In einer Schmiererei auf einer Betonwand machten sie sich über die Erklärungen des Stadtrats lustig:

> »Die Stadtverwaltung von Madchester streicht eure Arbeitsplätze und Dienstleistungen und verkauft eure Häuser. […]
> Wir haben demokratisch beschlossen, dass eure Häuser nicht wichtig sind. Die Konzerne und die Yuppies haben uns große Summen angeboten, damit wir in Hulme Bürogebäude, schicke Läden, Parkgaragen, Vinotheken usw. bauen. Ein oder zwei von euch haben die Kopfsteuer

bezahlt. Wir können euch ein paar Wohnungen in Wythenshawe anbieten. So werdet ihr keine Möglichkeit haben, ins Stadtzentrum zu kommen und die großen Unternehmen zu verscheuchen und unsere Olympiakandidatur zunichtezumachen. Für das Gesindel, das keine oder zu wenig Kopfsteuer zahlt oder zu jung oder zu alt ist, um davon betroffen zu sein, haben wir eine große Auswahl von Parkbänken und Pappkartons vorbereitet, die sich als Unterkünfte eignen. Wir bitten um Entschuldigung für etwaige Unannehmlichkeiten.«[124]

*

Die Prophezeiungen hatten anders geklungen. Aber mit Prophezeiungen sollte man immer vorsichtig sein. Engels wusste, dass die Verwirklichung seiner Träume nur nach einer zerstörerischen Revolution möglich sein würde, und dasselbe galt für Le Corbusier, dessen »strahlende Stadt« die Städte seiner Zeit ausgelöscht hätte. Das neue Jerusalem konnte erst nach der Apokalypse entstehen.

Doch es war der Aufmerksamkeit dieser Propheten entgangen, dass auf jede Zukunft eine weitere folgt, dass ihre Entwürfe für ein ewig währendes Utopia wie alle Entwürfe irgendwann anderen Vorhaben zum Opfer fallen würden, welche die Propheten unmöglich voraussehen konnten. Die Einwohner von Hulme erfuhren das im Lauf eines Jahrhunderts immer aufs Neue, denn ihr Stadtteil war das Versuchsfeld, auf dem reihenweise Visionen ausprobiert wurden: Schmelztiegel der Revolution, Schaukasten der Moderne, anarchistischer Selbstbedienungsladen, chemisches Paradies. Jede dieser Zukunftsvisionen ist den Menschen, die sie am eigenen Leib erfahren haben, in gleichermaßen nostalgischer wie schrecklicher Erinnerung geblieben.

»No future, no future«, sangen die Sex Pistols in einem ihrer größten Hits. Aber am besten drückten es die Futuristen aus:

»Die Ältesten von uns sind jetzt dreißig Jahre alt; es bleibt uns also mindestens ein Jahrzehnt, um unser Werk zu vollbringen. Wenn wir vierzig sind, mögen andere, jüngere und tüchtigere Männer uns ruhig wie nutzlose Manuskripte in den Papierkorb werfen. Wir wünschen es so!

Unsere Nachfolger werden uns entgegentreten; von weither werden sie kommen, von allen Seiten, sie werden auf dem beflügelten Rhythmus ihrer ersten Gesänge tanzen, ihre gebogenen Raubvögelkrallen werden sie ausstrecken, und an den Türen der Akademien werden sie wie Hunde den guten Geruch unseres verwesenden Geistes wittern, der bereits den Katakomben der Bibliotheken geweiht ist.

Aber wir werden nicht da sein! ... Sie werden uns schließlich finden – in einer Winternacht – auf offenem Feld, unter einem traurigen Hangar, auf den ein eintöniger Regen trommelt, sie werden uns neben unseren Flugzeugen hocken sehen, zitternd und bemüht sein, uns an dem kümmerlichen kleinen Feuer zu wärmen, das unsere Bücher von heute geben, die unter dem Flug unserer Bilder auflodern.
Sie werden uns alle lärmend umringen, vor Angst und Bosheit keuchend, und werden sich, durch unsere stolze, unermüdliche Kühnheit erbittert, auf uns stürzen, um uns zu töten, und der Hass, der sie treibt, wird unversöhnlich sein, weil ihre Herzen voll von Liebe und Bewunderung für uns sind.«[125]

Die Futuristen hören sich ein wenig an wie eine Band aus Manchester.

# Die Berliner Mauer

## Worin die Geschichte endet

Zeitgeschichte zu verkaufen.
*Ein Junge verkauft am Potsdamer Platz Trümmer der Berliner Mauer, 10. März 1990.*

# Das Ende der Geschichte

*Der Parthenon löst sich in der Atmosphäre auf, aber für das Ende seiner Geschichte werden Vorkehrungen getroffen. Bernard Tschumis neues Museum am Fuß der Akropolis enthält einen leeren Raum von der Größe des Tempels, wo die Überreste des Parthenon untergebracht werden können, sollte eine Verlegung unter ein schützendes Dach irgendwann unumgänglich werden. Schon heute beherbergt dieses Museum sämtliche in Griechenland verbliebenen Skulpturen des Parthenon. Andere Sockel warten auf die marmornen Figuren, die in London und anderen Städten aufbewahrt werden. Wenn sich der Tempel an seinem ursprünglichen Platz irgendwann aufgelöst hat, wird seine Geschichte in diesem Museum enden.*

*Die Propheten der Moderne versuchten, die Zukunft zu einem endgültigen Abschluss zu bringen und eine utopische Lösung für alle menschlichen Bestrebungen zu finden. Marx und Engels stellten die Geschichte als dialektischen Prozess dar, als einen Kampf der Ideen, der über die Jahrhunderte hinweg einer unausweichlichen Entscheidung zustrebe.* Der Traum des Architekten *stellt einen solchen Prozess dar, in dem die Bauwerke in einer Kette stetiger Verbesserungen aneinandergereiht werden: vom autoritären Grabmal des Pharao, das von Sklaven errichtet wurde, zur Kathedrale, die von freien und inspirierten Handwerkern geschaffen wurde. Hätte erst einmal die abschließende Revolution stattgefunden und die Lebensbedingungen des Menschen wären ideal, dann würde die Geschichte selbst ein Ende haben. Dann würde sich der Architekt auf seiner Säule ausstrecken und seinen Blick über eine vollkommene Welt schweifen lassen, in der nie wieder etwas geändert werden müsste.*

*Und in gewissem Sinn endete die Geschichte tatsächlich, wenn auch ganz anders, als es sich die Marxisten oder die Modernisten vorgestellt hatten. Mit dem Fall der Berliner Mauer am 9. November 1989 endete das »kurze 20. Jahrhundert«, wie der Historiker Eric Hobsbawm es genannt hat, jene Epoche, die mit der Ermordung von Erzherzog Franz Ferdinand im Jahr 1914 begann, den Schrecken der Schützengräben, Auschwitz und Hiroshima, dann die Nürnberger Prozesse und den Prager Frühling brachte und schließlich dieses Ende in Berlin fand. Die Ereignisse jener Nacht stehen für »das Ende der Geschichte«, das der politische Ökonom Francis Fukuyama verkündete. Die kapitalistische Demokratie besiegte die kommunistische Autokratie und entschied den letzten großen ideologischen Konflikt ein für alle Mal für sich.*

*Aber anders als die Hulme Crescents geriet die Berliner Mauer, deren spektakuläre Zerstörung Fukuyamas »Ende der Geschichte« besiegelt hatte, nicht in Vergessenheit. Vielmehr erlangte dieses verhasste Bauwerk rasch etwas von der Kostbarkeit des Marmors des Parthenon, der sich auflöst und zerbröselt, noch während er eingesammelt wird. Das sonderbare Leben der Berliner Mauer nach ihrem Tod ist die Geschichte des Endes der Geschichte.*

Eines Tages stand eine unbekannte Frau in einer unbekannten Straße in einem vergessenen Winkel Berlins. Vor ihr erstreckte sich in einem Raum, in dem es weder Gebäude noch Menschen gab, eine Mauer aus großen Betonplatten.

Die Frau hatte gefärbtes Haar und ein breites Gesicht und trug einen langen schwarzen Mantel. Sie stand mit einer Zigarette im Mund auf dem Kopfsteinpflaster und blickte nach Westen auf die Betonmauer. Plötzlich leuchteten ihre Augen auf, und sie lächelte. Sie winkte jemandem zu. Dann sah sie sich nach rechts und nach links um, und das Lächeln verschwand aus ihrem Gesicht. Mit gesenktem Kopf machte sie kehrt und ging rasch zurück in Richtung Osten.

Ute hatte den »antifaschistischen Schutzwall« nie zuvor gesehen. Obwohl sie nur wenige Hundert Meter entfernt wohnte, war die Reise zur Mauer gefährlich und erst nach monatelanger Vorbereitung möglich gewesen. Ute hätte dort nicht sein dürfen. Sie hatte keine Ahnung, was sich jenseits des Schutzwalls befand – außer natürlich Faschisten, nahm sie an, denn vor denen sollte die Mauer sie ja beschützen.

Ute besaß einen Stadtplan von Berlin, auf dem sich jenseits des Schutzwalls eine Terra incognita erstreckte. Der Schutzwall war das westliche Ende der Welt, und an Winterabenden strahlte die Welt dahinter ein unheilvolles Licht aus, so als wären sogar die Sonnenuntergänge für wenig Geld von den Grenzwächtern inszeniert worden. Niemand näherte sich dem antifaschistischen Schutzwall, niemand berührte ihn, und niemand passierte ihn.

Jedenfalls kam niemand, der das gewagt hatte, zurück, um davon zu erzählen.

*

An einem strahlenden Sonntagmorgen im Jahr 1961 zog sich ein junger Stasi-Mann seine Wanderstiefel an, packte einen Stadtplan, einen Topf mit weißer Farbe und einen Malerpinsel ein und machte sich auf den Weg ins Stadtzentrum. Hagen Kochs Strecke begann an der Ecke Friedrichstraße / Zimmerstraße, und als er an die Arbeit ging, versammelten sich rasch Schaulustige, um sich anzusehen, was er da trieb. Er öffnete den Farbtopf, stippte den Pinsel hinein und begann, eine Linie auf das Pflaster zu malen.

Hagen Koch markierte einen neuen Meridian, einen neuen Äquator, ein neues Ende der Welt, an dem ein ideologisches, politisches, wirtschaftliches, soziales, historisches System endete und ein anderes begann. Entlang der Linie, die er zog, sollte die Berliner Mauer entstehen.

Die Regierung der DDR gab eine Broschüre heraus, in der sie eine Erklärung für den Mauerbau gab, falls jemand nach den Gründen fragen sollte.

> »*Ist die Mauer vom Himmel gefallen?*
> Die antinationale, aggressive NATO-Politik hat die Mauer geschaffen, die heute die beiden deutschen Staaten trennt und auch mitten durch Berlin geht. Systematisch haben die Bonner Regierung und der Westberliner Senat Westberlin zum Provokationszentrum ausgebaut [...].
>
> *Musste die Mauer kommen?*
> Nein und Ja. [...] Weil *sie* [die Bundesrepublik und die Westmächte] die Gefahr eines Konflikts heraufbeschworen, musste die Mauer kommen. Wer nicht hören will, muss fühlen.

*Was hat die Mauer verhindert?*
Natürlich hatten wir auch keine Lust, tatenlos zuzusehen, wie Abwerber und Menschenhändler mit den schmutzigsten Mitteln Ärzte, Ingenieure und Facharbeiter nach Westdeutschland lockten. [...] Aber etwas weit Wichtigeres haben wir mit der Mauer verhindert: dass Westberlin zur Ausfallstellung für einen militärischen Konflikt wurde. Die Maßnahmen des 13. August, die wir gemeinsam mit den Staaten des Warschauer Vertrags einleiteten, haben die Köpfe einiger Heißsporne in Bonn und Westberlin abgekühlt. Zum ersten Mal in der deutschen Geschichte wurde die Lunte eines Krieges ausgetreten, *bevor* sie gezündet hatte.

*War denn der Friede wirklich bedroht?*
Solche Einmarschgedanken spukten tatsächlich in den Bonner Köpfen! Das hätte Krieg bedeutet! Bedenken Sie auch das, wenn Sie vor der Mauer stehen. Die Mauer hat Ihnen das Leben gerettet.

*Wer ist eingemauert?*
Nach den überaus intelligenten Darlegungen des Westberliner Senats haben wir uns selbst eingemauert und leben in einem KZ. [...] Fällt Ihnen nichts auf? Brandt jammert, dass die halbe DDR, einschließlich der Arbeiter in den Betriebskampfgruppen, bewaffnet sei. Was halten Sie von einem KZ, dessen Insassen selbst die Waffen in den Händen haben?

*Wer zerreißt die menschlichen Bindungen?*
Natürlich ist es für viele Berliner bitter, dass sie sich gegenwärtig nicht besuchen können. Aber weit bitterer wäre es, wenn ein neuer Krieg sie für immer auseinanderrisse.

*Bedroht die Mauer irgendjemand?*
Wollten Sie der Bonner Propaganda […] glauben, dann wäre die Mauer ein ›erschreckender Beweis für die Aggressivität des Weltkommunismus‹. […] Haben Sie es schon jemals als Zeichen von Angriffsabsichten angesehen, wenn jemand einen Zaun um sein Anwesen zieht?

*Wer verschärft die Situation?*
Etwa die Mauer? Die steht ganz ruhig da.

*Ist die Mauer ein Turngerät?*
Wir sagen Ihnen ganz offen: Nein. Diese Mauer ist die Staatsgrenze der Deutschen Demokratischen Republik. Die Staatsgrenze eines souveränen Staates muss geachtet werden. Das ist in der ganzen Welt so. Wer sich nicht daran hält, darf sich nicht beklagen, wenn er dabei zu Schaden kommt.«[126]

Das war also der Grund dafür, dass jene weiße Linie gezogen worden war. Der Wall, der dort errichtet wurde, schützte das sozialistische Arbeiterparadies der Deutschen Demokratischen Republik vor dem Rest der Welt.

*

Fragt man Ute, so war das sozialistische Arbeiterparadies eigentlich gar nicht so schlimm. Es gab Büchereien und Schwimmbäder, Ferienanlagen und ein gutes öffentliches Verkehrssystem. Die Mieten waren geschützt, die Arbeitsplätze sicher und die Pensionen garantiert. Das Leben war vorhersehbar. Tatsächlich war Utes Familie Ende der fünfziger Jahre aus freien Stücken in die DDR gezogen. Ihr Großvater war einer jener Kommunisten gewesen, die Widerstand gegen das NS-Regime geleistet hatten, und er hatte die Familie überzeugt, zu ihm in die demokratische Republik zu kommen, die im Osten Deutschlands errichtet wurde.

»Hier gibt es alles, was ihr braucht«, hatte er gesagt, und so war es auch in der Ortschaft, in der Ute und ihre Schwester aufwuchsen. Schwieriger war es, jene Dinge zu bekommen, die man sich *wünschte*. Wenn man ein Auto oder ein Fernsehgerät wollte, ließ man sich auf eine Warteliste setzen und musste etwa zehn Jahre Geduld haben und sparen. Wenn man Bananen wollte, ging man einmal im Jahr zum Hauptplatz und stand eine Nacht lang in der Schlange. Ute und ihre Schwester lernten, mit dem vorliebzunehmen, was es gab. Sie lernten, wenig zu erwarten und mit dem zufrieden zu sein, was sie hatten. Aber sie waren nicht zufrieden. Sie beschlossen, etwas zu unternehmen.

*

Hagen Koch lief mit seinem Farbtopf durch Berlin wie ein Herold mit einer Glocke. Die Linie, die er auf das Pflaster malte, verlief über ein Gelände in der Niederkirchnerstraße, wo einst das Hauptquartier der Gestapo gewesen war, entlang des Ödlands, unter dem die Reste von Hitlers Reichskanzlei lagen, und vorbei an den Kaufhäusern am Potsdamer Platz. Sie verlief entlang der Ruinen des ausgebombten Reichstags, vor dem Brandenburger Tor und quer durch den stillen Soldatenfriedhof an der Invalidenstraße. Sie verlief an der Bernauer Straße entlang, bog beim alten Bahnhof an der Schwedter Straße ab und führte zur Brücke über die Bahngleise an der Bornholmer Straße.

Als die Bewohner der Bernauer Straße an jenem Morgen aufwachten, stellten sie fest, dass sich die Außenwand ihrer Häuser – die Wand, die sie im Inneren gerade neu tapeziert hatten, vor deren Fenstern Gardinen hingen, und jene quietschende Haustür, durch die sie jeden Tag auf die Straße hinaustraten – in den Schutzwall verwandelt hatte.

Sie wurden vollkommen überrascht. »Niemand hat die Absicht, eine Mauer zu errichten«, hatte der Staatsratsvorsitzende Walter Ulbricht noch vor wenigen Wochen erklärt. Die Bewohner der Bernauer Straße sahen ihr Leben vorüberziehen und wussten, was sie zu tun hatten. Sie liefen zu ihren Fenstern im ersten, zweiten oder dritten Stock, sie warfen die Fensterflügel auf und sprangen. Ihre Körper fielen auf das kapitalistische Straßenpflaster. Sie mussten sich sputen, um den Grenzpolizisten zu entkommen, die schon die Treppen heraufgelaufen kamen. Einige Bewohner fürchteten sich vor dem Sprung und verbrachten den Rest ihres Lebens als Bürger der DDR. Andere waren zu wagemutig, so dass ihre Körper auf den Pflastersteinen zerschmettert wurden. Andere waren einfach nicht schnell genug.

Es gibt ein Foto von einer Frau, die aus einem Fenster hängt. Sie ist etwa 50 Jahre alt, ihr schwarzes Haar ist zu einer Dauerwelle gefönt. Sie trägt einen dunklen Mantel. Volkspolizisten oder Soldaten beugen sich aus dem Fenster und halten sie an den Armen fest, damit sie nicht in die Tiefe fällt. Aber es ist kein Rettungseinsatz. Auf der Straße stehen Menschen, vielleicht Verwandte von ihr, denen die Flucht gelungen ist. Sie halten sie an den Füßen fest und versuchen, sie in den Westen zu ziehen. Vielleicht führte sie später ein glückliches Leben.

Nun stand die Mauer still da, bedrohte niemanden, sicherte den Weltfrieden und hinderte die Facharbeiter daran, den Verlockungen eines Lebens als kapitalistische Lohnsklaven anheimzufallen. Aber die Frau und ihre Nachbarn sprangen aus ihren Fenstern, anstatt im Paradies zu bleiben.

Kein Wunder, dass es das Regime der DDR für nötig hielt, diese Häuser zu räumen. Die Bewohner der Bernauer Straße wurden evakuiert, die Türen und Fenster ihrer Wohnungen in aller Eile zugemauert. Die Straßen, die zwischen den Häusern verliefen, wurden mit allem verbarrikadiert, was man zur Hand hatte: mit zusammengewürfelten Betonblöcken, Rinnsteinen und Ziegeln, verziert mit widerspenstigem Stacheldraht.

*

Sobald sie alt genug waren, zogen Ute und ihre Schwester nach Berlin. Fragt man Ute, so war das Leben in der Hauptstadt des sozialistischen Arbeiterparadieses nicht so schlimm. Man konnte gehen, wohin man musste: zu den Läden am Alexanderplatz, zum Pergamonmuseum, zu den Aufmärschen auf dem Marx-Engels-Platz. Man konnte die eleganten Opernhäuser und die Bibliotheken besuchen. Man konnte im Aufzug auf den beeindruckenden Fernsehturm hinauffahren, wo man aus dem Panoramacafé einen ungehinderten Blick bis zum Horizont im Westen hatte.

Schwieriger war es, zu gehen, wohin man wollte. Manche Straßen schienen nirgendwohin zu führen – das Einzige, was man am Ende dieser Straßen sehen konnte, war eine Freifläche und eine Betonmauer. Wenn man sich diese Orte näher ansehen wollte, wurde man von Grenzpolizisten weggeschickt. »Hier ist es gefährlich für Sie«, sagten sie. »Gehen Sie nach Hause.« Aber das Verbot verstärkte nur noch den Wunsch, dorthin zu gehen.

Auf dem Alexanderplatz gab es eine Weltuhr, die die Zeit in allen Hauptstädten auf der Erde anzeigte. Immer wenn Ute zu dieser Uhr hinaufsah, fragte sie sich: »Was hat es für einen Sinn, die Zeit an all diesen Orten zu sehen, die man doch nie sehen wird?« Ihre Geographiekenntnisse sind heute noch sehr schlecht.

*

Einige Monate nachdem Hagen Koch seine weiße Linie durch Berlin gezogen hatte, schaffte es ein junger Mann, bis zu dem Haus in der Bernauer Straße 44 vorzudringen. Er durchquerte Höfe, in denen der Herbstwind heulte, und stieg Treppen hinauf, die unter seinen Füßen knarrten und quietschten. Seine Schritte hallten durch leere Räume, als er durch die verlassenen Häuser eilte. Er erreichte eines der Dachgeschosse und kletterte durch die Luke auf das Dach hinaus.

Es dauerte nicht lange, bis ihn die Volkspolizisten bemerkten und zur Jagd auf ihn bliesen. Der junge Mann rief um Hilfe. Die

Verfolger kletterten über die schwindelerregenden Eisentreppen an den Kaminen hoch, liefen an Statuen und Balustraden vorbei und trippelten durch Regenrinnen, deren Inhalt unter ihren Füßen gluckste. Die Westberliner Feuerwehr rückte mit einem Sprungtuch an. Lose Dachschindeln fielen in die Tiefe, und mit ihnen stürzten Bernd Lünsers Pläne und Träume. Als er ein verziertes Gesims erreichte, starrte er in die gähnende Leere unter seinen Füßen. In der Tiefe sah er das aufgespannte Tuch und sprang. Er schlug auf dem Pflaster auf.

Die Mauer stand still da, sicherte den Weltfrieden und schützte die sozialistischen Arbeiter vor einem Leben als kapitalistische Lohnsklaven. Aber Bernd Lünser sprang lieber, als den Schutz dieser Mauer zu genießen.

Kein Wunder, dass die Behörden beschlossen, die alten Häuser entlang der Bernauer Straße abzureißen. Es gibt ein Foto von der Straße, das kurze Zeit später aufgenommen wurde. Auf den ersten Blick wirkt der Ort wie ein Boulevard oder ein Park. Am östlichen Rand erheben sich hohe, fensterlose Mauern aus dem Gras. Die abblätternden Tapeten, die von den Fußbodenbalken hinterlassenen Löcher, die hellen Flecken, die einmal von Bildern bedeckt waren, und die hoch über dem Boden hängenden Kaminsimse verraten, dass diese Mauern noch vor kurzem Innenwände von Wohnungen waren.

Auf der anderen Seite der weiten Fläche stehen ganz nah nebeneinander zwei kleinere Mauern. Eine ist neu und besteht aus H-förmigen Betonpfeilern, zwischen die vorfabrizierte Betonplatten gesetzt worden sind. Auf der Mauerkrone sitzt eine Betonrolle, die mit Stacheldraht versehen ist. Daneben erhebt sich eine bröckelnde, gewundene Mauer von knapp zwei Metern Höhe, die den Bewohnern Westberlins am nächsten ist. Aus dem zerbrochenen Mauerwerk sprießen Pflanzen, und all die schmückenden Pilaster und Karyatiden fallen von den Mauern. Sieht man genau hin, so kann man noch die Türen und Wohnzimmerfenster erkennen, die hastig mit Platten versiegelt worden sind.

Die Flächen zwischen all diesen Mauern sind leer, bewohnt nur von Tausenden Kaninchen. Dies ist das Niemandsland.

*

Fragt man Ute, so war das Leben nicht so schlecht, bis ihre Schwester verschwand. Dann kam der Staatssicherheitsdienst und erzählte Ute alles über sie. Die Schwester sei zu den Faschisten übergelaufen, sagten die Beamten. Es sei Utes Schuld, sagten sie. Dann fand sie heraus, was mit denen geschah, die auf die andere Seite der Betonmauer wollten. Ute wurde eingesperrt und sechs Monate lang gefoltert. Sie musste stunden- und tagelang in eisigen Wasserbecken sitzen, so lange, bis sie nicht einmal mehr zittern konnte. Sie wurde gezwungen, sich vor den Augen ihrer lachenden Peiniger nackt auf einen Spiegel zu hocken und zu urinieren. Sie hörte die entsetzlichen Schreie, die durch die Gänge hallten. Sie schlief nicht: Die Lampen brannten unentwegt, und sie wusste nicht, ob es Tag oder Nacht war. Nach einer Weile begannen ihre Haare und Zähne auszufallen, ihre Regel blieb aus, und ihr Körper verfiel. Die Polizei wollte sie zwingen zu gestehen, dass sie ihrer Schwester geholfen hatte, aber sie schwieg. Sie sagte immer noch nicht, was sie wusste.

*

Ein Jahr nachdem Hagen Koch seine Linie auf die Straße gemalt hatte, gelang es einem Jungen, auf die Freifläche zu gelangen. Peter Fechter lief so schnell er konnte, aber als er über die Mauer klettern wollte, schossen ihn die Grenzposten in den Rücken.

Er blieb eine Stunde dort liegen und schrie um Hilfe, aber niemand wusste, was zu tun war. Im Westen lugten Leute über die Mauer und sahen ihn in seinem Blut liegen. Jemand warf ihm Verbände hinüber, aber er war zu schwach, sie sich anzulegen. Die Grenzposten rührten sich nicht und sahen zu. Er hatte es sich selbst zuzuschreiben, sagten sie. Schließlich zündeten sie eine Rauchbombe, und als sich der Nebel gelichtet hatte, waren die Grenzposten und Peter Fechters Leiche verschwunden.

Die Mauer bedrohte niemanden, sicherte den Weltfrieden und schützte die sozialistischen Arbeiter vor den Faschisten im Westen. Und dennoch rannte Peter Fechter los ins Niemandsland und starb lieber im Sand, als zu Hause zu bleiben.

Kein Wunder, dass es die Behörden für notwendig hielten, den Schutzwall zu verbessern. Jahr für Jahr wurde er weiterentwickelt, und im Jahr 1975 war er fertig. Es gibt eine grafische Darstellung der »Grenzmauer 75«, wie das Bauwerk offiziell genannt wurde. Es sieht aus, als hätte ein Kind ein Zauberschloss gezeichnet, mit einer eigenartigen Perspektive, absurden, phantastisch vervielfachten Verteidigungsanlagen und dem angriffsbereiten deutschen Schäferhund.

Jede vorgefertigte Betonplatte der Grenzmauer 75 hatte die Form eines L und war 3,60 Meter hoch. Die vollkommen vertikale Außenseite der Platte blickte nach Westen, der Innenwinkel des L nach Osten. Dieser Innenwinkel war abgerundet, was es unmöglich machte, mit den Füßen an der Mauer Halt zu finden. Auf die Mauerkrone war ein rundes Betonrohr gesetzt worden, so dass sich ein Flüchtling nicht an einer Kante festhalten und hochziehen konnte. Der Beton war glatt und rutschig.

Die Mauer aus Betonplatten war die westliche Begrenzung der Grenzmauer 75. Dahinter verliefen eine Reihe von Panzersperren und ein Graben, der von einem Posten- oder Kolonnenweg für Patrouillen zu Fuß und Fahrzeuge gesäumt wurde. Hinter dem Kolonnenweg standen Laternen und dahinter in regelmäßigen Abständen Beobachtungstürme. Dahinter verlief ein Korridor von Hundelaufanlagen, wo scharfe Schäferhunde zu Hause waren, und anschließend folgte ein elektrischer Signalzaun. Hinter diesem Kontaktzaun verlief eine weitere Betonmauer. Dahinter erstreckte sich eine Grenzzone, in der alle Gebäude abgerissen worden waren. Diese Zone durften die Bürger der DDR nicht betreten. Und hinter der Grenzzone lebte ein ganzes Volk, dem man nichts über die wahre Natur der Mauer gesagt hatte.

*

Das Leben war nicht so schlecht, nachdem Ute schließlich aus der Haft entlassen worden war. Ihre Schwester war für immer fort, und Ute dachte an sie, wie man an eine Tote denkt. Sie trauerte um sie, aber sie kehrte an ihren Arbeitsplatz zurück und nahm wieder Kontakt zu ihren Freunden auf. Es wäre verrückt gewesen, es nicht zu tun. Das Leben ging weiter.

Eines Tages erhielt sie eine Mitteilung: »Komm in die Bernauer Straße, dort können wir uns sehen.« Also ging Ute los und sah über den Schutzwall. Auf der anderen Seite stand eine Person auf einem kleinen Aussichtsturm und winkte ihr zu. Und da es gefährlich war, sich der Bernauer Straße auch nur zu nähern, ließ Ute rasch den Arm sinken, machte kehrt und ging zurück – so als hätte sie nichts gesehen, nicht einmal eine Erscheinung auf der anderen Seite. »Es war der traurigste Tag meines Lebens«, sagt sie. Sie wünschte, sie wäre nie hingegangen.

*

Günter Schabowski führt ein angenehmes Leben. Er hat eine bescheidene Karriere als Redakteur einer Lokalzeitung in Hessen hinter sich. Aber früher einmal war er der ZK-Sekretär für Informationswesen, und eines Tages unterlief ihm ein beruflicher Fehler.

Es geschah am 9. November 1989. Schabowski hatte den Auftrag, in einer Pressekonferenz eine Verlautbarung des Ministerrats bekanntzugeben. Das Regime steckte in einer Krise: Die Zahl der Flüchtlinge, in der Vergangenheit auf die wenigen beschränkt, denen es gelang, die Mauer zu überwinden, war zu einer Flut angeschwollen, seit Ungarn seine Grenzen geöffnet hatte. Die Regierung der DDR war ratlos. Schabowski war gerade erst aus dem Urlaub zurückgekehrt und erschöpft, aber niemand anderer war bereit, sich an diesem Tag den Journalisten aus dem Westen zu stellen. Niemand hatte ihm genaue Anweisungen dazu gegeben, was er sagen sollte. Also improvisierte er:

> »Wir wissen um diese Tendenz in der Bevölkerung, um dieses Bedürfnis in der Bevölkerung, zu reisen oder die DDR zu verlassen. Und, äh, wir haben die Überlegung, dass wir all diese Dinge […], nämlich eine komplexe Erneuerung der Gesellschaft, äh, zu bewirken und dadurch letztlich […] zu erreichen, dass Menschen sich nicht genötigt sehen, in dieser Weise ihre persönlichen Probleme zu bewältigen.
>
> Allerdings ist heute, soviel ich weiß, eine Entscheidung getroffen worden. […] Und deshalb, äh, haben wir uns dazu entschlossen, heute, äh, eine Regelung zu treffen, die es jedem Bürger der DDR möglich macht, äh, über Grenzübergangspunkte der DDR, äh, auszureisen.«[127]

Ein Raunen ging durch den Raum. Würden die DDR-Bürger Visa oder Pässe brauchen, um das Land verlassen zu können? Ab wann würde die Regelung gelten? Schabowski blätterte unschlüssig in seinen Unterlagen. »Das tritt nach meiner Kenntnis … ist das sofort, unverzüglich …«, improvisierte er. ZK-Mitglied Gerhard Beil, der neben ihm saß, versuchte die Aussage zu relativieren. »Das muss der Ministerrat beschließen«, sagte er leise, doch im Stimmengewirr hörte ihn niemand. Die folgenden Fragen waren in dem Trubel nicht zu verstehen, aber Schabowski sagte: »Ich habe nichts Gegenteiliges gehört.« Diesen Satz wiederholte er noch zweimal.

Die Pressekonferenz wurde im DDR-Staatsfernsehen direkt übertragen, aber kein Mensch sah sich diese Sendungen an – jedenfalls nicht, wenn er wirklich wissen wollte, was im Land vorging. Wenige Stunden später begann die *Tagesschau* der ARD mit einer sensationellen Schlagzeile: »DDR öffnet Grenzen.« Um Viertel vor elf Uhr abends eröffnete ARD-Moderator Hans-Joachim Friedrichs die *Tagesthemen* mit folgenden Worten:

> »Dieser 9. November ist ein historischer Tag: Die DDR hat mitgeteilt, dass ihre Grenzen ab sofort für jedermann geöffnet sind, die Tore in der Mauer stehen weit offen.«[128]

So hatte es Günter Schabowski eigentlich nicht gesagt, aber das hielt niemanden mehr zurück. Die Bürger der DDR standen von ihren Sofas auf, zogen ihre Mäntel an und gingen los zu den Toren in der Mauer, in der Hoffnung, diese würden weit offen stehen. Am Grenzübergang Bornholmer Straße drängten sich bald so viele Menschen, dass die Grenzposten nicht mehr ein noch aus wussten. Sie riefen ihre Vorgesetzten an, und diese wussten nicht mehr zu sagen, als dass der Ministerrat eigentlich nur eine Prüfung der Reisebeschränkungen empfohlen hatte. Die Mitteilungen in den westdeutschen Medien waren keine offiziellen Verlautbarungen der DDR-Regierung.

Doch diesmal war es so. Es war den Menschen egal, was die Wachen sagten. Sie weigerten sich, nach Hause zu gehen. Gegen halb elf Uhr begannen die Grenzposten auf ein Signal hin, vielleicht aber auch nur, weil sie nicht wussten, was sie sonst tun sollten, die Leute über die alte Eisenbahnbrücke in den Westen durchzuwinken. Sie stempelten ihre Ausweise ungültig, als würden sie sie damit zum Tode verurteilen. Aber in diesem Augenblick war die Mauer kein Schutzwall mehr, sondern nur noch eine einfache Mauer. Sie war keine Grenze zwischen Staaten und Ideologien und Hemisphären mehr, sondern nur noch eine 3,60 Meter hohe und einige Zentimeter dicke Betonwand.

*

Auch Ute hatte an jenem Abend die Nachrichten im Westfernsehen verfolgt. Sie erhob sich aus ihrem Sessel, ging ins Schlafzimmer und klappte ihren Koffer auf. Sie packte Unterwäsche, ein paar Blusen und Hosen sowie einen Pullover ein, denn es war kalt. Sie schaltete das Licht aus, schlich die Treppe hinunter, durchquerte den Hof, tastete sich zum Haustor und ließ den Schlüssel fallen, als sie mit zitternden Händen nach dem Schloss suchte. Sie begab sich zu ihrem Arbeitsplatz und hinterließ auf einer Papierrolle neben der Tür, die in Ermangelung von Telefonen für die Übermittlung von Nachrichten diente, eine Entschuldigung: Sie würde eine Weile fort sein.

Am nächsten Tag saß Ute auf der Treppe vor der Wohnungstür ihrer vor langer Zeit verlorenen Schwester und wartete darauf, dass diese von der Arbeit heimkehrte. Die beiden sprachen nicht über die Mauer. Sie hatten für den Augenblick genug Geschichte erlebt.

*

Volker Pawlowski führt ein angenehmes Leben in Bernau bei Berlin, in der Stadt, nach der die Bernauer Straße benannt ist. Er ist stolzer Besitzer eines Bauhofs, einer silbernen Chrysler-Limousine und des US-Patents Nr. 6076675. Dieses sichert ihm das Urheberecht an einer

> »Präsentations- und Aufbewahrungsvorrichtung für kleinformatige Objekte, die mindestens zwei durchsichtige, miteinander zu verbindende Hälften hat, welche einen Hohlkörper bilden, wenn sie in einer Präsentationsoberfläche, beispielsweise in einer Postkarte, in eine dafür vorgesehene Öffnung eingefügt werden. Der Hohlkörper dient dazu, ein Objekt aufzunehmen, das in Beziehung zu dem auf der Postkarte abgebildeten Motiv steht.«[129]

Einst verdiente sich Pawlowski seinen Lebensunterhalt als Bauarbeiter in Ostberlin, aber um die Zeit, als die Mauer fiel, erlitt er einen Bandscheibenvorfall. Während er zu Hause saß und sich erholte, kam ihm die Idee für die einfache kleine Vorrichtung, die ihn reich machen sollte. Doch diese Erfindung ist nur die halbe Erklärung für seinen Erfolg, denn das Patent Nr. 6076675 verdankt seine Bedeutung dem Motiv, das auf den Postkarten abgebildet ist, und den »kleinformatigen Objekten«, die in Beziehung zu diesem Motiv stehen.

Hin und wieder fährt Volker Pawlowski mit seinem Lastwagen nach Berlin und holt Fragmente der Mauer ab. Diese bringt er zu seinem Bauhof, wo sie abgeladen und mit glänzender Farbe besprüht werden, um den Eindruck zu erwecken, sie seien mit Graffiti bedeckt gewesen. Sobald die Farbe trocken ist, zertrümmern Arbeiter die Stücke der Betonplatten zu kleinen Brocken, die anschließend nach Größe sortiert werden. Wie im Patent Nr. 6076675 beschrieben, werden diese Bröckchen an Postkarten befestigt, die berühmte Abschnitte der Berliner Mauer in ihrer Glanzzeit zeigen.

In den an Postkarten befestigten Bruchstücken wird die Mauer in die Stadt zurückgebracht, wo sie neben alten sowjetischen Uniformen und DDR-Abzeichen an Souvenirständen am Checkpoint Charlie, beim Brandenburger Tor und auf dem Potsdamer Platz feilgeboten werden. In der Blütezeit seines Geschäfts hat Pawlowski zwischen 30 000 und 40 000 Postkarten im Jahr verkauft. Das ist sehr viel Mauer. »Die Brocken sind wertlos«, sagt er, »aber anscheinend gefallen sie den Leuten, und ich werde mich nicht darüber beklagen.«

Pawlowski ist nicht der Einzige, der von der Zerstörung der Mauer profitiert. Am Morgen nach Günter Schabowskis Fehler fuhren in der Bernauer Straße Bulldozer auf. Obwohl die Tore in der Mauer bereits weit offen standen, rammten sie eine weitere Öffnung hinein. Dann rumpelten die riesigen Maschinen weg und überließen es den Menschen, ihre Arbeit fortzusetzen.

Einige begannen, die Betonplatten mit Graffiti zu verzieren. Seit langem kamen Menschen aus aller Welt, um die Berliner Mauer zu verunstalten. Die Grenzwächter konnten die Ostseite kontrollieren, aber sie hatten keinen Einfluss auf das, was auf der Westseite geschah, die sich bis 1989 in einen farbenprächtigen Protestschrei verwandelt hatte. Als die Bulldozer die Mauer aufrissen, strömten Künstler durch die Breschen, um über die bis dahin unberührte östliche Seite herzufallen, über die Innenseite. Sie schufen Trompe-l'œil-Gemälde, die Löcher in der Mauer vortäuschten. Durch ein gemaltes Loch blickte man auf eine gemalte Wüste, welche die sandige Leere des Niemandslands in Erinnerung rief.

Ein blecherner Trabant brach durch den Beton. Der Staats- und Parteichef der Sowjetunion tauschte einen leidenschaftlichen Zungenkuss mit dem Staats- und Parteichef der DDR. Die auf die Oberfläche der Mauer gemalten Geschichten stellten die Daseinsberechtigung des Bauwerks infrage.

Andere hielten die farbenfrohe Entweihung für eine zu milde Strafe. Die Leute nahmen ihre Hämmer und Meißel, ihre Fäustel und Brechstangen, und machten sich auf den Weg zur Mauer. Im Winter ist Berlin eine Stadt, die sehr hallt, vor allem in der Nacht, und die Leute schliefen nicht viel in jenen Tagen. Das Klirren der Hämmer, die die Meißel in den Beton trieben, tönte durch die dunklen Straßen im Stadtzentrum. Jene, die an der Mauer klopften, die sie so lange zurückgehalten hatte, wurden als »Mauerspechte« bekannt.

Die Mauerspechte zerstörten die Mauer aus Wut, aber sie warfen nicht fort, was von ihrem Werk übrigblieb. Viele von ihnen begannen, die Fragmente sorgfältig einzusammeln, zu katalogisieren und zu verpacken. Manche richteten kleine Verkaufsstände ein, um die Ausbeute ihrer Arbeit samt eilig fabrizierten Echtheitszertifikaten den Touristen anzubieten. Andere verliehen Werkzeuge gegen Gebühr an Besucher, die später ihre Brocken herumzeigen und stolz behaupten durften, zum Fall der Berliner

Mauer beigetragen zu haben. Und einige, unter ihnen Volker Pawlowski, waren ehrgeiziger.

In der ganzen Welt findet man mittlerweile winzige Stücke der Berliner Mauer, die gehortet und verehrt werden, als seien sie Fragmente von etwas Ehrfurchtgebietendem und Himmlischem. Der japanische Keramikkünstler Tokusen Nishimura zermahlte einen Mauerbrocken, vermischte den Staub mit Ton und formte daraus ein Gefäß für die feierlichen Teezeremonien in Kioto.

Die Autorin Araminta Matthews erzählt die Geschichte eines Stücks Mauer, das über mehrere Liebhaber und Liebhaberinnen hinweg zu ihr gelangte – bis sie es ihrem Auserkorenen gab, der seine Bedeutung nicht verstand und es zurückgab. Sie verließ ihn.

Sechs Monate nach der Öffnung der Mauer reihte sich das DDR-Regime selbst in das Heer der Mauer-Profiteure ein. Bei einer Gala im Metropole Palace Hotel in Monte Carlo wurde der »antifaschistische Schutzwall« versteigert, um einen Teil der Schulden des Paradieses der Werktätigen abzubezahlen, zu dessen Schutz der Wall errichtet worden war. 360 Mauerstücke wurden samt Hochglanzfotos und genauer Beschreibung des Herkunftsorts in einem Katalog aufgelistet. Besonders hohe Preise erzielten Stücke, die mit schönen Graffiti bedeckt waren.

Heute findet man die Mauer an zahlreichen Orten in aller Welt: in der CIA-Zentrale in Washington, auf dem Campus des Honolulu Community College in Hawaii, auf der Herrentoilette des Main Street Station Hotel in Las Vegas. Eine Platte aus der Grenzmauer 75 schmückt die Piazza der italienischen Ortschaft Albinea, eine andere einen Kinderspielplatz im schwedischen Trelleborg. In Moskau steht ein Mauerabschnitt, der mit dem Graffiti »BER« verziert ist. Die Platte mit der Silbe »LIN« findet man in Riga.

Während in Monte Carlo die Auktion lief, nahmen in Berlin die Bulldozer die Arbeit wieder auf. Es dauerte etwa vier Monate, um zu beseitigen, was von der Mauerruine übrig war. (Der Großteil der Trümmer löste sich in dem Schutt auf, der mittlerweile unter den Straßen ruht, welche die beiden Hälften Berlins wieder miteinander vereinigen.) Drei Monate nach der Versteigerung seines Grenzwalls erreichte auch der ostdeutsche Staat das Ende seiner Geschichte. Im Oktober 1990 hörte er auf zu existieren.

*

Ute blieb nicht lange bei ihrer Schwester. Sie hatte sich die Wiedervereinigung anders vorgestellt. Ihre Schwester wirkte abgehärmt und ruhelos. Sie erzählte, dass sie in ihren Alpträumen immer noch von Gedanken daran gequält werde, was die Grenzwächter mit ihr getan hatten, als sie sie gefasst hatten. Wie Ute war sie gefoltert worden: Sie hatte das mit eiskaltem Wasser gefüllte Becken und die entwürdigende Prozedur mit dem Spiegel kennengelernt, und auch sie hatte die Schreie gehört, die durch die Gänge hallten. Sie litt unter schweren Migräneanfällen. Aber Utes Schwester war vom DDR-Regime noch weiter erniedrigt worden: Man hatte sie verkauft. Sie war gemeinsam mit einer Ladung von Dissidenten und Kriminellen gegen hartes Westgeld in die Bundesrepublik geliefert worden. Die Stasi hatte ihr eine Warnung mit auf den Weg gegeben: »Unsere Agenten sind überall. Halt die Klappe, oder jedem Mitglied deiner Familie wird dasselbe passieren wie dir.«

Ute blieb nicht bei ihrer Schwester, kehrte jedoch auch nicht nach Berlin zurück. Wie die Bruchstücke der Mauer brach sie auf, um die Welt zu entdecken und ihr Glück zu suchen.

*

Im zufriedenen Leben nach dem Fall der Mauer arbeitet Jacqueline Röber als Rechtsanwältin und Vorsitzende eines Bürgervereins an einem Ende der Bernauer Straße. Sie ist eine Expertin für

Liegenschaftsrecht, was in einem Viertel wie ihrem, in dem die Mieten auf DDR-Niveau eingefroren waren, bis der Druck der Gentrifizierung den Berliner Wohnungsmarkt aufbrach, von großem Nutzen ist. Röber, ein Kind der Ostzone, hatte nicht viel vom wiedervereinigten Deutschland erwartet, und obwohl sie selbst im neuen Leben durchaus erfolgreich ist, hat sie ihre Wurzeln nicht vergessen. Heute vertritt sie die ehemaligen Bürger ihres verschwundenen Staates.

Ihr politischer Einsatz hat sie in Konflikt mit einem weiteren Erben desselben Vermächtnisses gebracht. Als die staatlichen Bahngesellschaften des Ostens und des Westens nach der Wende miteinander verschmolzen wurden, wurde das Unternehmen Vivico gegründet, das die großen Liegenschaften der Bahn verwalten sollte. Mittlerweile hat sich Vivico in einen wichtigen Akteur auf dem deutschen Immobilienmarkt verwandelt.

Vor langer Zeit, Jahrzehnte vor dem Mauerbau, hatte es am Ende der Bernauer Straße einen Bahnhof gegeben. Die Gleise trennten die Innenstadtbezirke: Im Westen lag der Wedding, im Osten der Prenzlauer Berg. Im Krieg wurde der Bahnhof zerbombt, und Hagen Kochs weißer Pinselstrich verlief in der Mitte der ungenutzten Gleisanlage zwischen den beiden Bezirken. Als die Mauer wuchs, verschwanden die Gleise auf der östlichen Seite unter Beton, Sand und Stacheldraht, während sie im Westen mit einem Labyrinth von behelfsmäßigen Gemüsegärten bedeckt wurden. Die Menschen vergaßen, dass es im Niemandsland einmal einen Bahnhof gegeben hatte und dass diese Fläche jemandem gehörte.

Nachdem die Mauerspechte und die Bulldozer ihre Arbeit getan hatten, war von der Mauer nichts mehr übrig – das heißt nichts mit Ausnahme des Nichts. Und da das Niemandsland nicht mehr von den Grenzposten sauber gehalten wurde, begannen sich die Tauben des Pflanzenreiches auszubreiten: Malven, Flieder, Goldruten und all die anderen farbenfrohen Wildpflanzen, die auf städtischem Ödland gedeihen. Dort, wo die scharfen

Wachhunde auf und ab gelaufen waren, gingen nun ältere Damen spazieren. Dort, wo einander zwei Gesellschaftssysteme gegenübergestanden hatten, versammelten sich nun rivalisierende türkische Jugendbanden zu ihren abendlichen Fußballspielen. Dort, wo Suchscheinwerfer den kahlen Todesstreifen abgetastet hatten, versteckten sich nun Liebespaare im Gebüsch.

Im Jahr 1994 ließ die Stadt das Niemandsland im Rahmen ihrer Olympiabewerbung von dem Hamburger Architekten Gustav Lange landschaftlich gestalten. Den Zuschlag für die Olympischen Spiele bekam Berlin nicht, aber es bekam einen neuen Park. Der Mauerpark wurde zu einem beliebten Treffpunkt für Punks und andere Jugendliche, die auf dem Hügel tranken, rauchten und mit Drogen handelten. Hin und wieder brachen sie Unruhen vom Zaun. Meistens taten sie nichts. Im Mauerpark gibt es eine Mauer, die vielleicht Teil der Berliner Mauer war, vielleicht aber auch nicht. Diese Mauer ist mit bunten Graffiti übersät, die jedoch weder dem Protest noch der Satire dienen.

Den Sinn der abstrakten Hieroglyphen versteht nur die geschlossene Gesellschaft der Kriminellen aus der Umgebung, die hier ihre wechselhaften, willkürlichen Ansprüche auf ein Territorium anmelden, das niemandem gehört.

Niemandem außer der Immobiliengesellschaft Vivico, die sämtliche Grundstücke besitzt, die einst den Bahngesellschaften beiderseits der Mauer gehörten. Das Unternehmen schenkte der Stadt Berlin einige Parzellen für den Mauerpark, und die Stadt finanzierte eine Landschaftsgestaltung im Sinne des Umweltschutzes. Mittlerweile will Vivico auf der übrigen Fläche Häuser bauen, aber die Stadt erteilt dem Unternehmen keine Baugenehmigungen, da die Projekte dem Ökosystem des Parks schaden würden. Die von Jacqueline Röber vertretene Bürgerinitiative versucht die Stadt dazu zu bewegen, die Grundstücke zu kaufen, um den Park zu erweitern, aber Vivico verlangt einen Marktpreis, den sich die Stadt unmöglich leisten kann. Die Stadt kann nicht kaufen. Vivico kann nicht bauen. Die Bewohner müssen mit einem halben Park auskommen. Und das Areal ist wie eh und je ein Niemandsland.

*

Ute ging nach London, um ihr Glück zu suchen und die Welt zu sehen. Sie fand Arbeit als Konditorin in einem schicken Restaurant, arbeitete hart und verdiente gut. Sie konnte sich kaufen, was sie sich wünschte, aber sie war nicht glücklich. Ute war nie zuvor im Ausland gewesen, und es fiel ihr schwer, Englisch zu lernen. Sie fand die Menschen falsch und kalt. »Sie laden dich zum Tee ein und sagen dir, wie sehr sie sich freuen, dich zu sehen«, beklagte sie sich, »aber sie sind unaufrichtig.«

Vor etwa fünf Jahren kehrte Ute heim. Sie zog wieder in die Wohnung in Ostberlin ein, die sie zehn Jahre früher verlassen hatte. Der Installateur ersetzte den alten Kohleheizkessel durch eine Zentralheizung. Ute kaufte sich eine neue Küche, strich das Badezimmer neu, ließ ein Telefon anschließen und kaufte sich ein Fernsehgerät. Die Straße war nicht wiederzuerkennen: Sämtliche Häuser waren in hellen Farben angestrichen worden. Auf der anderen Straßenseite gab es jetzt ein Einkaufszentrum, in der U-Bahn-Station standen unverständliche Fahrscheinautomaten, und überall waren Cafés aus dem Boden geschossen.

Wenigstens ihre alten Freunde würden dieselben sein wie früher, dachte sie. Doch wie sich herausstellte, hatten auch sie sich verändert: Ihre Freundlichkeit war mittlerweile so oberflächlich wie die der Menschen in England. Zusammengeschweißt durch ihre Angst vor dem Staat, hatten sie einander früher gegenseitig unterstützt und gemeinsam von der Hand in den Mund gelebt. Nun sagten sie: »Wir müssen mal was trinken gehen.« Und dann hörte Ute nichts mehr von ihnen. Berlin schien ihr wie jeder andere Ort, und die Millionen Menschen, die dort lebten, waren wie alle anderen. Während sie fort gewesen war, hatte sich die Stadt in ein Niemandsland verwandelt.

*

Hagen Koch führt ein angenehmes Leben als Fremdenführer in Berlin. Er arbeitet in der alten Stasi-Zentrale, die mittlerweile ein Museum ist, und erklärt Schulkindern und Touristen die Mauer. Er hat die größte Sammlung von Erinnerungsstücken angehäuft, darunter Geschichten, Fotos und natürlich Karten, durch die sich die Linie zieht, die er an jenem Sommermorgen des Jahres 1961 auf das Pflaster malte. Derselbe Mann koordinierte 29 Jahre später den Transport der Überreste seiner Mauer nach Monte Carlo, wo sie an den Höchstbietenden versteigert und über den Erdball verstreut wurden. Heute ist er der Hüter der Reste seiner Schöpfung. Viel ist nicht davon übriggeblieben.

In der Bernauer Straße steht immer noch ein Stück der Mauer. Im Jahr 1989 wurde beschlossen, einen Teil des Bauwerks abzusperren und vor den Bulldozern und Meißeln zu schützen, für den Fall, dass irgendwann jemand wissen wollte, wie die Mauer ausgesehen hatte. Jahrelang geschah nichts, bis im Jahr 1995 ein Wettbewerb ausgeschrieben wurde, um Vorschläge für die Gestaltung dieses Fragments zu sammeln, das irgendwie das Ende der Geschichte überlebt hatte.

Es gab keine Gewinner – was die Anwohner freute. Sie wollten nicht, dass etwas geschah. Sie waren hinter der Mauer eingesperrt gewesen und hatten sie niedergerissen. Sie sahen keinen Sinn darin, den Schutzwall zu erhalten. Doch schließlich erhielt einer der Zweitplatzierten, das Stuttgarter Architekturbüro Kohlhoff und Kohlhoff, den Zuschlag.

Die Mauer-»Erinnerungslandschaft« ist bis ins letzte Detail präzise. Da sind die zwischen Pfeiler eingelassenen Betonplatten des »vorderen Sperrelements«. Da sind der leere Raum des Niemandslands mit den sauber geharkten Sandflächen, der krumme Patrouillenweg und die Scheinwerfer an den hohen Lichtmasten. Da ist die stolze Außenseite der Grenzmauer 75, die still dasteht, niemanden bedroht und dem Faschismus trotzt. Aber es ist nichts weiter als eine Mauer, ein Ausstellungsstück in einem kleinen Museum. An beiden Enden werfen die polierten Oberflächen riesiger Stahlplatten das Spiegelbild des Betons hin und zurück und suggerieren eine Unendlichkeit, die es nicht mehr gibt.

Es gibt überall in Berlin Gedenkstätten, die den Menschen dabei helfen sollen, sich zu erinnern, wie die Mauer vor noch nicht allzu langer Zeit aussah. Die älteste dieser Attraktionen, ein Museum, wurde nur zwei Tage nach der Errichtung der Mauer in einer Wohnung auf der westlichen Seite der Bernauer Straße in Betrieb genommen. (Einige Monate später zog das Museum zum Checkpoint Charlie um.) Der Besitzer, der geschäftstüchtige Rainer Hildebrandt, half Menschen im Osten bei der Flucht über die Mauer und stellte ihre Geschichten anschließend in seinem Museum zur Schau.

Im Jahr 2004 versuchte seine noch geschäftstüchtigere Witwe Alexandra, die Mauer wieder zu errichten. Auf einem ungenutzten Grundstück gegenüber von ihrem Museum, etwa zehn Meter von der Linie entfernt, auf der die tatsächliche Mauer verlaufen war, bastelte sie aus zusammengetragenen Bruchstücken ein knapp 140 Meter langes Mauerstück zusammen. Aber ihr Niemandsland gehörte jemand anderem, weshalb auch diese zweite Berliner Mauer bald abgerissen wurde.

Der Checkpoint Charlie zählt heute zu den wichtigsten Sehenswürdigkeiten Berlins. Studenten verkleiden sich als amerikanische oder russische Grenzposten und posieren mit den Touristen für Fotos. Das kleine Wachhaus der Amerikaner wurde wieder aufgebaut, und auch das berühmte Schild mit der Warnung »Sie verlassen den amerikanischen Sektor« in Englisch, Französisch, Russisch und Deutsch steht wieder dort. Das Originalschild wurde 1989 gestohlen und hängt heute irgendwo in den Vereinigten Staaten über einem Sofa.

Hinter dem Ostbahnhof findet man die East Side Gallery, die im Jahr 1989 von Graffiti-Künstlern bemalt wurde. Die Konservatoren bemühen sich, die abblätternde Farbe der Mauergemälde und den bröckelnden Beton zu restaurieren, als handele es sich um unschätzbar wertvolle Fresken aus der Renaissance.

Auch weiter entfernt wird an die Mauer erinnert. In Schweden hat eine Frau, die sich Eija Riitta Berliner-Mauer nennt, eigenhändig eine Reihe von Modellen der Mauer angefertigt. Sie erklärt, den Schutzwall im Jahr 1979 bei einer Zeremonie in der Groß-Ziethener Straße in Berlin geheiratet zu haben. Sie trauert um den verlorenen Gemahl und schreibt ihm Liebesgedichte. In ihrem Wohnzimmer baut sie ihn immer mit Balsaholz nach, während ihre Katze auf dem Teppich von Ost nach West springt.

Es gab eine Zeit, da war es sogar gefährlich, die Mauer anzusehen, aber mittlerweile ist sie ein ungefährliches und sorgsam gepflegtes Ausstellungsstück. Der Glaskasten, die geschmackvolle Beleuchtung, der Souvenirladen und die Audio-Führung reinigen dieses Bauwerk von seinem Elend, seiner Grausamkeit und seiner Fremdartigkeit. Und da die Mauer heute ungefährlich ist, bemüht man sich nicht allzu sehr, sie zu vergessen. Manche der ehemaligen Bewohner Ostdeutschlands, der einstigen sozialistischen Werktätigen, denken sogar mit »Ostalgie« an ihr verlorenes Paradies zurück.

*

Ute leidet nicht unter Ostalgie. Als Kind wurde sie zu endlosen historischen Ausflügen in Museen und zu Gedenkstätten gezwungen: Sie musste Berge von Haaren und Zähnen in den Konzentrationslagern betrachten, die Gräber sowjetischer Soldaten ehren, über den leeren Platz über Hitlers Bunker wandern und die Brücke besuchen, von der Rosa Luxemburg geworfen worden war. Sie konnte das damals nicht ertragen und kann es heute noch nicht. In ihren Augen ist das entwürdigend. Sie meint, dass die Zähne und Haare der Menschen, ihre Leichen und die Orte, an denen sie starben, den Toten gehören sollten, und dasselbe gilt für ihr Leben. Die Mauer hat Aufnahme unter all den Abscheulichkeiten im Kanon des »Damit wir niemals vergessen« gefunden und ist Teil des Zirkus um die deutschen Schrecken geworden, mit denen Utes Generation für die Sünden ihrer Väter bestraft wurde.

Ute nimmt ihre Enkelin am Abend zu einem Spaziergang mit. »Ich werde dir zeigen, wo ich meine Schwester auf der anderen Seite der Mauer sah«, sagt sie. »Es ist nicht weit.« Die beiden wandern stundenlang durch das ehemalige Niemandsland, aber Ute kann den Ort einfach nicht mehr finden. Sie sieht sich um, zieht an ihrer Zigarette und lacht kehlig: »Scheiße!« Sie kann sich nicht erinnern.

# Das Venetian in Las Vegas

## Worin die Geschichte irgendwie vorüber ist

Venedig auf dem Weg nach Macao.

*Von Ludovico de Luigi, einem venezianischen Maler unmöglicher Ansichten.*

# Erbe

*Kehrt man dem Parthenon den Rücken, so sieht man unzählige Souvenirstände, an denen Marmorstatuen von Göttern und Satyrn und natürlich auch der Parthenon selbst angeboten werden. Der Tempel schwebt in Schneekugeln, schmückt Servietten und krönt Briefbeschwerer und Aschenbecher.*

*Die übrigen Bauwerke, deren geheimes Leben in diesem Buch erzählt wird, haben fast alle dasselbe Schicksal erlitten. Entlang der Berliner Mauer verlief einst das Ende der Welt, aber seit dem »Ende der Geschichte« hat sie sich in einen Steinbruch verwandelt, in dem Souvenirs abgebaut werden. Die Ayasofya ist heute ein Museum, die Kathedrale von Gloucester dient in den Verfilmungen von* Harry Potter *als Hogwarts-Schule für Zauberlehrlinge, und Venedig hat sich als Ganzes in ein Museum verwandelt, das nicht als Lebensraum für seine Bewohner, sondern als Vergnügungszentrum für Touristen erhalten wird.*

*Bauwerke, die von unseren barbarischen Vorfahren zerstört, gestohlen und in Besitz genommen wurden, die von unseren mittelalterlichen Ahnen durch wiederholte Rituale umgewandelt, die von unseren Vorvätern in der Renaissance in die Sprache der Klassik übersetzt wurden und die von unseren moderneren Vorgängern nachgeahmt und restauriert wurden, werden heute als Kulturerbe ausgestellt, das wir mit der Teilnahmslosigkeit von Thomas Coles Architekten betrachten sollen. Und auch* Der Traum des Architekten *selbst, ursprünglich für das Studio eines Architekten gemalt, wird mittlerweile in einem klimatisierten Museum aufbewahrt.*

*Manche bezeichnen die Expo und den Themenpark als Prototyp der zeitgenössischen Stadt. Nirgendwo ist das deutlicher zu sehen als in Las*

*Vegas, einer Stadt des Spektakels, deren vorrangiger Daseinszweck darin besteht, dem übersättigten Reisenden Vergnügungen anzubieten. Es wirkt paradox, dass es in Las Vegas von Attraktionen wimmelt, die europäischen Städten, welche selbst längst Touristenfallen sind, nachempfunden sind. Auf dem Las Vegas Strip findet man ein Bellagio, ein Monaco, ein Paris und ein Venedig, und allesamt sind sie ebenso überlaufen wie die Originale. Hier ist* Der Traum des Architekten *wahr geworden – jedenfalls so wahr, wie es möglich ist, wenn man ihn mitten in der Wüste aus Glasfaser fabriziert.*

*Las Vegas ist ein Extrem, eine Luftspiegelung und Oase in der Wüste. Doch mittlerweile wird das Paradox auf die Spitze getrieben, und Las Vegas selbst wird nachgeahmt, um anderswo Touristen zu unterhalten. Das Venedig der Marke Las Vegas ist gerade in China eingetroffen, wo Marco Polo vor Jahrhunderten dem Kublai Khan gegenüberstand und ihm seine unglaubliche Heimatstadt beschrieb. Es ist ein Ort für einen Kurzurlaub, sonst nichts. Am Ende der Geschichte angelangt, machen wir kurz Rast, nippen einen Kaffee und machen unsere Schnappschüsse von Monumenten, die sich einst mit der Geschichte veränderten – und die Geschichte veränderten. Mittlerweile scheinen sie das nicht mehr zu tun.*

Es ist zwölf Jahre her, dass in Berlin die Geschichte endete. Ein Kaufmann aus dem Westen steht in der Purpurhalle des Zhongnanhai-Palasts in der Verbotenen Stadt einem fernöstlichen Potentaten gegenüber. Die glänzend lackierten Säulen und schimmernden Fliesen im alten Lustpavillon wecken Phantasievorstellungen von kaiserlichen Mußestunden. Drachen und Löwen tummeln sich in den Hallen, und draußen glitzert der »See des großen Wassers« in der trägen Sommerluft.

Sheldon G. Adelson, Selfmade-Milliardär und drittreichster Mann der USA, wendet sich an seinen CEO und sagt kichernd: »Wirklich eine königliche Umgebung.«[130] Die Lichter gehen aus, der Projektor wird eingeschaltet, und Adelson macht sich bereit für die Präsentation seines Lebens. Er möchte in Macao einen Casinokomplex errichten, der ein Abbild Venedigs sein soll. Wie alle Unternehmer zieht ihn der chinesische Markt unwiderstehlich an. »Das wird wie ein Hauptgewinn in der Lotterie sein«, sagt er.

Qian Qichen, einer der stellvertretenden Ministerpräsidenten der Volksrepublik China, ist nicht unbedingt der aufmerksamste Zuhörer. Er versteht nicht viel von dem, was Adelson sagt, und die Klimaanlage macht ihn schläfrig. Außerdem hat er sich bereits entschieden. Die Pixel von Adelsons Präsentation verschwimmen vor seinen Augen, und er schweift ab in einen Tagtraum von einer Zeit, in der ein anderer Kaufmann aus dem Westen einem Potentaten in Peking gegenüberstand. Die Szene hätte aus Italo Calvinos Feder stammen können:

»Nicht dass Kublai Khan alles glaubt, was Marco Polo sagt, wenn er ihm die Städte beschreibt, die er auf seinen Inspektionsreisen besucht hat, aber gewiss hört der Tartarenkaiser dem jungen Venezianer mit größerer Neugier und Aufmerksamkeit zu als jedem anderen seiner Gesandten oder Kundschafter. Es gibt im Leben der Kaiser einen Moment, nach dem Stolz auf die endlose Weite der Territorien, die wir erobert haben, [...] ein Gefühl wie von Leere, das uns eines Abends ergreift [...]. Es ist der verzweifelte Augenblick, wenn wir entdecken, dass dieses Reich, das uns als die Summe aller Wunder erschienen war, ein einziger Ver- und Zerfall ohne Ende und Form ist, dass seine Verrottung zu tief ansetzt, als dass unser Zepter sie noch aufhalten könnte, dass der Triumph über die feindlichen Herrscher uns zu Erben ihres langen Niedergangs gemacht hat. Nur in den Berichten von Marco Polo vermochte Kublai Khan durch die zum Einsturz bestimmten Mauern und Türme hindurch das Filigran eines Musters zu erkennen, so fein, dass es dem Biss der Termiten entging.«[131]

Qian Qichen spielt für einen Augenblick mit der Vorstellung, er sei der Kublai Khan und Sheldon G. Adelson beschwöre für ihn mit PowerPoint unsichtbare Städte herauf. Fotos und Kommentare von Künstlern werden aneinandergereiht, und eine volle Stimme aus dem Off erzählt die Geschichten von Venedig und Las Vegas.

*

»Die Anfänge«, verkündet die Stimme, und auf der Leinwand erscheint das erste Bild: eine weite Wasserfläche. Rivo Alto ist genau das, was der Name sagt, erklärt die Stimme, nämlich ein hohes Ufer in einer Wüste aus Salzwasser. Die Menschen, die dort leben, graben Krabben und Muscheln aus dem Schlamm und wohnen in Ziegelhütten, die sich auf Stelzen über das brackige Wasser erheben. Zwischen die Ziegel haben die Bewohner von Rivo Alto hier und da Marmorblöcke eingemauert, über die sie folgende Geschichte erzählen: »Wir brachten sie über das Wasser mit, als wir vor den Barbaren flohen. Sie sind, was von unserer früheren Stadt übriggeblieben ist. Sie erinnern uns daran, dass wir einst Römer waren.« Und sie träumen davon, eines Tages wieder Römer zu sein.

Auf der Leinwand löst sich die Weite aus Wasser auf und geht in eine Wüste über, und die Stimme spricht weiter: Helen Stewart betreibt den Hof, seit ihr Mann im Jahr 1884 von Schuyler Henry erschossen wurde. Ihre Ranch wurde aus den Überresten des Mormonenforts erbaut, das einst an dieser Stelle stand. Die Mormonen blieben nicht lange: Sie konnten sich nicht gegen die Hitze und die Indianer behaupten. Nun vermietet die alte Helen ihr staubiges Anwesen an Goldgräber. Diese brauchen das Wasser aus Helens Brunnen, und der Verkauf des kostbaren Nasses bringt ihr mehr Geld, als sie je mit dem Ackerbau verdienen könnte. Wenn die Goldgräber um ihre Lagefeuer sitzen, erzählen sie einander von ihrer Heimat. Sie träumen davon, heimzukehren.

*

Qian sieht den Selfmade-Milliardär Sheldon G. Adelson an. Dieser Mann, hat Qian gehört, war einst selbst so etwas wie ein Goldgräber. Adelsons Eltern waren aus der Ukraine und aus Litauen nach Amerika gekommen.

Er fing klein an, verkaufte Zeitungen an der Straßenecke, Kosmetikartikel per Postversand, Enteiser für Windschutzscheiben. Er hat nicht die Absicht, dorthin zurückzukehren, wo er hergekommen ist.

Qian träumt von einer sandigen Landzunge weit unten im Süden der Volksrepublik. Auf der Halbinsel Cotai in Macao leben nur ein paar Fischer, die in einfachen Hütten wohnen, Krabben fangen und Muscheln sammeln. Er weiß, dass sie das nicht mehr lange tun werden.

*

»Vollendung«, verkündet die Stimme, und in der Dunkelheit leuchtet ein weiteres Bild auf. Dort, wo der Rivo Alto einst im Nichts trieb, erhebt sich eine wunderschöne Stadt über das Wasser.

Die unglaublichen Türme und Kuppeln der Serenissima schweben wie ein Tagtraum über dem Dunst, aber es ist kein Traum, sondern der Rivo Alto, 500 Jahre nach der Ankunft der ersten Bewohner, die sich dort vor den Barbaren in Sicherheit gebracht hatten. Die Schreie der Hafenarbeiter und das Läuten der Kirchenglocken erfüllen die Luft. Im gekräuselten Meer drängen sich marmorne Paläste in verschiedensten Farben, geschmückt mit Balustraden, Gesimsen und Zinnen, umgeben von den rot und weiß gestreiften Pfosten, an denen die Fährmänner ihre Boote festmachen.

Die Serenissima ist schön, aber sie ist auch ein Ort für Geschäfte. In den Docks gegenüber dem Dogenpalast, einem riesigen, mit einer dicken Glasur überzogenen rosafarbenen Marzipanblock, türmen sich die Schätze der Levante. Die abgetrennten Köpfe hingerichteter Verbrecher werden auf reichverzierten Säulen vor dem Palast zur Schau gestellt, der sowohl die Schatzkammer der Republik als auch ihr Justizpalast ist. In den farbenprächtigen herrschaftlichen Häusern, die auf den Wellen reiten, wohnen die Kaufleute, deren Schiffe im Arsenal am östlichen Stadtrand ausgerüstet und bewaffnet werden.

Jedes Jahr wirft der Doge einen goldenen Ring ins Wasser, um die Vermählung der Serenissima mit dem Element zu erneuern, das ihr so gute Dienste geleistet hat. Dies ist keine leere Geste, denn die Stadt verdankt ihren gesamten Reichtum dem Meer. Nichts in Venedig ist eine leere Geste: Jeder Bestandteil der Stadt erfüllt einen Zweck und verleiht diesem Zweck einen glänzenden Ausdruck. Über dem Zollhaus, dem Umschlaglager für die Schätze der Welt, erheben sich vier Atlasse, die einen Erdball auf ihren Schultern tragen. Und oben auf dem Globus sitzt ein bronzenes Abbild der als Fortuna verkleideten Serenissima, die sich in der Brise wiegt.

Auf der Leinwand verwandeln sich die feuchten Wogen, die Venedig umgeben, in sandige Wellen, die gegen die Vergnügungspaläste einer anderen Stadt schwappen, jener Stadt, die früher Ragtown hieß.

Die unglaublichen Türme und Vergnügungspaläste in Glitter Gulch glitzern in der Dämmerung in einem weiten Meer aus Sand. Unweit des Tropicana und des Las Vegas Strip stauen sich Cabrios mit riesigen Musikanlagen, und auf den Rückbänken jubeln Mädchen in T-Shirts. Es ist 60 Jahre her, dass die Goldgräber ihre Zelte auf Helen Stewarts Ranch aufschlugen. Eine Kakophonie von Schildern erleuchtet den Strip, und Worte aus Neon versprechen exotische Entspannungen und augenblicklichen Zauber: Tropicana, Barbary Coast, Dunes, Desert Inn, Sahara, Hacienda, El Rancho, Stardust, Silver Slipper, Bonanza, Slots-a-Fun.

Eine Limousine biegt unter einem dieser Schilder vom Strip ab. Das Schild ist in einer arabisch geschwungenen Schrift mit einem einzigen Wort geschmückt: »Sands«. Der Wagen bleibt auf dem Parkplatz stehen. Auf dem Asphalt schimmern die Reflexe der Lichter, die aus dem Casino dringen: ein formloses elektrisches Zwielicht, in dem hier und dort glänzende Teiche liegen, welche die Gesichter über den grünen Tischen mit einem erwartungsfrohen Leuchten überziehen.

Casinos werden manchmal als »Grind Joints« bezeichnet, was eine sehr treffende Bezeichnung ist: Stunde um Stunde mahlen die einarmigen Banditen und Spieltische das Geld aus den Gästen heraus.

Im Sands erhält jeder, der lange genug an den Tischen ausharrt, eine kostenlose Mahlzeit, und alle anderen Besucher können sich an billigen All-you-can-eat-Buffets bedienen. Im Jahr 1955 spielte ein Mann 27 Stunden lang Black Jack und gewann 77 000 Dollar. Er war das Geld rasch wieder los, da er 100-Dollar-Scheine signierte und an seine Bewunderer verschenkte. Das Hotel, das sich über dem Casino erhebt, ist nur dazu da, den armen Geldlieferanten zwischen den Spielen eine Schlafgelegenheit zu bieten. Damit niemand auf die Idee kommt, dem Glücksspiel auch nur für eine Minute den Rücken zu kehren, hat das Casino auch am Swimmingpool Roulettetische und einarmige Banditen aufgestellt.

Und es gibt Unterhaltung. Im The Copa findet man die »schönsten Frauen der Welt«, die direkt aus Hollywood eingeflogen werden. Tallullah Bankhead war dort zu Gast, genau wie Dean Martin, Jerry Lewis, Nat King Cole und natürlich Frank Sinatra. *Ocean's Eleven* wurde im Jahr 1960 im Sands gedreht. Dort finden die Damen Unterhaltung, während ihre Männer an den Spieltischen sitzen.

Glitter Gulch ist eine Fabrik des Begehrens. Es ist das Ziel am Ende der Straße durch die Wüste, es ist der Ort, den all die leuchtenden Schilder verheißen. Die Bürger von Glitter Gulch erinnern sich noch daran, dass sie einst nach Gold suchten, und sie sind entschlossen, jetzt jedes Gramm davon zu genießen.

*

Qian ist von seinen Beratern bereits darüber informiert worden, dass Sheldon G. Adelson sein Vermögen in Glitter Gulch verdient hat. Adelson baute sein Imperium mit COMDEX auf, einer jährlichen Computermesse in Las Vegas. Er war zum richtigen Zeitpunkt am richtigen Ort: COMDEX war in den achtziger Jahren derart erfolgreich, dass sämtliche Zimmer im Umkreis von 70 Kilometern benötigt wurden, um den Besucherandrang zu bewältigen. Im Jahr 1988 kaufte Sheldon G. Adelson selbst ein Casino, das Sands. Im Jahr darauf heiratete er eine neue Frau. Ihre Flitterwochen verbrachten sie in Venedig.

Qian Qichen träumt mit offenen Augen von Bürotürmen und Einkaufszentren. Er wurde in der Nähe von Shanghai geboren, und als Kind ging er oft mit seinen Eltern zum Fluss hinunter, um auf den Damm zu steigen und den Jangtse und das dahinter liegende Marschland zu betrachten. Heute wimmelt es in Pudong von Wolkenkratzern. Qian Qichen fragt sich, ob die Dünen der Halbinsel Cotai bald auch so aussehen werden.

Und dann erinnert er sich daran, dass er ein stellvertretender Ministerpräsident von China ist und eine Aufgabe zu erfüllen hat. Plötzlich ist er hellwach und legt die Hände auf den Tisch. Er sieht Adelson ruhig an: »Erzählen Sie mir von Steve Wynn.« Adelsons rundes Gesicht errötet ein wenig, wie immer, wenn er unangenehm überrascht wird. Er räuspert sich, und die Präsentation geht weiter.

*

»Dekadenz«, sagt die körperlose Stimme, und ein Gemälde Canalettos aus dem 18. Jahrhundert erscheint in der Dunkelheit. Ein vergoldeter Kahn schaukelt vor dem rosafarbenen Palast im Wasser der von kleineren Booten übersäten Lagune. Auf den Treppen des Palastes drängen sich Feiernde in seidenen Verkleidungen, die Gesichter hinter phantasievollen Masken verborgen.

Lärmende Karnevalsteilnehmer ziehen auf dem dunklen Wasser von Palast zu Palast; sie sind auf der Jagd nach neuen Vergnügungen. In einem Fresko auf der Wand eines Ballsaals löst Kleopatra eine Perle in Essig auf und trinkt, während sich an einer Decke die Harlekins aus der Commedia dell'Arte auf Schaukeln vergnügen. Liebespaare täuschen vor, einander nicht zu kennen, tanzen die Gavotte und sagen einander in gedämpftem Ton die Schritte an. Später liegen sie einander in den Gondeln in den Armen, die durch das dunkle Gewirr der Kanäle gleiten, während die Gesänge der Gondolieri in den Arkaden stiller Palazzi widerhallen.

Die Nachtschwärmer stehen erst am Vormittag auf, um zur Messe in der Kirche der Scalzi zu gehen und den vergoldeten Schirm zu betrachten, der an den Flügeln lachender Putti hängt. Sie fragen sich, ob die Gesichter der Nonnen, die sich hinter dem Schirm verbergen, genauso schön sind wie ihre Stimmen. Casanova plant die Entführung einer dieser Nonnen. Nach der Messe gehen die Freunde ins Casino, um sich zu entspannen.

Der Doge kommt immer noch einmal im Jahr aus seinem rosafarbenen Palast, um einen Ring in die Wellen zu werfen und die Stadt daran zu erinnern, dass die Freuden des Karnevals einst mit den Reichtümern bezahlt wurden, die über das Meer kamen. Heute kommen sie nicht mehr von dort. Canaletto verdient ein Vermögen, indem er das Ereignis für die englischen Milordi malt. Er hat früher als jeder andere begriffen, dass die Zukunft des Karnevals nicht vom Wasser oder vom Handel abhängt, sondern von dem verlockenden Bild, das man davon malen kann.

In den Werften des Arsenals herrscht mittlerweile Stille, und an den Kais beim Dogenpalast werden keine Schätze aus der Levante mehr entladen. Am letzten Lebenstag der Stadt wird eine Ratsversammlung einberufen, um über die Zukunft des Ortes zu entscheiden, der einst der Rivo Alto war und vor langer Zeit zur Serenissima wurde. Kaum eine der Adelsfamilien macht sich die Mühe, ihren Vertreter zu schicken. Der Doge kehrt in seine Privaträume zurück und übergibt einem Diener mit einem sarkastischen Lächeln seine funkelnden Insignien. Das Fest ist vorüber.

*

»Sehr lehrreich«, sagt Qian Qichen, »aber ich hatte Sie nach Steve Wynn gefragt.« Sheldon G. Adelson lässt sich nicht aus dem Rhythmus bringen, und die Bilder laufen weiter. Canalettos üppiges Gemälde geht in ein Bild von Atlantis über, wo sich zwischen den Türmen und Kuppeln einer versunkenen Zivilisation tropische Fische tummeln.

Das Mirage ist eine Stadt aus drei goldenen Türmen, die aus einem üppigen Dschungel aufragen. Alle 15 Minuten bricht zwischen den Palmen ein Vulkan aus, und in der Luft hängt der tropische Duft von Piña Colada. Die Besucher, die sich versammelt haben, applaudieren der Eruption und gehen weiter, um andere Sehenswürdigkeiten zu erkunden. In einem riesigen Aquarium im Empfangsbereich ziehen Haie und Kaiserfische ihre Bahnen zwischen den Ruinen einer versunkenen Stadt. In einem eigenen Becken spielen Delphine, und in einem geheimen Garten führen Siegfried und Roy Zaubertricks mit den weißen Königstigern aus dem Timbavati-Nationalpark vor. Um dorthin zu gelangen, muss man selbstverständlich an den einarmigen Banditen und den Roulettetischen vorbei. Der Name des Mirage sagt alles: Es ist ein Trugbild, eine verkleidete Geldmühle.

Wer versucht, das Mirage wieder zu verlassen, stößt auf weitere Trugbilder. Die Brücke zum Treasure Island spannt sich über eine karibische Lagune, die von ärmlichen weißen Hütten gesäumt ist. Am Landungssteg liegen zwei Galeonen, deren Bugspriete mit vollbusigen Galionsfiguren geschmückt sind. Die Takelage der Schiffe ist von Stürmen zerfetzt. Jeden Abend um dieselbe Zeit verteidigt sich ein Haufen lockenköpfiger Piraten gegen eine Schar spärlich bekleideter Sirenen, aber die Sirenen behalten jeden Abend die Oberhand. Die Zuschauer applaudieren begeistert und ziehen anschließend über die Brücke zu den Roulettetischen und Glücksspielautomaten weiter.

Wer versucht, Treasure Island zu verlassen, stößt auf ein weiteres Trugbild. Der Pfad zum Wynn windet sich durch das tropische Grün zu einem verborgenen See, der von einem donnernden Wasserfall gespeist wird. Man geht durch endlose Korridore vorbei an impressionistischen Gemälden, exquisiten Porzellanvasen und antiken Fragmenten. Die Korridore führen zu einem Golfparcours, wo sattgrüne Wiesen und stille Pinienhaine in der heißen Wüstenluft flimmern. Der Weg ist von Designershops gesäumt, die alle »für einen bestimmten Lebensstil maßgeschneidert sind – für *Ihren*«.[132] Wer genug Golf gespielt oder genug in den Boutiquen eingekauft hat, macht sich auf den Weg zum Theater, um sich *La Rêve* anzusehen, das neueste Spektakel des Cirque du Soleil. »Träume mit offenen Augen«,[133] heißt es auf dem Plakat, und genau das tun die Besucher. Alle träumen sie den Traum von Steve Wynn.

*

Eigentlich müsste Qian Qichen nicht nach Steve Wynn fragen, denn er weiß bereits alles, was er wissen muss. Er fragt nur, um Adelson das Gefühl zu geben, dass er ihm aufmerksam zuhört. Der gutaussehende, amüsante und schlaue Wynn fing wie alle anderen klein an: Er betrieb eine Bingohalle in Maryland. Irgendwann ging er nach Glitter Gulch, um sein Glück zu machen, und arbeitete sich von den Grind Joints hoch zu den Hotels. Es gelang ihm, eine Kundengruppe anzulocken, die bis dahin kein Interesse an Las Vegas gehabt hatte: respektable Familien aus dem Osten, die reichlich Geld besaßen.

Und Wynn verstand, dass diese Leute nicht wegen des Glücksspiels kommen würden. Das Mirage und das Treasure Island galten Anfang der neunziger Jahre als Risiken: Sie waren eigentlich keine Casinos, sondern Freizeit- und Erholungszentren, die Wynns gutsituierte Zielgruppe anlocken sollten. Wynn sagte später über das Mirage: »Unser Ziel war es, ein überwältigendes Hotel zu bauen, ein Hotel, das selbst der Grund für einen Besuch sein würde [...], so wie Disney Besucher nach Orlando lockt.«[134] Wie in Disney World sollte im Mirage und im Treasure Island ein endloser, spektakulärer Karneval stattfinden. Es war nicht leicht, aber die Mühe lohnte sich. »Es ist viel schwieriger, ein Fest zu veranstalten, als jemandem eine Rolle Münzen für den einarmigen Banditen in die Hand zu drücken«, erklärte Wynn. »Jeder Trottel kann dir eine Rolle Münzen in die Hand drücken, und es gibt hier schon jede Menge Trottel, die das tun.«[135]

Qian Qichen lässt seinen Blick durch den Saal schweifen und

lauscht: Draußen plätschern die Wellen des Sees des Großen Wassers. Eigenartig, denkt er, dass ein kaiserlicher Lustpalast zum Sitz eines Regimes geworden ist, das einst das Vergnügen abschaffen wollte. Qian Qichen erinnert sich noch daran, wie die Roten Garden während der Kulturrevolution die müßigen Singvögel steinigten und das nutzlose Gras aus dem Boden rissen. Seine Gedanken wandern nach Cotai. Die Halbinsel ist Teil der alten portugiesischen Kolonie Macao, die lange Zeit ein Refugium der Lebensfreude war, bevor sie im Jahr 1999 an China zurückgegeben wurde. Gegenwärtig gibt es in Cotai nichts als Wasser, aber die Halbinsel ist reif für das Vergnügen.

Sheldon G. Adelson ist derselben Meinung. Er ist fest entschlossen, vor Wynn in Cotai zu landen. Er hat es satt, seinem Rivalen hinterherzulaufen. Qian Qichen weiß, dass Adelson seit einiger Zeit vergeblich versucht, Wynn zu überholen. Drei Jahre, nachdem Adelson das Sands gekauft hatte, sah es aus, als wäre das Hotel auf dem absteigenden Ast. Es hatte sich mit der Verpflichtung großer Unterhaltungskünstler einen Namen gemacht, aber im Jahr 1991 konnte sich das Hotel keine neuen Stars mehr leisten. Der Präsident des Unternehmens sagte: »Die Leute, die früher berühmt waren, sind es heute nicht mehr. Man sieht es an den Schlagzeilen. Wir sind fast ein Wachsfigurenkabinett. Es gibt nichts Neues mehr.«[136]

Verglichen mit Wynns Mirage wirkte das Sands wie eine staubige Fernfahrerraststätte. Adelson war unglücklich: »Ihr Empfangsschalter sieht besser aus als unser ganzes Hotel.« Es musste etwas geschehen. Am 30. Juni 1996 wurden die letzten Glücksspieler aus der künstlichen Dunkelheit des Sands verscheucht. Fünf Monate lang stand das Haus leer; die einzigen Besucher waren die Mitglieder der Filmcrew von *Con Air*, die das Hotel für etwa eine Woche zu neuem Leben erweckten und anschließend ein Flugzeug hineinrasen ließen. Am 26. November 1996 um 9 Uhr abends wurde das alte Neonschild endgültig ausgeschaltet, und das Sands versank in einer gewaltigen Staubwolke.

Die PowerPoint-Präsentation macht die Implosion sichtbar. Das Bild verschwindet, und in der Purpurhalle wird es einen Augenblick lang dunkel. Es herrscht Stille. Aus dem Schatten ist die wohlklingende Stimme des Erzählers zu hören: »Drei Jahre später stand etwas vollkommen anderes an dieser Stelle.« Die glasigen Augen Qian Qichens starren auf das Video.

*

Ein amerikanischer Selfmade-Milliardär hilft einer schönen Frau in eine Gondel, und seine Begleiterin schenkt ihm ein reizendes Lächeln. Er kichert in sich hinein, denn die Schöne ist Sophia Loren. Sie lässt sich neben ihm auf einem Kissen nieder. Der Gondoliere, samt Strohhut und rot-weiß gestreiftem T-Shirt, beginnt zu singen und steuert sein Boot in die Kanäle des Venetian.

Das glückliche Paar steigt über die Marmorstufen auf die Piazza San Marco hinauf, wo die beiden Champagner trinken und zuschauen, wie die maskierten Karnevalsfiguren die Menge unterhalten. Sie schlendern durch die Gärten, in denen der Duft des Jasmins hängt und der Mondschein zwischen Zypressen auf die Teiche fällt. Sie halten inne, um der sanften Musik zu lauschen, die aus einer geheimen Quelle im Gewölbe eines steinernen Kreuzgangs kommt, und sie legen die Köpfe in den Nacken, um die Fresken an der Decke der herrlichen Kuppel zu bewundern. Dann spazieren sie durch die krummen Gassen und sehen sich die schimmernden Karnevalsmasken und gläsernen Faune in den Schaufenstern an.

Sie gehen durch Türen, deren bronzene Klinken in Form des *ferro* geschmiedet sind, jenes Beschlags, der den Bug der Gondeln ziert, und gelangen in die Loggia des Dogenpalasts. Rund um sie liegen venezianische Monumente im Dämmerlicht. Zur vollen Stunde hallt der tiefe Klang der Glocke von San Marco durch die Nachtluft, und rasch stimmen Hunderte andere Kirchenglocken ein. Inmitten des Lärms sehen der alternde amerikanische Milliardär und der zeitlose italienische Filmstar zu, wie die Feuerwerkskörper ihre farbigen Juwelen über der Lagune ausschütten.

Die beiden bemerken kaum, dass auf der anderen Straßenseite ein Vulkan seine nach Piña Colada riechende Lava ausspeit. Es ist ihnen gleichgültig, ob die Sirenen über die Piraten siegen, und die Träume von Steve Wynn haben keine Bedeutung für sie. Sie gehen wieder hinein, denn drinnen singt Cher vor einem vollen Saal »If I Could Turn Back Time«.

Die Kamera schwenkt über die Szene und fängt die Gesichter der versammelten Stars ein. Der Dogenpalast bildet die Bühne, eingerahmt vom Ca' d'Oro auf der einen und der Rialtobrücke auf der anderen Seite. Die Brücke führt direkt zum Glockenturm von San Marco. Es ist, als hätten sich die bedeutendsten Monumente Venedigs für ein Gruppenfoto zusammengedrängt. Diese Gruppe erinnert an die verführerischen Gemälde, die Canaletto für seine englischen Milordi malte, damit sie die Eindrücke ihrer großen Kulturreisen mit nach Hause nehmen konnten.

Natürlich ist das alles nur vorgetäuscht, auch die geschickteste Kameraeinstellung kann das nicht vertuschen. Der Canale Grande, die engen Gassen und der Markusplatz wurden in Innenräume verwandelt, in weitläufige Bühnen, auf denen die milden Abende präzise beleuchtet, klimatisiert und mit den gedämpften Klängen Vivaldis angereichert werden. Hier herrscht eine unentwegte Abenddämmerung, jene Zeit des Tages, in der man nur noch schlendern, sich mit einem Getränk niederlassen und sich auf die abendlichen Vergnügungen freuen muss. Diese überdachte Stadt wurde von den vier Jahreszeiten befreit und anschließend mit ihrem Soundtrack untermalt.

Im Venetian ist Venedig, was es sein sollte: eine vergnügliche Abfolge von Spektakeln, eine Stadt, die nie überflutet werden wird, die nie altern oder frieren wird, in der nie etwas Unangenehmes geschehen wird. Niemand behauptet, diese Stadt sei wirklich – die Gäste werden am Empfang gewissenhaft darauf hingewiesen. Es ist eine großartige, bis ins letzte Detail durchdachte Show. Selbst die an Zuckerstangen erinnernden gestreiften Anlegepfosten für die Gondeln stehen ein wenig schief, so als würden sie seit Jahrzehnten im Schlamm der Lagune versinken. Die Kanäle wurden mehrfach neu ausgemalt, um genau den richtigen blauen Farbton zu treffen, und über den Himmel über dem Markusplatz wurde erbittert gestritten: Sollten die Wolken projiziert, gemalt oder aus Flaum angefertigt werden?

Das Venetian ist nicht nur eine großartige Kulisse. Auch die Requisiten sind perfekt: Die Hoteldiener in der Wagenauffahrt sind als Gondolieri verkleidet, die Sicherheitsleute treten als Carabinieri auf und die Cocktailkellnerinnen als spärlich bekleidete Harlekins. Figuren aus der Commedia dell'Arte schlendern über die schmalen Gehwege und treten auf der Piazza auf. In der Hotelbroschüre wird das alles als »Streetmosphere« bezeichnet. In der Enoteca San Marco laufen kurz angebundene Kellner herum, die Stonewashed-Jeans und strahlend weiße Hemden tragen, Gucci-Sonnenbrillen in die Stirn geschoben haben und nur Peroni-Bier servieren. Natürlich passen auch die Touristen perfekt ins Bild, wie sie durch die Fenster der Seufzerbrücke lugen und seufzend auf der Ponte della Paglia stehen.

*

Auf der Leinwand erscheint ein Motto: »Die Authentizität ist die Grundlage der Phantasie.«[137] Das Venetian ist gleichermaßen authentisch und phantastisch, denkt sich Qian Qichen. Es ist ein Film über eine Stadt, ein Zusammenschnitt retuschierter Highlights, aus dem der Cutter alle langweiligen Passagen entfernt hat. Im Venetian wurde das Innere Venedigs nach außen gekehrt, beleuchtet und zur Erhöhung der Dramatik mit Musik untermalt. Es ist eine Geschichte mit einem Happy End, eine Geschichte, wie sie ein Hollywood-Regisseur erzählen würde.

Und Venedig ist nur einer von vielen Orten, die der für Las Vegas charakteristischen sorgfältigen Nachbearbeitung unterzogen wurden. Als sich das Venetian auf dem Bildschirm auflöst, beginnt ein weiteres Video.

Catherine Deneuve nähert sich über die Champs-Élysées. Sie fährt auf den Eiffelturm hinauf und drückt auf einen Knopf, der einen pyrotechnischen Blütenregen auf Las Vegas herabgehen lässt. Sie lehnt sich vor und sieht auf den Comer See hinab, der von einem mit römischen Pinien und romantischen Villen gesprenkelten felsigen Ufer gesäumt wird. Die warme Nachtluft trägt das Zirpen der Grillen herüber. Dann explodiert die Musik. Während die Stimmen von Céline Dion und Andrea Bocelli erschallen, schießen Hunderte Fontänen aus dem See empor und tanzen im Takt der Musik. Die elegante französische Schauspielerin sieht die in ein magisches Licht getauchte Brooklyn Bridge, die Freiheitsstatue, die Fassade der Grand Central Station und darüber die Skyline von New York, deren Glitzern sich romantisch im East River spiegelt. Sie kann die Schreie der Taxipassagiere hören, die an ihre Sitze gefesselt auf verrückten Achterbahnen um die großen Türme rasen. Weiter draußen, jenseits der Freiheitsstatue, sieht sie Visionen anderer Orte und Zeiten: die Türme und Festungsmauern des Excalibur, die schwarze Pyramide des Luxor, die goldenen Hochhaustürme des Mandalay Bay.

Und irgendwo weit draußen in der Wüste steht ein altes Schild verloren an der Route 91. Die fröhlichen, veralteten Buchstaben aus Plexiglas verkünden »Welcome to Las Vegas«.

Als dieses Schild aufgestellt wurde, hatte Las Vegas noch wie Las Vegas ausgesehen, wie ein blitzender Neonstreifen in der Wüste. Damals war es noch Glitter Gulch gewesen. Heute sieht Las Vegas aus wie jeder andere Ort. Es ist wie Venedig, eine Stadt, die aus den gestohlenen Bildern anderer Städte zusammengesetzt ist.

*

Qian Qichen sieht sich den Palast an, den seine Volksrepublik ihrer kaiserlichen Vergangenheit gestohlen hat. Er denkt an das Porträt des »großen Vorsitzenden«, das über dem Haupteingang der Verbotenen Stadt hängt. Heute strömen die Menschen unter Maos Bild durch ein Tor, das einst nur der Kaiser benutzen durfte, so lange, bis sich die Geschichte seiner entledigte.

Einst verließ niemand das kaiserliche Reich der Mitte, und Millionen von Untertanen wussten nichts von der Existenz anderer Welten. Sie glaubten Marco Polo nicht, als er ihnen seine Geschichten über Venedig erzählte. Vielleicht würden sie es auch heute noch nicht glauben. Es sei denn, jemand baute es vor ihren Augen wieder auf.

Sheldon G. Adelson sieht ein Lächeln über Qian Qichens Gesicht huschen, und der Potentat bemerkt, dass sich die Augen des Amerikaners angesichts seiner Reaktion weiten. Es ist befriedigend, den drittreichsten Mann der Vereinigten Staaten mit einem Zucken in den Mundwinkeln manipulieren zu können. Der Bau des Venetian in Las Vegas hat Adelson Hunderte Millionen Dollar gekostet, aber er ist sicher, dass er dieses Geld mittlerweile wieder verdient hat. Er kann dem stellvertretenden chinesischen Ministerpräsidenten berichten, dass seine Sands Corporation 28 000 Beschäftigte hat. Jede der 355 Millionen Aktien des Unternehmens hat einen Börsenwert von etwa 100 Dollar, und Adelson hält mindestens zwei Drittel des Aktienkapitals. Sheldon G. Adelson herrscht über ein ausgedehntes Imperium, dessen Herz der Dogenpalast im Venetian ist. Die Kolonien seines Reiches findet man in Singapur, Israel und Pennsylvania, und jetzt hat er ein Auge auf die Halbinsel Cotai geworfen.

*

»Der Business Case«, sagt die Stimme. Fakten und Zahlen rauschen über die Leinwand, aber als guter Kommunist hat Qian Qichen das Gefühl, dass er sie möglicherweise nicht so bewertet, wie es Adelson gefallen würde.

Das Venetian hat rund 14 000 Bewohner, die in drei Türmen mit je 35 Stockwerken leben. Wenn sie morgens aufwachen, tasten sie nach der Fernbedienung und schalten das Fernsehgerät ein, obwohl sie eigentlich die Vorhänge öffnen wollten. Sie wanken durch die Korridore und warten auf einen der 80 Aufzüge, in denen immer ein großes Gedränge herrscht.

Unten angekommen, trinken sie einen Kaffee und sehen den Leuten zu, die auf dem Canale Grande vorbeifahren, oder sie schlagen sich im Grand Lux Café den Bauch voll, oder sie frühstücken im McBreakfast im Food Court. Wenn sie an diesem Tag arbeiten müssen, machen sie sich auf den Weg zum Kongresszentrum, wo auf fünf Etagen weitläufige, hochmoderne Konferenzsäle auf sie warten. Wenn sie als Urlauber gekommen sind, lassen sie sich an einem der zehn Schwimmbecken nieder und sehen zu, wie Kevin Federline aus dem Tao Beach Club geworfen wird. Oder sie ziehen sich in eine der klimatisierten Strandhütten zurück, wo sie das Spektakel im Fernsehen verfolgen.

Wird ihnen am Pool langweilig, gehen sie ins Casino. Dieses erstreckt sich über 11 000 Quadratmeter. Prasser können sich in eine Privatsuite zurückziehen, wo ihnen eine Cocktailkellnerin ihren Lieblingsdrink reicht, noch bevor sie darum gebeten haben. Wird ihnen das Glücksspiel langweilig, gehen sie bei Barneys und in der Bottega Veneta shoppen und sehen sich Handtaschen, Schuhe und das neueste Spielzeug für Manager an. Wird ihnen das Einkaufen langweilig, gehen sie in einem der elf Spitzenrestaurants oder in einem der neun weniger förmlichen Restaurants essen. Außerdem gibt es zwei Food Courts. Das von Wolfgang Puck befehligte Heer talentierter Köche hat für jeden Geschmack etwas anzubieten.

Wird den Gästen das Einkaufen und Essen langweilig, gibt es immer noch die Shows – *Das Phantom der Oper* oder die Blue Man Group oder den Cirque du Soleil oder auch ein Kabarett. Wenn die Gäste nachher nicht an die Spieltische zurückkehren möchten, können sie zum Clubbing ins Tao gehen und herausfinden, ob die Schwestern an der Bar die Olsens oder die Hiltons sind.

Im Venetian gab es auch einmal eine Kunstgalerie, die ein Ableger des Guggenheim war. Der prominente Architekt Rem Koolhaas entwarf dafür eine Schatzschatulle aus Kortenstahl. In der ersten Ausstellung wurden impressionistische Meisterwerke gezeigt, die zweite hieß *The Art of the Motorcycle* und wurde von Frank Gehry inszeniert, dem Enfant terrible der Architektur. Mittlerweile ist die Galerie geschlossen. Wer in Las Vegas ist, braucht keine Kunstwerke mehr.

Die 14 000 Bürger des Venetian werden von einer entsprechenden Zahl dienstbarer Geister betreut. Unauffällige Mexikaner schieben ihre Rollwagen durch die mit Teppichboden ausgelegten Gänge, schwungvolle Darsteller lesen in den Restaurants die unverständlichen Menüs vor, geheimnisvolle eurasische Frauen mischen die Karten und drehen die Glücksräder. All diese Leute sind ständige Einwohner der Stadt, aber sie sind nur hier, um die Kurzzeitbewohner zu betreuen.

Und während die Bürger des Venetian im Luxus schwelgen, wird jeder ihrer Schritte von Sicherheitskameras verfolgt, die in den Kronleuchtern und in den Gürtelschnallen göttlicher Skulpturen versteckt sind. Kaum haben sie die Minibar in ihrem Zimmer geöffnet oder eine Keksschachtel in die Hand genommen, wird ihre Kreditkarte von einem Infrarotlesegerät abgetastet. Überziehen sie die Kreditkarte an einem der Spieltische, so können sie nicht einmal mehr in den Aufzug steigen, um auf ihr Zimmer zurückzukehren und die Koffer zu packen.

Nicht, dass es irgendeinen Sinn hätte, das Venetian zu verlassen. Wer das tut, wird nur auf weitere Venetians stoßen. Jenseits des Festungsgrabens, durch den der Freeway läuft, wartet ein weiteres Spielcasino, wo wunderhübsche eurasische Kellnerinnen die Spieltische mit farbenfrohen Cocktails garnieren. Auch dort leitet Wolfgang Puck die Spitzenrestaurants, und auch dort tritt der Cirque du Soleil auf. Auch im Kongresszentrum dort werden alle

Bedürfnisse der Manager erfüllt, und auch dort stehen klimatisierte Strandhütten um den Pool.

Keiner der 14 000 Kurzzeitbürger des Venetian ist länger als ein paar Tage dort. Nach dem Besuch fliegen sie nach Boston, Pittsburgh oder Minneapolis zurück und sind erleichtert, wieder unter einem bewölkten Himmel zu sein. Aber noch Wochen später, wenn sie einen Einkaufsbummel durch die Heritage Mall machen oder Vivaldi hören, während sie am Telefon auf einen Kundendienstberater warten, sind sie in Las Vegas.

*

Sie sind sogar in Las Vegas, wenn sie nach Venedig reisen, das wie ein Kreuzfahrtschiff in einer adriatischen Lagune vor Anker liegt. Jeden Morgen treffen dort 74 000 Menschen ein. Wenn sie arbeiten müssen, nehmen sie den Frühzug oder einen der ersten Busse, um dem großen Andrang zu entgehen. Wenn sie Besucher sind, sitzen sie in einem Café, nippen an einem Cappuccino und knabbern an einem Dolce, während sie den Passanten zusehen.

Wenn sie genug davon haben, andere Touristen zu beobachten, schlendern sie durch die Straßen und gehen einkaufen. Sie sehen sich Schuhe und Handtaschen, schimmernde Masken und gläserne Faune an. Sie durchforsten Trödelläden, in der Hoffnung, auf einen unentdeckten Schatz der Serenissima oder des Karnevals zu stoßen. Wenn sie genug vom Einkaufen haben, stellen sie sich vor einer der Galerien oder Kirchen in die Schlange: Guggenheim, Accademia, Frari, San Giovanni e Paolo, San Zaccaria. Herrscht großer Andrang, so gibt man ihnen höchstens zehn Minuten, um an den Relikten einer Serenissima vorüberzugehen, die es nicht mehr gibt.

Wenn sie von der Kunst übersättigt sind, lassen sie sich in einem der unzähligen Restaurants an den Plätzen und Kanälen nieder, um Carpaccio zu essen und einen Bellini zu trinken, und wenn sie mit dem Essen fertig sind, gehen sie ins Fenice, um sich eine Oper anzusehen. Ins Kino gehen sie nicht, denn außerhalb der Festivalzeit gibt es kein Kino. Und sie gehen auch nicht zum Clubbing, denn es gibt keine Clubs.

Und dann machen sie sich auf die Suche nach einem Bett. Das gewaltige Angebot an Unterkünften reicht von der schicken Effizienz des Danieli über den exklusiven Luxus des Cipriani bis zur eher spartanischen Jugendherberge auf der Giudecca. Dazu kommen Tausende Bed-and-Breakfast-Pensionen und möblierte Wohnungen, die tageweise vermietet werden.

Die ständigen Einwohner Venedigs sind eine verschwindend kleine Minderheit verglichen mit den 11 Millionen Besuchern, die jedes Jahr in die Stadt strömen. Im Jahr 1950 hatte Venedig noch 150 000 Einwohner, im Jahr 2008 waren es nur noch 58 000. Die Sterberate ist doppelt so hoch wie die Geburtenrate. Setzt sich diese Entwicklung fort, so wird die Stadt im Jahr 2034 keine ständigen Einwohner mehr haben.

Die Einheimischen können sich das Leben in Venedig nicht mehr leisten: Viele Wohnungen wurden in Feriendomizile umgewandelt, und die Preise der übrigen sind explodiert. Immer mehr Schulen werden geschlossen, und es gibt kaum Platz für Kinder. Die Einwohner wandern in Scharen in die Vororte auf dem Festland ab, wo die Häuser billiger sind und es tatsächlich etwas zu tun gibt.

Man sollte meinen, dass ein Ort, der in nächster Zukunft von der sicheren Auslöschung bedroht ist, radikale Überlebensstrategien entwickeln würde. Aber die Venezianer stellen sich keine fortschrittliche Zukunft vor. Stattdessen wenden sie sich der Restaurierung von Kirchen zu, für die es seit langem keine Gläubigen mehr gibt, und beschäftigen sich mit der Instandhaltung von Palazzi, deren Bewohner seit langem tot sind. Wenn über die Frage erschwinglichen Wohnraums debattiert wird, kommt niemand auf die Idee, neue Häuser zu bauen.

Warum auch? Die Stadt blüht, denn jedes Jahr strömen Millionen Touristen herbei, um Canalettos Gemälde in drei Dimensionen zu sehen. Alle zwei Jahre findet eine Biennale statt, bei der alles zu sehen ist, was in Architektur, Design und Kunst modern und innovativ ist. Untergebracht ist dieses Festival in einem Gebäude, das sich seit Jahrhunderten nicht verändert hat.

Jeden Tag am frühen Morgen pendeln die ehemaligen Einwohner Venedigs in ihre frühere Heimatstadt zurück. Während ihre Gäste noch schlafen, begeben sie sich in die Häuser, in denen sie aufgewachsen sind. Sie machen die Betten in ihren ehemaligen Schlafzimmern, stellen in ihren früheren Esszimmern das Frühstück auf den Tisch und polieren die Gläser in den Bars, in denen sie einst ihren Wein tranken.

Im April 2008 versammelten sich die verbliebenen Venezianer zu einer Kundgebung auf dem Markusplatz. Sie breiteten ein Spruchband aus: »Venedig ist kein Hotel.«[138] Aber sosehr sie dagegen protestieren mögen: Ihre Stadt ist ein Hotel. Ihre Gäste kehren nach einigen Tagen heim nach Paris, Edinburgh und München. Vielleicht sind sie erleichtert, den bedeckten Himmel wiederzusehen. Erst einige Monate später, wenn sie durch die alte Fabrik schlendern, die mit viel Gespür in eine Kunsthalle verwandelt wurde, oder in einer eleganten Bar, die einmal eine Bank war, einen Cocktail trinken, oder hinausfahren zu ihrem Wochenendhaus in einem Dorf, das mittlerweile nur noch aus Wochenendhäusern besteht, begreifen sie, dass sie immer noch in Venedig sind.

*

Qian Qichen hat seinen Marx gelesen und ruft sich einige Thesen Guy Debords in Erinnerung. Die Bürger des Venetian, denkt er, führen ein Leben, das »eine ungeheure Anhäufung von Spektakeln« ist und in dem »alles, was unmittelbar erlebt wurde, [...] in eine Vorstellung entwichen ist«. Ihre Welt hat sich in eine »abgesonderte Pseudo-Welt« verwandelt, in ein »Objekt der bloßen Kontemplation. Die Spezialisierung der Bilder der Welt findet sich vollendet in der autonom gewordenen Bildwelt wieder, in der sich das Verlogene selbst belogen hat. Das Spektakel überhaupt ist als konkrete Verkehrung des Lebens die eigenständige Bewegung des Unlebendigen.«[139]

Sie ist nicht so schlecht, denkt Qian, diese abgesonderte Pseudo-Welt, diese eigenständige Bewegung des Unlebendigen. Er denkt an Millionen chinesische Untertanen, die nie irgendwohin gereist sind, es sei denn, um auf der Suche nach Arbeit in die Großstädte zu ziehen. Sie haben noch nie Urlaub gemacht. Sie haben nie den Luxus genossen, gelangweilt umherzuschlendern und sich zu fragen, was sie als Nächstes tun sollen. Sie haben nie die Möglichkeit gehabt, untätig ein Spektakel zu genießen. Vielleicht wäre es gut für sie, wenn sie diese Dinge einmal tun könnten.

Sheldon G. Adelson spürt, dass der Triumph in Reichweite ist. Einmal verbrachte er einen Abend mit einem Haufen intellektueller Wissenschaftler, aber er konnte ihren endlosen Debatten über den Sinn des Lebens nichts abgewinnen. Später erzählte er einem Journalisten: »Wenn ich dafür sorgen kann, dass sich andere Menschen wohl fühlen, fühle ich mich wohl! Ich denke buchstäblich: Es ist geschafft! Ich muss nicht immer wieder darüber nachdenken.«[140]

Der fernöstliche Potentat und der Hoflieferant unsichtbarer Städte aus dem Westen denken an das, was Steve Wynn einmal über seine Schöpfungen gesagt hat: »Wir beginnen mit einer Frage: ›Wer sind diese Leute und was wünschen sie sich?‹ Von der Antwort hängt alles ab, was wir tun. Wir reagieren auf die emotionalen und psychischen Bedürfnisse unserer Besucher. Sollte ihnen an diesem Ort noch irgendetwas zu ihrer Erlösung fehlen, so wüsste ich nicht, was das sein sollte.«[141]

Wenn man bereits alle Wünsche der Menschen kennt und wenn alles, was man tut, nur dazu dient, ihnen zu geben, was sie sich wünschen, dann hat man eine Welt geschaffen, in der jeder Wunsch vorweggenommen, befriedigt – und letzten Endes vorgegeben wird. Gott gab dem Menschen im Garten Eden den freien Willen. Die Schöpfer von Las Vegas taten das nicht. Wynn sagte einmal: »Las Vegas ist irgendwie so, wie Gott es machen würde, wenn er Geld hätte.«[142] Er sagte das im Ernst.

Sheldon G. Adelson beschwört eine letzte unsichtbare Stadt herauf. Er überreicht Qian Qichen das Muster einer Hochglanzbroschüre, auf der unter dem Bild des Venetian der Titel »Macao« steht:

»Die Stadt entwickelt sich weiter, aber sie hat das reiche europäische Erbe für kommende Generationen bewahrt, damit sie die Vergangenheit erleben können, während sie auf dem Kopfsteinpflaster an jahrhundertealten Tempeln und Kirchen vorübergehen. […]

Das in sich geschlossene Resort-Hotel umfasst 3000 Suites, 90 000 Quadratmeter Verkaufsfläche entlang des Canale Grande, eine Cotaistrip® CotaiArena™ mit 15 000 Sitzplätzen, ein Kongresscenter von 111 000 Quadratmetern und ein eigens für dieses Zweck errichtetes Theater für ZAIA™, die neue ständige Show des weltberühmten Cirque du Soleil®. […]

Das Venetian Macao ist ein völlig integriertes Erholungszentrum, in dem man essen, einkaufen, ausspannen, spielen und sogar ernste Geschäfte machen kann.«[143]

Qian Qichens Miene hellt sich auf. »Jetzt sprechen Sie meine Sprache!«, sagt er.

*

Als Adelson im Wagen sitzt, der ihn zum Flughafen zurückbringt, wandert Qian Qichens Blick durch die leere Purpurhalle über das kitschige Porzellan und die rissigen Fliesen. Die Lichter sind eingeschaltet worden und machen die Schäden sichtbar, die die Termiten in Jahrhunderten angerichtet haben. Der fernöstliche Potentat denkt über ein Gespräch zwischen Marco Polo und Kublai Khan nach.

»›Sire, jetzt habe ich dir von allen Städten berichtet, die ich kenne.‹

›Da ist noch eine, von der du nie sprichst.‹

Marco Polo senkte den Kopf.

›Venedig‹, sagte der Khan.

Marco lächelte. ›Wovon sonst, meinst du wohl, habe ich dir erzählt?‹

Der Kaiser verzog keine Miene. ›Und doch habe ich nie seinen Namen von dir gehört.‹

Darauf Polo: ›Jedes Mal, wenn ich eine Stadt beschreibe, sage ich etwas über Venedig [...]. Um die Eigenschaften der anderen zu unterscheiden, muss ich von einer ersten Stadt ausgehen, deren Name unausgesprochen bleibt. Für mich ist das Venedig.‹

›Dann müsstest du jeden Bericht über deine Reisen beim Ausgangspunkt beginnen und Venedig beschreiben, so wie es ist, mit allem Drum und Dran, ohne irgendetwas auszulassen, woran du dich erinnern kannst.‹

Das Wasser des Sees war leicht gekräuselt; der kupferfarbene Widerschein des alten Sung-Palastes brach sich in glitzernden Lichtreflexen, die treibenden Blättern glichen.

›Wenn die Bilder der Erinnerung erst einmal in Worte gefasst sind, erlöschen sie‹, sagte Polo. ›Vielleicht fürchte ich, Venedig vollkommen zu verlieren, wenn ich davon spreche. Oder vielleicht habe ich es, während ich von den anderen Städten sprach, bereits nach und nach verloren.‹«[144]

*

August 2007. Der geschäftsführende Direktor der Sands Corporation wendet sich an die Vertreter der Presse. »Das Venetian ist der erste große Schritt zur Verwandlung Macaos [...] in ein voll entwickeltes internationales, ganzjähriges, facettenreiches Erholungsziel«, sagt er. »Es ist, als würde man die 76-jährige Geschichte von Las Vegas im Zeitraffer wiederholen und an einem Ort unter einem Dach bündeln.«[145]

Man könnte auch sagen, die anderthalb Jahrtausende der Geschichte Venedigs. Eine Woche später hilft Adelson einer schönen Frau in eine Gondel. Sie schenkt ihm ein Lächeln, und der alternde Milliardär kichert in sich hinein, als sich Diana Ross an seiner Seite auf einem Kissen niederlässt. Der Gondoliere beginnt zu singen und lenkt das Boot in den Kanal. Zur vollen Stunde dringt der tiefe Klang der Glocke von San Marco durch die Nacht. Die beiden bemerken kaum, dass draußen an der Küste des Cotai Strip die Wellen des Südchinesischen Meers an den Strand schwappen.

# Die Westmauer in Jerusalem

## Worin sich nichts und alles geändert hat

Die Architektur der gescheiterten Diplomatie.

*Plan für einen palästinensischen Zugang zum Haram asch-Scharif von Eyal Weizman und Rafi Segal. Vom Autor gewählter Bildausschnitt.*

# Vermächtnis

*Der letzte Ort, dessen geheimes Leben in diesem Buch erzählt wird, ist sehr viel älter als der Parthenon und in manchen Teilen der Welt sehr viel besser bekannt, aber er ist eine sonderbare Touristenattraktion. Er wird strenger bewacht als die meisten Flughäfen. Auf seine bröckelnden Steine sind Überwachungskameras gerichtet, und wer diesen Ort besichtigen will, muss bei einer Militärkontrolle einen Metalldetektor passieren. Die von den einheimischen Straßenhändlern angebotenen T-Shirts heben sich deutlich von den anderswo üblichen fröhlichen Souvenirs ab: »Guns 'n' Moses« steht darauf, oder »Uzi Does It, Israel«. Viele geführte Touren durch die Ausgrabungsstätten an diesem Ort enden mit einem gemeinschaftlichen Gebet und mit Gruppenfotos unter der israelischen Flagge. Auf Exponaten stehen die Namen von Soldaten, die ihr Leben geopfert haben, damit die Juden diesen Ort überhaupt besuchen können.*

*Der Parthenon ist in zweierlei Hinsicht eine Ruine. Seine Steine bröckeln, und der ursprüngliche Grund für seine Existenz ist seit langem verschwunden: Er gehört zum Kulturerbe. Hingegen ist dieser Ort hier ein lebendes Erbe, das sich zum Guten oder Schlechten auf das Leben der Menschen auswirkt. Der Ort ist derart umstritten, dass man nicht einmal weiß, wie man ihn nennen soll, denn schon seine verschiedenen Namen sind mit sektiererischen Bedeutungen befrachtet. Für die Juden ist er der Har Habayit, der »Tempelberg«.*

*Für die Muslime ist es der Ort, an dem sich das Haram asch-Scharif befindet, das »Edle Heiligtum«. Die britische Verwaltung des Mandatsgebiets Palästina bezeichnete den Westhang des Berges als »Klagemauer«. Die BBC verwendet heute den Begriff »Westmauer«. Bei Al Jazeera wird die Mauer nach Mohammeds geflügelter Stute als »Al-Buraq-Mauer«*

*bezeichnet. Die Juden sprechen zumeist einfach von der »Kotel«, der Mauer.*

*Den Juden ist es durch ein rabbinisches Edikt verboten, das Innere des Tempelbergs zu betreten. Wer dennoch dorthin will – sei es, dass er ein jüdischer Abweichler oder ein neugieriger Nichtjude ist –, muss strengste Sicherheitskontrollen über sich ergehen lassen. Die Brücke, die zu dem Areal führt, ist mit beschlagnahmten Bibeln und Toras übersät, da diese Schriften nicht auf den muslimischen Haram gebracht werden dürfen. Beim Tor liegen stets Plexiglasschilde für den nächsten Ausbruch religiöser Gewalt bereit. Hat man die Anlage einmal erreicht, so findet man dort kein Museum, keinen Führer, keinen Souvenirladen vor. Sehenswürdigkeiten wie das Edle Heiligtum gibt es in der zeitgenössischen Welt eigentlich nicht mehr: Diese historische Stätte ist taub für den Sirenengesang des Tourismus.*

*Außerhalb des Heiligtums, an der Klagemauer, haben sich Menschen versammelt, die Tausende Kilometer gereist sind, um diese Steine zu berühren. Wenn sie selbst nicht kommen können, schicken sie E-Mail-Botschaften, die ausgedruckt und in die Mauerspalten gesteckt werden. Jeden Tag werden Berge solcher Botschaften verbrannt. In Colorado Springs baut eine evangelikale Organisation ein maßstabgetreues Modell der Mauer aus 50 Tonnen Gestein. Auf diese Art will sie ihre Solidarität mit Israel zum Ausdruck bringen.*

*In den Städten Westeuropas wurde der Traum des Architekten verwirklicht: Die Bauwerke der Vergangenheit haben sich in statische Ausstellungsstücke in einem monumentalen Museum verwandelt. Doch andernorts werden uralte Bauten noch immer gestohlen, umgewandelt, kopiert, übersetzt, simuliert, wiederhergestellt und prophezeit. Sie verändern sich wie eh und je. Der Grund dafür ist, dass sie immer noch eine Faszination ausüben, die über den bloß ästhetischen Genuss hinausgeht. Extremistische Hindus kehren die Geschichte des Parthenon um, reißen in Ajodja eine Moschee ab und errichten auf den Ruinen einen Tempel. In Japan bauen Anhänger des Schintoismus das Heilige Haus des Ise-Schreins alle 20 Jahre nach exakt demselben Entwurf neu – das tun sie seit fast zwei Jahrtausenden. In Indonesien werden ganze Dörfer demontiert, abtrans-*

*portiert und als Esspavillons in Luxusferienanlagen wieder aufgebaut, wo die Kellner wie in einem Capriccio aus dem 18. Jahrhundert als Bauern verkleidet auftreten. Jenseits der Grenzen der abendländischen Kultur werden historische Bauwerke nicht in der zeitlosen Verzückung des Traums des Architekten eingesperrt, sondern entweichen aus dem Rahmen des Bildes und wirken in der Gegenwart. Die Geschichte ist nicht an ihrem Ende angelangt.*

Am Nachmittag des 14. Februar 2004 verdunkelte sich der Himmel über Jerusalem, und es begann zu schneien. Mitten in der Stadt gab es einen Platz, der auf einer Seite von einer uralten Mauer begrenzt wurde, und hoch oben in dieser Mauer, an der Spitze einer behelfsmäßigen Rampe, die vom Platz hinaufführte, befand sich ein Tor. Als sich der Schnee in Regen verwandelte, begann das Fundament der Rampe zu quellen und zu lecken. Zwei Tage später stürzte es ein, und ein Haufen Geröll ergoss sich über die schimmernden Pflastersteine. Zurück blieb eine riesige offene Wunde, aus der das Erdreich hervortrat.

Die Behörden schlossen das Tor und riegelten das Gebiet am Fuß der Rampe mit der Erklärung ab, es sei zu gefährlich für die Touristen, sie zu benutzen. Das Problem war, dass die Touristen nur über diese Rampe Zugang zur anderen Seite der Mauer hatten. Die Behörden konnten die Rampe nicht einfach so lassen, wie sie war, aber sie konnten sich auch nicht entschließen, was sie damit tun sollten. Bis Dezember geschah nichts. Dann wurde der Bau einer Holzbrücke zwischen dem Platz und dem Tor angekündigt.

Diese Holzstruktur war nur eine zeitweilige Lösung, und etwa ein Jahr nach dem Unwetter reichte ein einheimischer Architekt Pläne für eine dauerhafte Lösung ein. Die Reste der eingestürzten Rampe sollten beseitigt werden, um die Freifläche am Fuß der Mauer zu erweitern, und der Gehweg sollte durch eine Betonbrücke über den Platz ersetzt werden, auf der die Besucher direkt bis zum Tor gelangen würden.

Das einzige Problem war, dass die Rampe wie alles in Jerusalem aus dem Altertum stammte. Sie war als Mugrabi-Aufgang bekannt. Bevor die Arbeiten beginnen konnten, musste der Untergrund einer gründlichen archäologischen Untersuchung unterzogen werden. Dies war ein weiterer Grund für Verzögerungen, aber der vorläufige hölzerne Aufgang war noch da, und die Mauer stand seit 2000 Jahren dort. Das Projekt schien keine Eile zu haben. Dann beschwor ein weiteres Unwetter Anfang 2007 das Gespenst eines neuerlichen Einsturzes herauf, und die Archäologen waren gezwungen, am 6. Februar mit den Ausgrabungen zu beginnen.

Plötzlich ging alles sehr schnell. Am 7. Februar versammelten sich Tausende Palästinenser um die Rampe, um gegen die Ausgrabungen zu protestieren. Die Imame drohten mit einem Aufstand, und die palästinensische Autonomiebehörde behauptete, die Israelis versuchten, mit Bulldozern die Al-Aksa-Moschee zu untergraben, die auf der anderen Seite der Mauer im Edlen Heiligtum lag. Abas Zkoor, ein arabisches Mitglied des israelischen Parlaments, schloss sich diesem Vorwurf an: Bei einem Besuch der Ausgrabungsstätte deutete er auf die Überreste einer einfachen mittelalterlichen Moschee, die unter den Ruinen der zum Abriss bestimmten Rampe begraben lag. Beim Freitagsgebet brachen Unruhen aus, die Polizei schoss mit Gummigeschossen in die Menge. Am 9. Februar schwenkte eine wütende Menge in Nazareth Spruchbänder, auf denen Israel beschuldigt wurde, den Dritten Weltkrieg vom Zaun zu brechen.

Der israelische Ministerpräsident sah sich gezwungen, eine Erklärung abzugeben:

> »Die Wiederherstellung des Mugrabi-Aufgangs nach dem Einsturz, der den Fußweg zu gefährlich machte, wurde umfassend mit allen Parteien abgestimmt, darunter 14 ausländische Regierungen, Vertreter der Muslime und internationale Einrichtungen. Wie bereits erklärt, werden

diese Arbeiten außerhalb des Tempelbergs stattfinden, und die Reparaturarbeiten stellen keinerlei Gefahr für den Berg oder für die islamischen heiligen Stätten dar.«[146]

Aber die Erklärung schien niemanden zufriedenzustellen. Bereits kurz zuvor hatte Ajatollah Chamenei, das religiöse Oberhaupt des Iran, gedonnert: »Der Islam muss entschlossen auf die Beleidigung durch das zionistische Regime reagieren.«[147] Der israelische Botschafter in Kairo wurde ins Außenamt zitiert und gerügt, während das ägyptische Parlament über eine Kündigung des Friedensvertrags von 1979 debattierte. Ein Angehöriger der Regierungspartei verkündete, bei Israel werde nur eines funktionieren, nämlich »eine Atombombe, die es auslöscht«.[148] König Abdullah von Jordanien forderte die Vereinigten Staaten auf, Israel an der Fortsetzung der Ausgrabungen zu hindern. Die türkische Regierung schickte eine Gruppe islamischer Archäologen, um die Ausgrabungsstätte zu begutachten; doch da sie kein Fehlverhalten der Israelis feststellen konnten, wurden sie von der arabischen Welt als Handlanger der Zionisten gebrandmarkt. Die UNESCO verlangte, die Ausgrabungen auszusetzen, um die Lage beurteilen zu können.

Eine Woche nach Beginn der Ausgrabungen wurden sie wieder unterbrochen. Das Brückenprojekt wurde zurückgezogen. Ein israelisches Regierungsmitglied schlug vor, das Projekt abzubrechen, um die Verhandlungsposition des Landes bei einer bevorstehenden Friedenskonferenz nicht zu schwächen. Doch sobald die Konferenz vorüber war, ging man wieder an die Arbeit. Wieder wurde ein Entwurf für die Brücke vorgelegt, auch dieser wurde beim Freitagsgebet verurteilt, wieder flogen Gummigeschosse, und der Leiter der UNESCO musste als Vermittler herbeigerufen werden. Die Ausgrabung, Erhaltung, Veränderung – oder wie immer man es nennen möchte – des Mugrabi-Aufgangs ist bis heute nicht abgeschlossen. Gegenwärtig ist das Problem unlösbar, aber die Pattsituation kann nicht auf Dauer aufrechterhalten werden. Der Zustand des als Zwischenlösung errichteten hölzernen Aufgangs verschlechtert sich, und es dürfte ein weiteres Unwetter genügen, um auch diese Konstruktion zum Einsturz zu bringen.

Doch keine der beiden Konfliktparteien wird nachgeben. Die Mauer und die heiligen Stätten auf der anderen Seite üben auf beide eine ungeheure Faszination aus. In den Augen der Juden verbirgt sich hinter der Mauer die *Schechina*, die Wohnstatt Gottes. Die Muslime haben von diesem Begriff die Bezeichnung *Sakina* abgeleitet. Wir haben kein Wort dafür, aber der Begriff umfasst Konzepte wie Seligkeit, Gottesbewusstsein und inneren Frieden.

*

Dies ist nicht das erste Mal, dass die Archäologie einen Konflikt zwischen Israel und den islamischen Ländern ausgelöst hat. Die Waqf, jene muslimische Einrichtung, die für die alltägliche Verwaltung des Edlen Heiligtums zuständig ist, widersetzt sich beharrlich allen israelischen Versuchen, Ausgrabungen an der umgebenden Mauer durchzuführen.

Entlang den Fundamenten des Westwalls verläuft ein Gewirr von Tunneln, die von einem israelischen Archäologenteam unter der Führung von Benjamin Mazar ausgehöhlt werden. Die Grabungen begannen ursprünglich am südöstlichen Ende der Westmauer und förderten der Reihe nach die Überreste von Bauwerken zutage, die von den Osmanen, den Mamelukken, den Kreuzfahrern, den Umajjaden, den Byzantinern und den Römern errichtet worden waren. Schließlich kam eine gepflasterte Straße zum Vorschein, die entlang dem Fundament der Kotel verlief. Die Archäologen gelangten zu der Überzeugung, sowohl die Straße als auch die Mauer seien in biblischer Zeit von Herodes dem Großen gebaut worden.

Weiter nördlich liegen diese Überreste unter dem Herzen der Jerusalemer Altstadt begraben – unter dem muslimischen Viertel. Hätten Mazars Archäologen versucht, dort von der Oberfläche in die Tiefe zu graben, so hätten sie ähnlich apokalyptische Reaktionen wie jene ausgelöst, die später auf die Grabungen in der Umgebung des Mugrabi-Aufgangs folgten. Also gruben sie lieber horizontal entlang dem Mauerfundament und legten einen uralten Keller nach dem anderen frei. Sie karrten Tonnen von Schutt aus römischen Gewölben, die unter den Gebäuden im muslimischen Viertel begraben lagen. Der auf diese Art ausgehobene unterirdische Korridor erstreckt sich über etwa 800 Meter bis zu der Stelle an der nordwestlichen Ecke des Edlen Heiligtums, an der die Mauer die Richtung ändert.

Die Tunnel unter der Westmauer sind für die Öffentlichkeit zugänglich. Ein Rundgang ist wie eine Kartierung der Stadt von unten: Hier und dort verrät ein Loch in einem Deckengewölbe, wo sich hoch oben ein Brunnen oder vielleicht eine Falltür in einem Privathaus befindet. Die riesigen Steine der Kotel wirken noch gewaltiger, wenn man in den Gängen zwischen den Kellern darauf stößt. Am Ende der Tour erklärt die Führerin: »Dort führt eine Tür nach draußen, aber sie ist geschlossen …« – sie macht eine Pause – »aus Sicherheitsgründen geschlossen. Wir müssen auf demselben Weg zurückkehren, auf dem wir gekommen sind.«

Im Jahr 1996 versuchten die israelischen Behörden den nördlichen Ausgang des Tunnelsystems zu öffnen, aber die Bewohner des arabischen Teils der Stadt reagierten mit Empörung auf diesen vermeintlichen israelischen Angriff auf ihr Gebiet. Die folgenden Unruhen kosteten 15 israelischen Soldaten und 70 Arabern das Leben. Schließlich gelangten die Israelis zu einer Einigung mit der Waqf: Die Israelis durften ihr Tor tagsüber öffnen, und die Waqf erhielt die Genehmigung, auf dem Haram eine neue Moschee zu errichten.

Die Waqf schickte die Bulldozer los, und bis zum Jahr 2000 wurden 6000 Tonnen Erdreich aus dem Südwestwinkel des Edlen Heiligtums abtransportiert. Diesmal reagierte Israel mit Empörung. Ein Archäologe der Bar-Ilan-Universität wollte wissen: »Würde irgendjemand in der zivilisierten Welt zulassen, dass die Bulldozer der Akropolis in Athen oder dem Pantheon in Rom zu Leibe rückten, und das obendrein ohne jegliche archäologische Aufsicht?«[149] Der Leiter der Waqf erwiderte, sämtliche Arbeiten hätten »unter strenger Kontrolle eines Teams professioneller palästinensischer Archäologen« stattgefunden. »Sie haben Proben der ausgehobenen Erde untersucht und keinerlei Bauelemente, Handwerkserzeugnisse oder archäologische Überreste aus irgendeiner Epoche gefunden.«[150] Die israelischen Behörden verhängten ein Embargo über die Waqf und befahlen ihr, sämtliche Arbeiten einzustellen.

Bis heute türmen sich auf dem Haram Schutt und Erde, und so soll es nach dem Willen der Israelis auch bleiben, bis ihre Archäologen Zugang zum Gelände erhalten haben, um das Material zu sichten. Aber die Waqf wird sie nicht einmal in die Nähe lassen. Wieder und wieder behindern die muslimischen Behörden die Arbeit der israelischen Archäologen in der Umgebung der Westmauer. Es stellt sich die Frage, was die Israelis dort auszugraben versuchen – oder was unter dem Edlen Heiligtum des Felsendoms begraben liegt.

*

Alle Welt kennt die Antwort. Im Tunnel, der an der Kotel entlangläuft, stößt man auf halbem Weg auf eine kleine Kaverne, in der religiöse Schriften aufbewahrt werden. »Dies ist der heiligste Ort an der Mauer«, flüstert die Fremdenführerin in die Dunkelheit. »Wenn Sie möchten, können Sie beten. Hier gab es einst einen Rosengarten, und die Blütenblätter wurden für den Weihrauch verwendet, den die Priester im jüdischen Tempel für ihre Zeremonien brauchten. Direkt hinter diesem Abschnitt der Kotel befand sich einst das Allerheiligste. Der Raum dahinter beherbergte die Schechina.«

Die Palästinenser sind überzeugt, dass die Israelis den jüdischen

Tempel rekonstruieren wollen, und verweisen auf die zahlreichen Organisationen, die eben dieses Ziel verfolgen. Zweck der Gruppierung »Jeschiwa der Krone des Priestertums« ist es, die im Tempel praktizierten Rituale zu erforschen. Die »Temple Mount Faithful« (die Gläubigen des Tempelbergs) sammeln bei fundamentalistischen Christen in den Vereinigten Staaten Geld für den Wiederaufbau des Tempels. Das Tempelinstitut betreibt ein Museum, in dem alle rituellen Ornate aus dem Tempel ausgestellt werden und auf den Tag warten, an dem sie von neuem benutzt werden können. Sie sind mit Edelsteinen geschmückt worden, welche die »Temple Women« gesammelt haben. Eine andere Gruppe sorgt dafür, dass stets ein Rabbi in der weißen Robe eines antiken Leviten am Eingang des Tempelbergs steht, und eine weitere bemüht sich um die Züchtung einer vollkommen roten Färse, die in den alten Schriften des Judaismus als höchste Opfergabe beschrieben wurde. Alle paar Jahre versammeln sich diese Gruppen unter den Auspizien der »Liebhaber des Tempels«, um Forschungsergebnisse auszutauschen und Besichtigungen des Tempels zu organisieren. Sie träumen davon, den Tempel wieder aufzubauen und ihn für die Schechina vorzubereiten, damit Gott wieder unter ihnen wohnen kann.

Hier handelt es sich nicht um eine harmlose Restaurierung. Anders als die Akropolis in Athen ist der Tempelberg nicht von obsoleten Ruinen bedeckt. Der jüdische Tempel kann nur wiederaufgebaut werden, wenn die auf seinen Ruinen errichteten muslimischen Heiligtümer, der Felsendom und die Al-Aksa-Moschee, abgerissen werden. Und genau das haben die »Liebhaber des Tempels« vor. Es hat bereits unzählige Versuche gegeben, die Heiligtümer des Haram asch-Scharif mit Mörsern, Maschinengewehrbeschuss und Brandanschlägen zu zerstören. Nicht immer handelte es sich um unbedachte Aggressionen: Einige der Angriffe wurden von Rabbinern unterstützt, die der Meinung sind, die Archäologen hätten sich durch ihre historische Sorgfalt »an den Feind verkauft«.[151] Die Forderungen auf den von den Aktivisten verteilten Flugblättern sind unmissverständlich: »Es ist an der Zeit, zu tun, was schon vor langer Zeit hätte getan werden müssen. Die Regierung Israels muss die Nichtjuden und die Araber vom Tempelberg verbannen.«[152]

Die israelische Regierung lehnt derartigen Extremismus offiziell ab und versichert der Waqf, sie habe nichts zu befürchten. Aber die Waqf glaubt diesen Beteuerungen nicht, weil die aggressivsten Angriffe auf den Haram asch-Scharif von der Regierung selbst begangen wurden.

*

Im Morgengrauen des 7. Juni 1967, es war der dritte Tag des Sechs-Tage-Kriegs, marschierte die israelische Armee im arabischen Teil Jerusalems ein. Um elf Uhr vormittags stieß der Armeerabbiner Shlomo Goren an der Kotel in den *Schofar*, die Hallposaune. Die erschöpften und blutbefleckten jungen Soldaten warfen sich zu Boden und weinten. Dann stiegen sie zum Tor hoch oben in der uralten Mauer hinauf und brachen es auf. Sie standen im Haram asch-Scharif vor dem Felsendom, aber für sie war es der Tempelberg, der Ort des Allerheiligsten, der die Schechinah beherbergte. Einer der jungen Männer erinnerte sich später: »Ich stand an dem Ort, wo der Hohepriester einst einmal im Jahr eintrat, barfuß, nach fünf Eintauchungen im *miqwäh* [dem rituellen Reinigungsbad]. Aber ich war beschuht, bewaffnet und behelmt. Und ich sagte mir: ›So sieht die Generation der Eroberer aus.‹«[153]

Am letzten Tag dieses Krieges drangen die israelischen Soldaten in die arabischen Häuser des an die Westmauer grenzenden Mugrabi-Viertels ein und gaben den Bewohnern drei Stunden Zeit, um ihre Habseligkeiten zu packen und zu gehen. Die Häuser seien ungesunde Elendsquartiere und würden abgerissen, sagten die Soldaten. Wenige Tage später erstreckte sich dort, wo die Häuser gestanden hatten, ein großer Platz, auf dem sich feiernde Israelis versammelt hatten. Nur ein Bestandteil von Mugrabi überlebte: ein behelfsmäßiger Aufgang, der zu einem Tor weit oben in der Mauer führte. Nachdem die Häuser, die diese Rampe zu beiden Seiten gestützt hatten, verschwunden waren, wirkte der Aufgang instabil, aber man beschloss, ihn zu lassen, wie er war. Für den Augenblick würde er genügen.

Die Besetzung Jerusalems und die Zerstörung des Mugrabi-Viertels wurden schließlich von den Vereinten Nationen verurteilt, und als Geste der Aussöhnung unterstellten die Israelis den Haram asch-Scharif wieder der Waqf. Aber die Schlüssel zum Mugrabi-Tor behielten sie, und sie haben sie immer noch. Es ging, um es mit den Worten des damaligen Jerusalemer Bürgermeisters Teddy Kollek zu sagen, darum, »vor Ort Fakten zu schaffen«. Sind einmal Fakten geschaffen, so haben internationale Resolutionen und Verurteilungen das Gewicht heißer Luft.

Aber nicht nur vor Ort, sondern auch unter der Erde wurden Fakten geschaffen. Am 27. Juni erklärte die Regierung, sämtliche antiken Überreste, die bei Ausgrabungen in Jerusalem gefunden würden, gehörten dem israelischen Staat. Einen Monat später wurde ganz Jerusalem zu einer historischen Stätte erklärt, womit Bauprojekte nur noch nach vorhergehenden Ausgrabungen möglich waren. Mit diesen Maßnahmen wurde de facto die gesamte Stadt enteignet.

Und dann begannen die Israelis zu graben. Die Zerstörung des Mugrabi-Viertels war ein offenkundiger Akt der Unterwerfung gewesen, aber es war nur der erste in einer langen Reihe. Bei den von Benjamin Mazar geleiteten Ausgrabungen an der Westmauer handelte es sich nicht einfach um eine akademische oder historische Untersuchung. Ob er es nun beabsichtigte oder nicht: Das Projekt war eine strategische Offensive. Die Tunnel, die das ganze Gebiet durchziehen, sind mit Treppen und Türen verbunden, die es den israelischen Sicherheitskräften erlauben, jederzeit an jedem beliebigen Ort im arabischen Viertel aufzutauchen. Die dank des Tunnelsystems bessere Kontrolle hat auch eine wachsende Zahl orthodoxer Juden zum Kauf von Häusern im arabischen Teil der Stadt ermutigt. Sie haben dort Rabbinerschulen aufgebaut. Ihre Talmudhochschulen, die Jeschiwas, erheben sich über die Dächer des arabischen Souk und blicken auf den Tempelberg, aber sie sind auch mit den unterirdischen Gewölben der mittelalterlichen Stadt verbunden, in denen die Gläubigen an den Grundsteinen der Kotel beten.

Im Jahr 2000, etwa zur selben Zeit, als die israelischen Behörden den Arbeiten an der neuen Moschee im Haram asch-Scharif einen Riegel vorschoben, trafen sich Jassir Arafat, der Vorsitzende der palästinensischen Autonomiebehörde, und der israelische Ministerpräsident Ehud Barak in Camp David mit Präsident Bill Clinton zu einer weiteren Friedenskonferenz. Die Gespräche kamen nicht gut voran, und vielleicht wollte Präsident Clinton seinen Gäste ihre Halsstarrigkeit vor Augen führen, als er erwähnte, dass das Edle Heiligtum der Muslime auf dem Boden stehe, auf dem die Israelis Ausgrabungen vornehmen wollten. Clinton schlug vor, die Grenze zwischen Israel und dem zukünftigen palästinensischen Staat auf diesem Gebiet nicht vertikal, sondern horizontal zu ziehen: Die Oberfläche des Tempelbergs sollte zum palästinensischen Staat, der Fels darunter jedoch zu Israel gehören. Der Vorschlag war absurd, aber angesichts der Situation in Jerusalem wirkte er nicht einmal abwegig. Natürlich lehnten beide Seiten diese Lösung ab. Wie alle Welt erwartet hatte, endete das Gipfeltreffen ergebnislos.

Nach dem Scheitern der Friedensgespräche stattete der für sein forsches Vorgehen berüchtigte Ariel Scharon, der zu jener Zeit Verteidigungsminister war, dem Haram asch-Scharif einen Besuch ab, obwohl ihn beide Konfliktparteien gebeten hatten, darauf zu verzichten. Zu den wartenden Journalisten sagte er: »Ich bin hierhergekommen als jemand, der an das Zusammenleben von Juden und Arabern glaubt. Ich glaube, dass wir gemeinsam etwas aufbauen und entwickeln können. Dies ist ein friedlicher Besuch. Ist es eine Provokation, wenn israelische Juden den heiligsten Ort des jüdischen Volkes besuchen?«[154] Dann zog er sich in Begleitung von tausend bewaffneten israelischen Polizisten zurück. Am nächsten Tag bewarfen Palästinenser vom Tempelberg aus die unten an der Klagemauer versammelten Gläubigen mit Steinen, und so begann die zweite Intifada.

Zwei Jahre nach Ariel Scharons Besuch auf dem Tempelberg präsentierten die israelischen Architekten Eyal Weizman und Rafi Segal auf dem Weltkongress für Architektur in Berlin eine Arbeit. Kernstück der Präsentation war eine Fotomontage, die eine gleichermaßen gewaltige wie scheußliche Betonüberführung zeigte, die das Kidrontal zwischen dem Ölberg und dem Tempelberg überspannte. Diese Lösung, erklärten Weizman und Segal, werde es den Palästinensern erlauben, den Haram asch-Scharif zu besuchen, ohne israelisches Territorium oder auch nur Jerusalem zu betreten. Mit diesem gezielt abwegigen Vorschlag wollten die beiden zeigen, wie absurd verworren die Situation in Jerusalem geworden war. Heute können sich die meisten Palästinenser ihrem Edlen Heiligtum nur bis auf einige Kilometer nähern; dann stoßen sie auf eine Betonmauer. So wie sich die Juden an der Kotel versammeln, um den Verlust ihrer heiligen Stätte zu beklagen, begeben sich die Palästinenser nun an diese Grenzbarriere, wenn sie um ihr Heiligtum trauern wollen. In Anspielung auf jene andere berüchtigte Mauer hat jemand, der sich an Berlin erinnern kann, auf den Beton gemalt: »Kenne ich schon.«

Während der Auseinandersetzung über den Mugrabi-Aufgang war in den arabischen Medien immer wieder dieselbe Karikatur zu sehen: Ein mit dem Davidstern gekennzeichneter Bulldozer höhlt den Felsendom aus. Die israelischen Behörden behaupten, ihre Ausgrabungen an diesem Ort dienten lediglich archäologischen Zwecken und es gebe keinen Grund zur Sorge. Aber die Palästinenser kennen die israelische Archäologie zu gut, um diesen Beteuerungen zu glauben.

*

Doch die Israelis waren nicht die Ersten, die an diesem Ort mit dem zerrissenen Erbe nach Spuren der Vergangenheit gruben. Es waren auch nicht die Palästinenser. Die ersten Ausgrabungen am Standort des alten Tempels wurden von angelsächsischen Protestanten vorgenommen. Noch heute tragen die wichtigsten Elemente der Westmauer englische Bezeichnungen. Am südlichen Ende zeigt ein Haufen Steine, wo sich die Überreste einer als Robinson's Arch (Robinson-Bogen) bezeichneten Brücke befinden, deren Ausgrabung von Edward Robinson geleitet wurde, einem amerikanischen Missionar, der in den dreißiger Jahren des 19. Jahrhunderts ins Heilige Land entsandt wurde. Unter dem Mugrabi-Tor, teilweise verdeckt durch die berüchtigte Rampe, die teilweise eingestürzt ist, ist der riesige Oberbalken des Barclay-Tors zu finden, das um 1940 von einem weiteren amerikanischen Missionar entdeckt wurde. Über die größte Kammer im Tunnelnetz spannt sich ein römisches Gewölbe, das nach Generalmajor Sir Charles Wilson benannt ist, der in den sechziger Jahren des 19. Jahrhunderts bei den British Royal Engineers für Jerusalem zuständig war.

Edward Robinson war als Missionar ins Heilige Land gekommen, aber er war sich der politischen Tragweite seiner Arbeit durchaus bewusst:

> »Im Allgemeinen sind die Menschen in diesem Land bereit, uns Informationen zu geben, soweit es ihnen möglich ist, und sie scheinen uns nicht zu misstrauen. […] Die meisten Einwohner scheinen zu wünschen, dass die Franken [die Westeuropäer] eine Streitmacht herschicken. Sie waren der Türken überdrüssig, und nun sind sie der Ägypter noch überdrüssiger, und sie würden jede Frankennation willkommen heißen, die nicht käme, um sie zu unterwerfen (das wäre nicht nötig), sondern um das Land in Besitz zu nehmen.«[155]

Im Jahr 1865 richteten die Briten den Palestine Exploration Fund (PEF) ein, der alles Wissenswerte über jenen Teil der Welt in Erfahrung bringen sollte. Für die gläubigen britischen Protestanten im PEF war das Heilige Land keine Terra incognita. Vielmehr war es eine Region, mit deren Geschichte sie aus der Bibel, der sie vorbehaltlos glaubten, vollkommen vertraut waren. Es war ein Ort, dessen wahre und heilige Geographie seit Jahrhunderten unter verschlafenen arabischen Ortschaften und Bauernhöfen schlummerte. Die Ausgrabung dieses Landes war eine religiöse Pflicht. Die Sammlung von Wissen über das Heilige Land war keine Wissenschaft, sondern ein Akt der Frömmigkeit.

Und die Herrschaft über das Heilige Land würde ein gewaltiger Akt der Frömmigkeit sein. Der Erzbischof von York erklärte bei der Gründung des PEF mit unerschütterlicher Gewissheit: »Das Land Palästina gehört Ihnen und mir; es ist im Grunde unser. Es ist das Land, aus dem die Kunde unserer Erlösung kam. Es ist das Land, auf dem alle unsere Hoffnungen gründen. Es ist das Land, auf das wir mit ähnlich wahrem Patriotismus sehen wie auf unser geliebtes altes England.«[156]

Die muslimischen Behörden wussten, was die Briten beabsichtigten, und verboten ihnen jegliche Ausgrabungen auf dem Haram. Selbstverständlich ignorierten die Archäologen das Verbot. Charles Warren, ein Angehöriger der British Royal Engineers (und späterer Chef von Scotland Yard zur Zeit von Jack the Ripper), mietete Grundstücke südlich des Haram asch-Scharif und begann, tiefe Schächte zu graben, durch die er in die uralten Gewölbe unter dem Tempelberg vorstieß. In dem Schutt stieß er auf einen später nach ihm benannten Wasserschacht sowie auf unzählige weitere Kavernen.

Diese Entdeckungen waren mehr als Heldentaten im Dienst des Empire: Sie waren das Ergebnis aufrichtigen missionarischen Eifers. Robinson und Warren waren entsetzt über die Christen, die sie im Geburtsland Christi antrafen. Diese Menschen waren in byzantinischen Ritualen und im Aberglauben gefangen. Die Briten hofften, diese Christen aus ihrer Verblendung zu befreien und ihnen die vernünftigeren Gebote des protestantischen Glaubens nahezubringen. Die Missionare glaubten, die kindische Kosmologie der Einheimischen durch ein modernes Weltbild ersetzen zu können, indem sie ihnen den Wert der wissenschaftlichen Methoden der Geschichtsforschung, der Archäologie und der Geographie vor Augen führten.

Auch von den religiösen Praktiken der anderen Bewohner des Heiligen Lands waren die Briten nicht allzu beeindruckt. Sie sahen, dass die Juden vor einer verfallenen Mauer im Zentrum Jerusalems standen und traurig schluchzten, und tauften dieses Bauwerk mit amüsierter Geringschätzung auf den Namen »Klagemauer«.

*

Die Juden weinen an dieser Mauer, weil sie das Einzige ist, was von ihrem Tempel übriggeblieben ist. Der spanische Dichter Jehuda al-Hasiri schrieb über die muslimischen Gebäude auf dem Tempelberg: »Welche Qual, unsere heiligen Höfe in fremde Tempel verwandelt zu sehen! Wir versuchten, unsere Gesichter von diesem großen und majestätischen Schrein abzuwenden, der sich nun am Ort des alten Heiligtums erhebt, wo einst die Vorsehung ihre Wohnstatt hatte.«[157] Und die Juden weinen, weil sie dem Ort, an dem einst ihr Tempel stand, nicht näher kommen würden als bis zu dieser Mauer. Das liegt nicht nur daran, dass die Muslime das Areal kontrollieren. Irgendwo unter dem Haram asch-Scharif auf dem Tempelberg befindet sich das Allerheiligste, und das Allerheiligste ist derart heilig, dass einzig der Hohepriester nach einer rituellen Reinigung das Recht hat, es barfüßig zu betreten, und das auch nur ein einziges Mal im Jahr, am Tag des Jom-Kippur-Festes. Ein Jude, der das Haram betritt, läuft Gefahr, versehentlich auf den heiligen Ort zu treten und damit eine schwere Blasphemie zu begehen. Daher warnen die meisten Rabbiner die Gläubigen davor, den Tempelberg zu betreten.

Im Jahr 1850 versuchte ein prominenter Jude aus Bombay namens Abdullah, den Osmanen die Mauer abzukaufen, und im Jahr 1887 wollte Baron Edmond de Rothschild das gesamte Viertel gegenüber der Mauer zu erwerben. Beide Angebote wurden abgelehnt. Die Waqf hatte nichts dagegen einzuwenden, dass die Juden am Fuß der Mauer beteten, aber diese Steine waren Teil des muslimischen Edlen Heiligtums. Jeder Versuch, die Westmauer in einen ständigen Ort der religiösen Praxis zu verwandeln, wurde rasch unterdrückt. Als die Juden eine »Trennwand« aufstellten, um beim Gebet die Frauen von den Männern zu trennen, brachen Unruhen aus, die mehrere Hundert Menschen das Leben kosteten. Diese Trennwand hatte aus einer Stuhlreihe bestanden. Wenn ihnen danach war, begannen die Muslime oben im Haram asch-Scharif, die unten an der Kotel betenden Juden zu verspotten und mit Steinen zu bewerfen. Das tun sie noch heute gelegentlich.

Im Jahr 1902 besuchte ein deutscher Jude namens A. S. Hirschberg die Klagemauer. Er war ein moderner Mann und hielt Jerusalem für einen erbärmlichen Ort, aber als er sich den Steinen näherte, brach er in Tränen aus, übermannt von einer sonderbaren Traurigkeit, die er nie zuvor empfunden hatte. Später schrieb er: »All meine privaten Nöte vermischten sich mit den Missgeschicken unseres Volkes und bildeten eine Sturzflut.«[158] Nichts zeigt deutlicher die Unbeugsamkeit und Leidensfähigkeit des jüdischen Volkes als die Tatsache, dass es Gott sucht, indem es bei einer Ruine betet, die ihm nicht einmal gehört. Kein Wunder, dass die Juden möglichst viel von dieser Ruine ausgraben wollen.

*

Die archäologische Suche nach ihrem Tempel fasziniert die Juden seit Jahrhunderten. Tatsächlich beschäftigten sie sich schon mit seiner Ausgrabung, bevor das moderne Konzept der Archäologie entwickelt wurde. Die Vorstellung, dass die Steine der Westmauer die Geschichte eines ganzen Volks erzählen, ist sehr alt.

Im Jahr 1524 traf in Venedig ein zwergenhafter Mann ein, der in wertvolle orientalische Seide gekleidet war. Sein Name war David Reuveni, und sein Bruder Joseph herrschte über die zehn verlorenen Stämme Israels am Sabbation, dem Sabbatfluss, der Steine mitreißt und nur am siebten Tag der Woche stillsteht. Das zumindest erzählte der Besucher den Kaufleuten von Venedig. Dieselbe Geschichte erzählte er dem Papst in Rom, dem König von Portugal und Kaiser Karl in Regensburg. Und der »König der Juden«, wie er sich nennen durfte, hatte eine Mission. Kaufleute, Papst und König waren durchaus bereit, ihm zu helfen, denn Reuveni schlug vor, ein Heer gegen Sultan Suleiman ins Feld zu führen, jenen Feind der Christenheit, der Jerusalem beherrschte. Sie waren bereit, ihm Pferde, Kanonen und Soldaten zu geben.

Doch Reuveni überreizte seine Karten, denn er war weniger am Sturz des Sultans interessiert als am Kommen des Messias. Er erklärte, in der Westmauer gebe es einen Stein, der zur Zeit König Salomos von Jeroboam dort eingesetzt worden sei. Dieser Stein sei verflucht, da er aus einem heidnischen Tempel stamme, und der Erlöser werde erst kommen, wenn er wieder entfernt worden sei. Der geplante Feldzug gegen den Sultan sollte lediglich das Vorspiel zu diesem großen Ereignis sein. Die Juden, die Reuveni traf, baten ihn, die wahre Natur seines Vorhabens zu verschweigen, da seine christlichen Gönner nichts vom Erscheinen eines Messias hören wollten. Die Juden fürchteten, dass sie die üblichen Repressalien erleiden würden, aber sie hatten Glück: Nur Reuveni wurde angeklagt. Man überantwortete ihn der spanischen Inquisition, und im Jahr 1535 wurde er auf dem Scheiterhaufen verbrannt.

Der Sultan, dessen Sturz Reuveni geplant hatte, war den Juden sogar gewogener als die Christen. Als er sah, mit welcher Inbrunst die Juden an der alten Tempelmauer beteten und die Steine küssten, befahl er seinem Architekten Sinan, Platz für sie zu schaffen, damit sie dort ungestört Andacht halten konnten. Sinan ließ am Fuß der Mauer eine Gasse anlegen und das Erdreich ausheben, um die Mauer höher zu machen. Dann baute er eine niedrige Umfriedung, in der die Juden beten konnten. Später erzählten sie einander, dass der Sultan den Ort gereinigt habe, indem er ihn eigenhändig mit Rosenwasser gewaschen habe, so als wäre er sein Namensvetter Salomo.

*

Der von David Reuveni erwartete Messias kam nicht, und heute bildet die Westmauer einen winzigen und nicht unbedingt attraktiven Teil des Haram asch-Scharif, des Edlen Heiligtums, das der drittheiligste Ort des Islam ist. Dort stehen in einem malerischen und von steinernen Arkaden umgebenen Oliven- und Zypressenhain verschiedene Denkmäler, die eigentümliche und wunderbare architektonische Nacherzählungen der Geschichten sind, die Juden und Christen über diesen Ort erzählen. Da ist der Kettendom, in dem König David über das Volk Israel zu Gericht saß. Da ist der Stuhl, auf dem Suleiman (Salomo) ausruhte, nachdem er den Tempel erbaut hatte, und da ist die Wiege Isas, in der Mariams Sohn schon als Baby predigte. Den oberen Teil des Heiligtums erreicht man durch Laubengänge. Dort werden die Seelen der Menschen am Tag des Jüngsten Gerichts gewogen.

Am südlichen Ende des Heiligtums steht die Al-Aksa-Moschee, die wie eine mittelalterliche Kathedrale seit dem 7. Jahrhundert wieder und wieder umgebaut wurde. Die Kanzel aus Elfenbein wurde von Saladin gebaut, die gotische Fensterrose im südlichen Querschiff ist ein Werk der Kreuzfahrer, und die weißen Marmorsäulen unter der Kuppel waren ein Geschenk Mussolinis.

Im Mittelpunkt des Heiligtums steht der Felsendom, der Ende

des 7. Jahrhunderts vom Kalifen Abd al-Malik errichtet wurde. Die Mauern des achteckigen Baus sind mit leuchtend blauen Kacheln verziert. Die vergoldete Kuppel ruht auf antiken Säulen aus Serpentin und Porphyr. Der von Jahrhunderten der Verehrung und Misshandlung gezeichnete heilige Felsen ragt durch ein Loch im marmornen Pflaster unter der Kuppel hervor.

Al-Aksa bedeutet »das Fernste«, und all der Glanz der Moschee und der benachbarten Kuppel dient dem Gedenken an eine einzige rätselhafte Sure des Koran:

> »Preis sei dem, der seinen Diener bei Nacht von der heiligen Moschee zur fernsten Moschee, die Wir ringsum gesegnet haben, reisen ließ, damit Wir ihm etwas von unseren Zeichen zeigen. Er ist der, der alles hört und sieht.«[159]

Wie das Grabmal in der Kathedrale von Gloucester oder die Geschichte vom Heiligen Haus begann dieses Bauwerk als eine einfache Erzählung, die in zahllosen Nacherzählungen immer reicher ausgestaltet wurde.

Eines Nachts erwachte Mohammed und ging durch die Straßen Mekkas zur Kaaba, wo er zu beten begann. Da erschien ihm der Erzengel Gabriel und führte ihn zu einem geflügelten weißen Ross, das in der Nähe angebunden war. Dieses wunderbare Geschöpf trug den Namen Al-Buraq. Der Engel hielt Al-Buraq am Ohr fest, und Mohammed stieg auf. Sie flogen rasend schnell durch die Luft und hielten in Medina, Sinai und Bethlehem zum Beten inne. Bald schwebten sie über eine von Mauern umgebene Stadt und sahen auf Kirchen mit großen Kuppeln, auf von Säulengängen gesäumte Straßen und auf im silbernen Licht des zunehmenden Mondes schimmernde Palasthöfe herab. Das Häusermeer schwappte gegen die Mauern einer rechteckigen flachen Anhöhe, die sich über die Stadt erhob und vollkommen leer war wie ein Sockel, der auf eine Statue wartet. Al-Buraq stieß hinab, und Mohammed band das Geschöpf an einen eisernen Ring an der Westmauer der Plattform. Dann bahnte er sich durch Ruinen einen Weg zu einer niedrigen Felsnase.

Rund um den Felsen hoben sich die Silhouetten mehrerer alter Männer vom Nachthimmel ab. Mohammed kannte sie alle. Da war Adam: »Dies ist der Ort, an dem ich erstmals die Erde betrat, nachdem Gott mich aus dem Paradies verbannt hatte«, sagte er zu Mohammed. Und Ibrahim (Abraham) fügte hinzu: »Es ist der Ort, an dem ich meinen Sohn Ishaq als Opfer anbot.« Und Jakub sagte: »Es ist der Ort, an dem ich die Leiter zwischen Himmel und Erde sah.« Und Musa (Moses) sprach: »Es ist der Ort, an dem sie die Bundeslade abstellten.« Und Suleiman (Salomo) sagte: »Dies ist der Ort, an dem ich den Tempel baute.« Und Isa (Jesus) fügte hinzu: »Dies ist der Ort des Tempels, dessen Zerstörung ich prophezeite.« Dann traten alle Propheten beiseite, um Mohammed vorbeizulassen, und schlossen sich ihm im Gebet an.

Und dann stieg Mohammed vom Felsen durch die sieben Kreise des Himmels hinauf. Als er den himmlischen Thron gesehen hatte, ging er wieder hinab zur Westmauer, bestieg Al-Buraq und flog nach Mekka zurück. Der Ring, an dem Mohammed das wunderbare Geschöpf angebunden hatte, ist immer noch da. Er wurde in den dreißiger Jahren des vergangenen Jahrhunderts freigelegt, und die Muslime benannten die Mauer nach dem geflügelten Ross, das ihren Propheten getragen hatte.

17 Jahre nach Mohammeds Nachtwanderung besiegte sein Nachfolger Omar die Byzantiner und eroberte Jerusalem. Die Bürger ließen den Eroberern draußen vor den Toren der Stadt eine stolze Botschaft zukommen: »Bringt uns euren Kalifen, und wir werden ihm die Schlüssel zu unserer Stadt aushändigen.« Und so legte Omar, der ein einfacher, frommer Mann war, sein Ziegenfell um, bestieg sein Kamel und wartete, bis der byzantinische Patriarch Sophronius in steife goldene Gewänder und in Weihrauch gehüllt durch das Stadttor trat. »Zeig mir deine Stadt«, sagte der Kalif, und der Patriarch führte ihn angsterfüllt durch die Straßen zur Kirche vom Heiligen Grab, wo er ihn einlud, mit ihm zu

beten. »Hier werde ich nicht beten«, sagte Omar, »denn ich will meine Brüder nicht ermutigen, dasselbe zu tun. Ihr könnt eure Kirche behalten. Wir werden unsere Moschee nicht hier bauen. Bring mich zum fernsten Heiligtum.«

Der Patriarch war ratlos, denn er wusste nicht, was Al-Aksa war. »Ich will die Moschee von Daud sehen«, sagte Omar. Nun glaubte der Patriarch zu verstehen, was der Kalif meinte, und führte ihn auf den Berg Zion, wo König David begraben lag. Aber der Kalif war nicht zufrieden. »Hier werde ich nicht beten«, sagte er. »Bring mich zum fernsten Heiligtum, wie ich gesagt habe. Bring mich zu Suleimans Moschee.«

»Zu Salomos Tempel?«, fragte der Patriarch. »Aber er ist verflucht und verfallen. Wir laden unsere Abfälle dort ab, um die Gunst des Himmels zu gewinnen.« Omar nickte, und sie gingen zu einem Ort, an dem sich die Häuser an eine mächtige Mauer drängten. Der Zugang in der Mauer war durch allen möglichen Unrat verstopft. Omar befahl seinen Männern, den Abfall wegzuräumen. Dann wies er Sophronius an, vorauszugehen und sich zwischen den Steinen hindurch einen Weg hinauf zum Plateau zu bahnen. Oben angekommen, nahm Omar eine Handvoll Staub und warf ihn über die Mauer, um den verlassenen Ort zu reinigen. Dann sah er eine niedrige Felsnase, die aus dem Schmutz hervorragte, und ging darauf zu. »Hier geschah es«, sagte er. »Hier können wir beten.«

Omar zog sich zurück, um sich mit seinen Ratgebern zu besprechen. Unter ihnen war ein gewisser Kaab ibn Ahbar, der früher Jude gewesen war. Ibn Ahbar erzählte Omar die Geschichten über den zerstörten Hügel, die ihm im Gedächtnis geblieben waren, und erinnerte ihn daran, dass Mohammed die Muslime angewiesen hatte, sich zum Gebet nach Jerusalem zu wenden, bevor er sich für Mekka entschieden hatte. »Baue deine Moschee im Norden des Berges«, schlug ibn Ahbar vor, »damit wir uns beim Gebet sowohl nach der neuen als auch nach der alten Quibla richten können.« Aber Omar antwortete: »Bist du denn kein wahrer Muslim? Lasst uns die Moschee im südlichen Teil des Berges errichten, so dass wir uns im Gebet nur nach Mekka wenden. Mekka ist die einzig wahre Quibla für die Gläubigen.«

Omars Arbeiter begannen ihr Edles Heiligtum auf den Ruinen des Tempels der Juden zu bauen. Es gelang ihnen, diesen fast vollkommen zu verdecken, aber an zwei Stellen ragt er immer noch aus dem Boden. Der Fels, der unter der vergoldeten Kuppel eingeschlossen ist, und die bröckelnden Steine der Al-Buraq-Mauer erinnern sowohl die Muslime als auch die Juden daran, dass die Schechina, die Sakina, beiden gehört und sich beiden entzieht, ob es ihnen gefällt oder nicht.

*

Im Jahr 70, mehr als fünf Jahrhunderte bevor sich Omar einen Weg durch die Überreste des Tempels der Juden bahnte, hatte Titus, der Sohn des römischen Kaisers, seine Generäle um sich versammelt, um zu entscheiden, was mit dem Tempel geschehen sollte. Ein langer und blutiger Feldzug neigte sich seinem Ende zu. Die Römer hatten den Großteil Palästinas und fast ganz Jerusalem erobert, aber die verbliebenen Aufständischen hatten sich im Tempel verschanzt und waren nicht bereit, sich zu ergeben. Einige Ratgeber von Titus, erinnerte sich später ein bei der Versammlung anwesender General, bestanden darauf, das Kriegsrecht anzuwenden und das Gebäude zu zerstören, da die Aufständischen es als Festung nutzten. Titus hielt ihnen entgegen, »man sollte auch dann, wenn die Juden den Tempel zum Bollwerk machen, nicht das tote Material für die Bosheit der Menschen zur Rechenschaft ziehen und nie und nimmer ein so wundervolles Bauwerk den Flammen preisgeben. Den Schaden haben schließlich nur die Römer, die sich ein Juwel für ihre Kaiserkrone retten, wenn sie den Tempel verschonen.«[160]

Aber es kam anders als von Titus erhofft: Er hatte nicht mit der unerschütterlichen Liebe der Juden zu ihrem Tempel gerechnet.

Seine Truppen überwanden die äußeren Mauern des Heiligtums, aber die aufständischen Juden kapitulierten nicht, sondern zogen sich aus dem äußeren Vorhof der Nichtjuden in den Frauenvorhof zurück. Als die Römer diesen in ihre Hand brachten, wichen die Aufständischen in den Hof der Israeliten zurück. Und als die Römer auch diesen überrannten, verschanzten sich die Leviten unter den Aufständischen im Hof der Priester, und jene Juden, die keine Leviten waren, kämpften dort, wo sie waren, bis zum Tod, da sie das Allerheiligste des Tempels nicht besudeln wollten.

Als die Römer in den Hof der Priester eindrangen, stellten sie fest, dass sich »um den Brandopferaltar ein ganzer Wall von Leichen häufte und auch über die Stufen zum Tempelhaus das Blut in hellen Strömen hinabfloss«.[161] Und sie sahen, dass die wenigen überlebenden Aufständischen auf das Dach des Tempels gestiegen waren, von wo aus sie die Römer mit Dachziegeln bewarfen. Die erbosten Soldaten setzten den Tempel trotz des von Titus ausgesprochenen Verbots in Brand.

Als sich die Flammen im Gebäude ausbreiteten, beobachtete Titus, dass die Juden nichts taten, um den Brand zu löschen. Er wusste, dass die Schlacht vorüber war. Er ging an dem siebenarmigen Leuchter an der Südseite und dem Opferbrot an der Nordseite vorbei in den Tempel hinein und erreichte die goldenen Ketten, die das Allerheiligste verschlossen, das die Schechina beherbergte. Er wollte sehen, wofür die Juden gestorben waren und was sie lieber zerstören wollten, als sich zu ergeben. Er wollte wissen, ob die Geschichten, die über das Allerheiligste erzählt wurden, der Wahrheit entsprachen. Es war tatsächlich so: Dort drinnen war nichts.

*

Nach der Niederschlagung des jüdischen Aufstands ließ Titus die Gefangenen zusammentreiben und in die Ruinen ihres Tempels sperren, wo 11 000 von ihnen starben, während über ihr Schicksal beraten wurde. Ein Teil verhungerte, ein Teil wurde von den römischen Soldaten niedergemetzelt. Besonders kräftige Gefangene wurden nach Ägypten verschleppt, wo sie in den Bergwerken arbeiten sollten, und die größten und schönsten wurden nach Rom gebracht, um sie im Triumphzug zur Schau zu stellen. Dort kann man sie noch heute sehen, denn sie sind in den Triumphbogen des Titus gemeißelt, der in den Ruinen des Forums steht. Sie tragen den siebenarmigen Leuchter aus dem Tempel ihres Gottes zum Tempel des Jupiter Optimus Maximus.

Die überlebenden Juden gingen ins Exil und verstreuten sich über die Erde. Ihr Tempel war niedergebrannt, aber egal, wo sie sich befanden: Jedes Jahr, wenn sie beim Passahfest ihre Befreiung aus der ägyptischen Sklaverei feierten, wandten sie sich einander zu und sagten zueinander: »Nächstes Jahr in Jerusalem.« Das tun sie noch heute.

Sie tun das seit Jahrhunderten, denn die Israeliten sind seit langem im Exil, und seit langem sehnen sie sich nach Zion. Ihr Stammvater Abraham hatte die Stadt Ur mit ihrem mächtigen Tempelturm verlassen, um dem Ruf des Herrn zu folgen und nach Kanaan zu ziehen. Da er seinen uralten Tempel zurückgelassen hatte, bot er dem Herrn seinen einzigen Sohn Isaak auf einem Berggipfel als Opfer dar. Als sein Enkel Jakob in die Wildnis ging, legte er sich auf demselben kahlen Felsen schlafen und wurde Zeuge, wie die Engel über eine Leiter von der Erde in den Himmel aufstiegen. Für die Juden ist der Tempelberg seit vordenklichen Zeiten ein heiliger Ort.

Doch obwohl sie diesen Ort verehren, lehnen die Juden jede Vorstellung von einem materiellen Gott aus Stein, Holz oder Gold ab, der eine physische Heimstatt beanspruchen könnte. Als die Söhne Jakobs im Exil in Ägypten lebten, wurden sie gezwungen, die Tempel zu bauen, in denen die Ägypter ihre Götzen verehrten. Sie sehnten sich nach einer Heimkehr zu dem kahlen Berg, auf dem ihre Vorfahren mit dem Göttlichen in Berührung gekommen waren. Sie verließen Ägypten, wie einst ihr Stammvater das götzendienerische Ur verlassen hatte, und verehrten ein unsterbliches und unsichtbares Wesen, das ihnen sagte:

»Ich bin der Herr, dein Gott, der dich aus dem Land
Ägypten, aus der Knechtschaft geführt hat.
Du sollst keine anderen Götter haben neben mir.
Du sollst dir kein Bildnis noch irgendein Gleichnis machen,
weder von dem, was oben im Himmel, noch von dem, was
unten auf Erden, noch von dem, was im Wasser unter der
Erde ist.«[162]

Ihr Gott führte sie hinaus in die Wüste, und um die Gesetze mit sich zu tragen, die er ihnen gegeben hatte, bauten die Israeliten eine Lade, die an zwei Stangen getragen und mit rot gefärbten Widder- und Dachsfellen verhängt wurde. In der Nacht bauten sie ein Zelt über diese Truhe, in dem die Schechina bis zum Morgen ruhte. Und am nächsten Tag führte die Schechina das Volk in Form eines Pfeilers aus Feuer und Rauch weiter durch die Wildnis.

Nachdem sie zahlreiche schwere Prüfungen bestanden hatten, erreichten die Israeliten endlich den kahlen Berg, auf dem Abraham sein großes Opfer dargeboten und Jakob die in den Himmel steigenden Engel gesehen hatte. König David tanzte vor der Lade, als sie zu ihrer endgültigen Ruhestätte gebracht wurde. Sein Sohn Salomo machte sich daran, einen Tempel zu bauen, der die Lade beherbergen sollte, und ließ aus dem Libanon Zedernholz für das Dach und aus Saba Gewürze holen, die auf dem Altar des Herrn verbrannt werden sollten.

Aber der Herr, der als Säule aus Feuer und Rauch durch die Wüste gezogen war und seinem Volk verboten hatte, sich ein Bild von ihm zu machen, hatte gemischte Gefühle, was Salomos Tempel anbelangte. Er sagte zu dem König: »So sei es mit dem Haus, das du baust: Wirst du in meinen Satzungen wandeln und nach meinen Rechten tun und alle meine Gebote halten und in ihnen wandeln, so will ich mein Wort an dir wahrmachen, das ich deinem Vater David gegeben habe, und will fortan wohnen unter Israel und will mein Volk Israel nicht verlassen.«[163]

Dieses Versprechen war an Bedingungen geknüpft, und man könnte es auch als Warnung betrachten. Aber Salomo ließ sich nicht beirren und baute seinen Tempel. Seine Nachfolger füllten das Gotteshaus mit derart verschwenderischem Glanz, dass ein Prophet nach dem anderen warnend die Stimme gegen ihre Eitelkeit erhob und sie daran erinnerte, dass der Herr ihre Hekatomben und ihre eitlen Zeremonien nicht wolle:

> »Wenn ihr kommt, zu erscheinen vor mir – wer fordert denn von euch, dass ihr meinen Vorhof zertretet?
> Bringt nicht mehr dar so vergebliche Speiseopfer! Das Räucherwerk ist mir ein Gräuel! Neumonde und Sabbate, wenn ihr zusammenkommt, Frevel und Festversammlung mag ich nicht.«[164]

Vier Jahrhunderte nachdem Salomo ihn gebaut hatte, wurde der Tempel geplündert, und die Israeliten wurden in die babylonische Gefangenschaft geführt. An den Wassern zu Babel saßen sie nun und weinten dem nach, was sie zurückgelassen hatten: »Vergesse ich dich, Jerusalem, so verdorre meine Rechte. Meine Zunge soll an meinem Gaumen kleben, wenn ich deiner nicht gedenke, wenn ich nicht lasse Jerusalem meine höchste Freude sein.«[165] Und als sie aus dem Exil zurückkehrten, bauten sie ihren Tempel wieder auf.

Es war ein armseliger Tempel, den sie da in den Ruinen des verlorenen Jerusalem errichteten. Aber König Herodes der Große erweiterte ihn und gestaltete ihn noch prachtvoller, als er unter Salomo gewesen war. Die Juden waren derart besorgt, die Opfer und Rituale im Tempel könnten durch die Bauarbeiten unterbrochen werden, dass Herodes das gesamte Baumaterial vor Ort sammeln musste, bevor die Arbeiten beginnen konnten; nur so konnte er sein Volk davon überzeugen, dass der Bau wie geplant vorankommen würde. Während des Jahrhunderts, das man für den Neubau des Tempels benötigte, fiel der Gottesdienst nicht an einem einzigen Tag aus, und die Juden sagten stolz zueinander: »Wer den Tempel von Jerusalem nicht gesehen hat, hat nie ein schönes Bauwerk gesehen.«

Es war eine Zeit der Hybris. Wenige Jahre nach seiner Fertigstellung wurde der Tempel des Herodes von Titus zerstört. Nach der Zerstörung sagten die Juden zueinander, Gott müsse sie verlassen haben, weil sie nicht in seinen Satzungen gewandelt und seine Gebote nicht gehalten hatten. Gott war eine Säule aus Feuer und Rauch, die in einer leeren Wüste aufstieg. Er hatte seinem Volk verboten, ihn in irgendeiner Gestalt einzusperren. Die Israeliten hatten ein Haus für ihn errichtet, ein Gefäß für die formlose Schechina, aber irgendwann hatten sie begonnen, den Tempel statt des darin wohnenden Gottes zu verehren. Der Tempel der Juden war als Haus Gottes entstanden, aber er hatte sich in einen Götzen verwandelt.

*

Wer am Freitagabend an der Westmauer steht und einen verlorenen Eindruck macht, hat gute Chancen, von jemandem zum Sabbatmahl eingeladen zu werden. Genau 18 Minuten vor Sonnenuntergang werden zwei Kerzen auf den Tisch gestellt und angezündet. Der Hausherr segnet seine Familie, und dann trinken alle Anwesenden ein Glas Wein, das ebenfalls gesegnet ist. Anschließend waschen sie sich die Hände. Der Vater segnet die beiden Brotlaibe, die auf den Tisch gelegt worden sind, und dann lassen sich alle nieder, um die Mahlzeit einzunehmen.

Es ist ein einfaches, aber uraltes Ritual, das von den Ritualen im Tempel abstammt und Sabbat auf Sabbat überliefert worden ist. Tatsächlich werden die verschwundenen Wände des Tempels wieder aufgebaut, indem die Kerzen, das Brot und der Wein auf den Tisch kommen. Der Rabbi Isaak Luria schrieb im 16. Jahrhundert ein Gedicht darüber:

»Ich ordne nach Süden
den mystischen Leuchter,
dem Tisch mit Broten
geb' ich im Norden Raum.
Die Schechina sei umringt
von sechs Sabbatbroten,
nach jeder Seite
mit dem Oberen verbunden.«[166]

Die Schechina erscheint am Vorabend jedes Sabbats und verschwindet anschließend wieder bis zur nächsten Woche, flüchtig wie Schnee. Die Grenze des Tempels, der gebaut wurde, um sie zu beherbergen, war stets ein architektonischer Götze, dessen Verehrung sein Verderben war. Die Frage, wem die Klagemauer, die Kotel, die Al-Buraq-Mauer gehört und wie die Archäologie mit ihr umgehen soll, hat sich in ein unlösbares Problem verwandelt, dessen festgeschriebene Gesetze aus Kränkung und Rache eine ebenso harte und schwere Last sind wie ihre Steine.

Doch indem man so denkt, macht man sich die beschränkte Weltsicht des träumenden Architekten zu eigen, in dessen Vorstellung die Bauwerke unveränderlich und dauerhaft sein müssen. Die Mauer ist im Lauf der Zeit wie alle Bauwerke, deren geheimes Leben in diesem Buch erzählt wurde, von Barbaren zerstört, von verschiedenen Religionen vereinnahmt und von den Gläubigen kopiert worden. Ihre Geschichte wurde in Hebräisch und Latein, Arabisch und Englisch neu erzählt. Sie wurde ausgegraben und in Prophezeiungen wiederhergestellt, und sie ist zum Gegenstand eines Touristenspektakels geworden. Sie entwickelt sich seit Jahrhunderten, und sie wird sich wohl auch weiter entwickeln.

Und all das hat sich in einem Augenschlag zugetragen. Wie alle Architektur ist auch die Westmauer nichts anderes als ein wunderbarer nächtlicher Schneesturm, der am Morgen in Regen übergehen wird.

# Danksagung

Zunächst schulde ich jenen Dank, die mich angeregt haben, dieses Buch zu schreiben: Tom Muir, Peter und Brigid Hardwick, Anthony John, Geoffrey Bawa, Channa Daswatte, Peter Besley, Richard Murphy, Matthew Turner, Jason Orringe und vielen anderen.

Sodann danke ich meinen Reisegefährten, die bereit waren, zu Tageszeiten, da die Cocktails längst getrunken sind, zu unbekannten Bauwerken aufzubrechen: Rachel Holmes (geborene Findlay) und Jonathan Hart.

Drittens möchte ich den Personen danken, die sich bereit erklärten, als Fachleute oder Laien einige der Geschichten in diesem Buch zu lesen und mir durch ihre Kommentare unschätzbar wertvolle Hilfe zu leisten: Professor Ian Boyd White, Brendan de Caires, Inge Foeppel, Miles Glendinning, Emine Gorgule, Peter Hardwick, Nicholas King SJ, Edward Leigh, Caroline und David Mitchell, David Neuhaus SJ, Heather Tyrrell sowie die Innenarchitekturstudenten am Edinburgh College of Art.

Viertens danke ich dem Edinburgh College of Art für die Unterstützung, die es mir in Form eines Forschungsurlaubs gewährte, ohne den dieses Buch nie möglich geworden wäre. Diese Freistellung verdanke ich Willie Brown, Alex Milton, Alan Murray und Susie McCorquodale.

Und schließlich schulde ich all jenen Dank, die dabei geholfen haben, das Buch zu redigieren, zu gestalten und zu produzieren. Und ich danke meinem Agenten Patrick Walsh, ohne dessen Überredungskunst das Buch digitalen Staub fangen würde.

# Anhang

# Anmerkungen

## Einleitung

1 Shakespeare, Der Sturm, 4. Aufzug, 1. Szene.
2 William Cullen Bryant, »A Funeral Oration Occasioned by the Death of Thomas Cole, Delivered Before the National Academy of Design, New York, May 4th, 1848«. http://books.google.com/books?id = OL4UAAAAYAAJ.
3 Le Corbusier, 1922. Ausblick auf eine Architektur, Gütersloh 1969, S. 21.
4 Shakespeare, Der Sturm, 1. Aufzug, 2. Szene, Sämtliche Werke, Bd. 2, aus dem Engl. übers. v. August Wilhelm Schlegel, Dorothea Tieck u.a., Berlin, Weimar 1994.
5 Aldo Rossi, Die Architektur der Stadt. Skizze zu einer grundlegenden Theorie des Urbanen, Düsseldorf 1973, S. 19.
6 Christopher Alexander, The Timeless Way of Building, New York 1979, S. 36.
7 Ibid., S. xi.
8 Siehe Jane Milling und Graham Ley, Modern Theories of Performance, Basingstoke / New York 2001, S. 57.
9 Alexander, Timeless Way of Building, S. 479.
10 Ibid., S. 485.

## Der Parthenon in Athen

11 Roy George, The Life of Proclus: Life in Athens, 1999. http://www.goddess-athena.org/Encyclopedia/Friends/Proclus/index.htm.
12 http://el.wikisource.org/wiki/
13 Michael Routery, The First Missionary War: The Church Take Over of the Roman Empire, 1997, Kap. 4, http://www.vinland.org/scamp/grove/kreich/chapter4.html.
14 Helen Miller, Greece Through the Ages, London 1972, S. 12.
15 John Tomkinson, Ottoman Athens II, http://www.anagnosis.gr/index.php?pageID = 218&la = eng

16 Comte de Choiseuil Gouffier an Louis Sebastien Fauvel, zitiert in: Brian Cooke, The Elgin Marbles, London (British Museum Publications) 1997, S. 71.

17 Ibid.

18 Ibid., S. 82.

19 Ibid., S. 83.

20 George Gordon Lord Byron, Childe Harolds Pilgerfahrt, Zweiter Gesang, Strophe 15, übers. v. Otto Gildenheimer, Düsseldorf/Zürich 1996, S. 47.

21 Zitiert in: Mary Beard, Der Parthenon, Stuttgart, 2009, S. 124.

22 Ibid., S. 126.

## Die Basilika von San Marco in Venedig

23 Charles Freeman, The Horses of St Mark's. A Story of Triumph in Byzantium, Paris, and Venice, New York 2005, S. 2.

24 Niketas Choniates, Historia, Corpus Fontium Historiae Byzantinae, Bd. XI, Berlin 1975. http://www.kcl.ac.uk/kis/schools/hums/byzmodgreek/Z304/NicetasSignis.htm.

25 Freeman, The Horses of St Mark's, S. 193.

## Die Ayasofya in Istanbul

26 Constantini Pophyrogeniti Imperatoris de Ceremoniis Byzantini, zitiert auf: http://web.clas.ufl.edu/users/kapparis/byzantium/Coronation_Ceremony.doc

27 Procopius, De Aedificiis, nach der engl. Übers. Procopius. Buildings, History of the Wars, and Secret History, hg. von H. B. Dewing und G. Downey, Cambridge 1914–40. http://penelope.uchicago.edu/Thayer/E/Roman/Texts/Procopius/Buildings/1A*.html.

28 Paulus Silentiarius, Descriptio S. Sophiae, nach der engl. Übers. von W. Lethaby und H. Swainson, The Church of Sancta Sophia Constantinople: A Study of Byzantine Building, London 1894, S. 52.

29 Zitiert nach: »The Russian Primary Chronicle«, in: Rowland J. Mainstone, Hagia Sophia: Architecture, Structure and Liturgy of Justinian's Great Church, New York 1988, S. 11.

30 Paulus Silentiarius, Descriptio S. Sophiae, S. 52.

31 Nestor-Iskander, zitiert in: Roger Crowley, Konstantinopel 1453. Die letzte Schlacht, Stuttgart 2008, S. 180.

32 Kaiser Konstantin XI. Palaiologos an seine Truppen, 28. Mai 1453, in: Chronicon Maius (Chronik des Pseudo-Sphrantzes), zitiert in: Judith

Herrin, Byzantium: The Surprising Life of a Medieval Empire, London 2007, S. 22.

33 Crowley, Konstantinopel, S. 16.

34 Heinz Kähler, Die Hagia Sophia, Berlin 1967

35 Robert Mark und Ahmet Çakmak (Hg.), Hagia Sophia from the Age of Justinian until the Present, Cambridge 1992, S. 22.

36 George Young, zitiert in: Lawrence Kelly (Hg.), A Traveller's Companion to Istanbul, London 1987, S. 245.

37 Harold Courtenay Armstrong, Gray Wolf: The Life of Kemal Ataturk, New York 1961, S. 201.

## Das Heilige Haus von Loreto

38 Sister Katherine Maria MICM, »The Holy House of Loreto«. http://www.catholicism.org/loreto-house.html.

39 Richard Pynson, Ballade of Walsingham (1490), Strophe 2. http://www.walsinghamanglicanarchives.org.uk/pynsonballad.htm.

40 Ibid., Strophen 4, 5.

41 Ibid., Strophe 21.

42 Ibid., Strophe 15.

43 Jean de Brebeuf, The Huron Carol (um 1643), frei nach der englischen Übersetzung von Jesse Edgar Middleton (1926). http://www.angelfire.com/ca2/cmascorner/Huron.htm.

## Die Kathedrale von Gloucester

44 Alison Weir, Isabella: She-Wolf of France, Queen of England, London 2005, S. 264.

45 Historia et Cartarium Monasterii Sancti Petri Gloucestriae, zitiert in: David Welander, The History, Art and Architecture of Gloucester Cathedral, Gloucester 1991, S. 144.

46 Ibid., S. 150.

47 Ibid., S. 146.

48 Ibid., S. 236.

49 Ibid., S. 254.

50 http://freemasonry.bcy.ca/texts/regius.html.

51 Weir, Isabella: She-Wolf of France, Queen of England, S. 203 f.

## Der Tempio Malatestiano in Rimini

52 Pius II., Commentarii Sinea, zitiert in: Franco Borsi, Leon Battista Alberti. Das Gesamtwerk, Stuttgart 1982, S. 127 f.

53 Hugh Bicheno, Vendetta: High Art and Low Cunning at the Birth of the Renaissance, London 2008, S. 170.

54 Pius II., Commentarii Sinea, zitiert in: Borsi, Leon Battista Alberti, S. 127.

55 Bicheno, Vendetta, S. 176.

56 Borsi, Leon Battista Alberti, S. 128.

57 Leon Battista Alberti, Fatum et Fortuna, aus Intercoenales, zitiert in: Mark Jarzombek, On Leon Battista Alberti: His Literary and Aesthetic Theories, London 1989, S. 132.

58 Leon Battista Alberti, Zehn Bücher über die Baukunst, Darmstadt 1975, S. 291.

59 Ibid.

60 Ibid., S. 290.

61 Ibid., S. 438 f.

62 Ibid., S. 496.

63 Ibid., S. 293.

64 Robert Tavernor, On Alberti and the Art of Building, New Haven 1998, S. 61.

65 Ibid.

66 Ibid.

67 Borsi, Leon Battista Alberti, S. 166.

68 Ibid.

## Sanssouci in Potsdam

69 Franz Kugler, Karl Friedrich Schinkel, Eine Charakteristik seiner künstlerischen Wirksamkeit, Berlin 1842, S. v.

70 Zitiert in: Barry Bergdoll, Karl Friedrich Schinkel. Preußens berühmtester Baumeister, München 1994, S. 148.

71 Tagebucheintrag von Feldmarschall Alanbrooke, Generalstabschef, 15. Juli 1945, in: Alex Danchev und Daniel Todman (Hg.), War Diaries 1939–1945: Field Marshal Lord Alanbrooke, London 2001, S. 705.

72 Sir Alexander Cadogans, Ständiger Staatssekretär im britischen Außenministerium, Brief an seine Frau, 15. Juli 1945, zitiert in: David Dilks (Hg.), The Diaries of Sir Alexander Cadogan 1938–1945, London 1971, S. 761 f.

73 Nancy Mitford, Friedrich der Große, München 1973, S. 201.

74 Ibid., S. 141.

75 Ibid., S. 293.
76 http://www.politische-bildung-brandenburg.de/extrem/pdf/schwarz_rot_gold.pdf.
77 »Ein Zwiegespräch«, Eulenberg Papers, Bundesarchiv, Koblenz, Vol. 74, zitiert in: Betty Glad, Psychological Dimensions of War, Michigan 1990, S. 150.
78 Anthony Eden, The Reckoning: The Eden Memoirs, Bd. 2, London 1964, S. 545.
79 Martin Gilbert, Churchill: A Life, London 1991, S. 850.

## Notre-Dame de Paris

80 Guy Debord, »Sur la Commune« in: Aux Poubelles d'Histoire, 1963, nach der engl. Übersetzung von Ken Knabb, 2006, http://www.bopsecrets.org/SI/Pariscommune.htm.
81 Eugène-Emmanuel Viollet-le-Duc und Jean-Baptiste Lassus, Projet de Restauration de Notre-Dame de Paris, Paris 1843, http://www.gutenberg.org/files/18920/18920-h/18920-h.htm.
82 Ibid.
83 Ibid.
84 Ibid.
85 Victor Hugo, Der Glöckner von Notre-Dame, Zürich 1982, S. 149.
86 Ibid., S. 526.
87 Ibid., S. 531.
88 http://www.georgianindex.net/Napoleon/coronation/coronation.html.
89 Hugo, Der Glöckner von Notre-Dame, S. 131.
90 Ibid., S. 124.
91 Eugène-Emmanuel Viollet-le-Duc, Dictionnaire raisonné de l'architecture française du XIe au XVIe siècle, 10 Bde., Paris 1854–1868, http://fr.wikisource.org/wiki/Dictionnaire_raisonn%C3%A9_de_l%27architecture_fran%C3%A7aise_du_XIe_au_XVIe_si%C3%A8cle.
92 John Ruskin, Die sieben Leuchter der Baukunst, hg. von Wolfgang Kemp, Dortmund 1994, darin: »Der Leuchter der Erinnerung«, S. 363.
93 William Morris, Architecture and History, zitiert in: Chris Miele (Hg.), William Morris on Architecture, Sheffield 1996, S. 118.
94 Ruskin, Die sieben Leuchter der Baukunst, S. 367 f.
95 William Morris, Manifesto of the SPAB, zitiert in: Miele, William Morris on Architecture, S. 55.
96 Viollet-le-Duc und Lassus, Projet de Restauration.

## Die Hulme Crescents in Manchester

97 http://www.exhulme.co.uk/page2.php.
98 Manchester Evening News, 4. Juni 1969, zitiert in: Rob Ramwell und Hilary Saltburn, Trick or Treat? City Challenge and the Regeneration of Hulme, York 1998, S. 5.
99 Zitiert in: Ibid.
100 Friedrich Engels, Die Lage der arbeitenden Klasse in England, in: Karl Marx und Friedrich Engels, Werke, Bd. 2, Ostberlin 1972, S. 292.
101 Karl Marx und Friedrich Engels, Manifest der Kommunistischen Partei, in: Dies., Ausgewählte Schriften in zwei Bänden, Berlin 1981, S. 45.
102 Friedrich Engels, Grundsätze des Kommunismus (1847), in Marx/Engels Werke (MEW), Bd. 4, Berlin 1974, S. 361–380.
103 Filippo Tommaso Marinetti, Manifest des Futurismus, zitiert in: Christa Baumgarth, Geschichte des Futurismus, Reinbek 1966, S. 26 f.
104 Ibid.
105 Manchester Guardian, 10. Januar 1923, zitiert in: Ramwell und Saltburn, Trick or Treat?, S. 2.
106 Le Corbusier, The Athens Charter, New York 1973 (1. Aufl., Paris 1943), S. xiv.
107 Theo Hilpert (Hg.), Le Corbusiers »Charta von Athen«, Texte und Dokumente, Braunschweig 1984, S. 85
108 Le Corbusier, The Athens Charter, S. 25 f.
109 Ibid., S. 105.
110 Miles Glendinning und Stephan Muthesius, Tower Block: Modern Public Housing in England, Scotland, Wales and Northern Ireland, London 1994, S. 256.
111 Sitzungsprotokoll des Wohnbauausschusses, 6. Juli 1966, zitiert in: Manchester Housing Workshop, Hulme Crescents: Council Housing Chaos in the 1970s (Moss Side Community Press Women's Co-op) 1980, S. 4.
112 Ibid., S. 5.
113 »Caroline«, 15. November 2007, http://www.exhulme.co.uk.
114 Ramwell und Saltburn, Trick or Treat?, S. 7.
115 Compost City 2: Blog auf der MySpace-Seite von Hulme Crescents, gepostet am 18. Dezember 2006. http://www.myspace.com/index.cfm?fuseaction = blog.view&friendId=55432167&blogId=206922483.
116 »Karen«, 22. April 2007, http://www.exhulme.co.uk.
117 Ibid.
118 MySpace-Seite von Hulme Crescents, »Would like to meet«.
119 »James«, 10. Februar 2008, http://www.exhulme.co.uk.
120 »Mark/Bruce«, 22. April 2007, http://www.exhulme.co.uk.

121 »John Robb«, http://www.exhulme.co.uk.
122 »Gonnie Rietveld«, 18. April 2007, http://www.exhulme.co.uk.
123 Ramwell und Saltburn, Trick or Treat?, S. 19.
124 Ibid., S. 12.
125 Marinetti, Manifest des Futurismus, zitiert in: Baumgarth, Geschichte des Futurismus.

## Die Berliner Mauer

126 Was ich von der Mauer wissen muss, Merkblatt für Berlin-Besucher, Ostberlin, ca. 1964.
127 Internationale Pressekonferenz von Günter Schabowski (in Begleitung der ZK-Mitglieder H. Labs, G. Beil und M. Banaschak), 9. November 1989 (Ton-Abschrift), http://www.chronik-der-mauer.de/index.php/de/Chronical/Detail/day/9/month/November/year/1989.
128 Tagesschau, ARD, 9. November 1989, http://www.chronik-der-mauer.de/index.php/de/Media/VideoPopup/day/9/field/audio_video/id/53607/month/November/oldAction/Detail/oldModule/Chronical/year/1989.
129 http://www.google.com/patents?vid = USPAT6076675.

## Das Venetian in Las Vegas

130 Connie Bruck, »The Brass Ring: A Multibillionaire's Relentless Quest For Global Influence«, in: The New Yorker, 30. Juni 2008. http:// www.newyorker.com/reporting/2008/06/30/080630fa_fact_bruck?currentPage = all.
131 Italo Calvino, Die unsichtbaren Städte, Hamburg 1985, S. 13 f.
132 http://www.wynnlasvegas.com/#Shopping/.
133 http://www.wynnlasvegas.com/#entertainment/.
134 Steve Wynn, zitiert auf: Las Vegas Strip Historical Site, http://www.lvstriphistory.com/ie/sands66.htm.
135 Steve Wynn, zitiert auf: http://thinkexist.com/quotes/steve_wynn/.
136 Henri Lewin, Präsident des Sands, zitiert auf: Las Vegas Strip Historical Site, http://www.lvstriphistory.com/ie/sands66.htm.
137 Wimberly Allison Tong, Designing the World's Best Resorts, Mulgrave 2001, S. 110.
138 »Protests Against More Venice Hotels: Residents Group Fight Proposed New Law«, in: Wanderlust Magazine, 17. April 2004. http://www.wanderlust.co.uk/article.php?page_id = 1112.
139 Guy Debord, Die Gesellschaft des Spektakels, Berlin 1996, S. 13.

140 Bruck, »The Brass Ring«.
141 Steve Wynn, zitiert auf: http://thinkexist.com/quotes/steve_wynn/320.
142 Steve Wynn, zitiert auf: http://www.woopidoo.com/business_quotes/authors/steve-wynn/index.htm.
143 Venetian Macao-Broschüre, http://www.venetianmacao.com/ uploads/media/download/brochures_english.pdf.
144 Calvino, Die unsichtbaren Städte, S. 96.
145 Associated Press, »Sands calls US$ 2.4b Casino Opening a ›Massive Step‹ in Macao«, in: International Herald Tribune, 16. August 2007.

## Die Westmauer in Jerusalem

146 »Arabs Increase Threats at the Western Wall Plaza«, in: Israel Faxx, 9. Februar 2007. http://www.allbusiness.com/middle-east/israel/3954928–1.html.
147 Associated Press, »Ayatollah Blasts Construction Work by Temple Mt.«, in: Jerusalem Post, 7. Februar 2007.
148 http://www.ynetnews.com/articles/0,7340,L-3364346,00.html.
149 http://www.juf.org/news/israel.aspx?id = 10300.
150 http://www.robat.scl.net/content/NAD/press/jerusalem/adnan_husseini.php.
151 http://groups.yahoo.com/group/Bible_Codes/message/39738.
152 http://www.keshev.org.il/FileUpload/20010101_Tample_Mount%20_ Full_Text_Eng.doc.
153 Ehud Sprinzak, The Ascendance of Israel's Radical Right, New York 1991, S. 44. Zitiert in: Karen Armstrong, Jerusalem. Die heilige Stadt, München 1996, S. 578.
154 http://www.mideastweb.org/Middle-East-Encyclopedia/second_intifada.htm.
155 Edward Robinson, Biblical Researches II, zitiert in: Jay Williams, »The Times and Life of Edward Robinson«, http://www.bibleinterp.com/articles/robinson.shtml.
156 Zitiert in: Armstrong, Jerusalem, S. 522
157 Zitiert in: Armstrong, Jerusalem, S. 431
158 Zitiert in: Armstrong, Jerusalem, S. 531
159 Koran, Sure 17,1.
160 Flavius Josephus, Jüdischer Krieg, in Anlehnung an die Übers. von Philipp Kohout, Linz, 1901, Buch VI, Kap. 4, S. 241. http://de.wikisource.org/wiki/Juedischer_Krieg.
161 Ibid., S. 259.
162 2. Buch Mose, Kap. 20,2–4.

163 1. Buch der Könige, Kap. 6,12–13.
164 Jesaja, Kap. 1,12–13.
165 Psalm 137.
166 Zitiert in: Armstrong, Jerusalem, S. 487

# Bibliographie

## Einleitung


Alexander, Christopher, The Timeless Way of Building, New York 1979.

Alexander, Christopher et al., The Oregon Experiment, New York 1975.

Alexander, Christopher, Ishikawa, Sara und Silverstein, Murray, Eine Muster-Sprache: Städte, Gebäude, Konstruktion, Wien 1995.

Brand, Stewart, How Buildings Learn, New York 1994.

Brooker, Graeme und Stone, Sally, Rereadings: Interior Architecture and the Design Principles of Remodeling Existing Buildings, London 2004.

Calasso, Roberto, Die Hochzeit von Kadmos und Harmonia, Frankfurt/M. 1991.

Calasso, Roberto, The Ruin of Kasch, New York 1995.

Dal Co, Francesco und Mazzarol, Guiseppe, Carlo Scarpa, Opera Completa, Mailand 1990.

Darnton, Robert, Das große Katzenmassaker. Streifzüge durch die französische Kultur vor der Revolution, München 1989.

Fawcett, Jane (Hg.), The Future of the Past, London 1976.

Frampton, Kenneth, Studies in Tectonic Culture, Cambridge 1995.

Hollis, Edward, »Architecture about Architecture: Script and Performance«, Ergebnisse der 5. Konferenz der European Academy of Design, Barcelona, 2003, http://www.ub.es/5ead/princip5.htm.

Hollis, Edward. »Constructed Tradition: A Comparative Study of Carlo Scarpa's Castelvecchio and Geoffrey Bawa's garden at Lunuganga«, bei der Konferenz »Mind the Map« vorgelegte Arbeit, Technische Universität Istanbul, 2002.

Hyde, Lewis, Die Gabe. Wie Kreativität die Welt bereichert, Frankfurt/M. 2008.

Jokilehto, Jukka, A History of Architectural Conservation, Oxford 1999.

Le Corbusier, 1922. Ausblick auf eine Architektur, Gütersloh 1969.

Miele, Chris (Hg.), William Morris on Architecture. Sheffield 1996.

Milling, Jane und Ley, Graham, Modern Theories of Performance, Basingstoke/New York 2001.

Murphy, Richard, Carlo Scarpa and Castelvecchio, London/Boston 1990.
Norberg-Schulz, Christian, Genius Loci. Landschaft, Lebensraum, Baukunst, Stuttgart 1982.
Perry, Gill und Cunningham, Colin (Hg.), Academies, Museums and Canons of Art, New Haven 1999.
Rossi, Aldo, Die Architektur der Stadt. Skizze zu einer grundlegenden Theorie de Urbanen, Düsseldorf 1973.
Rowe, Colin und Koetter, Fred, Collage City, Basel 1978.
Ruskin, John, St Mark's Rest: The History of Venice (1885), London 1905.
Schon, Donald, The Reflective Practitioner: How Professionals Think in Action, New York 1983.
Scott, Fred, On Altering Architecture, London/New York 2008.
Scott Brown, Denise und Venturi, Robert, View from the Campidoglio: Selected Essays 1953–1984, New York 1984.
Venturi, Robert, Komplexität und Widerspruch in der Architektur, Braunschweig 1966.
Viollet-le-Duc, Eugène-Emmanuel, On Restoration, London 1875.
Woodward, Christopher, In Ruins, Londin 2001.

## Der Parthenon in Athen

Beard, Mary, Der Parthenon, Stuttgart 2009.
Cooke, Brian, The Elgin Marbles, London (British Museum Publications) 1997.
Dontas, George, The Acropolis and its Museum, Athen 1979.
Freeman, Charles, AD 381: Heretics, Pagans, and the Christian State, London 2008.
Herodot, Historien, Stuttgart 1971.
Miller, Helen, Greece Through the Ages, London 1972.
Neils, Jenifer (Hg.), The Parthenon: From Antiquity to the Present, Cambridge 2005.
Plutarch, Große Griechen und Römer, Konrad Ziegler (Hg.), 6. Bde., Zürich 1954–1965.
Routery, Michael, The First Missionary War: The Church Take Over the Roman Empire, Kap. 4, 1997. http://www.vinland.org/scamp/grove/kreich/chapter4.html.
Thukydides, Der Peloponnesische Krieg, Georg P. Landmann (Hg.), München/Zürich 2002.
Tomkinson, John, Ottoman Athens II. http://www.anagnosis.gr/index.php?pageID=218&la=eng.
Wood, Gillen d'Arcy, »The Strange Case of Lord Elgin's Nose; or, a Study in

the Pathology of Hellenism«, vorgelegt während der Prometheus Unplugged Conference on Romanticism, Emory University, Atlanta, April 1996. http://prometheus.cc.emory.edu/panels/5E/G.Wood.html.

## Die Basilika von San Marco in Venedig

Basilika von San Marco, offizielle Website: http://www.basilicasanmarco.it.

Freeman, Charles, The Horses of St Mark's. A Story of Triumph in Byzantium, Paris and Venice, London 2005.

Gibbon, Edward, Verfall und Untergang des Römischen Reiches, Frankfurt/M. 2004.

Goy, Richard, Venice: The City and Its Architecture, London 1997.

Grundy, Milton, Venice Recorded, London 1971.

Herrin, Judith, Byzantium: The Surprising Life of a Medieval Empire, London 2007.

Howard, Deborah, The Architectural History of Venice, London/New Haven 1980.

Niketas Choniates, Historia, Engl. Übers. Bente Bjørnholt, Corpus Fontium Historiae Byzantinae, Bd. XI., Berlin 1975.

Norwich, John Julius, Byzanz. Aufstieg und Fall eines Weltreichs, Berlin 2006.

## Die Ayasofya in Istanbul

Constantini Pophyrogeniti Imperatoris de Ceremoniis Byzantini, 2 Bde., J. J. Reiske (Hg.), CSHB (1879).

Crowley, Roger, Konstantinopel 1453. Die letzte Schlacht, Stuttgart 2008.

Herrin, Judith, Byzantium: The Surprising Life of a Medieval Empire, London 2007.

Kähler, Heinz, Die Hagia Sophia, Berlin 1967.

Kelly, Lawrence (Hg.), A Traveller's Companion to Istanbul, London 1987.

Mainstone, Rowland, Hagia Sophia: Architecture, Structure and Liturgy of Justinian's Great Church, New York 1988.

Mark, Robert und Çakmak, Ahmet (Hg.), Hagia Sophia from the Age of Justinian until the Present, Cambridge 1992.

Procopius, De Aedificiis, nach der engl. Übers. Procopius. Buildings, History of the Wars, and Secret History, hg. von H. B. Dewing und G. Downey, Cambridge 1914–1940.

## Das Heilige Haus in Loreto

Coleman, Simon, »Meanings of Movement, Place and Home at Walsingham«, in: Culture and Religion, Bd. 1, Nr. 2 (November 2000), S. 153–169.

Corbington, Robert, »The Wondrous Flitting of the Kerk of Our Lady of Laureto«, Inschrift in der Basilica di Santa Casa, Loreto.

Garatt, William, Loreto: The New Nazareth and Its Centenary Jubilee, Whitefish 2003.

Hollis, Christopher und Brownrigg, Ronald, Holy Places: Jewish, Christian and Muslim Monuments in the Holy Land, New York 1969.

Katherine Maria MICM, Schwester, »The Holy House of Loreto«, http://www.catholicism.org/loreto-house.html.

Phillips, G., The Holy House, Loreto Publications 2004.

Pynson, Richard, Ballade of Walsingham, 1490.

Roli, Renato, Sanctuary of Santa Casa, Loreto, Officine Graphiche Poligrafici il Resto di Carlino 1966.

Santarelli, Guiseppe, Loreto: Its History and Art, Fotometalgrafica Emiliana 1983.

Shapcote, Emily Mary, Among the Lilies and Other Tales: With a Sketch of the Holy House of Nazareth and Loreto, Whitefish 2008 (erstmals verlegt 1881).

»Shrines of Our Lady – Walsingham«, http://www.shrinesofourlady.com/_eng/shrines/walsingham.asp.

Vail, Anne, Shrines of Our Lady in England, Leominster/Hertfordshire 2004.

## Die Kathedrale von Gloucester

Braun, Hugh, Cathedral Architecture, London 1972.

Duffy, Mark, Royal Tombs of Medieval England, Gloucestershire 2003.

Gimpel, Jean, Die Kathedralenbauer, Wiesbaden 2003.

Harvey, John, The Cathedrals of England and Wales, London 1950.

Harvey, John, The Medieval Architect, London 1972.

Harvey, John, The Perpendicular Style, 1330–1485, London 1978.

Morgan, Giles, Freemasonry, Manchester 2007.

Pevsner, Nikolaus und Metcalf, Priscilla, The Cathedrals of England: Midlands, Eastern and Northern England, New York 1985.

Saaler, Mary, Edward II, 1307–1327, London 1997.

Summerson, John, Heavenly Mansions and Other Essays on Architecture, New York 1998.

Verey, David und Welander, David, Gloucester Cathedral, Gloucester 1979.

Weir, Alison, Isabella: She-Wolf of France, Queen of England, London 2005.

Welander, David, The History, Art and Architecture of Gloucester Cathedral, Gloucester 1991.
Westwood, Jennifer und Simpson, Jacqueline, The Lore of the Land: A Guide to England's Legends from Spring Heeled Jack to the Witches of Warboys, London 2005.

## Der Tempio Malatestiano in Rimini

Alberti, Leon Battista, Zehn Bücher über die Baukunst, Darmstadt 1991.
Bicheno, Hugh, Vendetta: High Art and Low Cunning at the Birth of the Renaissance, London 2008.
Borsi, Franco, Leon Battista Alberti. Das Gesamtwerk, Stuttgart 1988.
Burckhardt, Jacob, Die Kultur der Renaissance in Italien, 12. Aufl., Stuttgart 2009.
Donati, Angela, Il Potere, Le Arti, La Guerra: Lo Splendore dei Malatesta, Mailand 2001.
Grafton, Anthony, Leon Battista Alberti. Baumeister der Renaissance, Berlin 2002.
Hutton, Edward, The Mastiff of Rimini: Chronicles of the House of Malatesta, London 1926.
Jarzombek, Mark, On Leon Battista Alberti: His Literary and Aesthetic Theories, Cambridge/London 1989.
Rainey, Laurence, Ezra Pound and the Monument of Culture: Text, History, and the Malatesta Cantos, Chicago 1991.
Tavernor, Robert, On Alberti and the Art of Building, New Haven 1998.
Wittkower, Rudolf, Grundlagen der Architektur im Zeitalter des Humanismus, München 1997.

## Sanssouci in Potsdam

Bergdoll, Barry, Karl Friedrich Schinkel. Preußens berühmtester Baumeister, München 1994.
Boyd Whyte, Iain, »Charlottenhof: The Prince, the Gardener, the Architect and the Writer«, in: Architectural History, Bd. 43 (2000), S. 1–23.
Danchev, Alex und Todman, Daniel (Hg.), War Diaries 1939–1945: Field Marshal Lord Alanbrooke, London 2001.
Dilks, David (Hg.), The Diaries of Sir Alexander Cadogan 1938–1945, London 1971.
Eden, Anthony, The Reckoning: The Eden Memoirs, Bd. 2, London 1964.
Gilbert, Martin, Churchill: A Life, London 1991.

Glad, Betty (Hg.), Psychological Dimensions of War, Newbury Park/London 1990.
Grisebach, August, Karl Friedrich Schinkel. Architekt, Städtebauer, Maler, München 1981.
Kugler, Franz, Karl Friedrich Schinkel. Eine Charakteristik seiner künstlerischen Wirksamkeit, Berlin 1842.
Mielke, Friedrich, Potsdamer Baukunst. Das klassische Potsdam, Frankfurt/M./Berlin 1981.
Mitford, Nancy, Friedrich der Große, München 1973.
Plinius, Briefe, Lateinisch-Deutsch, hg. von Helmut Kasten, Düsseldorf/Zürich 1995.
Snodin, Michael, Karl Friedrich Schinkel: A Universal Man, New Haven/London 1991.
Van der Kiste, John, Dearest Vicky, Darling Fritz, New York 2003.
Watkin, David, German Architecture and the Classical Ideal 1740–1840, London 1987.

## Notre-Dame de Paris

Bottineau, Yves, Notre Dame de Paris and the Sainte-Chapelle, London 1967.
Hearn, M. F. (Hg.), The Architectural Theory of Viollet le Duc: Readings and Commentary, Cambridge 1990.
Hugo, Victor, Der Glöckner von Notre-Dame, 9. Aufl., Zürich 1985.
Jokilehto, Jukka, The History of Architectural Conservation, Oxford 1999.
Midant, Jean-Paul, Viollet-le-Duc and the French Gothic Revival, Paris 2002.
Miele, Chris (Hg.), William Morris on Architecture, Sheffield 1996.
Murray, Stephen, »Notre Dame de Paris and the Appreciation of Gothic«, in: The Art Bulletin, Bd. 80, Nr. 2 (Juli 1998).
Pevsner, Nikolaus, Ruskin and Viollet le Duc: Englishness and Frenchness in the Appreciation of Gothic Architecture, London 1969.
Temko, Allan, Notre-Dame of Paris, London 1956.
Viollet-le-Duc, Eugène-Emmanuel und Lassus, Jean-Baptiste, Projet de Restauration de Notre Dame de Paris, Paris 1843.
Viollet-le-Duc, Eugène-Emmanuel, Entretiens sur l'Architecture, Brüssel 1977.

## Die Hulme Crescents in Manchester

Baumgarth, Christa, Geschichte des Futurismus, Reinbek 1966.
Conrad, Peter, Modern Times, Modern Places: Life and Art in the Twentieth Century, London 1999.

Department of the Environment, Hulme Study Stage One: Initial Action Plan, London 1990.
ExHulme, http://www.exhulme.co.uk.
Glendinning, Miles und Muthesius, Stephan, Tower Block: Modern Public Housing in England, Scotland, Wales and Northern Ireland, London 1994.
Hilpert, Thilo (Hg.), Le Corbusiers »Charta von Athen«, Braunschweig 1984.
Hulme Regeneration Limited, Rebuilding the City: A Guide to Development in Hulme, Manchester, June 1994.
Hulme Views Project, Hulme Views: Self Portraits, Hulme Views Project 1990.
Le Corbusier, 1922. Ausblick auf eine Architektur, Gütersloh 1969.
Le Corbusier, La Ville radieuse, Editions de l'Architecture d'Aujourd'hui, Bologne-sur-Seine 1935.
Makepeace, Chris, Looking Back at Hulme, Moss Side, Chorlton on Medlock and Ardwick, Timperley 1995.
Manchester Corporation Housing Department, A New Community: The Redevelopment of Hulme, 1966.
Manchester Housing Workshop, Hulme Crescents: Council Housing Chaos in the 1970s, Moss Side Community Press Women's Co-op 1980.
Ramwell, Rob und Saltburn, Hilary, Trick or Treat? City Challenge and the Regeneration of Hulme, York 1998.
Reynolds, Simon, Rip It Up and Start Again. Schmeiß alles hin und fang neu an: Postpunk 1978–1984, Höfen 2005.
Wilson, Anthony, 24 Hour Party People, Belfast 2002.
Wilson, Hugh und Womersley, Lewis, Hulme 5 Redevelopment: Report on Design, City of Manchester, Oktober 1965.

## Die Berliner Mauer

Beevor, Anthony, Berlin 1945. Das Ende, München 2002.
Buckley, William F., The Fall of the Berlin Wall, Hoboken 2004.
Calvin University German Propaganda Archive, http://www.calvin.edu/academic/cas/gpa/wall.htm.
East Side Gallery, http://www.eastsidegallery.com.
Funder, Anna, Stasiland, Hamburg 2004.
Hensel, Jana, Zonenkinder, Reinbek 2002.
Katona, Marianna S., Nicht bedient, sondern abgefertigt. Geschichten um die Berliner Mauer, Frankfurt/M. 1999.
Ladd, Bryan, Ghosts of Berlin: Confronting German History in the Urban Landscape, Chicago 1998.
Mauerführer, http://www.stadtentwicklung.berlin.de/bauen/wanderungen/en/strecke4.shtml.

Petschull, Jürgen, Die Mauer. Vom Anfang und Ende eines deutschen Bauwerks, Hamburg 1990.

Schabowski Pressekonferenz, Tonabschrift, http://www.chronik-der-mauer.de/index.php/de/Chronical/Detail/day/9/month/November/year/1989.

Schneider, Peter, Der Mauerspringer, Darmstadt/Neuwied 1984.

Taylor, Frederick, Die Mauer. 13. August 1961 bis 9. November 1989, München 2006.

## Das Venetian in Las Vegas

Bruck, Connie, »The Brass Ring: A Multibillionaire's Relentless Quest for Global Influence«, in: The New Yorker, 30. Juni 2008. http://www.newyorker.com/reporting/2008/06/30/080630fa_fact_bruck?currentPage=all.

Calvino, Italo, Die unsichtbaren Städte, Hamburg 1985.

Debord, Guy, Die Gesellschaft des Spektakels, Berlin 1996.

Earley, Pete, Super Casino. Inside the »New« Las Vegas, New York 2000.

Komroff, Manuel (Hg.), The Travels of Marco Polo, New York 2003.

Koolhaas, Rem, Delirious New York. Ein retroaktives Manifest für Manhattan, Aachen 2006.

Las Vegas Strip Historical Site, http://www.lvstriphistory.com/ie/sands66.htm.

Moore, Rowan, Vertigo: The Strange New World of the Contemporary City, London 1999.

»Protests Against More Venice Hotels: Residents Group Fight Proposed New Law«, in: Wanderlust Magazine, 17. April 2004. http://www.wanderlust.co.uk/article.php?page_id=1112.

Ruskin, John, Steine von Venedig, 3 Bde., München 1999.

Sehlinger, Bob, The Unofficial Guide to Las Vegas, Hoboken 2008.

Sorkin, Michael (Hg.), Variations on a Theme Park: The New American City and the End of Public Space, New York 1992.

Tong, Wimberly Allison, Designing the World's Best Resorts, Mulgrave 2001.

Venetian Macao-Broschüre, http://www.venetianmacao.com/uploads/media/download/brochures_english.pdf.

»Venice in Numbers«, http://www.myvenice.org/The-new-populations.html.

Venturi, Robert, Scott Brown, Denise und Izenour, Steven, Lernen von Las Vegas. Zur Ikonographie und Architektursymbolik der Geschäftsstadt, Basel 1972.

Wynn, Interview mit Newsweek 2006, http://www.podcastdirectory.com/podshows/1360547.

## Die Westmauer in Jerusalem

A Wall in Jerusalem: Obstacles to Human Rights in the Holy City, B'Tselem, the Israeli Information Center for Human Rights in the Occupied Territories 2006.

Abu El-Haj, Nadia, Facts on the Ground: Archaeological Practice and Territorial Self-Fashioning in Israeli Society, Chicago 2001.

Amico, Fra Bernardino, Plans of the Sacred Edifices of the Holy Land, Jerusalem 1997.

Armstrong, Karen, Jerusalem. Die heilige Stadt, München 1996.

Franke, Anselm und Azoulay Ariella (Hg.), Territories: Islands, Camps and Other States of Utopia, Berlin 2003.

Gilbert, Martin, Jerusalem in the Twentieth Century, London 1996.

Goldhill, Simon, Jerusalem: City of Longing, Cambridge 2008.

Jerusalem: Injustice in the Holy City, B'Tselem, the Israeli Information Center for Human Rights in the Occupied Territories 1999.

Josephus, Flavius, Der jüdische Krieg, übers. von Philipp Kohout, Linz 1901. http://de.wikisource.org/wiki/Juedischer_Krieg.

Kohn, Michael et al., Israel and the Palestinian Territories, London 2007.

Kroyanker, David, Jerusalem Architecture Periods and Styles: The Jewish Quarters and Public Buildings Outside the Old City Walls 1860–1914, Jerusalem 1983.

Safdie, Moshe, The Harvard Jerusalem Studio: Urban Designs for the Holy City, Cambridge 1986.

The Gaza Strip: One Big Prison, B'Tselem, the Israeli Information Center for Human Rights in the Occupied Territories 2005.

Weizman, Eyal, Hollow Land: Israel's Architecture of Occupation, London 2007.

Williams, Jay, »The Times and Life of Edward Robinson«, http://www.bibleinterp.com/articles/robinson.shtml.

# Bildnachweise

Seite 10. Der Traum des Architekten, Thomas Cole, 1838. © Francis G. Mayer/CORBIS.

Seite 26. Die Zerstörung der großen Moschee von Athen. G. M. K. Verneda, in F. Fanelli, Atina Attica, 1707. Mary Evans Picture Library.

Seite 56. Eine Wechselstation für vier Pferde. Stich von Onofrio Panvinio, De Ludi Circensibus, Venedig 1600, mit Creative-Commons-Lizenz bei flickr: http://www.flickr.com/photos/bibliodyssey/3442538337/sizes/o/.

Seite 84. Ein römisches Bauwerk, mit den Augen eines Muslims gesehen. Seyyid Loktun, Sehame-I Selim Han, MS T. K. S. A. 3595, fol. 156r, S. 214. Abgedruckt mit freundlicher Genehmigung der Bibliothek des Topkapi-Palasts.

Seite 108. Das Heilige Haus von Loreto wird von Engeln getragen. Mary Evans Picture Library/Interfoto Agentur.

Seite 138. Die Keimzelle einer Kathedrale. Stich (Schwarz-Weiß-Foto) von Hubert Gravelot (1699–1773). Privatsammlung/Bridgeman Art Library. Nationalität/Copyright-Status: Französisch/nicht mehr urheberrechtlich geschützt.

Seite 162. Das Emblem eines großen Mannes. National Gallery of Art, Washington, DC.

Seite 190. Klassische Ruinen. Stich von Johann Friedrich Schleuen, um 1775. Wikimedia Commons: http://de.wikipedia.org/w/index.php?title = Datei:Ruinenberg.jpg&filetimestamp = 20061117165653.

Seite 216. Eine Phantasie des 19. Jahrhunderts. Frontispiz von Notre-Dame der Paris (1831) von Victor Hugo (1802–85), Stich von Auguste François Garnier, 1844 (Schwarz-Weiß-Foto) von François Joseph Aime de Lemud (1817–87). Private Collection/Archives Charmet/Bridgeman Art Library. Nationalität/Copyright-Status: Französisch/nicht mehr urheberrechtlich geschützt.

Seite 242. Erinnerung an die Zukunft. Abgedruckt mit freundlicher Genehmigung von Joshua Bolchover und Shumon Basar (Newbetter).

Seite 272. Zeitgeschichte zu verkaufen. © H. P. Stiebing/The Bridgeman Art Library.

Seite 302. Venedig auf dem Weg nach Macao. Abgedruckt mit freundlicher Genehmigung von Galleria Ravagnan, Venedig.

Seite 332. Die Architektur der gescheiterten Diplomatie. Abgedruckt mit freundlicher Genehmigung von Eyal Weizman.

# Sach- und Personenregister

Terry Eagleton
**Der Sinn des Lebens**

www.list-taschenbuch.de
ISBN 978-3-548-60943-0

Was ist der Sinn des Lebens? Gibt es darauf überhaupt eine Antwort? Wenn ja, liegt sie in uns? Oder ist die Frage falsch gestellt? Terry Eagleton widmet sich diesem existentiellen Thema auf geistreiche und witzige Art. Ein außergewöhnliches Philosophiebuch.

»Ein intellektuelles Schelmenstück« *Stern*

»Ein unmögliches und aufregendes Buch. Es ist großartig.« *Frankfurter Allgemeine Zeitung*

»Ein vergnügliches Buch über das Sinnsuchen« *taz*

List Taschenbuch

L373